21世纪工程管理学系列教材

工程项目经济评价

Project Economic Evaluation

主编 朱红章　　副主编 崔永辉

图书在版编目(CIP)数据

工程项目经济评价/朱红章主编.—武汉：武汉大学出版社,2010.10
21世纪工程管理学系列教材
ISBN 978-7-307-08234-2

Ⅰ.工… Ⅱ.朱… Ⅲ.基本建设项目—经济评价—高等学校—教材
Ⅳ.F282

中国版本图书馆CIP数据核字(2010)第192592号

责任编辑:陈 红　　责任校对:刘 欣　　版式设计:王 晨

出版发行:**武汉大学出版社**　(430072 武昌 珞珈山)
(电子邮件:cbs22@whu.edu.cn 网址:www.wdp.com.cn)
印刷:湖北金海印务有限公司
开本:787×1092 1/16　印张:24.25　字数:569千字　插页:1
版次:2010年10月第1版　2013年1月第2次印刷
ISBN 978-7-307-08234-2/F·1416　定价:33.00元

前　言

工程项目经济评价是以工程项目为主体，以技术经济系统为核心，对各种工程技术方案进行经济分析和评价，通过比较经济效果，选择出技术上先进、经济上合理的最佳方案。

在当前我国全面促进经济平稳快速发展，大规模增加政府投资的背景下，运用工程经济学的知识为一系列工程项目进行经济评价，实现决策的科学化和效益化显得尤为重要。相应地，作为教育工作者，如何在已有理论和成果的基础上，适时推出具有针对性和时代性的教材，进一步提高本学科的教学质量，培养更多格物致用的专业人才便成为当务之急。为此，我们组织有关专家、学者共同编著此《工程项目经济评价》一书。

本教材遵循以基本理论为依据，以主要方法为手段，以实际应用为目的的原则，将理论与实际结合起来，力求系统地介绍工程项目经济评价的体系与方法，其主要内容包括：概述，工程项目经济评价的基本要素，工程项目可行性研究，工程项目造价的确定，工程项目技术经济评价方法，工程项目不确定性分析，工程项目的财务评价、国民经济评价以及项目后评价，非工业投资工程项目经济评价。为了便于教学和学生自学，本教材在每章末设有习题，以利于大家复习和把握重点，在某些章节中，还编排了相关内容的例题，以帮助学生分析、理解有关概念和计算规律，从而提高解决问题的能力。

本教材理论体系严谨，内容深入浅出，融知识性与可操作性为一体，可作为高等学校相关专业的教材和实际工程项目决策者的培训教材和参考书。

本教材由朱红章任主编，崔永辉任副主编。

本教材在编写过程中，参考了国内外众多学者的著作，在此谨向原作者表示衷心的感谢。

由于编者水平有限，书中纰漏、不妥之处，恳请读者批评指正。

编　者

2010 年 5 月

目 录

第1章　概　　述

1.1　工程项目经济评价的基本概念

工程项目经济评价是项目可行性研究的重要组成部分，是从国家、地区及企业的角度，对拟建项目的方案在技术和经济等方面进行全面分析，其作用是在预测、选址、技术方案等多项内容研究的基础上，对项目投入产出的各种经济因素进行调查研究，通过多项指标的计算，对项目的经济合理性、财务可行性以及抗风险能力做出全面的分析与评价，从而确定项目未来发展的前景，为项目决策提供重要依据。一般而言，这种论证和评价应从正、反两个方面提出意见，为决策者选择项目及实施方案提供多方面的信息，并力求客观、准确地将与项目执行有关的资源、技术、市场、财务、社会等方面的基本数据资料和实况真实、完整地汇集、呈现于决策者面前，使其处于比较有利的地位，实事求是地做出正确、恰当的决策，同时也为工程项目的执行和全面检查奠定良好的基础。

工程项目经济评价根据评价的角度不同，分为两个层次：财务评价和国民经济评价。财务评价，又可称为微观经济评价，是指根据国家现行财政、税收制度和现行价格，从项目方案本身或企业的角度对项目方案竣工投产后的获利能力以及偿还借款能力等情况所作的评价；国民经济评价，又可称为宏观经济评价，是指从国家或社会的角度，运用影子价格、影子汇率、影子工资和社会折现率等经济参数，分析项目需要国家付出的代价和对国家与社会的贡献，计算项目的经济净收益，考察项目投资的经济合理性。

1.2　工程项目经济评价的原则

1.2.1　工程项目经济评价的一般原则

工程项目经济评价是一项技术性强、涉及面广的综合分析工作，它是对工程项目在建设、生产全过程中经济活动的评述，也是工程项目投资决策的重要依据。因此，工程项目的经济评价必须遵循一定的原则，正确处理好评价过程中的各项关系。

在我国目前的经济条件下，对拟建工程项目的经济分析与评价所遵循的原则，可概括为以下几个方面：

1. 遵循社会主义基本经济规律原则

工程项目经济评价是在特定的社会生产方式下进行的，不同的社会制度对工程项目评价有不同的原则要求。社会主义市场经济条件下的工程项目经济评价必然受到社会主义基本经济规律的制约，以服务于社会主义市场经济为目的。最大限度地满足人民群众日益增长的物质文化需要，是我们一切经济工作的基本出发点和制定各项方针、政策、制度的基本依据。贯彻这一原则，就要求在经济评价中不仅要进行项目财务效益的评价，而且要从满足全社会的需要出发进行评价。低利、微利甚至无利可图但其宏观经济效益和社会效益（如可促进经济增长、增加就业、促进分配公平等）很好的工程项目，在国家财力、物力可能的情况下也是可取的。但工程项目评价在强调国民经济效益或社会效益的同时，也必须重视项目本身的经济效益。事实上，在我国社会主义市场经济制度下，对工程项目的评价，仍然要谋求项目自身的经济效益，做到财务效益与国民经济效益或社会效益的统一，否则，项目经济评价就失去了其应有的意义。这就要求在具体工程项目经济评价中，必须以党和国家制定的国民经济发展规划和经济建设方针政策为依据，严格执行国家有关经济工作的各项规章制度和技术经济政策。

2. 综合评价原则

综合评价原则是经济评价必须遵循的一条基本原则，这一原则的基本含义是：在评价项目经济效益时，不仅要重视微观经济效益评价，还要重视宏观经济效益评价；不仅要对近期经济效益进行评价，还要对远期经济效益进行评价；不仅要对局部利益进行评价，还要对全局利益进行评价。在具体的经济评价中，项目的取舍主要取决于国民经济评价的结果，并应在保证对国民经济有利的前提下，照顾企业的经济效益。就一个项目来说，其本身的经济效益也许并不显著，但从国民经济的综合经济效益来看，效益或许是显著的，这就要求把项目实施以后所产生的诸方面效益和影响综合起来评价，这是我们在评价中应该注意的一个重要原则。当然，对于那些微观效益不好而宏观效益较好的工程项目则可通过调整价格、税收或采取其他措施，改革现行价格与财政政策中不合理的部分，使项目的财务效益能达到财务评价的最佳要求。

3. 评价方法的规范性原则

工程项目经济分析和评价指标可采用价值指标、实物指标以及时间指标，还可提出补充的比较指标。在具体的工程项目经济评价中，评价方法和指标的选择要严格按照《建设项目经济评价的方法》操作，使工程项目经济评价符合同一性的要求。同时，在多方案的比较过程中，必须遵循可比原则。在项目经济评价中，为了实现某种经济目标，必须提出两个或两个以上的技术经济方案，并在这些方案中进行各种指标的比较分析，选择最优方案。因此，各个方案之间的可比性，事实上就成为经济评价的前提条件。

以上我们提出的经济评价原则，是在评价中必须遵循的一般准则。事实上，在复杂的经济评价工作中，这些原则是远远不够的，必须根据具体项目评价的特点和要求来把握评价的原则，使经济评价结果建立在科学的基础上，并成为正确投资决策的客观依据。

1.2.2 工程项目经济评价的具体要求

本书讨论的工程项目经济评价方法的主要依据是原国家计委统一规定的方法体系，这套方法体系是在总结了我国工程项目经济评价研究的经验和理论研究成果的基础上编制的，并参照了联合国企业发展组织和世界银行的做法。在具体运用这套方法实施工程项目经济评价时，必须体现以下要求：

1. 动态分析与静态分析相结合，以动态分析为主

动态分析是指利用资金时间价值的原理对现金流量进行折现分析，静态分析是指不对现金流量进行折现分析。工程项目经济评价的核心是折现，所以分析评价要以折现（动态）指标为主。非折现（静态）指标与一般的财务和经济指标的内涵基本相同，比较直观，但是只能作为辅助指标。

在以往的投资管理工作中，对项目进行的财务评价主要是静态分析，对资金的时间因素往往不做价值形态的定量分析，所采用的指标和测算办法很难反映未来时期的发展变化情况，致使由此做出的投资决策失误较多。动态分析则可以弥补上述方法的不足，强调考虑时间价值因素对投资效益的影响，反映投资项目整个寿命期的发展变化情况，使投资者和决策者牢固树立资金周转观念、利息观念、投入产出观念，使投资决策科学化、合理化、规范化，对合理利用有限的建设资金，提高投资经济效益具有十分重要的意义。因此，在工程项目财务评价中，必须以动态分析为主要方法。

2. 定量分析与定性分析相结合，以定量分析为主

工程项目经济评价的本质要求是通过效益与费用的计算，对项目建设和生产过程中的诸多因素给出明确、综合的数量概念，从而进行经济分析和比较。但是一个复杂的工程项目，总会有一些因素不能量化，不能直接进行数量分析，对此，则应进行实事求是、准确的定性描述，并与定量分析结合在一起进行评价。

3. 全过程经济效益分析与阶段经济效益分析相结合，以全过程经济效益分析为主

工程项目经济评价的最终要求是考察项目的计算期，即建设期和生产经营期全过程的经济效益，强调将工程项目评价的出发点和归宿点放在全过程的经济分析上，采用一些能反映项目整个计算期内经济效益的指标，并用这些指标作为项目取舍的判别依据。

过去，由于工程项目的建设和生产经营分属不同的部门来管理，在项目经济评价时，往往偏重于建设投资的多少、工期的长短、造价的高低，而对项目投产后的经济效益如何则不重视，应该强调把工程项目经济评价的出发点和归宿点放在全过程的经济效益分析上。

4. 宏观效益分析与微观效益分析相结合，以宏观效益分析为主

对项目进行经济评价，不仅要看项目本身获利多少，有无财务生存能力，还要考虑项目的建设和经营对国民经济有多大贡献以及需要国民经济付出多大代价。财务评价与国民经济评价均可行的项目可以通过；反之，应予以否定。国民经济评价不可行的项目，一般应予以否定；对某些财务评价不可行、国民经济评价可行的项目，可进行再设计，必要时

可提出采取优惠经济措施的建议。

5. 价值量分析与实物量分析相结合，以价值量分析为主

工程项目评价过程中要设立若干价值指标与实物指标，强调把物资因素、劳动因素、时间因素等量化为资金价值因素，在评价中对不同项目或方案都用可比的同一价值量进行分析，并据以判别项目或方案的可行性。

6. 预测分析和统计分析相结合，以预测分析为主

对工程项目进行经济评价，既要以现状、现有水平为基础，又要作有根据的预测。在对项目效益、费用流入流出的时间、数额进行常规预测的同时，还应对某些不确定因素和风险做出估计。

1.3 工程项目经济评价的意义

工程项目经济评价作为可行性研究的重要组成部分，其目的在于最大可能地提高投资决策的正确性，最大限度地提高项目的投资效益。工程项目经济评价不仅是实现项目投资决策科学化、民主化和法制化的重要的有效途径，而且它作为一种宏观调控的方式，也有利于引导项目的投资方向，控制投资规模，调整投资结构，增加项目的宏观效益。因此，开展工程项目经济评价对提高项目投资决策的正确性和投资经济效果，有效地实现国家宏观管理具有重要的现实意义。工程项目经济评价的意义主要表现在以下几个方面：

1.3.1 经济评价是投资决策的重要基础

工程项目的投资决策，是一项科学性很强的工作，必须认真对待。一个项目能不能建，需要进行大量的调查研究工作。只有通过周密的调查，掌握大量正确可靠的资料数据，并据此进行深入细致的科学分析，才能弄清拟建项目的必要性及在技术上、财务上、经济上的可行性。项目的生产条件、市场的供求趋势以及合理的建设规模和工艺技术方案等关系到拟建项目存亡的一系列重大问题。这就要求在工程项目规划和投资决策中，必须通过充分的技术经济论证，找出经济效益比较好的方案，做出项目投资的最后决策。这些方面的具体工作和要求，正是开展项目经济评价的最终目的和工作重点。决策部门只有在项目经济评价中掌握了拟建项目所需的基础资料和数据，在做投资决策时才有可能避免或减少项目决策失误或风险。

1.3.2 经济评价是全面提高投资经济效益的重要手段

随着我国固定资产投资规模的逐年扩大，全面提高固定资产经济效益显得更加重要和紧迫。开展项目经济评价工作的最终目的就是为了全面提高投资经济效益。当前，我国正面临着世界“新技术革命”的挑战，不仅要在投资方向上进行重新选择，而且在投资决策中，也要经受新的考验。如何排除市场、技术和资源方面的因素对项目投资决策的制约

和影响，使每一个拟建项目都能建立在既稳妥可靠，又积极可行的基础之上，将直接影响投资效益的高低。因此，搞好工程项目的经济评价工作，必将大大促进投资经济效益的全面提高。

1.3.3 进行工程项目经济评价，有利于调整和控制宏观投资结构

因为运用经济评价中的内部收益率、投资回收期、借款偿还期等指标及体现宏观意图的影子价格、影子汇率、行业基准收益率、社会折现率等参数，可以起到促进或抑制某些项目或行业发展的作用，有利于调整投资方向，较好地引导国家稀缺资源的合理配置和有效使用，同时又能比较真实地反映国家资源的实际价值，使每个工程项目合理地在国民经济各部门、各地区进行安排，这样就能较顺利地达到调整和控制宏观投资结构的目的。

1.3.4 进行工程项目经济评价，有利于控制投资规模

这主要通过社会折现率来实现，社会折现率是一种使社会投放于未来效益和费用上的价值随时间推移而下降的比率。在现代工程项目评价中，不管是财务评价还是国民经济评价，都是按折现现金流量法来计算项目的净现值，以衡量项目的净效益。社会折现率的高低，直接影响着工程项目净现值的大小，进而影响工程项目的取舍。因此，工程项目经济评价可以通过社会折现率这个重要参数的调整选择出既符合国家宏观需要，又能使宏观经济效益最大的项目群，并可根据当前国民经济结构调整的需要、国民收入可使用额和项目效益的高低进行项目选择，使所选择的项目和投资规模控制在合适的范围内，从而达到控制投资总规模的目的。我国目前在控制在建项目投资总规模时，已注意到应从控制项目入手。要提高项目投资决策的科学性，关键是要做好工程项目的经济评价。

1.3.5 进行工程项目经济评价，有利于理顺进出口商品和非进出口商品间的比价关系

过去我国人民币汇率偏高（经过几次调整后有所好转），导致进出口商品和非进出口商品间比价关系不合理，影响了企业出口创汇的积极性。而进行工程项目经济评价，有利于理顺这种不合理的比价关系。因为在项目经济评价中，用影子汇率对现行官方汇率进行了调整，调整官方汇率时考虑到了全部进出口商品及其关税和补贴，还考虑到了外汇黑市等情况，因而影子汇率更加客观地反映了进出口商品和非进出口商品间的比价关系。当然，影子汇率的合理与否，还取决于国家关税政策是否合理等。

1.4 工程项目经济评价的程序

工程项目经济评价不仅是一项经济技术性很强的工作，而且是一项重要、复杂、难度

较大的工作。具体而言，每一个工程项目的经济评价都是一次独特的研究过程，所有可供选择的评价工具和方法都应该有选择地、符合实际地运用到这一过程中。要使工程项目经济评价工作顺利地进行，并取得可靠的效果，达到预期的目的，就要遵循科学的程序。工程项目经济评价一般分为以下几个步骤：

1.4.1 调查研究，收集相关资料

在拟定一个工程项目前，首先必须进行大量的调查研究工作，对与项目有关的各方面进行深入细致的调查研究，收集有关数据和资料，并进行分析、计算和整理。

1.4.2 测算各种基础数据

根据调查研究的结果，对工程项目的投资额、利息、生产流动资金、生产经营成本、销售收入、利润以及税金等指标，按照经济评价的要求进行较为准确的测算，为经济评价提供基础数据。

1.4.3 工程项目财务评价

工程项目财务评价是指根据国家现行财税制度和现行价格，分析测算项目的效益和费用，考察项目的获利能力、债务清偿能力及外汇效果等财务状况，以判别工程项目财务上的可行性。在这个阶段，要运用有关技术方法，使用基本计算报表（如现金流量表等），对有关指标（包括内部收益率、投资回收期、净现值、净现值率、投资利润率、投资利税率、外汇净现值和换汇成本及节汇成本等）进行计算。

1.4.4 工程项目国民经济评价

工程项目国民经济评价即从国家整体角度考察工程项目的效益和费用，包括应用影子价格、影子工资、影子汇率和社会折现率，计算分析项目对国民经济的净贡献，评价项目在经济上的合理性。这一阶段是工程项目经济评价的核心内容，也是决定工程项目取舍的根本依据，一般以经济内部收益率为主要的评价指标。

1.4.5 工程项目不确定性分析

工程项目经济评价所采用的数据，大部分来自预测和估算，有一定程度的不确定性。因此，在上述评价的基础上，必须分析不确定因素（如价格、投资、建设工期、生产能力和工艺、生产经营成本、政治经济和国内外市场等因素）对经济评价指标的影响，以预测项目可能承担的风险，并确定项目在财务、经济上的可靠性。不确定性分析包括盈亏平衡分析、敏感性分析和概率分析三项内容。其中，盈亏平衡分析只适用于财务评价，敏

感性分析和概率分析可同时适用于财务评价和国民经济评价。

1.4.6　工程项目经济总评价

工程项目经济总评价就是在上述分析评价的基础上，进行技术上的可行性、经济上的合理性和财务上的盈利性的总评价。在总评价阶段中，一是要对拟投资的各种方案进行比较论证，并做出决策；二是要对筛选出的方案进行全面总结，写出评价报告和相应的政策建议。

1.5　工程项目经济评价在国内外的应用与发展

工程项目经济评价的基本原理，最早见于 1844 年法国工程师达普依特（J. Dupuit）的著作《道路桥梁等投资的合理性问题》。他注意到财务评价方法不能正确评价公用事业项目对整个社会的经济效益，并第一次提出了消费者剩余的概念（消费者剩余的确切概念由英国经济学家 A. 马歇尔提出）。但项目经济评价基本原理的正式应用一般认为是在 20 世纪 30 年代美国所进行的水域资源综合开发工作中。1936 年，美国制定的《全国洪水控制法》规定所有拟投资兴建的洪水控制与水域资源开发项目，都要符合一项标准："不论受益者是谁，项目的预期效益必须超过其预计成本。"这一规定显然体现了经济分析的基本思想，对当时美国水资源的综合开发起了很大作用。但是，由于当时对成本和效益的衡量方法不统一，在此之后的若干年内，经济评价方法并没有在实践中得到推广应用。

经济评价作为一种选择项目的方法被普遍接受是在 20 世纪 50 年代中期以后。1958 年，诺贝尔经济学奖获得者、荷兰计量经济学家 J. 丁伯根提出了在经济评价中使用影子价格的主张。此后不久，世界银行和联合国工业发展组织首次在其贷款项目评价中要求同时使用财务评价和国民经济评价两种方法。不过此时财务评价和国民经济评价的区别一般还只限于费用和效益的构成上。1969 年，牛津大学著名福利经济学家 I. 李特尔和经济数学教授 J. 米尔利斯联合为经济合作与发展组织编写了《工业项目分析手册》一书；1972 年联合国工业发展组织出版了一本重要著作《项目评价准则》；1974 年 I. 李特尔和 J. 米尔利斯又联合发表了《发展中国家项目评价和规划》一文；1975 年世界银行职员林思·斯奈尔和赫尔曼·G. 范德塔克出版了《项目经济分析》一书。以上一系列工作，为项目经济评价方法的完善以及应用与发展奠定了重要基础。目前在发达国家和许多发展中国家，经济评价已成为项目前期工作的重要内容。

中国开展工程项目经济评价工作也有较长的历史。从 20 世纪 50 年代开始，我国主要沿用原苏联的技术经济论证方法，对"一五"期间的 156 项重点项目建设采用了较为简单的静态的技术经济分析方法，用以选择项目和编制项目设计任务书，这对当时的项目投资决策和前期管理起到了积极的作用，保证了项目建设质量，获得了良好的投资效果。但是，在"大跃进"及"文化大革命"时期，技术经济分析论证工作因受到冲击而被放松，出现了不少盲目建设和重复建设的现象，给国家和社会造成了巨大的经济损失。

20世纪70年代末，我国开始实行改革开放政策，从国外引进了可行性研究和项目的评价方法，加强了项目前期的投资决策工作。原国家建委和世界银行等部门举办了学习班，介绍了国外的可行性研究技术，并召集专题讨论会，采取“请进来”和“派出去”的办法，学习和吸收了西方发达国家关于可行性研究和现代费用效益分析等先进的管理与技术经济分析方法，主要用于工程项目建设前期的项目评价与投资决策工作。

1980年我国恢复了在世界银行的席位后，开始向世界银行借贷资金，1981年我国设立了中国投资银行，作为专门办理世界银行中小型项目借贷的中间金融机构。在世界银行的帮助下，中国投资银行于1982年制定了《工业贷款项目评估手册》，作为评估贷款项目的依据，这是我国首次将费用效益分析方法较系统地应用于项目评估工作中，该手册又于1985年和1989年进行了两次全面修订，多年的项目评估实践证明，这套项目评估方法是行之有效的，适用于我国金融机构对贷款项目的评估。

为了制定出一套适合我国国情的统一的项目评价方法体系，1981年原国家科委下达了“工业建设项目可行性研究经济评价方法”的研究课题，1982年国务院技术经济中心成立了可行性研究专题组，对经济评价的理论、方法论、指标体系进行了研究，并测算了一批国家参数。1983年5月国家制定了《工业建设项目企业经济效益的评价方法》(1985年公布并出版)。1986年原国家计委决定组织“经济评价方法与国家参数”专题研究专家组，在充分吸收国内项目经济评价理论研究和实践成果的基础上，借鉴国外项目评价理论、方法论与实践成就，制定了《关于建设项目评价工作的暂行规定》、《建设项目经济评价方法》、《建设项目经济评价参数》和《中外合资经营项目经济评价方法》等四个文件，经过全国专家论证会审定后，于1987年10月正式颁布了《建设项目经济评价方法与参数》(以下简称《方法与参数》)等四个规定性文件，对经济评价的程序、方法、指标等做出了明确规定和具体说明，并第一次发布了各类经济评价的国家参数，在全国大中型基本建设项目和限额以上的技术改造项目中试行。《方法与参数》公布后，有关工业部门和行业组织、金融机构和工程咨询单位都相继组织编制了本部门和本行业的实施细则，测算了一些补充参数。例如承担国家计划内大中型基建项目及限额以上技术改造项目的评估咨询任务的中国国际工程咨询公司于1987年9月制定了《建设项目评估暂行办法》(原国家计委1987年10月批准颁发)，于1988年编制出版了《建设项目评价咨询手册》。原中国人民建设银行于1989年12月也印发了《基本建设贷款项目评估实施办法》和《技术改造贷款项目评估实施办法》，1994年和1995年又两次制定印发了《中国人民建设银行固定资产贷款项目评估办法》，作为原中国人民建设银行对贷款项目进行评估论证和审批决策等项目评估工作的准则。还有钢铁、石油、化工、机械、煤炭、纺织、转工、电力、运输等部门与行业也分别制定了实施细则，这就大大推动了我国工程项目经济评价的实际应用工作。总之，《方法与参数》在全国范围内得到了广泛的应用，它不仅成为全国规划设计单位、工程咨询公司进行投资项目经济评价和评估的指导性文件，而且也作为各级计划部门审批项目建议书和可行性研究报告、各级金融机构审批贷款项目的重要依据。

《方法与参数》发布后，原国家计委和建设部又组织了国内专家组，在国内外进行实地考察和征求意见，并结合我国经济体制改革和投资、金融与财税制度改革的新动向，对《方法与参数》进行了补充与修正，特别对其中某些重要问题进行了深入的专题研究与探讨，根据国民经济的发展趋势，对国家参数进行了重新测算，于 1993 年 4 月以计投资［1993］530 号文颁发了《建设项目经济评价方法与参数》(第二版)。第二版《方法与参数》体现了我国实行社会主义市场经济体制对工程项目经济评价与评估的新要求，反映了我国经济体制与投资、金融和财税制度改革的新情况，提高了我国项目经济评价方法的科学性、实用性和可操作性，有利于促进我国项目评价和投资决策工作水平的提高，并使其逐步走向科学化、规范化和制度化。为了及时指导投资项目的可行性研究工作，原国家计委委托中国国际工程咨询公司组织编写了《投资项目可行性研究指南》，并于 2002 年 1 月以计投资［2002］15 号文下发。

作为 2004 年颁发的《国务院关于投资体制改革的决定》的配套文件，《建设项目经济评价方法与参数》(第三版)包括《关于建设项目经济评价工作的若干规定》、《建设项目经济评价方法》和《建设项目经济评价参数》三个文件。它由国家发展和改革委员会和原建设部于 2006 年 7 月 3 日以发改投资［2006］1325 号文发布，要求在开展投资建设项目经济评价工作中使用，这是我国投资建设、工程咨询和工程建设领域里的一件大事。第三版《方法与参数》既总结了国内投资建设项目经济评价的经验，又与国际投资建设项目经济评价的做法接轨，既有继承，又有创新，使原有的经济评价方法与参数体系更加完善，它内容全面、理论严谨、方法科学、简便易行，有利于实施，指导性更强，能满足各类工程项目经济评价工作的需要。

1.6　工程项目的基本建设程序

1.6.1　工程项目基本建设程序的含义

所谓基本建设程序，是指工程项目从酝酿、提出、决策、设计、施工到竣工验收整个过程中各项工作的先后顺序。它是对基本建设经验的科学总结，是客观存在的经济规律的正确反映。

按照建设工程的内在规律，投资建设一项工程应当经过投资决策、建设实施和交付使用三个发展时期。每个发展时期又可分为若干个阶段，各阶段以及每个阶段内的各项工作之间存在着不能随意颠倒的严格的先后顺序。科学的建设程序应当在坚持“先勘察、后设计、再施工”的原则的基础上，遵循优化决策、竞争择优、委托监理的原则。从事建设工程活动，必须严格执行建设程序。

1.6.2　工程项目基本建设程序的沿革

中华人民共和国成立以来，国家基本建设程序是随着我国社会主义建设的进行，随着人们对基本建设工作认识的日益深化，逐步建立、发展和完善起来的。

我国在 1952 年颁发了《基本建设工作暂行办法》；1956 年颁发了《关于加强设计工

作的决定》和《关于加强新工业区和新工业项目建设工作几个问题的决定》；1958 年，基本建设程序被忽视，建设过程中的正常程序被打乱，造成了很大的浪费；1961—1965 年，国民经济调整时期，恢复了一系列基本建设的管理制度，并颁发了一系列文件，建设程序也比以前更具体、更完善；1966—1976 年“文化大革命”期间，建设程序遭到了更大的否定，并被作为修正主义的管理方法进行彻底批判，基本建设又处于一种无序状态。

1978 年以后，建设程序重新得到了重视和肯定，国家先后制定了一系列法规性文件，如《关于基本建设程序的若干规定》、《关于做好基本建设前期工作的通知》、《技术引进和设备进口工作暂行条例》、《关于建设项目进行可行性研究的试行管理办法》等。

1984 年，根据改进计划管理体制的精神，确定所有项目均实行项目建议书和设计任务书两段审批制度，利用外资、技术改进项目以可行性研究报告替代设计任务书。

1991 年，原国家计委又明确将国内投资项目的设计任务书和利用外资项目的可行性研究报告统一称为可行性研究报告，取消了设计任务书的名称。

目前我国的基本建设程序与计划经济时期相比，已经发生了重大变化。其中，关键性的变化表现在以下四个方面：一是在投资决策阶段实行了项目决策咨询评估制度，二是实行了工程招标投标制度，三是实行了建设工程监理制度，四是实行了项目法人责任制度。

建设程序中的这些变化，使我国工程建设进一步顺应了市场经济的要求，并且与国际惯例趋于一致。

按现行规定，我国一般在大中型及限额以上项目的建设程序中，将建设活动分成以下几个阶段：提出项目建议书；编制可行性研究报告；根据咨询评估情况对工程项目进行决策；根据批准的可行性研究报告编制设计文件；初步设计批准后，做好施工前的各项准备工作；组织施工，并根据施工进度做好生产或动用前的准备工作；项目按照批准的设计内容建设完成，经投料试车验收合格后交付使用；生产运营一段时间，进行项目后评估。工程项目基本建设程序如图 1-1 所示。

1.6.3 坚持执行建设程序的意义

建设程序反映了工程建设过程的客观规律，坚持执行建设程序在以下几个方面有重要意义：

1. 依法管理工程建设，保证正常建设秩序

建设工程涉及国计民生，并且投资大、工期长、内容复杂，是一个庞大的系统。在建设过程中，客观上存在着具有一定内在联系的不同阶段和不同内容，必须按照一定的步骤进行。为了使工程建设有序地进行，有必要将各个阶段的划分和工作的次序用法规或规章的形式加以规范，以便于人们遵守。实践证明，坚持了建设程序，建设工程就能顺利进行、健康发展；反之，不按建设程序办事，建设工程就会受到极大的影响。因此，坚持建设程序，是依法管理工程建设的需要，是保证正常建设秩序的需要。

过去有些重点项目、大项目，投资几十亿元，由于急于开工，削弱了项目决策和设计工作，造成盲目上马，这就使得建设方针举棋不定，建设方案一变再变，施工部署一改再改，建设工期一拖再拖，事倍功半，往往一急就拍（任务急就定项目），一拍就错（定下

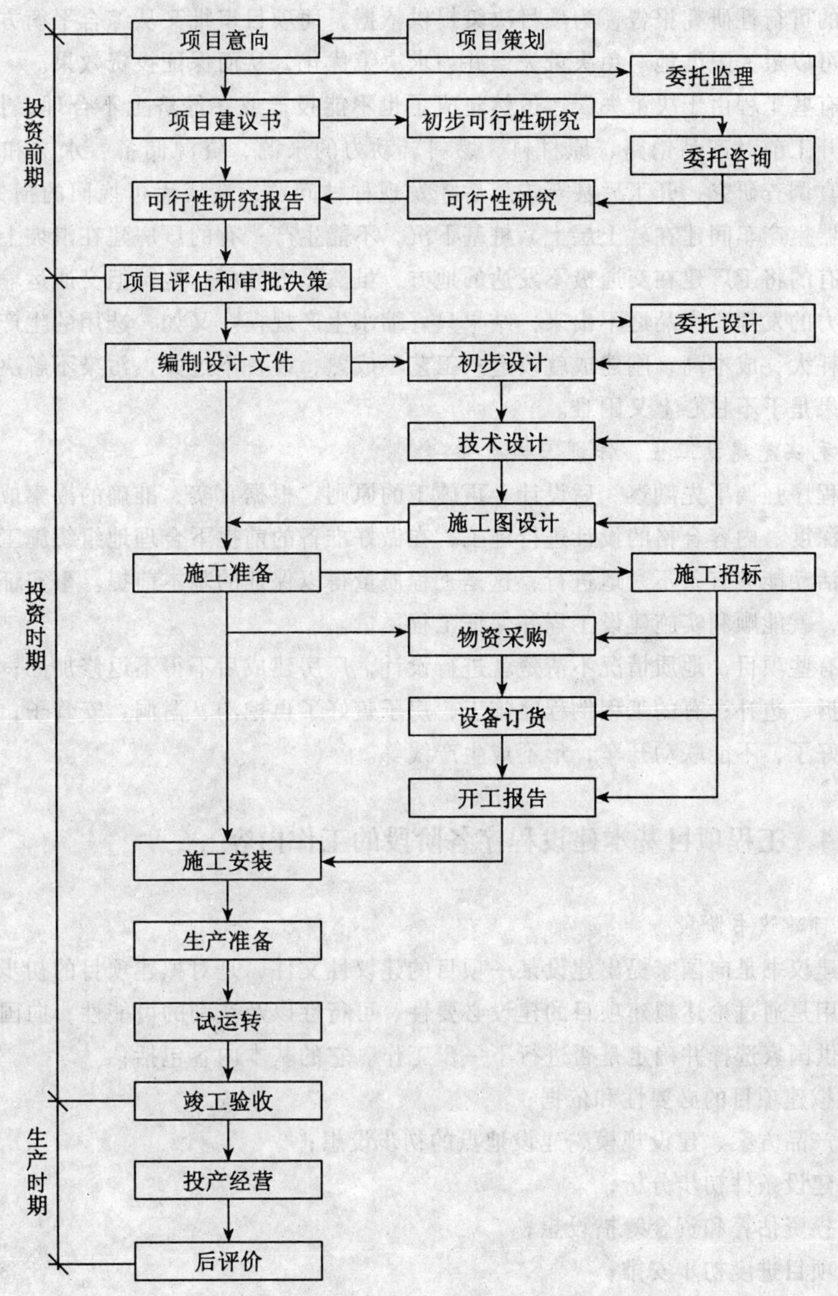

图 1-1　工程项目基本建设程序

来后又发现有重大漏洞），一错就改（重提方案，修改设计），一改就乱（许多问题要变动），一乱就费（造成严重浪费），其根本原因就是未坚持基本建设程序。

2. 科学决策，保证投资效果

建设程序明确规定，建设前期应当做好项目建议书和可行性研究工作。在这两个阶段，由具有资格的专业技术人员对项目建设是否必要、建设条件是否可行进行研究和论证，并对投资收益进行分析，对项目的选址、规模等进行方案比较，提出技术上可行、经济上合理的可行性研究报告，为项目决策提供依据，而项目审批又从综合平衡方面进行把关。这样可以最大限度地避免决策失误并力求决策优化，从而保证投资效果。

过去有些工程由于决策失误，虽然建成了也不能投产或在经济上不合理，长期亏损；有些项目开工前对产品销路、原材料、燃料、动力的来源、资源储备、水文和工程地质等，不认真调查研究，开工后甚至竣工后才发现种种问题，造成无可挽回的损失。例如，某精密仪器生产车间建在软土层上，桩基下沉，不能生产；有的厂房建在滑坡上，未投产就报废；有的将工厂建在交通极不发达的地方，虽然靠近原料产地，但交通运输条件限制了生产能力的发挥，产品运不出来，结果只好缩小生产规模。又如，选用的生产工艺技术落后，消耗大，成本高，刚建成就改造；工艺不成熟，设备不过关，污染不解决，就盲目抢建，结果是下不甘心上又困难。

3. 顺利实施建设工程，保证工程质量

建设程序强调了先勘察、后设计、再施工的原则。根据真实、准确的勘察成果进行设计，根据深度、内容合格的设计进行施工，在做好准备的前提下合理地组织施工活动，使整个建设活动能够有条不紊地进行，这是工程质量得以保证的基本前提。事实证明，坚持建设程序，就能顺利实施建设工程并保证工程质量。

过去有些项目，地质情况不清楚就进行设计，厂房建成后不得不返修加固；有些工程边建、边拆、边补；有的工程倒程序施工，房子盖好了再挖沟、凿洞、安管子；有的工程设备安装好了，不能联动开车，形不成生产线等。

1.6.4 工程项目基本建设程序各阶段的工作内容

1. 项目建议书阶段

项目建议书是向国家提出建设某一项目的建议性文件，是对拟建项目的初步设想。它的主要作用是通过论述拟建项目的建设必要性、可行性以及获利的可能性，向国家推荐建设项目，供国家选择并确定是否进行下一步工作。它的基本内容包括：

（1）拟建项目的必要性和依据；

（2）产品方案、建设规模、建设地点的初步设想；

（3）建设条件初步分析；

（4）投资估算和资金筹措设想；

（5）项目进度初步安排；

（6）效益估计。

项目建议书根据拟建项目规模报送有关部门审批。大中型及限额以上项目的项目建议书应先报行业归口主管部门，同时抄送国家发展和改革委员会。行业归口主管部门初审同意后报国家发展和改革委员会，国家发展和改革委员会根据建设总规模、生产力总布局、资源优化配置、资金供应可能、外部协作条件等进行综合平衡，还要委托具有相应资质的工程咨询单位评估，然后审批。重大项目由国家发展和改革委员会报国务院审批。小型和限额以下项目的项目建议书，按项目隶属关系由部门或地方发展和改革委员会审批。

项目建议书得到批准后，才能够进行可行性研究，但项目建议书不是项目最终决策文件。

2. 可行性研究阶段

可行性研究是指在项目投资决策之前，通过调查、研究、分析与项目有关的工程、技术、经济等方面的条件和情况，对可能的多种方案进行比较论证，同时对项目建成后的经济效益进行预测和评价的一种投资决策分析研究方法和科学分析活动。

可行性研究的主要作用是为工程项目投资决策提供依据，同时也为工程项目设计、银行贷款、申请开工建设、工程项目实施、项目评估、科学实验、设备制造等提供依据。

可行性研究是从项目建设和生产经营全过程分析项目的可行性，主要解决项目建设是否必要、技术方案是否可行、生产建设条件是否具备、项目建设是否经济等问题。

(1) 可行性研究的主要内容

一般工业项目可行性研究的内容主要包括以下 11 项：

① 工程项目提出的必要性和依据；

② 产品方案、拟建规模、市场预测和确定的依据；

③ 技术工艺、主要设备、建设标准；

④ 原材料、资源、燃料、动力、运输、供水等协作配合条件；

⑤ 建设地点、厂区布置方案、占地面积；

⑥ 项目设计方案、协作配套工程；

⑦ 环保、抗震等要求；

⑧ 劳动定员和人员培训；

⑨ 建设工期和实施进度；

⑩ 投资估算和资金筹措设想；

⑪ 经济效益和社会效益。

(2) 可行性研究的报批

可行性研究的成果是可行性研究报告。可行性研究报告经有资质的工程咨询单位评估后，根据项目投资的主体或投资额的大小，报送有关部门审批。

① 中央投资、中央和地方合资的大中型和限额以上的项目，可行性研究报告报送国家发展和改革委员会审批。

② 投资 2 亿元以上的项目需经国家发展和改革委员会审查后，报国务院审批。

③ 部门项目、小型项目和限额以下的项目由各部门审批。

④ 地方投资 2 亿元以下的项目由地方发展和改革委员会审批。

经批准的可行性研究报告是项目最终决策文件，任何人不得随意改动和变更。可行性研究报告经有关部门审查通过后，拟建项目正式立项。随后组建项目管理班子，并着手项目实施阶段的工作。

3. 设计阶段

设计是对拟建工程在技术和经济上进行全面的安排，是工程建设计划的具体化，是组织施工的依据。设计质量直接关系到建设工程的质量，是建设工程的决定性环节。经批准立项的建设工程，一般应通过招标投标择优选择设计单位。

一般的工程进行两阶段设计，即初步设计和施工图设计。有些工程，根据需要可在两阶段之间增加技术设计，形成三阶段设计，即初步设计、技术设计和施工图设计。

(1) 初步设计

初步设计是根据批准的可行性研究报告和设计基础资料，对工程进行系统研究和概略计算，作出总体安排，制订具体实施方案。它由文字说明、图纸和总概算组成，具体内容包括建设的指导思想，总体规划，产品方案，工艺流程，设备选型，占地面积，主要建、构筑物和辅助公用设施，主要设备材料清单和用量，劳动定员，“三废”处理措施，建设工期，工程项目总概算和主要技术经济指标等。初步设计的目的是在指定的时间、空间等限制条件下，在总投资控制的额度内和质量要求下，作出技术上可行、经济上合理的设计和规定，并编制工程总概算。

初步设计不得随意改变已通过批准的可行性研究报告所确定的建设规模、产品方案、工程标准、建设地址和总投资等基本条件。如果初步设计提出的总概算超过可行性研究报告总投资的10%以上，或者其他主要指标需要变更时，应重新向原审批单位报批。

初步设计可作为主要设备的订货、施工准备工作、土地征用、编制施工组织总设计、控制基本建设投资、技术设计或施工图设计的依据。

(2) 技术设计

为了进一步解决初步设计中的重大问题，如工艺流程、建筑结构、设备选型等，应根据初步设计和进一步的调查研究资料进行技术设计。它由文字说明、图纸以及修正设计概算组成。

(3) 施工图设计

在初步设计或技术设计的基础上进行施工图设计，使设计达到施工安装的要求。

施工图设计应结合实际情况，完整、准确地表达出建筑物的外形、内部空间的分割、结构体系以及建筑系统的组成等。

施工图设计的内容包括：建筑平、立、剖面图，建筑详图，结构布置图和详图等以及各种设备的标准型号、规格和各种非标准设备的施工图；还应根据施工图编制设计预算。

施工图是工程项目进行材料、设备等的安排，各种非标准设备的制作，施工图预算的编制，土建与安装工程施工的依据。

《建设工程质量管理条例》规定，建设单位应将施工图设计文件报县级以上人民政府建设行政主管部门或其他有关部门审查，未经审查批准的施工图设计文件不得使用。

建筑工程施工图设计文件重点审查的内容如下：

① 工程的稳定性、安全性审查，包括地基基础和主体结构体系是否安全、可靠。

② 消防、节能、环保、抗震、卫生、人防等是否符合强制性标准、规范。

③ 施工图设计文件是否达到规定的深度要求。

④ 工程是否损害公众利益。

4. 施工准备阶段

工程开工建设之前，应当切实做好各项施工准备工作。其中包括：组建项目法人；征地、拆迁和平整场地；做到施工用水、污水（雨水）排放、施工用电、现场道路、供热管网、电信通信等畅通；通过招标投标，委托工程监理；组织施工招标投标，择优选用施工单位；组织材料设备招标，优选材料设备供货单位；办理施工许可证；报请建设工程质量监督等。

按规定做好施工准备，具备开工条件以后，建设单位申请开工。

审计机关对有关内容如资金来源、支出情况、专业银行存款等进行审计证明，并且图纸满足三个月以上的施工时间，经批准，项目进入下一阶段，即施工安装阶段。

5. 施工安装阶段

建设工程具备开工条件并取得施工许可证后才能开工。

按照规定，工程新开工时间是指建设工程设计文件中规定的任何一项永久性工程第一次正式破土开槽的日期；不需开槽的工程，以正式打桩日期作为开工日期；铁道、公路、水库等需要进行大量土石方工程的，以开始进行土石方工程的日期作为开工日期；工程地质勘察、平整场地、旧建筑物拆除、临时建筑或设施等的施工不算正式开工。

本阶段的主要任务是按设计进行施工安装，建成工程实体。

在施工安装阶段，施工承包单位应当认真做好图纸会审工作，参加设计交底，了解设计意图，明确质量要求；选择合适的材料供应商；做好人员培训；合理组织施工；建立并落实技术管理、质量管理和质量保证体系；严格把好中间质量验收和竣工验收关。

6. 生产准备阶段

工程投产前，建设单位应当做好各项生产准备工作。生产准备阶段是由建设阶段转入生产经营阶段的重要衔接阶段。在本阶段，建设单位应当做好相关的计划、组织、指挥、协调和控制工作。

生产准备阶段的主要工作有：组建管理机构，制定有关制度和规定；招聘并培训生产管理人员，组织有关人员参加设备安装、调试、工程验收；签订供货及运输协议；进行工具、器具、备品、备件等的制造或订货；需要做好的其他有关工作。

7. 竣工验收阶段

建设工程按设计文件规定的内容和标准全部完成，并清理完毕后，达到竣工验收条件，建设单位即可组织竣工验收，勘察、设计、施工和监理等有关单位应参加竣工验收。竣工验收是考核建设成果、检验设计和施工质量的关键步骤，是投资成果转入生产或使用的标志。竣工验收合格并办理建设工程备案手续后，建设工程方可交付使用。

(1) 竣工验收应满足的条件

① 完成工程设计和合同约定的各项内容，达到竣工标准。

② 施工单位在工程完工后，对工程质量进行了全面检查，确认工程质量符合法律、法规和工程建设强制性标准的规定，符合设计文件及合同要求，并提交工程竣工报告。

③ 勘察、设计单位对勘察、设计文件及施工过程中由设计单位参加签署的更改原设计的资料进行了检查，确认勘察、设计符合国家规范、标准要求，施工单位的工程质量达到设计要求，并提交工程质量检查报告。

④ 监理单位在施工单位自评合格，勘察、设计单位认可的基础上，对竣工工程质量进行了检查，核定了合格质量等级，并提交工程质量评估报告。

⑤ 有完整的工程项目建设全过程竣工档案资料。

⑥ 建设单位已按合同约定支付工程款，有工程款支付证明。

⑦ 施工单位和建设单位签署了工程质量保修书。

⑧ 规划行政主管部门对工程是否符合规划设计要求进行了检查，并出具认可文件。

⑨ 有公安、消防、环保等部门出具的认可文件或者准许使用文件。

⑩ 建设行政主管部门及其委托的建设工程质量监督机构等有关部门要求整改的质量问题全部整改完毕。

（2）建设单位竣工验收程序

① 工程完工，建设单位收到施工单位提交的工程质量竣工报告、勘察、设计单位提交的工程质量检查报告以及监理单位提交的工程质量评估报告后，对符合竣工验收条件的工程，组织勘察、设计、施工、监理等单位和其他有关方面的专家组成验收组，制订验收方案。

② 建设单位在工程竣工验收7日前，向建设工程质量监督机构申领《建设工程竣工验收备案表》和《建设工程竣工验收报告》，并同时将竣工验收时间、地点及验收组名单以《建设单位竣工验收通知单》的形式通知建设工程质量监督机构。

③ 建设工程质量监督机构审查该工程竣工验收的十项条件和资料是否符合要求，符合要求的发给建设单位《建设工程竣工验收备案表》和《建设工程竣工验收报告》，不符合要求的，通知建设单位整改，并重新确定竣工验收时间。

（3）建设单位竣工验收的实施

① 建设单位负责组织和实施建设工程竣工验收工作，质量监督机构对工程竣工验收的实施进行监督。

② 由建设单位负责组织竣工验收组。竣工验收组组长由建设单位法人代表或其委托的负责人担任，验收组副组长中至少应有一名工程技术人员，验收组成员由建设单位上级主管部门、建设单位项目负责人、建设单位项目现场管理人员及勘察、设计、施工、监理单位与项目无直接关系的技术负责人或质量负责人组成。建设单位也可邀请有关专家参加验收工作，验收组成员中土建及水电安装专业人员应配备齐全。

③ 竣工验收标准为国家及地方的强制性标准、现行质量检验评定标准、施工验收规范、经审查通过的施工图设计文件及有关法律、法规、规章和规范性文件的规定。

（4）竣工验收备案制度

根据《房屋建筑工程和市政基础设施工程竣工验收备案管理暂行办法》和《房屋建筑工程和市政基础设施工程竣工验收暂行规定》，自2000年4月7日起，开始实行建设工程竣工验收备案制度。

竣工验收后，建设单位应及时向建设行政主管部门或其他有关部门备案并移交工程项目档案。

建设工程自办理竣工验收手续后，勘察、设计、施工、材料等原因造成的质量缺陷，应及时修复，费用由责任方承担。保修期限、返修和损害赔偿应当符合《建设工程质量管理条例》的规定。

1.6.5 国外建设程序

建筑业是古老的产业，已有数千年的历史，而建设程序的真正确立，也只是近百年来的事，主要表现为建立在业主、建筑师、承包商的三边关系基础上的常规建设程序，即业主委托建筑师设计，然后由监理工程师或工程咨询工程师帮助业主进行招标、发包工作，由选定的工程承包商完成建设项目的过程。

与常规建设程序相对应的是第二次世界大战以后发展起来的非常规建设程序，其主要形式有两种：快轨建造法和设计—营造法。

快轨建造法的原理在于设计与施工适当交叉，在设计文件尚未完全确定的情况下，进行发包和营造工作，以达到加速工程进度的目的。

另一种非常规建设程序是设计—营造法。它与常规建设程序及快轨建造法均有所不同，不是以业主、设计方、承包方的三边关系为基础，而是以业主与总承包公司的双边关系为基础。

1. 国外建设基本程序

尽管各个国家的建设基本程序可能不同，但一般都可以概括为投资前期准备阶段与执行阶段。投资前期准备阶段包括机会研究阶段和可行性研究阶段，执行阶段即投资实施。

(1) 投资前期准备阶段

① 机会研究阶段。对一个项目进行机会研究的目的，是通过初步调查研究，探讨建设这个项目的必要性和可能性、投资方向的合理性，初步研究投资的效益，提出投资建议，为潜在投资者提供可以利用的投资机会。这一阶段的成果，可能是一份内容简明的报告，也可能是一份投资建议书。

② 可行性研究阶段。对于大型或复杂的工程项目，还可能要求分为三个层次进行可行性研究，即机会研究、初步可行性研究、详细可行性研究。

初步可行性研究是介于机会研究和详细可行性研究之间的一个中间阶段，它只是一种估算，偏重于对机会研究阶段提出的投资建议进行鉴别和估价，使投资者可以大体上确定该项目是否可行，是否有必要更加详细地调查某些专门或特殊的问题。

详细可行性研究是对工程项目进行全面的技术经济论证，为投资决策提供较为扎实的基础。它使用的数据比较准确，调查的范围比较广泛和详细，还需要进行多种方案的分析比较，以便选优。

(2) 执行阶段

执行阶段的工作包括建立执行机构，筹集资金，确定执行计划的时间表，确定工程规模等。这一时期的工作主要由业主进行，具体包括以下几个方面：

① 工程规划设计和咨询服务。各国对规划设计工作都要求按阶段进行，阶段的划分也大致相似。

概念设计阶段，又称规划设计或方案设计。它的深度视项目的难易程度和项目业主的要求而定。一般应包括设计的依据、设计基础资料概述、主要规划图纸、系统经济分析、方案比较和评价等内容，以作为编制基本设计和施工详图的依据。

基本设计阶段。基本设计主要作为编制施工详图和控制工程造价的基本依据，也有些国家用基本设计阶段的图纸和文件进行工程招标。一般来说，基本设计是根据概念设计和业主的审查意见来编制的。

基本设计的内容与概念设计的内容大致相同，但无论是图纸还是技术说明都更全面、更详细。

详细设计阶段。详细设计又称施工图设计，主要用于工程招标。

基本设计阶段的图纸和技术文件，只需根据业主的审查意见做适当修改，即可用做施工详图，但一般仍需补充各种细节，如结构大样图、专业管线等。

用施工详图进行招标的工程，施工图由设计咨询公司编制。用基本设计进行招标的工程，施工详图可由设计咨询公司在招标后补充提供，或由中标的承包商设计并交咨询工程师审查批准。

②工程招标和投标。国际土木工程招标分为全过程招标（即交钥匙工程）和土建工程招标等，主要方式有公开招标、邀请招标和议标等。

国际竞争性招标的主要步骤按其发生的顺序为：准备招标文件；刊登招标广告；资格预审；发售招标文件；投标准备和投标；开标；评标；签订合同。

招标文件一般由从事基本设计的咨询公司编制。招标文件编制及招标过程中咨询工程师的工作，在有些国家可能得到专门招标机构的指导或协助；对世界银行贷款的项目，世界银行可能指定设计咨询公司进行监督或协助。

③ 协商签订工程承包合同。

④ 工程的具体实施。

2. 英国的常规建设程序

英国的常规建设程序是由英国皇家建筑师学会拟订的，整个过程称为建筑购置或建筑获取，由 11 个部分组成，如表 1-1 所示。

表 1-1　　英国的常规建设程序表

序号	阶　段	具 体 任 务
1	立项或任务书	在这一阶段主要的工作有，拟订项目要求，编制工作计划，成立项目筹建组织，聘请建筑师参与项目初期工作
2	可行性研究	这一阶段的工作大多由业主委托咨询工程师进行。主要工作有研究用户需要、场地条件等，向业主提出自己对项目技术可靠性、经济合理性的评价以及对项目未来营运状况的预测，供业主决策参考；协助业主组织建筑师、工程师及有关人员进行项目场地的实测工作
3	设计大纲或草图规划	通过业主对项目要求的进一步确定，提出项目的总体设计方案。这一工作由业主组织建筑师、工程师、测（估）量师进行
4	方案设计	由建筑师提出总体、外观、构造、施工、概算等全面设计，相关人员提出本专业的初步设计
5	详细设计或施工图	由建筑师组织各专业咨询工程师编制全部设计图纸及预算

续表

序号	阶 段	具体任务
6	生产信息	由建筑师组织各专业咨询工程师编制施工图纸、说明书及项目进度表等施工文件
7	工程量表	由建筑师组织各专业咨询工程师编制工程招标所需要的工程量表及招标文件
8	招标	略
9	合同、项目计划	略
10	合同（施工）	略
11	合同（竣工验收及工程反馈）	略

3. 美国的常规建设程序

美国的常规建设程序是由美国建筑师学会拟订的标准程序，这一程序分为 8 个主要阶段，如表 1-2 所示。

表 1-2 美国的常规建设程序表

序号	阶 段	具体任务
1	设计前期工作	拟订空间及流通规划，调查现有设施，进行市场及可行性研究，进行工程估算及编制建设进度表，提出任务表或建设纲领
2	场地分析	对建设场地的分析、评价以及场地选择
3	方案设计	略
4	设计发展	略
5	施工文件	略
6	招标或谈判	略
7	施工合同管理	略
8	工程后期工作	编制维修、操作计划，工程启用，各种担保以及工程后评价等

4. 世界银行的建设程序

世界银行已形成了一套完整而严密的建设程序，其过程包括贷款项目的选定、准备、评估、谈判、实施和监督、总结评价 6 个阶段，这个过程称为项目周期。

(1) 项目选定

这一阶段，主要是考察由借款国提出的那些需要优先考虑，并符合世界银行贷款原则的项目。这些项目必须是有助于实现国家或地方的长远发展规划，并且按世界银行的标准认为基本可行的项目。

在项目选定阶段，要进行大量的调查和资料收集工作。对于工业项目，通常要收集资源条件、原材料、产品市场情况、公用系统和交通运输条件、厂区地貌、地质、气象水文、环境保护等资料。

在项目选定以前，需要进行项目的投资机会研究。这种研究有四类：地区研究、部门（或行业）研究、资源研究、特定项目的研究。

（2）项目准备

项目准备阶段的主要工作是对项目做可行性研究。与我国的可行性研究工作相类似，借款国在世界银行的密切配合下，对项目的建设必要性、建设条件、工程技术、实施计划和组织机构作出估计；进行财务评价和经济评价，作出风险估计；还要对其环境影响和社会效益进行分析。在可行性研究中，应提出几个可供选择的方案进行比较和分析，推荐最佳方案，最后，编制一份详细的“项目报告”，即“可行性研究报告”。世界银行对可行性研究报告的要求十分严格，其投资费用的估算精度要达到±10%（与理想的平均值相比）。

（3）项目评估

世界银行对可行性研究报告要进行详细的审查和正式评估。借款国提出项目报告后，世界银行就会派出由各种技术、经济专家组成的工作组进行实地考察，全面、系统地检查项目准备的情况和各种原始资料，并与借款国有关部门和设计、咨询机构进行讨论和核实。

评估时，世界银行将对项目可行性研究报告中提出的规模、资源条件、市场预测、工程技术和财务、经济分析作出全面评价，其中对技术、组织、财务等几个方面特别重视。

① 技术方面。技术评估关心的是项目的规模、布局和位置、使用的工艺和设备、所用的技术是否适合当地条件、执行计划的进度是否切实可行、达到预计的产量水平是否可能等问题。技术评估要求项目合理，在工程技术上处理适当，并且符合一般公认的有关标准。

② 组织方面。一般在项目选定前后，就要求借款国建立一个项目（或几个项目）的统一管理机构，负责与世界银行联系，共同管理整个项目周期中的工作；另外建设地区或建设单位还应建立一个执行机构，具体负责实施计划。这些管理、执行机构要有健全的组织、明确的职责并制定必要的规章制度。人员素质（包括知识结构、技术水平和身体状况等）要能适应工作需要。

③ 财务方面。财务评估主要是从项目或企业的角度分析费用和效益，通过投资费用、营业收入、获利能力、清偿能力的预测，据以判断其财务上的可行性。

世界银行的工作组在对选定项目进行深入调查和详细评估后，如果认为该项目确实符合贷款政策和贷款要求，就会向总部提出可行性研究审查报告，呈报主管地区项目的副行长审批。由于世界银行在项目选定、准备和评估阶段中，一直参与调查研究并和借款国进行协调，所以通常不会在最后的评估中加以全盘否定，但常常要求作出补充修改。最后由世界银行正式批准。有些较小的项目，世界银行认为可行性研究报告的质量较好，可以据此作出决策时，可以不经评估，直接进入谈判阶段。

（4）项目谈判

世界银行的主管和项目评估小组提出“绿皮报告书”和“灰皮报告书”，经过行长或执行董事会批准后，就会邀请借款国派代表去华盛顿总部就贷款协定进行谈判，谈判内容不仅包括贷款数额、分配比例、费率、支付办法、还贷方式和期限、采购方式、咨询服务等，而且更重要的是确定借款国保证项目顺利实施的措施和相应的执行机构。世界银行认为经过一系列前期工作以后，一般说来，这一项目应该是优选项目，但如果没有必要的措施保证，轻则延误工期，影响投产和收益，重则丧失时机，使项目落空。所以谈判不是纯技术性的，而是多年前期工作的总结和继续，是借款国和世界银行为保证项目成功，双方承担共同责任和协商共同对策的阶段。

(5) 项目的实施和监督

世界银行贷款项目的实施，从开始到竣工，都受到世界银行的监督。

首先，世界银行要求制订项目执行计划，排出进度表，并进行广泛的监督和监理。

其次，在项目执行过程中，世界银行要求项目单位报送“项目进度报告”，也将不断派遣各种高级专家前往视察和检查，并随时向借款国提出实施中发生的问题，共同研究解决，或调整进度和年度贷款使用计划。

在实施监督阶段，世界银行可根据借款人申请给予一定范围的帮助，如帮助培训人员，派遣管理人员和技术顾问协助建设监理以及帮助解决采购、招标、工程监理、设备鉴定、试车等工作，在施工中发生某些意外事故或变化时，世界银行也可派专人协助调查，分析事故原因，提出解决办法。

(6) 项目的总结评价

项目的总结评价是项目周期的最后一个阶段，其目的在于总结在项目周期管理中应吸取哪些教训，为今后执行同类项目积累经验。同时，这也是对借款国在实施项目中成绩优劣的评价和使用世界银行贷款能力的考核。世界银行作出的总结评价，要征求借款国的意见，并建议借款国编制自己的项目总结评价报告。

世界银行的项目周期一般为 5 ~ 10 年。在 6 个阶段中，很难说哪个特别重要，一般来说，其中选定、准备两个阶段是关系到项目成败的关键。特别是可行性研究，所费精力和时间较多。世界银行前期工作做得比较充分，经过筛选、评估，方案质量比较有保证，以后实施也比较顺利，投资效果较好。在世界范围内，95% 的世界银行贷款项目是成功和比较成功的。世界银行的专家经常指出：在项目管理中，选定、准备和评估阶段的时间不是主要的，项目实施的时间才是主要的。

习题

1. 什么是工程项目经济评价？其基本要求是什么？
2. 什么是工程项目基本建设程序？其内容是什么？
3. 为什么要将可行性研究纳入基本建设程序？
4. 举例说明违反基本建设程序给国民经济造成的重大损失。

第2章 工程项目经济评价的基本要素

进行工程项目经济评价，必须以一定数量的基础资料为依据。投资、成本、折旧、收入、税金和利润等经济变量构成了工程项目经济评价的基本要素。

2.1 投资

2.1.1 投资的概念

投资，一般是指经济主体为获得预期的经济效益而垫付一定数量的货币或其他经济资源于某些事业的经济活动。

投资的构成要素包括投资主体、投资目的、投资方式和投资行为，它们相互联系，形成了投资资金不断循环周转的运动过程。投资主体，也称投资者或投资方，它是具有投资决策权和资金来源的法人或自然人，如各级政府、企业、事业单位、社会团体、个人或其他经济实体；投资主体的投资目的是获得预期的经济效益，取得最大经济效益是投资活动的出发点和归宿。不同的投资主体的投资目的也不完全相同，如政府投资除了追求经济效益，还要兼顾社会效益和生态效益。投资可以运用多种方式，直接投资用于购建固定资产和流动资产，形成实物资产；间接投资用于购买股票、债券，形成金融资产。投资行为不是单一的一次性投入，而是一种连续进行的活动，表现为从资金筹集、分配、使用到回收和增值的全过程的不断循环和周转的过程。

投资是一项复杂的经济活动，具有诸多特点，其中收益性和风险性是两个基本特征。任何投资项目的组织实施都是以一定的资金投入取得预期收益即尽可能大的增值（利润）为目的，特别是生产经营性投资更是如此。投资常伴随着收益不确定性的投资风险，投资实施的结果并不一定会有较高的收益，也会出现亏损而无法回收。投资的收益性与风险性特征，是进行投资项目经济评价，从而优选方案的前提条件。

投资的类型，从形成资产的形态划分，可分为直接投资和间接投资；从投资的用途划分，可分为生产性投资和非生产性投资；从投资的性质划分，可分为固定资产投资和流动资金投资；从工程内容划分，可分为主体工程投资和附属工程投资以及相关工程投资、配套工程投资等。

2.1.2 固定资产投资

固定资产是指在社会再生产中可以长期反复使用的物质资料，是社会再生产活动的基本物质基础。固定资产在使用期内长期反复地参与生产过程，在生产过程中始终保持其原有的物质形态不变，而将其价值通过折旧等方式逐渐转移到利用它所生产的新产品中。在固定资产管理中，划分固定资产的标准，一是使用年限在一年以上，二是单位价值在规定的限额以上。我国现行企业财务制度规定，固定资产是指使用期限超过一年的房屋、建筑物、机器、机械、运输工具以及其他与生产经营有关的设备、器具、工具等。不属于生产经营主要设备的物品，单位价值在 2 000 元以上，并且使用期限超过两年的，也应当作为固定资产。

用于建筑、安装和购置固定资产以及与之相联系的其他工作的投资，称为固定资产投资。固定资产投资可以通过扩大生产能力或增加工程效益的新建、扩建、迁建、恢复固定资产的基本建设实现，也可以通过对现有企业原有设备和设施进行更新和技术改造实现，还可以通过零星购置和建造等其他形式来实现。一般地，固定资产投资由以下几个部分构成：

1. 建筑工程投资

建筑工程投资是指建筑和购置建筑物、构筑物的建设费用，包括厂房、住宅、办公楼、仓库、实验室等建筑物、房屋建筑和包括在房屋预算内的各种管道，照明、通信、电气线路的铺设工程以及设备基础、支柱、窑炉砌筑、金属结构工程，油田、矿井、道路、水利、防空等特殊工程投资。

2. 设备、工具、器具购置投资

设备、工具、器具购置投资包括购置的达到固定资产标准的生产工艺设备，运输、生产维修等设备，试验和化验用仪器、模具、工具台等以及为新建、扩建单位的新建车间设计购置的全部设备、工具和器具。

3. 安装工程投资

安装工程投资是指用于设备安装工程所追加的设备本身购置价值以外的费用，包括工艺、计量、仪表、电力、通信、化验、医疗、维修等设备的安装、绝缘、防腐、保温、油漆，设备内部填充，附属设备及附件管线的装配和装设，设备单机试运转，系统联动无负荷试运转等费用。

4. 其他投资

其他投资是指不属于以上三种投资的其他费用，如土地征用费、迁移补偿费、勘察设计费、建设单位管理费、生产人员培训费、办公及生活家具购置费、科学研究试验费、建设期内贷款利息费、国外引进项目的其他费用等。

5. 预备费

预备费是指在初步设计概算中难以预料的工程费用。预备费用于在设计、施工中增加的工程费用、一般自然灾害所造成的损失和预防自然灾害所采取的措施的费用，验收委员会或验收组鉴定工程质量所必须开挖和修复隐蔽工程而支付的费用以及因物价上涨所需增加的费用。

需要说明的是，这里所说的固定资产投资与企业财务会计核算中的固定资金有所不同。如土地征用费、建设单位管理费，在财务会计核算中作为无形资产和递延资产而不作为固定资金核算。

2.1.3 流动资金投资

流动资金是指在生产和经营过程中供周转使用的资金。流动资金投资形成流动资产。流动资产投入生产和经营后，作为实物形态的材料、构件、燃料、动力等，随着生产和经营活动的深入，不断改变其原有物质形态，或在一个生产周期全部被消耗掉，与此同时其价值也随着实物消耗一次全部地转移到新产品中，并在新产品的实现价值（即销售收入）中得到补偿。流动资金是流动资产的价值形态，在项目筹建阶段，最初表现为货币资金；在项目建设过程中，大部分以原材料、燃料等生产储备资金的形式被占用，投产后这些生产储备资金在生产过程中分别表现为在产品、半成品和产成品资金，通过销售产成品或半成品，收回其价值，还原其货币资金形态。如此循环反复，周转使用，直到项目使用寿命期终结时一次性收回。流动资金的构成如图 2-1 所示。

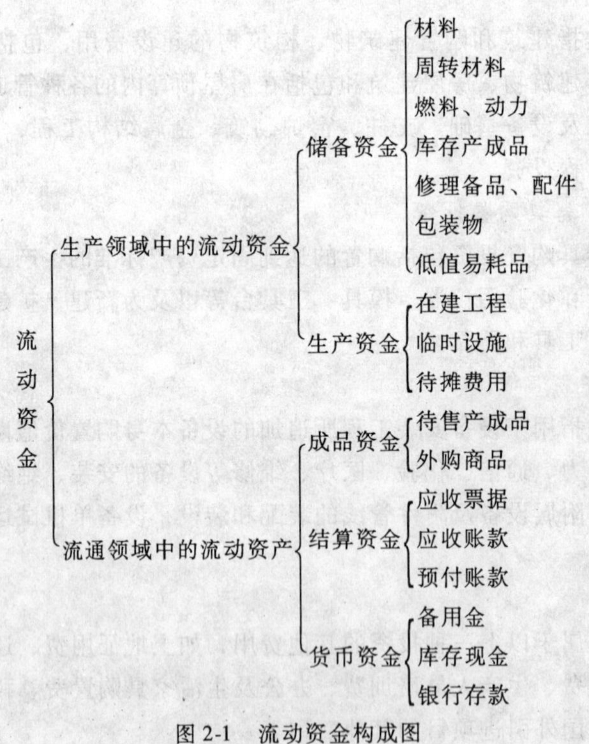

图 2-1 流动资金构成图

由于建筑企业的生产对象具有单件性、非定型性且体积大、生产周期长等特点，建筑产品生产企业所需要的流动资金不同于一般的工业产品生产企业，它具有需求量不定、波动性大的特点。主要表现在建筑产品生产企业承建规模不同、结构相异、用途有别的工程项目时，所需要的流动资金数额是不同的，甚至相差悬殊。即使在同一项目的施工期内，所处的施工阶段不同、施工内容不同也会使流动资金需用量有所不同。况且由于工程合同的内容不同，有时需要施工企业垫付流动资金，有时由建设单位供应建筑材料，特别是施工企业在原有工程施工已接近收尾，新的施工任务尚未落实的时期，企业留存大量的流动资产必将闲置浪费遭受损失。因此，从建筑产品生产企业的生产特点出发，必然要求对流动资金的需求数量有较大的灵活性，能随着生产的要求不断调整流动资金的投入量。

固定资产投资和流动资金投资的总和构成了建设项目的总投资。

2.1.4 项目投资资金的筹措渠道

我国目前有中央政府投资主体、地方政府投资主体、企业投资主体、个人投资主体和外国投资主体等。各投资主体既可以独立投资，也可以通过股份合资、合作等方式进行联合投资，构成了多元化、多层次的投资主体结构。各投资主体投资资金的筹措渠道不完全相同。

1. 中央政府投资主体的资金筹措渠道

中央政府主要是通过财政税收、财政信用和举借外债等渠道筹措资金。

(1) 财政税收

这是指国家通过税收和其他非税收入所取得的财政收入中由中央政府留用和支配的部分。这部分财政收入除了用于中央政府经常性开支外，剩余部分可用于投资。

(2) 财政信用

这是指以国家财政为主体的投资信用。它的具体融资工具是各类政府债券，如公债券、国库券、国家重点建设债券等。

(3) 举借外债

这是指由财政部门出面，代表国家从国外借入款项，用于国内的投资建设的部分。

2. 地方政府投资主体的资金筹措渠道

(1) 财政税收

这是指通过税收和其他非税收入所取得的财政收入中由地方政府留用和支配的部分。这部分财政收入除了用于地方政府的经常性开支外，剩余部分可用于投资。

(2) 财政信用

这是指以地方财政为主体的投资信用，它是在中央财政信用完满实施的前提下展开的。其筹资工具是各类地方政府债券，如省电力债券、省化工债券等。

(3) 其他自筹资金

其他自筹资金包括由地方行政与事业单位的收入结余筹集的地方财政资金、中央财政划拨资金等用于地方建设的投资资金等。

3. 企业投资主体的资金筹措渠道

(1) 自有资金

这是指生产经营性企业从其税后净利中的企业发展基金中筹措的用于生产与非生产项目的投资。

(2) 银行信用

这是指以企业为主体向商业银行申请贷款用于投资。银行信用实行有借有还、有偿使用的原则，借款企业必须依合同在规定的期限内还本付息。

(3) 发行股票和债券

股票是股份公司或股份企业为筹集资金而发给认购者（投资者）的一种所有权凭证。股票的持有人即股份公司的股东。债券也是一种所有权证书。由企业发行的债券，称为（公司）企业债券，债券持有人与发行公司（企业）的关系是债权债务关系，债券本息按规定的偿还年限和债息一经还清，双方关系即告结束。

(4) 民间集资

这是指由企业职工、居民和其他组织等本着自愿的原则筹集的用于投资的资金。

(5) 企业与外国资本合资、合作经营，或通过国际金融机构、外国商业银行贷款、发行国际股票、债券等形式筹集的投资资金

4. 个人投资主体的资金筹措渠道

个人投资主体的资金筹资渠道主要有个人自有资金、民间集资和金融机构信用等。

2.1.5 资金成本

1. 资金成本的概念

项目投资所需要的资金，数额上是比较大的，完全由投资主体通过自筹解决往往难以实现，需要采用不同的投资方式多渠道筹集资金。筹集和使用资金需要考虑资金成本。

所谓资金成本，是指投资主体为筹集资金和使用资金而付出的代价。资金成本由资金筹集费和资金占用费两个部分组成。资金筹集费是在筹集资金的过程中支付的各项费用，包括银行手续费、发行股票及债券支付的印刷费、发行手续费、律师费、资信评估费、公证费、担保费、广告费等。资金占用费是占用或使用资金所支付的费用，包括银行借款、发行股票的利息、股票的股息等。资金占用费是投资主体在生产经营过程中经常发生的费用，而资金筹集费通常是在筹集资金时一次性发生，在计算资金成本时一般作为筹资额的扣除项。投资方案只有在投资收益率大于资金成本时才有利可图，这样的方案才是投资人可以接受的方案；否则，方案将被拒绝。

资金成本的大小，通常用资金成本率表示。资金成本率是资金占用费与扣除资金筹集费后的实际筹资金额的比率，用公式表示如下：

$$K=\frac{D}{P-f} \tag{2-1}$$

或

$$K=\frac{D}{P(1-F)} \tag{2-2}$$

式中，K——资金成本率；

D——资金占用费；

P——筹资金额；

f——资金筹集费；

F——资金筹集费占筹资金额的比率即筹资费率。

2. 资金成本的计算方法

不同来源和筹措渠道的资金成本是不同的。非股份公司的自筹资金往往被看成是自由支配且免费使用的，财政税收资金则具有强制性和无偿性的特点，一般可以不考虑这两种资金的成本。本节将主要研究债务资金和权益资金的资金成本计算方法。

(1)债务资金成本

债务资金包括长期借款资金和债券资金。

①长期借款资金成本。长期借款资金成本由借款利息和筹资费用所组成。长期借款资金成本率的计算公式如下：

$$K_L=\frac{I_L(1-T)}{L(1-F_L)} \tag{2-3}$$

或

$$K_L=\frac{R_L(1-T)}{1-F_L} \tag{2-4}$$

式中，K_L——长期借款资金成本率；

I_L——长期借款年利息；

T——所得税税率；

L——长期借款筹资额；

F_L——长期借款筹资费率；

R_L——长期借款利息率。

(2-3)式、(2-4)式中考虑所得税是因为借款利息在财务上允许计入税前成本费用，使企业税前利润减少，从而起到了抵税的作用。

长期借款的筹资费，主要是借款手续费。当这部分费用很少时，也可以忽略不计。

【例 2-1】　某房地产开发公司取得长期借款 500 万元，年利率为 9%，每年付息一次，到期一次还本付息，筹资费率为 0. 05%，公司所得税税率为 25%。该项长期借款的资金成本率如下：

$$K_L=\frac{9\%\times(1-25\%)}{1-0.05\%}=7.11\%$$

②债券资金成本。发行债券的成本主要指债券筹资费用和债券利息。债券利息构成成本费用，亦可起到抵税的作用。因此，债券资金成本率的计算公式如下：

$$K_b=\frac{I_b(1-T)}{B(1-F_b)} \tag{2-5}$$

式中，K_b——债券资金成本率；

I_b——债券年利息；

T——所得税税率；

B——债券筹资额；

F_b——债券筹资费率。

如果债券是溢价发行或折价发行，计算债券资金成本时应按年进行摊销，这时债券资金成本率的计算公式如下：

$$K_b=\frac{\left[I_b+(B_0-B_i)\times\frac{1}{n}\right](1-T)}{B_i-F} \tag{2-6}$$

式中，K_b——债券资金成本率；

I_b——债券年利息；

T——所得税税率；

B_0——债券的票面价值总额；

B_i——债券发行总价；

n——债券的偿还年限；

F——债券筹资费。

【例 2-2】 某公司发行总面额 2 000 万元的 10 年期债券，采用折价发行，筹集资金总额 1 980 万元，发行费率为 5%，票面利率为 10%，公司所得税税率为 25%。该债券的资金成本率如下：

$$K_b=\frac{\left[2\ 000\times10\%+(2\ 000-1\ 980)\times\frac{1}{10}\right]\times(1-25\%)}{1\ 980\times(1-5\%)}=8.05\%$$

(2)权益资金成本

股票持有人享有发行股票的股份公司财产的所有权，因此，股票资金属于权益资金。股票分为优先股和普通股，两者的资金成本计算方法有所不同。

①优先股资金成本。优先股资金成本率的计算公式如下：

$$K_p=\frac{D_P}{P_p(1-F_p)}=\frac{R_p}{1-F_p} \tag{2-7}$$

式中，K_p——优先股资金成本率；

D_p——年支付优先股利；

P_p——优先股筹资额；

R_p——优先股年股利率；

F_p——优先股筹资费率。

②普通股资金成本。普通股股本可通过两种方式获得，一是留存盈余转普通股，二是发行新普通股。如果股份公司不是将其税后净盈利以发放股利的形式分派给股东，而是留存这部分净盈利作为资本再投资，这实际上相当于股东对股份公司的追加投资。留存盈余转普通股的资金成本，是股东失去向股份公司以外的公司投资的机会成本。留存盈余转普通股的资金成本率的计算公式如下：

$$K_s=\frac{D_1}{P_0}+g \tag{2-8}$$

式中，K_s——留存盈余转普通股资金成本率；

D_1——下年度预期股利额；

P_0——股票现行价格；

g——投资者期望的股利增长率。

公司新发行普通股的资金成本除了资金的使用费(即股利)外，还包括筹资费用(或发行费用)。因此，新发行普通股资金成本率的计算公式如下：

$$K_e=\frac{D_1}{P_0(1-F_e)}+g=\frac{R_e}{1-F_e}+g \tag{2-9}$$

式中，K_e——新发行普通股资金成本率；

D_1——下年度预期股利额；

P_0——股票现行价格；

F_e——新发行普通股筹资费率；

R_e——新发行普通股收益率，即$\frac{D_1}{P_0}$。

g——投资者期望的股利增长率。

【例 2-3】 某建筑公司新发行普通股本共计 1 000 万元，预计第一年股票收益率为 12%，以后每年增长 1%，筹资费率为 2.5%，则该公司新发行普通股的资金成本率如下：

$$K_e=\frac{12\%}{1-2.5\%}+1\%=13.31\%$$

(3)总资金成本

投资主体通过多种渠道和方式筹集资金，不同来源资金的成本各不相同。在筹资决策中，需要确定项目投资所需全部资金的总成本。全部资金的总成本一般是将每笔资金成本进行加权平均计算，其结果即为总资金成本，也称为综合资金成本。总资金成本率的计算公式如下：

$$\overline{K}=\frac{\sum_{i=1}^{n}M_iK_i}{\sum_{i=1}^{n}M_i} \tag{2-10}$$

或

$$\overline{K}=\sum_{i=1}^{n}W_iK_i \tag{2-11}$$

式中，$\overline{K}$——总资金成本率；

M_i——第 i 笔资金实际筹资额；

K_i——第 i 笔资金的资金成本率；

W_i——第 i 笔资金实际筹资额在全部资金筹资额中所占的比重。

2.2　成本

2.2.1　成本的概念

在生产性投资项目中，产品成本是生产和销售产品所消耗的活劳动和物化劳动的货币表现。成本的实质是资源或劳动的消耗，其数量大小用货币额来反映。产品成本的大小受许多因素的影响。在同一种产品的生产中采用的生产技术、生产规模、组织管理方式、物资供应方式不同，在不同的自然和社会环境、商品销售市场、生产要素市场等条件下，形成的产品成本都可能有所差别，甚至差别很大。

项目经济分析中所使用的产品成本概念与企业财务制度中使用的产品成本概念有所不同。首先，二者的构成要素不同。企业财务制度中使用的产品成本，称为产品制造成本，由企业生产过程中实际消耗的直接材料、直接工资、其他直接支出和制造费用或间接费用构成；项目经济分析中所使用的产品成本称为产品总成本费用，是一定时期内生产和销售一定数量的产品所发生的全部费用，它除了产品制造成本外，还应包括管理费用、财务费用和销售费用。其次，企业财务会计中核算的产品成本，是实际发生的成本，是在特定条件下形成的确定的数额；项目经济分析是对拟建项目未来生产中产品劳动消耗总量用历史数据进行的估计和预测，它要受到项目实施中的一些不确定的因素的影响，因而与实际值会有一定的偏差。最后，项目经济分析中除了产品成本概念以外，还有经济成本、边际成本、机会成本、沉没成本等概念。

2.2.2　总成本费用的构成

在建筑产品生产企业中，施工企业和房地产开发企业的生产具有不同的特点，因而它们所生产的产品的总成本费用的构成也有所不同。

1. 施工企业的产品总成本费用构成

（1）直接费用

直接费用是指施工企业为完成建筑产品建造合同所发生的、可以直接计入合同成本核算对象的各项费用支出，它包括以下 4 个部分：

① 耗用的人工费用。主要包括从事工程建造的人员的工资、奖金、福利费、工资性质的津贴等支出。

② 耗用的材料费用。主要包括施工过程中消耗的构成工程实体或有助于形成工程实体的原材料、辅助材料、构配件、零件、半成品的成本和 周转材料的摊销及租赁费用。

③ 耗用的机械费用。主要包括施工生产过程中使用自有施工机械所发生的机械使用费、租用外单位施工机械所发生的租赁费和施工机械的安装、拆卸和进出场费。

④ 其他直接费用。主要包括有关的设计和技术援助费用、施工现场材料的二次搬运费、生产工具使用费、检验试验费、工程定位复测费、工程点交费用、场地清理费用等。

（2）现场经费

现场经费是指企业下属施工单位或生产单位为组织和管理生产活动所发生的费用，包括临时设施摊销费用和施工、生产单位管理人员工资、奖金、职工福利费、劳动保护费、固定资产折旧费及修理费、物料消费、低值易耗费摊销、取暖费、水电费、办公费、差旅费、财产保险费、工程保修费、排污费等。

（3）管理费用

管理费用是指企业行政管理部门为组织和管理生产经营活动所发生的各项费用以及企业为订立施工合同而发生的差旅费、投标费等。

（4）财务费用

财务费用是指企业为筹集生产经营资金而发生的费用，如企业生产经营期间发生的利息净支出、汇兑净损失、金融机构手续费以及为筹资发生的其他费用。

2. 房地产开发企业的产品总成本费用构成

（1）土地征用拆迁补偿费

土地征用拆迁补偿费包括土地征用费、耕地占用税、劳动力安置费及有关地上、地下附着物拆迁补偿的净支出、安置动迁用房支出等。

（2）前期工程费

前期工程费包括规划、设计、项目可行性研究、水文、地质、测绘、"三通一平"等支出。

（3）建筑安装工程费

建筑安装工程费包括建造商品房的直接费用和间接费用。

（4）基础设施建设费

基础设施建设费包括建造基础设施的直接费用和间接费用。

（5）公共配套设施费

公共配套设施费包括建造公共配套设施的直接费用和间接费用。

（6）销售费用

销售费用是指企业在销售产品或提供劳务等过程中所发生的各项费用以及专设销售机构的各项费用。

（7）管理费用

管理费用是指企业行政管理部门为管理和组织经营活动而发生的各项费用。

（8）财务费用

财务费用是指企业为筹集资金而发生的各项费用。

2.2.3 项目经济分析中的其他成本概念

1. 经营成本

经营成本是项目经济分析中所特有的一个概念，是在总成本费用中扣除折旧费、维修费、摊销费和利息之后的一部分费用。用公式表示如下：

经营成本=总成本费用-折旧费-维修费-摊销费-利息

设置经营成本这一概念的目的是便于进行项目现金流量分析。在现金流量表中，各项现金流入和流出都必须与相应的流动时点对应，也就是说收支在何时发生，就应该在何时计算。由于投资已在其发生时作为一次性支出被计为现金流出，折旧作为对投资形成的资产磨损的价值补偿费用就不能计为现金流出，否则就发生了重复计算。维修费、摊销费与折旧费的性质一样，也不能重复计算。贷款利息是项目实际发生的现金流出，但现金流量分析中是以全部投资作为计算基础，不分资金来源，所以也不必考虑贷款利息支出问题。因此，在项目经济分析中，为了计算和分析方便，引入经营成本这一概念，并把它作为一个单独现金流出项目列出。

2. 机会成本

机会成本是指把一种具有多种用途的稀缺资源用于某一特定用途上时，所放弃的其他用途中的最佳用途的收益。人们在利用自己的经济资源时，往往选择实际收益大于机会成本的项目。例如，一笔资金可投资于 A、B、C、D 四个项目，它们的收益分别为 20 万元、80 万元、30 万元和 120 万元。通过比较投资者将这笔资金投入收益最佳的 D 项目，从而放弃了 A、B、C 三个投资机会，其中，次佳的 B 项目的收益即为投资于 D 项目的机会成本。

机会成本是理论经济学中的一个概念，它不是实际发生的支出。在项目经济分析中，机会成本的概念十分重要。这是因为投资者能投入的资金或可利用的经济资源是有限的，具有稀缺性，当这种有限的资源可同时用于两个或多个备选方案时，只有把机会成本同时考虑进去，使收益大于机会成本，才能保证选用最佳方案，从而实现资源的最佳配置和利用。

3. 沉没成本

沉没成本是过去的成本支出，是项目投资决策评价前已经花费的，在目前的决策中无法改变的成本。在项目评价或决策中，当前决策所考虑的是未来可能发生的费用及所能带来的收益，沉没成本与当前决策无关，因此在下一次的决策中不予考虑。

4. 边际成本

边际成本是指增加一个单位产品的产量时所增加的成本，也就是增加最后一个单位产品生产的成本。边际成本可用成本增量与产量增量之比来计算，其公式如下：

$$边际成本=\frac{成本增量}{产量增量}$$

【例 2-4】　某项目投资于一种产品有两个可供选择的方案，A 方案产量为 8 万吨，生产总成本为 1 800 万元；B 方案产量为 10 万吨，生产总成本为 1 950 万元，那么，选择 B 方案时将产量从 8 万吨增加到 10 万吨的边际成本如下：

$$边际成本=\frac{1\,950-1\,800}{10-8}=75\ （万元/吨）$$

边际成本的经济学意义表现在：当边际收益即增加最后一个单位产品生产所增加的收益大于边际成本时，增加产量、扩大生产规模的决策有助于投资者增加利润总额，因而此投资方案是可取的；当边际收益小于边际成本时，增加产量、扩大生产规模的决策会使投资者的利润减少，因而此投资方案是不可取的；当边际收益与边际成本相等时，当前的生产规模是投资者获利最大的生产规模，因而也是最佳的，不需要改变。

2.3 折旧

2.3.1 折旧的概念

固定资产折旧，简称折旧，是指固定资产在使用过程中，逐渐损耗而消失的那部分价值。固定资产在使用中损耗的这部分价值，应当在固定资产的有效使用年限内进行分摊，形成折旧费用，计入各期的产品成本。

生产中的固定资产可以长期反复参加生产经营活动，并在这一活动中保持其原有的实物形态不变，但其价值却随着固定资产的使用损耗而逐渐转移到所生产的产品中构成了生产费用，然后通过产品的销售活动，形成销售收入，收回货款，弥补了成本费用，从而使这部分价值损耗得到了补偿。固定资产的损耗可分为两种，即有形损耗和无形损耗。有形损耗是指生产因素和自然因素的影响所引起的固定资产使用价值和价值的物理损耗和化学损耗；无形损耗是指科学技术进步致使同类产品生产费用降低所引起的原有固定资产贬值的损耗，也称为精神损耗。有形损耗是显而易见的，如机械磨损、自然侵蚀等，因而有形损耗也较容易测定和计量，而无形损耗的数量却较难准确地测定和计量，并且随着科学技术的日新月异，产品更新周期不断缩短，固定资产的无形损耗有时比有形损耗更为严重，对计算折旧的影响很大。

2.3.2　影响折旧的因素

影响折旧额计算的因素主要有以下三个方面：

1. 折旧基数

折旧基数，指计算固定资产折旧的基数，一般为取得固定资产的原始成本，即固定资产原值。不同类型固定资产的原值的构成也有所不同。新建项目的固定资产原值包括建筑安装工程费用、设备工具、器具购置费、其他投资费用摊销等；改扩建或更新改造项目的固定资产原值，是指建设前的原值加上建设中的费用支出，再减去不需用或报废的原值；零星购置的固定资产原值，是固定资产的购置、安装、调试等费用的总和。

2. 固定资产净残值

固定资产净残值是指预计在固定资产报废时可以收回的残余价值扣除预计清理费用后的数额。残余价值和清理费用只有在它被清理并在市场上出售后才能准确地计量，而折旧却是在使用中逐期计提的，因此折旧计算只能人为地估计，这不可避免地会产生主观臆断。为了避免人为调整净残值数额从而人为地调整计提折旧额，进而影响企业实现的利润和所得税的缴纳。我国企业会计制度规定，净残值按照固定资产原值的 3% ~5%，由企业自主确定。由于情况特殊，需调整残值比例的，应报主管机关备案。

3. 固定资产使用年限

固定资产使用年限的长短直接影响着生产经营各期应计提的折旧额。确定固定资产使用年限时，不仅要考虑固定资产的有形损耗，还要考虑固定资产的无形损耗。由于这两种损耗难以准确估计，因此，固定资产的使用年限也只能预计，同样具有主观随意性。国家为了控制所得税税源，对各类固定资产使用年限的范围做了规定，企业应根据国家的有关规定，结合本企业的具体情况合理地确定固定资产的折旧年限。

2.3.3　折旧的计算方法

折旧的计算方法很多，有平均年限法、工作量法和加速折旧法等。由于固定资产折旧方法的选用直接影响到产品成本费用的计算，也影响到企业实现的利润和纳税，从而影响着国家财政收入以及社会产品在国家、企业与个人之间的分配关系。因此对固定资产折旧方法的选用，国家历来都有比较严格的规定。目前，我国《施工、房地产开发企业财务制度》规定，企业固定资产折旧方法一般采用平均年限法和工作量法。技术进步较快和使用寿命受工作环境影响较大的施工机械和运输设备，经财政部批准，可采用双倍余额递减法和年数总和法计提折旧。固定资产计提折旧额的基本计算公式如下：

$$固定资产计提折旧额=折旧基数×折旧率$$

1. 平均年限法

平均年限法又称直线法，是在固定资产的使用年限内，将折旧平均分摊到各期中的一种方法，其计算公式如下：

$$年折旧率=\frac{1-预计净残值率}{折旧年限} \tag{2-12}$$

$$年折旧额=年折旧率×固定资产原值 \tag{2-13}$$

【例 2-5】 某企业有两座仓库，原值为 100 万元，预计使用年限为 20 年，预计净残值率为 4%，该仓库年折旧率和年折旧额计算如下：

$$年折旧率=\frac{1-4\%}{20}×100\%=4.8\%$$

$$年折旧额=100\ 万元×4.8\%=4.8\ (万元)$$

采用平均年限法在固定资产使用年限内各年计提的折旧额均相等，这反映了该项固定资产在各期的损耗都相同，因此，它比较适合于固定资产在各个时期使用强度大体相等的情况。通常情况下，在固定资产初期使用的效率高，产出多，而在后期使用的效率低，产出也相对较少，使用平均年限法则没有考虑到因固定资产对生产的贡献大小所应分摊折旧额的差别。另外，一旦发生无形磨损，平均年限法下尚未分摊的折旧价值更大，对企业造成的经济损失也将更大。

2. 工作量法

工作量法是根据固定资产实际工作量计提折旧额的一种方法，其计算公式有如下两种：

（1）按照行驶里程计算

$$单位里程折旧额=\frac{固定资产原值×(1-预计净残值率)}{总行驶里程} \tag{2-14}$$

$$某项固定资产年折旧额=固定资产当年行驶里程×单位里程折旧额 \tag{2-15}$$

（2）按照工作小时计算

$$每工作小时折旧额=\frac{固定资产原值×(1-预计净残值率)}{总工作小时数} \tag{2-16}$$

$$某项固定资产年折旧额=该固定资产当年工作小时数×每工作小时折旧额 \tag{2-17}$$

【例 2-6】 某企业购入货运卡车一辆，原值为 30 万元，预计净残值率为 5%，预计总行驶里程为 60 万公里，当年行驶里程为 3.6 万公里，该项固定资产的年折旧额计算如下：

$$单位里程折旧额=\frac{30×(1-5\%)}{60}=0.475\ (万元/万公里)$$

本年折旧额 = 3.6×0.475 = 1.71（万元）

工作量法实际上也是直线法，只不过是按照固定资产所完成的工作量平均计算每期的折旧额。

3. 双倍余额递减法

双倍余额递减法是在不考虑固定资产残值的情况下，根据每一期初固定资产账面余额和双倍的直线折旧率计算固定资产折旧的一种方法。双倍余额递减法的计算公式如下：

$$年折旧率 = \frac{2}{预计使用年限} \times 100\% \tag{2-18}$$

$$年折旧额 = 固定资产账面净值 \times 年折旧率 \tag{2-19}$$

为了使计算中最后一年的固定资产账面净值不低于其预计残值，采用双倍余额递减法计提折旧额时，应当在其固定资产使用年限到期以前的两年内，将固定资产净值扣除净残值的余额平均摊销。

【例 2-7】　某高新技术企业进口一条生产线，固定资产原值为 40 万元，预计使用 5 年，预计净残值为 1.6 万元，该生产线按双倍余额递减法计算各年的折旧额如下：

$年双倍直线折旧率 = \frac{2}{5} \times 100\% = 40\%$

第一年计提折旧额 = 40×40% = 16（万元）

第二年计提折旧额 =（40−16）×40% = 9.6（万元）

第三年计提折旧额 =（40−16−9.6）×40% = 5.76（万元）

$第四年计提折旧额 = \frac{(40-16-9.6-5.76)-1.6}{2} = 3.52（万元）$

$第五年计提折旧额 = \frac{(40-16-9.6-5.76)-1.6}{2} = 3.52（万元）$

上述计算结果如表 2-1 所示。

表 2-1　　年折旧额计算结果　　单位：万元

年　份	年初净值	折旧率	折旧额	累计折旧	年末净值
0	0.00	0	0.00	0.00	40.00
1	40.00	40	16.00	16.00	24.00
2	24.00	40	9.60	25.60	14.40
3	14.40	40	5.76	31.36	8.64
4	8.64	—	3.52	34.88	5.12
5	5.12	—	3.52	38.40	1.60

4. 年数总和法

年数总和法也叫合计年限法，它是用固定资产的原值减去残值后的净额乘以一个递减的折旧率来计算各年的折旧额。这个折旧率的分子是固定资产尚可使用的年数，分母是各年预计使用年数之和。年数总和法计提折旧的计算公式如下：

$$年折旧率=\frac{尚可使用年数}{各年预计使用年数之和} \tag{2-20}$$

或
$$年折旧率=\frac{预计使用年数-已使用年数}{预计使用年数\times（预计使用年数+1）\div 2} \tag{2-21}$$

$$年折旧额=（固定资产原值-净残值）\times 年折旧率$$

【例 2-8】 仍以例 2-7 中使用期限为 5 年的固定资产为例，在采用年数总和法计提折旧时，在折旧期限内，各年的尚可使用年数分别为 5 年、4 年、3 年、2 年和 1 年，年数总和为 15 年，年折旧额计算如下：

第一年：

$$年折旧率=\frac{5}{15}$$

$$年折旧额=（40-1.6）\times\frac{5}{15}=12.80（万元）$$

第二年：

$$年折旧率=\frac{4}{15}$$

$$年折旧额=（40-1.6）\times\frac{4}{15}=10.24（万元）$$

第三年：

$$年折旧率=\frac{3}{15}$$

$$年折旧额=（40-1.6）\times\frac{3}{15}=7.68（万元）$$

第四年：

$$年折旧率=\frac{2}{15}$$

$$年折旧额=（40-1.6）\times\frac{2}{15}=5.12（万元）$$

第五年：

$$年折旧率=\frac{1}{15}$$

$$年折旧额=（40-1.6）\times\frac{1}{15}=2.56（万元）$$

上述计算结果如表 2-2 所示。

表 2-2　　**年折旧额计算结果**　　单位：万元

年份	尚可使用年数	原值-残值	折旧率	折旧额	累计折旧额	净值
0	—	—	—	—	—	40
1	5	38.4	5/15	12.80	12.80	27.20
2	4	38.4	4/15	10.24	23.04	16.96

续表

年份	尚可使用年数	原值-残值	折旧率	折旧额	累计折旧额	净值
3	3	38.4	3/15	7.68	30.72	9.28
4	2	38.4	2/15	5.12	35.84	4.16
5	1	38.4	1/15	2.56	38.40	1.6

在上述几种固定资产折旧方法中，双倍余额递减法和年数总和法属于加速折旧法。采用加速折旧法计提固定资产的折旧额，可在固定资产使用的早期多提折旧，后期少提折旧，其递减速度逐年加快。这样，可以在固定资产估计的耐用期限内加速得到补偿，从而尽可能减少技术进步引起无形损耗而使固定资产被提前淘汰所造成的损失。

2.4　收入、税金和利润

2.4.1　营业收入

营业收入是建筑产品生产企业一定时期内在生产经营活动中，通过生产、销售建筑产品和提供劳务所取得的货币收入。由于建筑产品生产企业的生产经营特点不同，营业收入的计算方法也有所不同。

1. 建筑施工企业的营业收入的计算公式

营业收入 = 建筑工程施工收入 + 安装工程施工收入 + 其他业务收入

式中，建筑工程施工收入 = $\sum$ 建筑产品总面积 × 单位面积工程造价

安装工程施工收入 = $\sum$ 安装产品数量 × 单位产品工程造价

其他业务收入 = 作业收入 + 产品销售收入 + 多种经营收入 + 其他收入

2. 房地产开发企业的营业收入的计算公式

$$营业收入 = \begin{matrix}商品房\\销售收入\end{matrix} + \begin{matrix}配套设施\\销售收入\end{matrix} + \begin{matrix}代建工程\\施工收入\end{matrix} + \begin{matrix}房屋\\出租收入\end{matrix} + \begin{matrix}其他业务\\收入\end{matrix}$$

式中，商品房销售收入 = $\sum$ 商品房销售面积 × 单位面积销售价格

配套设施销售收入 = $\sum$ 配套设施销售量 × 单位配套设施销售价格

房屋出租收入 = $\sum$ 房屋出租数量 × 单位房屋租金

代建工程施工收入、其他业务收入与施工企业建筑工程施工收入、其他业务收入的计算方法相同。

营业收入是一定时期内建筑产品生产企业以产品或商品出售时的市场价格（结算价或成交价）计算的劳动成果，是反映项目真实收益的经济参数，是项目现金流入的一个重要组成部分。

2.4.2 税金

税金是国家依法对有纳税义务的单位和个人征收的财政资金。对于纳税义务人，税金是其财务上的一种支出或费用。我国现行税金由税务机关、财政机关和海关管理部门分别征收，其中税务机关征收的称为工商税。建筑产品生产企业经济评价中涉及的主要税金有如下几种。

1. 营业税

营业税是以在我国境内提供应税劳务、转让无形资产或销售不动产所取得的营业额为征税对象而征收的一种工商税。

营业税的税目包括交通运输业、建筑业、金融保险业、邮电通信业、娱乐业、服务业、转让无形资产、销售不动产。税率分3%、5%、20%（娱乐业5%~20%）等几个档次。

建筑业，是指建筑安装工程作业，适用税率3%，营业税征收范围包括建筑、安装、修缮、装饰和水利、道路、钻井、建筑或构筑物拆除、平整场地、爆破、搭拆脚手架等其他工程作业。

销售不动产，是指有偿转让不动产所有权的行为，包括销售建筑物或构筑物，销售其他土地附着物。

不动产租赁，属服务业税目，营业税税率为5%。

营业税应纳税额的计算公式如下：

营业额应纳税额=营业额×适用税率

2. 城市维护建设税

城市维护建设税，是国家为了加强城市维护和建设，向缴纳增值税、消费税、营业税的单位和个人征收的专用于城市维护和建设的一种工商税。

城市维护建设税以纳税人实际缴纳的增值税、消费税、营业税税额为计税依据，分别与增值税、消费税和营业税同时缴纳。税率因纳税人所在地不同而有所差别。纳税人所在地在省辖市、地辖市市区的，税率为7%；纳税人所在地在县城、镇的，税率为5%；城市郊区、县城城郊的国有企业，税率分别为7%和5%；工矿区内的企业，税率为5%；凡不在上述范围内的企业，税率为1%。

城市维护建设税应纳税额的计算公式如下：

城市维护建设税应纳税额=（营业税+增值税+消费税）×适用税率

3. 教育费附加

教育费附加是为了加快地方教育事业的发展，扩大地方经费的资金来源而开征的一项附加费用。教育费附加收入纳入财政预算管理，作为教育专项基金，主要用于改善各地教学设施和办学条件。

缴纳增值税、消费税、营业税的单位和个人除缴纳农村教育事业费附加的单位外，都应当按规定缴纳教育费附加。教育费附加随增值税、营业税、消费税同时缴纳，由税务机关负责征收。

教育费附加以各纳税人实际缴纳的增值税、消费税、营业税为计征依据，税率为3%，其计算公式如下：

应纳教育费附加=（营业税+增值税+消费税）×3%

4. 土地增值税

土地增值税是对纳税人转让房地产所取得的土地增值额所征收的一种工商税。凡是转让国有土地使用权、地上建筑物及其附着物的经营活动，无论是出售土地使用权还是房屋产权和土地使用权一并出售，均要缴纳土地增值税。

土地增值税以纳税人转让房地产所取得的增值额，即以纳税人转让房地产所取得的收入减去允许扣除项目金额后的余额为计税依据。土地增值税允许扣除的项目有：取得土地使用权所支付的金额；开发土地的成本、费用；新建房及配套设施的成本、费用，或者旧房及建筑物的评估价格；与转让房地产有关的税金；财政部规定的其他扣除项目。土地增值税的计算公式如下：

土地增值税应纳税额=增值额×适用税率-扣除项目金额×速算扣除系数

另外，纳税人建造普通标准住宅出售，增值额未超过扣除项目金额的20%以及因城市实施规划，国家建设需要而被政府批准依法征用、收回的房地产免征土地增值税。土地增值税税率及速算扣除系数如表2-3所示。

表2-3　**土地增值税税率及速算扣除系数表**

土地增值额占扣除项目金额的百分比	适用税率（%）	速算扣除系数（%）
50及其以下	30	0
50~100	40	5
100~200	50	15
200以上	60	35

5. 企业所得税

企业所得税是指对企业生产、经营所得和其他所得征收的一种工商税。企业的生产、经营所得和其他所得，包括来源于中国境内和境外的所得。企业所得税的纳税人包括国有企业、集体企业、私营企业、联营企业、股份制企业和有生产、经营所得和其他所得的其他实行独立经济核算的企业或组织。

企业所得税的计税依据是应纳税所得额，即纳税人每一纳税年度的收入总额减去国家规定准予扣除项目后的余额。企业所得税的计算公式如下：

应纳税额=应纳税所得额×适用税率

2.4.3　利润

利润是企业生产经营活动的最终成果的体现，利润最大化是投资者的主要经济目标，评价投资项目的经济效益应以利润为主要依据。项目经济分析中涉及的利润包括利润总额和税后利润。

利润总额=营业利润+投资净收益+营业外收支净额

其中，营业利润=营业收入-销售税金及附加-营业成本-管理费用-销售费用-财务费用

税后利润是利润总额扣除企业所得税后的余额。

2.5 资金的时间价值

项目建设和生产运营的目的，是通过投入资本、劳务、技术等生产要素，向社会提供有用的物品或服务。用货币和市场价格量化工程项目的投入和产出，并使之在不同的方案之间具有时间上的可比性，是项目经济分析最重要的基础工作，也是正确计算项目经济效果评价指标的前提。

2.5.1 现金流量及其分类

1. 现金流量的概念

(1) 现金流量的定义

所谓现金流量 (cash flows)，是特定经济系统（这个系统可以是一个工程项目、一个企业，也可以是一个地区、一个部门或者是一个国家）在一定时期内（如年、半年、季）现金的流入数量和流出数量的代数和。

流入系统的现金称为现金流入 (cash inflows)，通常用 CI 表示。例如，企业通过销售商品或提供劳务、出售设备、从金融机构获得借款等取得的现金，都是现金流入。流出系统的现金称为现金流出 (cash outflows)，通常用 CO 表示。例如，企业购买货物、购置固定资产、偿还债务等支付的现金，都是现金流出。同一时点上现金流入与现金流出之差称为净现金流量，通常用 CI-CO 表示。净现金流量有正有负，正现金流量表示一定时期的净收入，负现金流量为一定时间的净支出。

(2) 确定现金流量需要注意的问题

① 每一笔现金流入和现金流出都应有明确的发生时点。

② 现金流量不受经济系统内部现金转移和人为调整的影响，即现金流量必须是实际发生的。例如，不应将应收账款、应付账款、暂时不能兑现的有价证券和不能立即出让的固定资产账面价值等作为现金流量。

③ 确定同一项活动的现金流量，因所站的立场和看问题的出发点不同将会产生不同的结果。例如，国家对企业经济活动征收的税金，从企业角度看是现金流出，而从整个国民经济的角度看，由于税金对国家来说所有权并未改变，而是在国家范围内资金的一种再分配，所以它既不是现金流入也不是现金流出。

(3) 现金流量图

所谓现金流量图就是能反映经济系统现金流量运动状态的示意图，即把经济系统的现金流量绘入一个时间坐标图中，表示出各现金流入、流出与相应时点的对应关系，如图 2-2 所示。

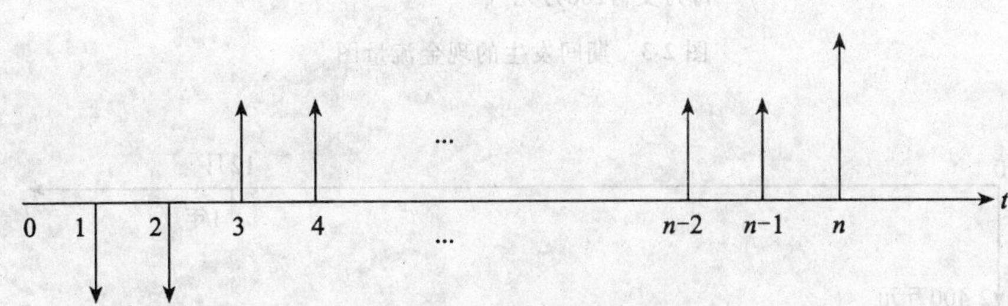

图 2-2　现金流量图

对于一个经济系统，其不同时点各种现金流量的流向、数额都不尽相同。为了正确地进行项目经济分析并方便计算，我们有必要借助现金流量图来进行描述。

现以图 2-2 说明现金流量图的作图方法：

① 以横轴为时间轴，向右延伸表示时间的延续，轴上每一刻度表示一个时间单位，可取年、半年、季或月等，在不作特别说明的情况下，一般以年表示；0 表示时间序列的起点；n 表示时间序列的终点。

② 垂直于时间坐标的箭线表示不同时点的现金流量的大小和方向。一般规定，在横轴上方的箭线表示现金流入；在横轴下方的箭线表示现金流出。有时为了解决问题的方便，也可以做相反的约定。

③ 在现金流量图中，箭线长短与现金流量数值的大小本应成比例。但由于经济系统中各时点现金流量的数额常常相差悬殊，很难成比例绘出，故在现金流量图的绘制过程中，箭线长短只要能适当体现各时点现金流量数值的差异，并在各箭线上方（或下方）注明其现金流量的数值即可。

④ 箭线与时间轴的交点即为现金流量发生的时点。

⑤ 时间序列中某一期的期末正好是下一期的期初。

⑥ 现金流入和现金流出总是针对特定的系统而言的。例如，企业从银行贷款，对企业来说是现金流入，对银行来说则是现金流出。

总之，要正确绘制现金流量图，应该把握好现金流量的三要素，即现金流量的大小、方向和时点。

当经济系统运行时，现金流入或流出并不只是发生在期初或期末。例如，图 2-3 说明某一年的投资按月支付，每月支付 200 万元，如果以年为单位，就需要按照一定的规则对期间发生的现金流量进行简化处理。

绘制现金流量图时可以选择以下几种方法：

① 年初法。即绘制现金流量图时一般假定现金的收取或支付都集中在每期的期初。此时，图 2-3 可以简化成图 2-4。本书不做特别说明时，绘制的现金流量图遵循年初法。

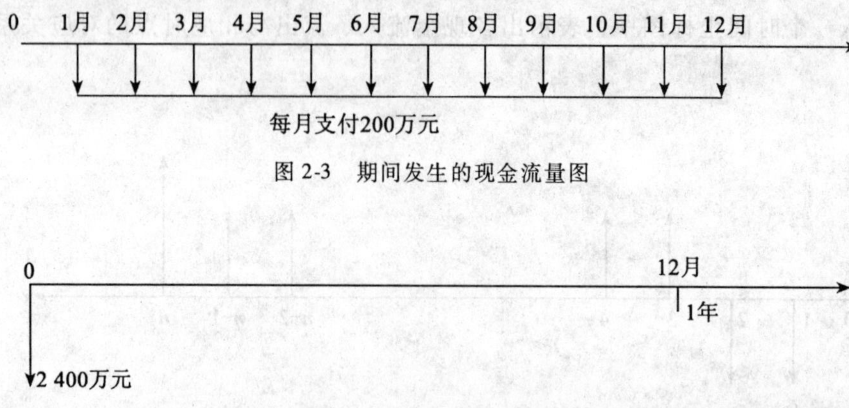

图 2-3　期间发生的现金流量图

图 2-4　年初法现金流量图

② 年末法。即绘制现金流量图时一般假定现金的收取或支付都集中在每期的期末。此时，图 2-3 可以简化成图 2-5。

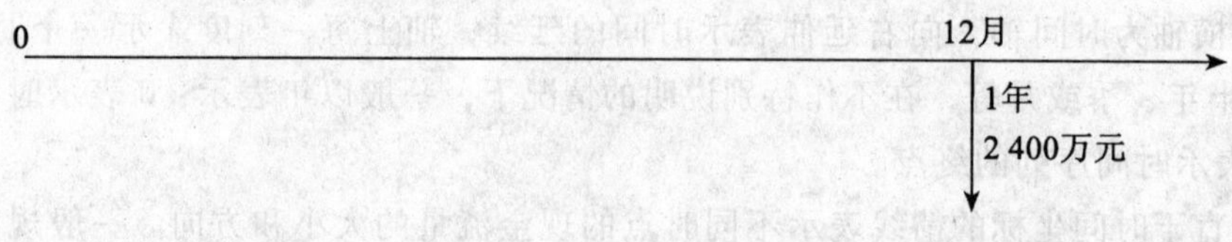

图 2-5　年末法现金流量图

③ 年中法。即绘制现金流量图时一般假定现金的收取或支付都集中在每期的期中。此时，图 2-3 可简化成图 2-6。

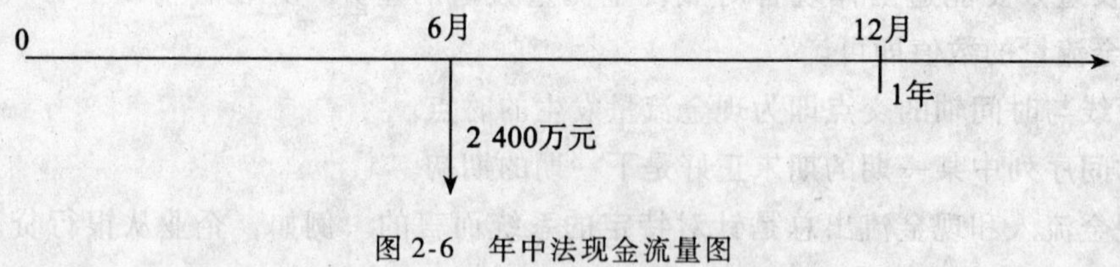

图 2-6　年中法现金流量图

（4）现金流量的作用

在现代市场经济环境下，经济系统的所有者和债权人最关心的莫过于系统的现金流量情况。在项目经济分析中，现金流量的作用主要体现在以下几个方面：

① 现金流量可以将技术方案的物质形态转化为货币形态，为正确计算和评价活动方案的经济效果提供统一的信息基础。对技术方案可以从物质形态与货币形态两个方面进行考察。从物质形态来看，经济主体通过提供其他经济主体所需要的产品或劳务，获得自己需要的厂房、设备、原材料、能源、动力等；从货币形态来看，经济主体通过垫付资本，

在生产经营中花费成本，获得销售收入和利润。在现代市场经济条件下，活动方案的物质形态由于缺乏可比性和灵活性而受到限制，而货币形态由于具有一般等价物的特点而得到了广泛使用。

② 现金流量能够反映人们预先设计的各种活动方案的全貌。在经济活动的前期决策阶段，研究人员提出的各种备选方案以及每个备选方案中的产品方案、工艺方案、筹资方案、建设方案和经营方案等，都可以通过预测或估计的现金流量得到具体的展示。

③ 现金流量能够真实地揭示经济系统的盈利能力和清偿能力。项目经济分析的目的，就是要根据方案的现金流出与现金流入，通过计算经济效果评价指标，选择合适的技术方案。而经济活动的盈利能力指标和清偿能力指标主要是通过现金流量图计算出来的。

2. 各类经济活动的主要现金流量

为了清晰地揭示各类经济活动对现金流量的影响情况，需要对影响现金流量的活动进行分类。影响现金流量的经济活动可分为三大类：投资活动、筹资活动和经营活动。

(1) 投资活动及其现金流量

投资活动是指经济主体对固定资产、无形资产和其他资产等长期资产的购建及处置活动。经济主体从事投资活动特别是进行固定资产投资，一般都会使该时期的现金大量流出。例如，用现款购置机器设备，认购有价证券等。经济主体的投资活动不仅包括某个时期进行投资而发生的现金流出活动，还包括与投资有关的各种现金流入活动，如回收的投资、变卖固定资产所取得的现金收入、转让有价证券获取的现金等。

投资活动现金流入的主要项目如下：

① 收回投资所得到的现金；

② 分得股利或利润所收到的现金；

③ 取得债券利息收入所收到的现金；

④ 处置固定资产、无形资产和其他长期投资而收到的现金净额。

投资活动现金流出的主要项目如下：

① 购建固定资产、无形资产和其他长期资产而支付的现金或偿还相应的应付款项；

② 权益性投资支付的现金；

③ 债券性投资支付的现金。

(2) 筹资活动及其现金流量

筹资活动是指经济主体从所有者那里获得自有资金和向它们分配投资利润以及从债权人那里借得货币、其他资源和偿还借款等活动。

筹资活动现金流入的主要项目如下：

① 吸收权益性投资所收到的现金；

② 发行债券所收到的现金；

③ 借款所收到的现金。

筹资活动现金流出的主要项目如下：

① 偿还债务所支付的现金；

② 分配股利或利润所支付的现金；

③ 融资租赁所支付的现金；

④ 增加注册资本所支付的现金。

(3) 经营活动及其现金流量

一般而言，经营活动是企业为获取收入和盈利而必须进行的经济活动，如销售商品、提供劳务、购买货物、支付工资、缴纳税金、制造产品等。

经营活动现金流入的主要项目如下：

① 销售商品或提供劳务所取得的现金收入；

② 收到的租金；

③ 其他现金收入。

经营活动现金流出的主要项目如下：

① 购买商品或劳务支付的现金；

② 经营性租赁所支付的现金；

③ 支付给职工以及为职工支付的现金；

④ 支付的各种税费。

2.5.2 项目的现金流量

1. 项目计算期

(1) 项目计算期的概念

项目计算期是指经济评价中为进行动态分析所设定的期限，包括建设期和运营期。建设期是指从项目资金正式投入开始到项目建成投产为止所需要的时间，可按合理工期或预计的建设进度确定。建设期是经济主体为了获得未来的经济效益而筹措资金、垫付资金或其他资源的过程，在此期间，只有投资，没有收入，因此要求项目建设期越短越好。运营期分为投产期和达产期两个阶段。投产期是指项目投入生产，但生产能力尚未达到设计能力时的过渡阶段。达产期是指生产运营达到设计的预期水平所需的时间。运营期是投资的回收期和回报期，因而投资者一般希望其越长越好。

(2) 项目运营期的确定方法

① 按产品的寿命周期确定。随着科学技术的迅猛发展，产品更新换代的速度越来越快。对于特定性较强的工程项目，由于其厂房和设备的专用性，当产品无销路时，必须终止生产，同时又很难转产，不得不重建或改建项目。因此对轻工和家电产品这类新陈代谢较快的项目，就适合按产品的寿命周期确定项目的运营期。

② 按主要工艺设备的经济寿命确定。这种方法适用于通用性较强的制造企业，或者生产产品的技术比较成熟，因而更新速度较慢的工程项目。

③ 综合分析确定。一般大型复杂的综合项目采用综合分析法确定其运营期。如钢铁联合企业规模大、涉及的问题多，综合各种因素，我国规定其寿命周期为 20 年左右，而机械制造企业一般为 10 年左右。

(3) 确定项目计算期时应注意的问题

① 项目计算期不宜定得太长，一方面是因为按照现金流量折现的方法，把后期的净收益折为现值的数值相对较小，很难对财务分析结论产生决定性的影响；另一方面由于时

间较长，预测数据的精确度会下降。

② 计算期较长的项目多以年为时间单位。对于计算期较短的行业项目，如油田钻井开发项目、高科技产业项目等，在较短的时间间隔内现金流量水平有较大变化，这类项目不宜用“年”作为计算现金流量的时间单位，可根据项目的具体情况选择合适的计算现金流量的时间单位。

因为工程项目要历经资金的筹集、资金的投入、生产经营和资金的回收等若干阶段才能达到预期的目标，所以工程项目的现金流量也就兼有了投资活动、筹资活动和经营活动的特点，具有一定的综合性。

2. 项目现金流量的基本构成要素

(1) 建设期现金流量的确定

CI-CO=建设投资-流动资金投入

(2) 运营期现金流量的确定

CI-CO =营业收入-经营成本-营业税金及附加-所得税
=营业收入-经营成本-折旧-营业税金及附加-所得税+折旧
=营业收入-总成本费用-营业税金及附加-所得税+折旧
=利润总额-所得税+折旧
=税后利润+折旧

(3) 停产时现金流量的确定

CI-CO=营业收入+回收固定资产余值+回收流动资金-经营成本
-营业税金及附加-所得税

2.5.3 资金时间价值的基本概念

1. 资金时间价值的概念

(1) 资金时间价值与利息

时光不能停止，也不能倒流。因此，对寿命有限的项目而言，时间是一种最宝贵也是最有限的“资源”。在经济活动中，时间就是金钱。因为经济效益是在一定时间内创造的，创造同样的收入，所花费的时间越少，效益就越好。因此，重视时间因素的研究，对项目经济分析有着重要的意义。

根据经济学的原理，资金的时间价值可以被看做使用稀缺资源——资金的一种机会成本，是使用货币的一种租金，是占用资金所付出的代价；或者是让渡资金使用权所得的报偿，是放弃近期消费所得的补偿。

资金时间价值的实质是资金作为生产要素，在生产、交换、流通和分配的过程中，随时间的变化而产生增值。资金的增值过程可由图 2-7 表示。

在产品生产前，首先需用一笔资金(G)，购买厂房、设备、专有技术作为该企业的固定资产和无形资产，同时还需垫支流动资金，采购生产所需要的原材料、辅助材料、燃料、动力等劳动对象和招聘工人；然后在生产过程中，资金以物化形式出现(W)，劳动者运用生产资料对劳动对象进行加工，生产制造新的产品，这里生产出来的新产品(P)比原

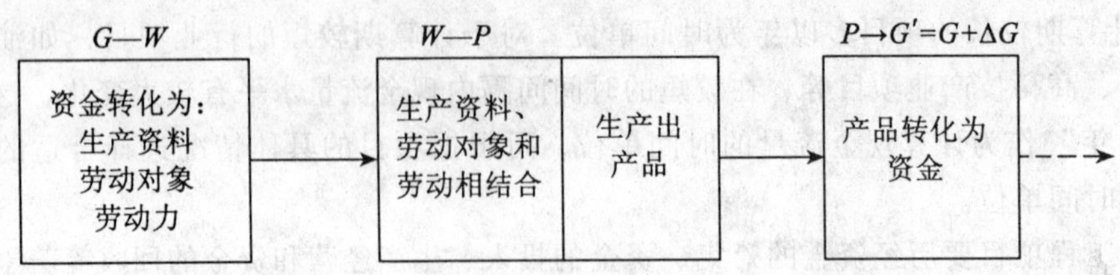

图 2-7 （G—W—G′）资金增值过程示意图

先投入的资金（G）具有更高的价值（G'）；最后这些新产品（P）必须在生产后的流通领域（商品市场）里作为商品出售给用户，才能转化为具有新增价值的资金（G'），使物化的资金（P）转化为货币形式的资金（G'），这时的 $G'=G+\Delta G$，从而使生产过程中劳动者创造的资金增值部分 ΔG 得以实现。这样就完成了"G—W—G'"形式的完整的资金增值过程。资金增值部分 ΔG 按生产要素的贡献进行分配，生产资本得到利润，借贷资本得到利息，土地资本得到地租等。资金在生产过程和流通领域之间如此不断地周转循环，这种循环过程不仅在时间上是连续的，而且在价值上也是不断增值的。因此整个社会生产不仅是价值创造过程，也是资金增值过程。

由此可见，利息是资金时间价值的绝对衡量，是借贷过程中，债务人支付给债权人的超过原借款本金的部分。即

$$I=F-P \tag{2-22}$$

式中，I 为利息；F 为还本付息总额；P 为本金。

资金时间价值的存在，使不同时点上发生的现金流量无法直接加以比较。因此，要通过一系列的换算，在同一时点上进行对比，才能符合客观的实际情况。这种考虑了资金时间价值的经济分析方法，使方案的评价和选择变得更现实和可靠。

（2）利率

利率也叫利息率，是一定时期利息与本金的比率。这个一定时期称为计息周期，可以指年、半年、季、月。常用的计息周期是一年，一年的利息与本金的比值为年利率；半年或一个月的利息与本金的比值则为半年利率或月利率。其计算公式如下：

$$i=\frac{I_t}{P}\times 100\% \tag{2-23}$$

式中，i 为利率；I_t 为单位时间内的利息；P 为借款本金。

【例 2-9】 某人年初借本金 1 000 元，一年后付息 50 元，试求这笔借款的年利率。

解：根据（2-23）式计算的年利率如下：

$$\left(\frac{50}{1\ 000}\right)\times 100\%=5\%$$

利率是各国发展国民经济的杠杆之一，利率的高低由如下因素决定：

① 社会平均利润率。在通常情况下，社会平均利润率是利率的最高界限。因为如果利率高于社会平均利润率，借款人投资后无利可图，也就不会去借款了。

② 金融市场上借贷资本的供求情况。在社会平均利润率不变的情况下，借贷资本供

过于求，利率便下降；反之，利率便上升。

③ 银行所承担的贷款风险。借出资本要承担一定的风险，而风险的大小也影响利率的波动。风险越大，利率也就越高。

④ 通货膨胀率。通货膨胀对利率的波动有直接影响，资金贬值往往会使实际利率无形中成为负值。

⑤ 借出资本的期限长短。借款期限长，不可预见的因素多，风险大，利率也就高；反之，利率就低。

(3)单利

利息计算有单利和复利之分。当计息周期在一个以上时，就需要考虑“单利”与“复利”的区别。所谓单利是指在计算利息时，只有本金生息，而利息不再生息，即通常所说的“利不生利”的计息方法。其计算公式如下：

$$I_t = P \times i_d \tag{2-24}$$

式中，I_t 为第 t 计息期的利息额；P 为本金；i_d 为计息期单利利率。

设 I_n 代表 n 个计息期所付或所收的单利总利息，则有下式：

$$I_n = \sum_{t=1}^{n} I_t = \sum_{t=1}^{n} P \times i_d = P \times i_d \times n \tag{2-25}$$

由(2-25)式可知，在以单利计息的情况下，总利息与本金、利率以及计息周期数是成正比的关系，而第 n 期末单利本利和 F 等于本金加上利息：

$$F = P + I_n = P(1 + n \times i_d) \tag{2-26}$$

在利用(2-26)式计算本利和 F 时，要注意式中 n 和 i_d 反映的周期要匹配。如 i_d 为年利率，则 n 应为计息的年数；若 i_d 为月利率，n 即应为计息的月数。

【例 2-10】 某人以单利方式借入 1 000 元，年利率为 6%，第三年末偿还，试计算各年利息和本利和。

计算过程和计算结果如表 2-4 所示。

表 2-4　　**单利方式利息计算表**

年末	借款本金(元)	利息(元)	本利和(元)	偿还额(元)
0	1 000			
1		1 000×6% = 60	1 060	0
2		60	1 120	0
3		60	1 180	1 180

单利计息不符合资金运动的规律，在项目经济分析中较少使用，通常只适用于短期投资及不超过一年的短期贷款。

(4)复利

复利是在计算利息时，不仅本金生息，而且利息也生息，即“利生利”、“利滚利”的计息方式。其计算公式如下：

$$I_t = i \times F_{t-1} \tag{2-27}$$

式中，i 为计息期利率；F_{t-1} 为第$(t-1)$年末复利本利和。

第 t 年末复利本利和的计算公式如下：

$$F_t = F_{t-1} \times (1+i) \tag{2-28}$$

【例 2-11】 数据同例 2-10，如果按复利计算则如表 2-5 所示。

表 2-5 复利方式利息计算表

年末	借款本金(元)	利息(元)	本利和(元)	偿还额(元)
0	1 000			
1		1 000×6% =60	1 060	0
2		1 060×6% =63. 6	1 123. 6	0
3		1 123. 6×6% =67. 4	1 191	1 191

从表 2-4 和表 2-5 可以看出，由于复利效应，三年末的复利比单利多 11 元。

复利计息有间断复利和连续复利之分。按期(年、半年、季、月、周、日)计算复利的方法称为间断复利(即普通复利)；按瞬时计算复利的方法称为连续复利。

按(2-28)式计算复利很不方便，因为它要逐期地计算，如果周期数很多，计算是十分烦琐的，而且在(2-28)式中没有直接反映出本金 P、年金 A、本利和 F、利率 i、计息周期数 n 等要素的关系。所以有必要对(2-28)式进一步简化。

(5)收益率

一定时期的收益与原投资金额的比率称为收益率。投资的收益与贷款的利息都反映了资金的时间价值。在计算分析贷款或债券时，使用利率这个概念；在分析研究某项投资的经济收益时，使用收益率这个概念。

2. 资金时间价值的计算公式分类

(1)一次支付的情形

一次支付又称整付，是指所分析的系统的现金流量，无论是流入或是流出，均在一个时点上一次发生，如图 2-8 所示。

在图 2-8 中：i 为计息期利率；n 为计息期数；P 为现值(即现在的资金价值或本金在时间序列起点时的价值)；F 为终值(期末的资金值或本利和，future value)或资金发生在(或折算为)某一特定时间序列终点的价值。

(2)多次支付的情形

在项目经济分析中，多次支付是最常见的支付情形。多次支付是指现金流量在多个时点发生，而不是集中在某一个时点上。如果用 A 表示第 t 期末发生的现金流量大小，用逐个折现的方法，可将多次现金流量换算成现值：

$$P = A_1(1+i)^{-1} + A_2(1+i)^{-2} + \cdots + A_n(1+i)^{-n} = \sum_{t=1}^{n} A_t(1+i)^{-t} \tag{2-29}$$

或

图 2-8　一次支付现金流量图

$$P=\sum_{t=1}^{n}A_t(P/F,\ i,\ t) \tag{2-30}$$

同理，也可将多次现金流量换算成终值：

$$F=\sum_{t=1}^{n}A_t(1+i)^{n-t}$$

或

$$F=\sum_{t=1}^{n}A_t(F/P,\ i,\ n-t) \tag{2-31}$$

虽然上面表达式中的那些系数都可以通过计算得到，但如果 n 较大，A_t 较多时，计算也是比较麻烦的。如果多次现金流量 A_t 有如下特征，则可大大简化上述计算公式。

① 等额系列现金流量。现金流量序列是连续的，且数额相等：

$$A_t=A=\text{常数}\quad(t=1,\ 2,\ 3,\ \cdots,\ n) \tag{2-32}$$

②等差系列现金流量。现金流量序列是连续递增或连续递减的，相邻现金流量相差同一个常数 G：

$$A_t=A_1\pm(t-1)G\quad(t=1,\ 2,\ 3,\ \cdots,\ n) \tag{2-33}$$

③ 等比系列现金流量。现金流量序列是连续的，紧后现金流量较紧前现金流量按同一比率 j 连续递增或连续递减：

$$A_t=A_1\ (1+j)^{t-1}\quad(t=1,\ 2,\ 3,\ \cdots,\ n) \tag{2-34}$$

3. 资金时间价值的计算公式

(1)计算资金时间价值的基本公式

① 一次支付终值公式(已知 P，求 F)。现有一笔资金 P，按年利率 i 计算，n 年以后的本利和为多少？

根据复利的定义即可求得本利和 F，其计算过程如表 2-6 所示。

表 2-6　**终值计算过程表**

计息期	期初金额(1)	本期利息额(2)	期末本利和 $F_n=(1)+(2)$
1	P	$P\cdot i$	$F_1=P+P\cdot i=P(1+i)$
2	$P(1+i)$	$P(1+i)\cdot i$	$F_2=P(1+i)+P(1+i)\cdot i=P(1+i)^2$

续表

计息期	期初金额(1)	本期利息额(2)	期末本利和 $F_n=(1)+(2)$
3	$P(1+i)^2$	$P(1+i)^2\cdot i$	$F_3=P(1+i)^2+P(1+i)^2\cdot i=P(1+i)^3$
⋮			
n	$P(1+i)^{n-1}$	$P(1+i)^{n-1}\cdot i$	$F=F_n=P(1+i)^{n-1}+P(1+i)^{n-1}\cdot i=P(1+i)^n$

由表 2-6 可以看出，n 年末的本利和 F 与本金 P 的关系如下：

$$F=P\ (1+i)^n \tag{2-35}$$

式中，$(1+i)^n$ 称为复利终值系数。

在复利计算中，常用一种规格化代号来代表各种计算系数，其一般形式为$(x/y,\ i,\ n)$。括号中的第一个字母 x 代表所求的未知数，第二个字母 y 为已知数，i 为年利率，n 为计算的期数。故复利终值系数$(1+i)^n$ 的代号应为$(F/P,\ i,\ n)$，因此，(2-35)式的另一表达式如下：

$$F=P(F/P,\ i,\ n) \tag{2-36}$$

【例 2-12】 某人借款 200 000 元，年利率为 6%，复利计息，试问借款人第 5 年末连本带利一次偿还的金额是多少？

解：由(2-35)式得：

$$F=P\ (1+i)^n=200\ 000\times(1+0.06)^5=267\ 646(\text{元})$$

② 一次支付现值公式(已知 F，求 P)。由(2-35)式即可求出现值 P：

$$P=F\ (1+i)^{-n} \tag{2-37}$$

式中，$(1+i)^{-n}$称为复利现值系数，其代号为$(P/F,\ i,\ n)$。在项目经济分析中，一般是将未来值折现到零期，故计算现值 P 的过程叫“折现”或“贴现”。$(1+i)^{-n}$也可叫折现系数或贴现系数。(2-37)式也可写成下式：

$$P=(P/F,\ i,\ n) \tag{2-38}$$

【例 2-13】 某人希望第 5 年末得到 200 000 元资金，年利率为 6%，复利计息，试问现在他必须一次性存款多少元？

解：由(2-37)式得：

$$P=F\ (1+i)^{-n}=200\ 000\times(1+0.06)^{-5}=149\ 451.63(\text{元})$$

从上面的计算可知，现值系数与终值系数互为倒数。

在项目多方案比较中，由于现值评价常常是选择现在为同一时点，把方案预计的不同时期的现金流量折算成现值，并按现值的代数和的大小做出决策。因此，在项目经济分析中应当注意以下两点：

① 正确选取折现率。折现率是决定现值大小的一个重要因素，必须根据实际情况灵活选用。

② 注意现金流量的分布情况。从收益方面来看，获得的时间越早、数额越大，其现值也越大。因此，应使建设项目早日投产，早日达到设计的生产能力，早获收益，多获收益，才能取得最佳经济效益。从投资方面看，投资支出的时间越晚、数额越小，其现值也越小。

③ 等额系列终值公式(已知 A，求 F)。A 为发生在(或折算为)某一特定时间序列各计息期末(不包括零期)的等额资金序列的价值。等额系列现金流量示意图如图 2-9 所示。

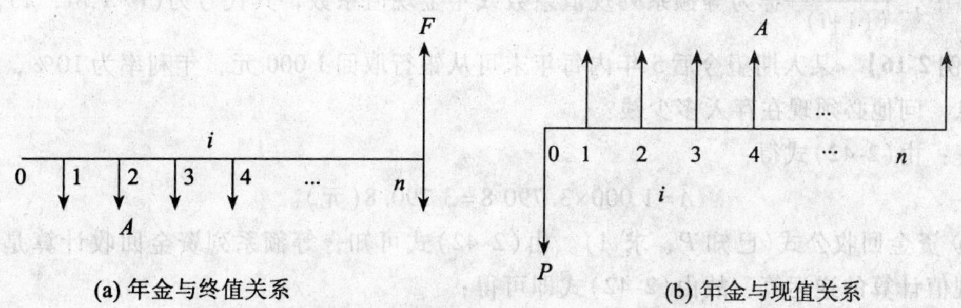

图 2-9　等额系列现金流量示意图

由图 2-9 可知，终值的计算公式如下：

$$F=\sum_{t=1}^{n}A_t(1+i)^{n-t}=A[(1+i)^{n-1}+(1+i)^{n-2}+\cdots+(1+i)+1]$$

或

$$F=A\frac{(1+i)^n-1}{i} \tag{2-39}$$

式中，$\frac{(1+i)^n-1}{i}$称为等额系列终值系数或年金终值系数，其代号为$(F/A, i, n)$，(2-39)式也可写成下式：

$$F=A(F/A, i, n) \tag{2-40}$$

【例 2-14】　某人 10 年内，每年年末存入银行 1 000 元，年利率为 8%，复利计息，问第 10 年末他可从银行连本带利取出多少钱？

解：由(2-39)式得：

$$F=A\frac{(1+i)^n-1}{i}=1\,000\times\frac{(1+0.08)^{10}-1}{0.08}$$
$$=1\,000\times14.486\,6=14\,486.6(元)$$

④ 偿债基金计算(已知 F，求 A)。偿债基金计算是等额系列终值计算的逆运算，故用(2-39)式即可得：

$$A=F\frac{i}{(1+i)^n-1} \tag{2-41}$$

式中，$\frac{i}{(1+i)^n-1}$称为等额系列偿债基金系数，其代号为$(A/F, i, n)$。

【例 2-15】　某人欲在第 5 年末获得 10 000 元，若每年存款金额相等，年利率为 10%，复利计息，则每年末需存款多少元？

解：由(2-41)式得：

$$A=10\,000\times0.163\,8=1\,638(元)。$$

⑤ 等额系列现值公式(已知 A，求 P)。由(2-37)式和(2-39)式得：

$$P=F\ (1+i)^{-n}=A\ \frac{(1+i)^{n}-1}{i\ (1+i)^{n}} \tag{2-42}$$

式中，$\frac{(1+i)^{n}-1}{i\ (1+i)^{n}}$称为等额系列现值系数或年金现值系数，其代号为$(P/A,\ i,\ n)$。

【例 2-16】 某人期望今后 5 年内每年末可从银行取回 1 000 元，年利率为 10%，按复利计息，问他必须现在存入多少钱?

解：由(2-42)式得：

$$A=1\ 000\times 3.790\ 8=3\ 790.8(\text{元})。$$

⑥ 资金回收公式(已知 P，求 A)。由(2-42)式可知，等额系列资金回收计算是等额系列现值计算的逆运算，故由(2-42)式即可得：

$$P=P\ \frac{i\ (1+i)^{n}}{(1+i)^{n}-1} \tag{2-43}$$

式中，$\frac{i\ (1+i)^{n}}{(1+i)^{n}-1}$称为等额系列资金回收系数，其代号为$(A/P,\ i,\ n)$。

【例 2-17】 某人现在投资 10 000 元，年回报率为 8%，每年末等额获得收益，若 10 年内收回全部本利，则每年应收回多少元?

解：由(2-43)式得：

$$A=10\ 000\times 0.149\ 0=1\ 490(\text{元})。$$

(2)等差系列现金流量

在许多技术经济问题中，现金流量每年均有一定数量的增加或减少，如房屋随着其使用期的延长，维修费将逐年有所增加。如果逐年的递增或递减是等额的，则称为等差系列现金流量，其现金流量如图 2-10 所示。

图 2-10(a)为等差递增系列现金流量，可化简为两个支付系列。一个是等额系列现金流量，如图 2-10(b)所示，年金是 A_1；另一个是由 G 组成的等额递增系列现金流量，如图 2-10(c)所示。图 2-10(b)所示的支付系列用等额系列现金流量的有关公式计算，问题的关键是图 2-10(c)所示的支付系列如何计算，这就是等差系列现金流量需要解决的问题。

① 等差终值计算(已知 G，求 F)。根据图 2-10(c)，可列出 F 与 G 的计算公式如下：

$$F_G=G\ (1+i)^{n-2}+2G\ (1+i)^{n-3}+\cdots+(n-2)\ G(1+i)+(n-1)\ G \tag{2-44}$$

(2-44)式两边同乘以$(1+i)$得：

$$F_G(1+i)=G\ (1+i)^{n-1}+2G\ (1+i)^{n-2}+\cdots+(n-2)\ G\ (1+i)^{2}+(n-1)\ G(1+i) \tag{2-45}$$

由(2-44)式、(2-45)式得：

$$F_G i=G[\ (1+i)^{n-1}+G\ (1+i)^{n-2}+\cdots+(1+i)^{2}+(1+i)+1]\ -nG$$

$$=G\ \frac{(1+i)^{n}-1}{i}-nG$$

整理得：

$$F_G=G\left[\frac{(1+i)^{n}-1}{i^{2}}-\frac{n}{i}\right]$$

式中，$\frac{(1+i)^{n}-1}{i^{2}}-\frac{n}{i}$称为等差系列终值系数，其代号为$(F/G,\ i,\ n)$。

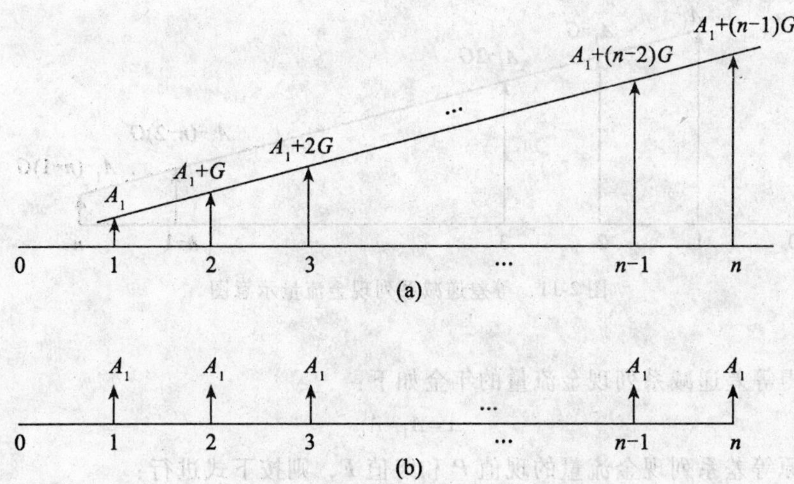

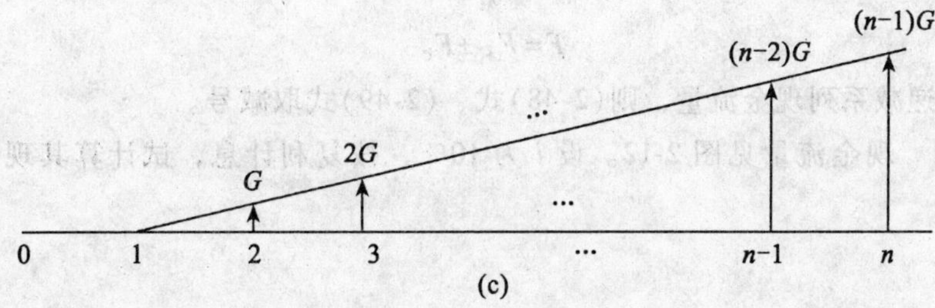

图 2-10　等差递增系列现金流量示意图

② 等差现值计算(已知 G，求 P)。由 P 与 F 的关系得：

$$P_G = F_G\ (1+i)^{-n} = G\left[\frac{(1+i)^n-1}{i^2\ (1+i)^n} - \frac{n}{i\ (1+i)^n}\right]$$

式中，$\frac{(1+i)^n-1}{i^2\ (1+i)^n} - \frac{n}{i\ (1+i)^n}$称为等差系列现值系数，代号为$(P/G,\ i,\ n)$。

③ 等差年金计算(已知 G，求 A)。由 A 与 F 的关系得：

$$A_G = F_G(A/F,\ i,\ n) = G\left[\frac{(1+i)^n-1}{i^2} - \frac{n}{i}\right]\left[\frac{i}{(1+i)^n-1}\right]$$

整理得：

$$A_G = G\left[\frac{1}{i} - \frac{n}{(1+i)^n-1}\right] \tag{2-46}$$

式中，$\frac{1}{i} - \frac{n}{(1+i)^n-1}$称为等差年金换算系数，代号为$(A/G,\ i,\ n)$。

根据上述公式，即可方便地得出图 2-10(a)所示的等差递增系列现金流量的年金如下：

$$A = A_1 + A_G \tag{2-47}$$

等差递减系列现金流量，如图 2-11 所示。

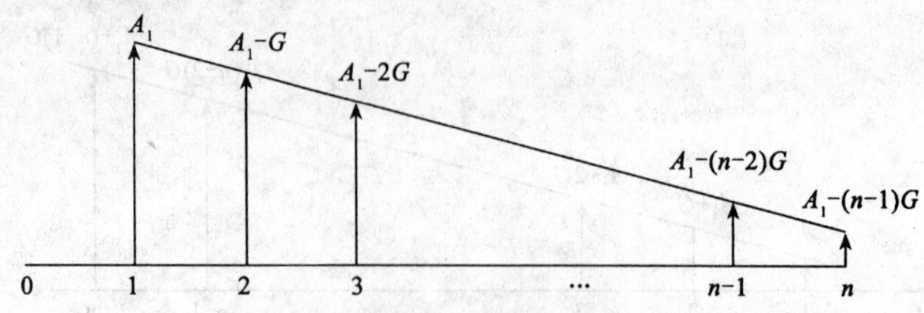

图 2-11　等差递减系列现金流量示意图

同理可得等差递减系列现金流量的年金如下：

$$A=A_1-A_G$$

若计算原等差系列现金流量的现值 P 和终值 F，则按下式进行：

$$P=P_{A_1}\pm P_G \tag{2-48}$$

$$F=F_{A_1}\pm F_G \tag{2-49}$$

若为等差递减系列现金流量，则(2-48)式、(2-49)式取减号。

【例 2-18】 现金流量见图 2-12。设 i 为 10%，按复利计息，试计算其现值、终值、年金。

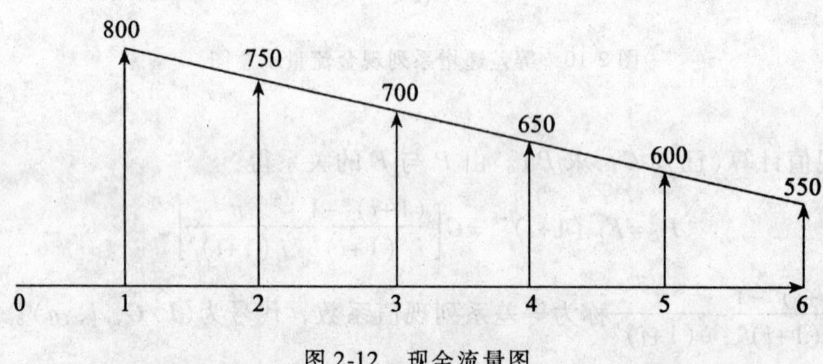

图 2-12　现金流量图

解：$A=A_1-A_G$，查表可得系数$(A/G,\ 10\%,\ 6)$为 2.224，代入上式得：

$$A=800-50\times 2.224=688.8(\text{元})$$

则有：

$P=A(P/A,\ i,\ n)=688.8(P/A,\ 10\%,\ 6)=688.8\times 4.3553=2\,999.93$(元)

$F=A(F/A,\ i,\ n)=688.8(F/A,\ 10\%,\ 6)=688.8\times 7.7156=5\,314.51$(元)

4. 等比系列现金流量

等比系列现金流量，如图 2-13 所示。

将等比系列通式 $A_t=A_1(1+j)^{t-1}$ 分别代入(2-29)式和(2-31)式，化简即可求得等比系列现值和终值。

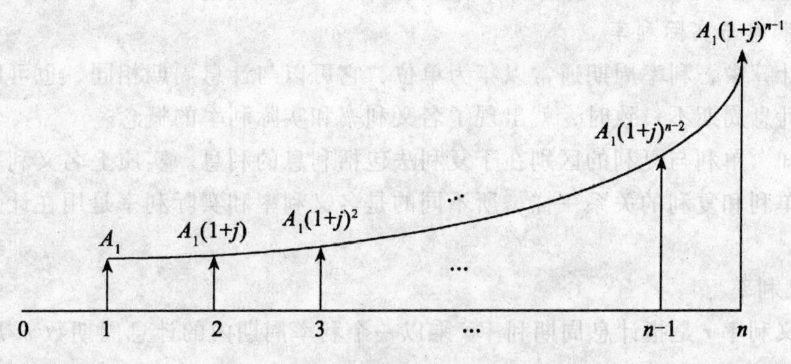

图 2-13　等比系列现金流量示意图

(1)等比系列现值计算

$$P = \sum_{t=1}^{n} A_t\ (1+i)^{-t} = \sum_{t=1}^{n} A_1\ (1+j)^{t-1}\ (1+i)^{-t} = \frac{A_1}{1+j}\sum_{t=1}^{n}\frac{(1+j)^t}{(1+i)^t}$$

化简得：

$$P=\begin{cases}\dfrac{nA_1}{1+j},\ i=j\\ A_1\ \dfrac{[(1+j)^n\ (1+i)^{-n}-1]}{j-i},\ i\neq j\end{cases} \tag{2-50}$$

或

$$P=A_1(P/A,\ i,\ j,\ n) \tag{2-51}$$

式中，$(P/A,\ i,\ j,\ n)$称为等比系列现值系数。

(2)等比系列终值计算

由 $F=P\ (1+i)^n$ 得：

$$P=\begin{cases}nA_1\ (1+j)^{n-1},\ i=j\\ A_1\ \dfrac{[(1+j)^n-(1+i)^n]}{j-i},\ i\neq j\end{cases} \tag{2-52}$$

或

$$F=A_1(F/A,\ i,\ j,\ n) \tag{2-53}$$

式中，$(F/A,\ i,\ j,\ n)$称为等比系列终值系数。

5. 复利计算公式使用注意事项

① 本期末即等于下期初。0 点就是第一期初，也叫零期；第一期末即等于第二期初；其余以此类推。

② P 在第一计息期开始时(0 期)发生。

③ F 发生在考察期期末，即第 n 期末。

④ 各期的等额支付 A，发生在各期期末。

⑤ 当问题包括 P 与 A 时，系列的第一个 A 与 P 隔一期，即 P 发生在系列 A 的前一期。

⑥ 当问题包括 A 与 F 时，系列的最后一个 A 是与 F 同时发生的。

⑦ P_G 发生在第一个 G 的前两期；A_1 发生在第一个 G 的前一期。

6. 名义利率与实际利率

在复利计算中，利率周期通常以年为单位，它可以与计息周期相同，也可以不同。当利率周期与计息周期不一致时，就出现了名义利率和实际利率的概念。

前述已知，单利与复利的区别在于复利法包括利息的利息。实质上名义利率和实际利率的关系与单利和复利的关系一样，所不同的是名义利率和实际利率是用在计息周期小于利率周期时。

(1)名义利率

所谓名义利率 r 是指计息周期利率 i 乘以一个利率周期内的计息周期数 m 所得的利率周期利率，即：

$$r=i\times m \tag{2-54}$$

若月利率为1%，则年名义利率为12%。很显然，计算名义利率时忽略了前面各期利息再生的因素，这与单利的计算相同。通常所说的利率周期利率都是名义利率。

(2)实际利率

若用计息周期利率来计算利率周期利率，并将利率周期内的利息再生因素考虑进去，这时所得的利率周期利率称为利率周期实际利率(又称有效利率)。

根据利率的概念即可推导出实际利率的计算公式。

已知名义利率 r，一个利率周期内计息 m 次，则计息周期利率为 $i=r/m$，在某个利率周期初有资金 P。根据一次支付终值公式可得该利率周期的终值如下：

$$F=P\left(1+\frac{r}{m}\right)^m$$

根据利息的定义，可得该利率周期的利息如下：

$$I=F-P=P\left(1+\frac{r}{m}\right)^m-P=P\left[\left(1+\frac{r}{m}\right)^m-1\right]$$

再根据利率的定义，可得该利率周期的实际利率如下：

$$I_{\text{eff}}=\frac{I}{P}=\left(1+\frac{r}{m}\right)^m-1 \tag{2-55}$$

现设年名义利率 r 为10%，则年、半年、季、月、日的年实际利率如表2-7所示。

表2-7　　**实际利率与名义利率的关系**

年名义利率(r)	计息期	年计息次数(m)	计息期利率($i=r/m$)(%)	年实际利率(I_{eff})(%)
10%	年	1	10	10
	半年	2	5	10.25
	季	4	2.5	10.38
	月	12	0.833	10.47
	日	365	0.027 4	10.52

从表 2-7 可以看出，每年计息期 m 越多，I_{eff}与 r 相差越大。所以，在项目经济分析中，如果各方案的计息期不同，就不能简单地使用名义利率来评价，而必须换算成实际利率进行评价，否则会得出不正确的结论。

(3)连续复利

前面介绍了间断计息的情形，当每期计息时间趋于无限小时，一年(计算周期常为一年)内计息次数将趋于无限大，即 $m\to\infty$，此时可视为计息没有时间间隔而成为连续计息，则年有效利率如下：

$$i_{\infty}=\lim_{m\to\infty}\left[\left(1+\frac{r}{m}\right)^{m}-1\right]=e^{r}-1$$

式中，e 是自然对数的底，其值为 2. 718 28。

将连续复利引入普通的利息公式，可以得到以下几个基本公式。

① 一次支付。连续复利终值公式如下：

$$F=P\times e^{r\times n} \tag{2-56}$$

连续复利现值公式如下：

$$P=f\times e^{-r\times n} \tag{2-57}$$

② 等额支付。连续复利终值公式如下：

$$F=A\,\frac{e^{rn}-1}{e^{r}-1} \tag{2-58}$$

连续复利现值公式如下：

$$P=A\,\frac{1-e^{-rn}}{e^{r}-1} \tag{2-59}$$

连续复利资金回收公式如下：

$$A=P\,\frac{e^{r}-1}{1-e^{-rn}} \tag{2-60}$$

连续复利偿债基金公式如下：

$$A=F\,\frac{e^{r}-1}{e^{rn}-1} \tag{2-61}$$

上面介绍了连续复利的几个基本公式。从理论上讲，整个社会的资金在不停地运动，每时每刻都通过生产和流通在增值，因而应该采用连续复利法，然而在实际使用中都采用间断复利法。尽管如此，这种连续复利的概念对投资决策、制定数学模型还是极为重要的。因为在高深的数学分析中，连续是一个必要的前提，故以连续性为出发点去对方案作更进一步的分析还是可取的。比如用连续复利计算的利息高于普通复利，故资金成本偏高，可以提醒决策者予以注意。

2. 5. 4　资金时间价值的计算方法

1. 等值计算

资金有时间价值，即使金额相同，因其发生在不同时点，其价值就不相同；反之，不同时点、绝对值不等的资金，在时间价值的作用下，却可能具有相等的价值。这些不同时期、不同数额但“价值等效”的资金称为等值，又叫等效值。在项目经济分析中，等值是一个十分重要的概念，它为我们提供了一种计算某一经济活动的有效性或者进行方案比较的方法。资金等值计算公式和复利计算公式的形式是相同的。

【例 2-19】 李某急需 10 万元现金，但他的一年期定期存款到期日分别是 1 个月后的 4 万元、2 个月后的 3 万元、3 个月后的 1 万元和 5 个月后的 2 万元。设月利率 i 为 10%，复利计息。如果李某将 10 万元的定期存款抵押给典当行，他期望得到多少现金？

解：画出现金流量图，如图 2-14 所示。

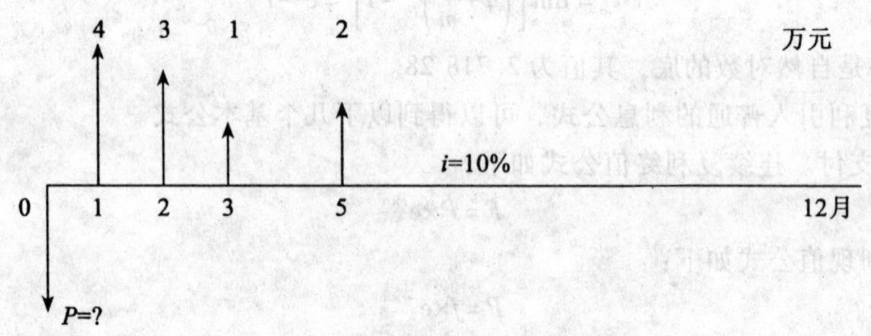

图 2-14 现金流量图

四笔未来值贴现后的现值 P 如下：

$$P=4\times(1+10\%)^{-1}+3\times(1+10\%)^{-2}+1\times(1+10\%)^{-3}+2\times(1+10\%)^{-5}$$
$$=4\times0.909+3\times0.826+1\times0.751+2\times0.621=8.1068(\text{万元})$$

等值计算表明，李某期望从典当行得到现金 8.106 8 万元，但实际能得到多少，还需考虑其他因素。

影响资金等值的因素有三个：金额的多少；资金发生的时间；利率（或折现率）的大小。其中利率是一个关键因素，一般等值计算中是以同一利率为依据的。

在项目经济分析中，在考虑资金时间价值的情况下，不同时间发生的收入或支出是不能直接相加减的。而利用等值的概念，则可以把在不同时点发生的资金换算成同一时点的等值资金，然后再进行比较。所以，在项目经济分析中，方案比较都是采用等值概念来进行的。

2. 计息周期小于（或等于）资金收付周期的等值计算

计息周期小于（或等于）资金收付周期的等值计算方法有两种：

① 按收付周期实际利率计算。

② 按计息周期利率计算。

$$F=P(F/P,\ r/m,\ m\cdot n) \tag{2-62}$$

$$P=F(P/F,\ r/m,\ m\cdot n) \tag{2-63}$$

$$F=A(F/A,\ r/m,\ m\cdot n) \tag{2-64}$$

$$P=A(P/A,\ r/m,\ m\cdot n) \tag{2-65}$$

$$A=F(A/F,\ r/m,\ m\cdot n) \tag{2-66}$$

$$A=P(A/P,\ r/m,\ m\cdot n) \tag{2-67}$$

【例 2-20】　某人现在存款 1 000 元，年利率为 10%，计息周期为半年，复利计息。问第 5 年末存款金额为多少？

解：现金流量如图 2-15 所示。

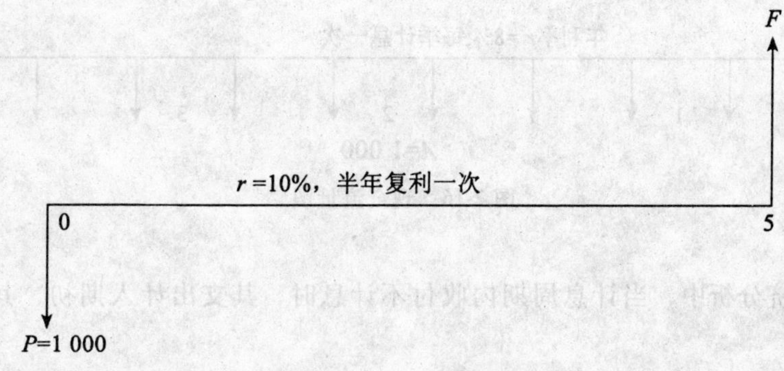

图 2-15　现金流量图

第一，按年实际利率计算：

$$i_{\text{eff}}=(1+10\%/2)^2-1=10.25\%$$

则有：

$$F=1\ 000(F/P,\ 10.25\%,\ 5)-1\ 000\times1.629\ 5=1\ 629.5(\text{元})$$

第二，按计息周期利率计算：

$$\begin{aligned}F&=1\ 000\times(F/P,\ 10\%/2,\ 2\times5)-1\ 000\times(F/P,\ 5\%,\ 10)\\&=1\ 000\times1.628\ 9=1\ 628.9(\text{元})\end{aligned}$$

上述两种方法的计算结果略有差异，是因为按实际利率计算时，实际利率不是整数，无复利系数表可查，在利率间用线性内插法计算导致系数有微小差异。此差异虽是允许的，但计算较烦琐。故在实际中常采用计息周期利率来计算。但应注意，对等额系列流量，只有计息周期与收付周期一致时才能按计息周期利率计算。否则，只能用收付周期实际利率来计算。

【例 2-21】　每半年存款 1 000 元，年利率 8%，每季计息一次，复利计息。问第 4 年末存款金额为多少？

解：现金流量如图 2-16 所示。

由于本例计息周期小于收付周期，不能直接采用计息周期利率计算，故只能用实际利率来计算。

计息周期利率　　$i=r/m=8\%/4=2\%$

半年期实际利率　　$i_{\text{eff半}}=(1+2\%)^2-1=4.04\%$

则　　$F=1\ 000\times(F/A,\ 4.04\%,\ 2\times4)$

3. 计息周期大于资金收付周期的等值计算

由于计息周期大于收付周期，计息周期间的收付常采用下列三种方法之一进行处理。

(1)不计息

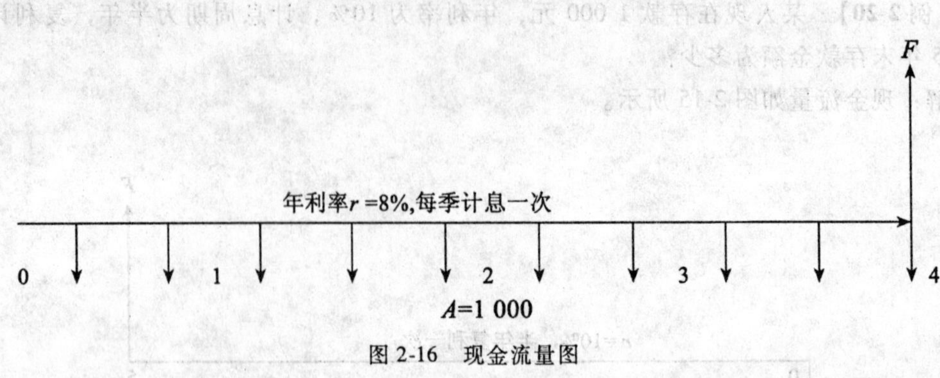

图 2-16　现金流量图

在项目经济分析中，当计息周期内收付不计息时，其支出计入期初，其收益计入期末。

【例 2-22】　承租人李某与某设备租赁公司签订了一年期的设备租赁合同，合同约定：利率为 6.5%，半年计息一次，复利计息，设备租金为每月 1 500 元，承租人李某每半年支付一次，在半年内收付不计息，即李某分别于年初和年中各支付 9 000 元给设备租赁公司。在年初支付前半年的租金时，李某提出一次支付一年的租金 17 500 元，如果在办理半年支付手续时双方各需要发生交通、误工等手续费 100 元，试问设备租赁公司能否答应李某的请求？

解：现金流量如图 2-17 所示。

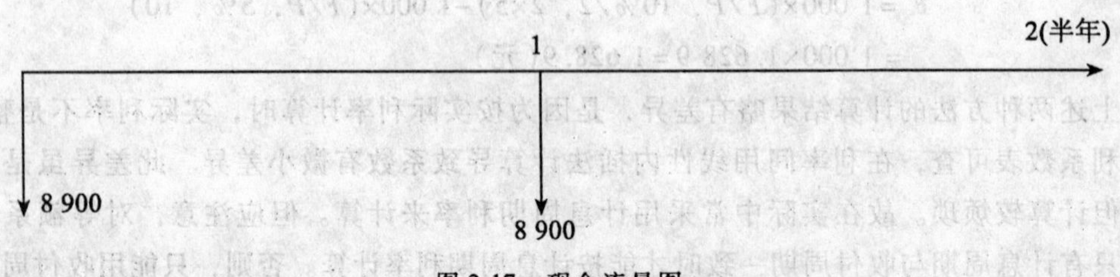

图 2-17　现金流量图

年利率 r=6.5%，半年计息一次，计息周期内的收付款不计利息。

计息周期利率 i=6.5%/2=3.25%，由(2-63)式得：

$$P=8\ 900\times[1+(1+0.032\ 5)^{-1}]=17\ 519.86(\text{元})$$

由于李某提出的租金数 17 500 元小于租赁公司应该获取的租金等值，故设备租赁公司原则上不应答应李某的请求。

(2)单利计息

在计息周期内的收付均按单利计息，计算公式如下：

$$A_t = \sum A'_k[1 + (m_k/N) \times i] \tag{2-68}$$

式中，A_t 为第 t 计息周期末净现金流量；N 为一个计息周期内收付周期数；A'_k 为第 t 计息周期内第 k 期收付金额；m_k为第 t 计息周期内第 k 期收付金额到达第 t 计息周期末所包含的收付周期数；i 为计息周期利率。

【例 2-23】　付款情况如图 2-18 所示，年利率为 8%，半年计息一次，复利计息。计息周期内的收付款利息按单利计算。问年末金额为多少？

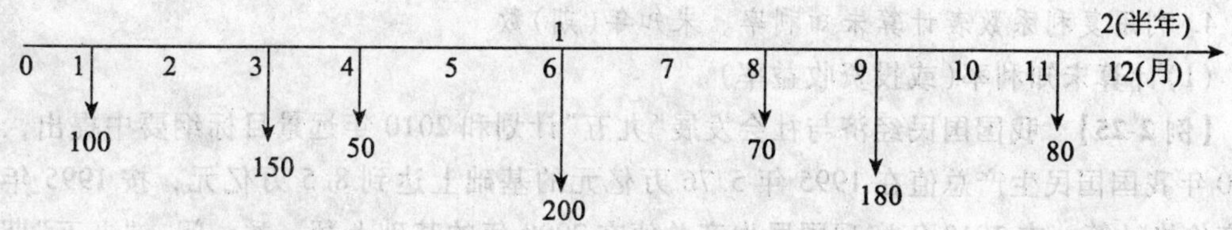

图 2-18　现金流量图

解：年利率 $r=8\%$，半年计息一次，计息周期内的收付款利息按单利计算。

计息周期利率 $i=8\%/2=4\%$，由(2-68)式得：

$$A_1=100[1+(5/6)\times4\%]+150[1+(3/6)\times4\%]+50[1+(2/6)\times4\%]+200=507(\text{元})$$

$$A_2=70[1+(4/6)\times4\%]+180[1+(3/6)\times4\%]+80[1+(1/6)\times4\%]=336(\text{元})$$

然后利用普通复利公式，即可求出年末金额如下：

$$F=507(F/P,\ 4\%,\ 1)+336=507\times1.04+336=863.28(\text{元})$$

(3)复利计息

在计息周期内的收付按复利计算。此时，计息周期利率相当于“实际利率”，收付周期利率相当于“计息周期利率”。收付周期利率的计算正好与已知名义利率去求解实际利率的情况相反。收付周期利率计算出来后即可按普通复利公式进行计算。

【例 2-24】　某人每月存款 100 元，期限一年，年利率为 8%，每季计息一次，复利计息。计息周期内收付利息按复利计算。问年末他的存款金额有多少？

解：据题意绘制现金流量图如图 2-19 所示。

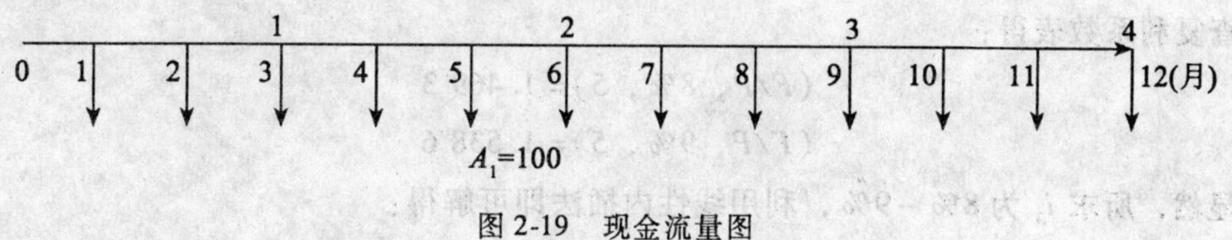

图 2-19　现金流量图

计息周期利率(即季度实际利率)　$r_{季}=8\%/4=2\%$

运用实际利率公式计算收付周期利率如下：

$$i_{eff}=(1+r/m)^m-1$$

$$i_{季}=(1+r_{季}/3)^3-1=2\%$$

解得：

$$i_{季}=1.9868\%$$

则每月利率 $I_{月}=0.6623\%$，每月复利一次，这与季度利率 2%，季度复利一次的原理是相同的。利用普通复利公式即可求出年末金额如下：

$$F=100\times(F/A,\ 0.662\,3\%,\ 12)=100\times12.446\,9=1\,244.69(\text{元})$$

注意：在计息周期内的收付按复利计算时，收付周期利率不能直接使用每月利率，即8%/12=0.666 7%。因为复利是季度一次而非每月一次。

4. 利用复利系数表计算未知利率、未知年(期)数

(1)计算未知利率(或投资收益率)

【例 2-25】 我国国民经济与社会发展“九五”计划和2010年远景目标纲要中提出，到2000年我国国民生产总值在1995年5.76万亿元的基础上达到8.5万亿元；按1995年的不变价格计算，在2010年实现国民生产总值在2000年的基础上翻一番。问：“九五”期间我国国民生产总值的年增长率是多少？2000—2010年的年增长率是多少？

解：根据题意绘出现金流量图如图2-20所示。

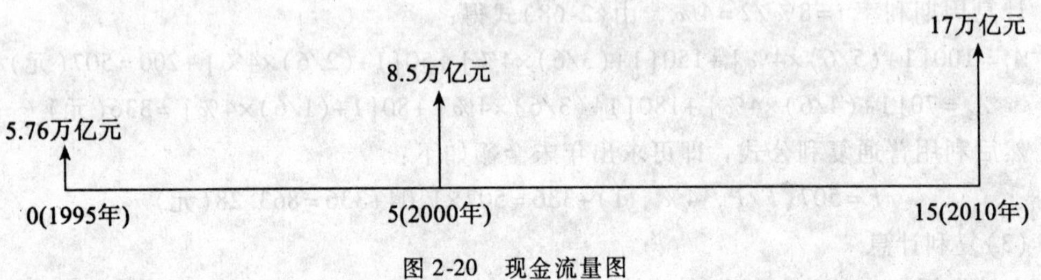

图 2-20 现金流量图

由 $F=P(1+i)^n$ 两边取对数即可解得 i。但计算较烦琐，一般利用复利系数表计算。

由公式 $F=P(F/P,\ i,\ n)$ 得：

$$(F/P,\ i,\ n)=F/P$$

①“九五”期间年增长率 i_1。

$$(F/P,\ i_1,\ 5)=8.5/5.76=1.475\,7$$

查复利系数表得：

$$(F/P,\ 8\%,\ 5)=1.469\,3$$
$$(F/P,\ 9\%,\ 5)=1.538\,6$$

显然，所求 i_1 为8%～9%，利用线性内插法即可解得：

$$i_1=8\%+\frac{(1.475\,7-1.469\,3)}{(1.538\,6-1.469\,3)}(9\%-8\%)=8.09\%$$

② 2000—2010年的年增长率 i_2。

同理可得：

$$(F/P,\ i_2,\ 10)=17/8.5=2$$

查复利系数表得：

$$(F/P,\ 7\%,\ 10)=1.967\,2$$
$$(F/P,\ 8\%,\ 10)=2.158\,9$$

利用线性内插法得：

$$i_2 = 7\% + \frac{(2-1.967\,2)}{(2.158\,9-1.967\,2)}(8\%-7\%) = 7.17\%$$

因此，“九五”期间我国国民生产总值的年增长率为 8.09%，2000 年到 2010 年的年增长率为 7.17%。

当然，采用线性内插法是有误差的，因为因子的数值与时间呈指数关系。但由于线性内插法是在极小的范围内进行的(一般不超过 2 个百分点)，这种误差对方案评价来说影响甚微，不影响方案评价的结论。

(2)计算未知年数

【例 2-26】 某企业贷款 200 万元建一项工程，第二年底建成投产，投产后每年收益 40 万元。若年利率为 10%，问投产后多少年能归还 200 万元的本息？

解：

① 画现金流量图，如图 2-21 所示。

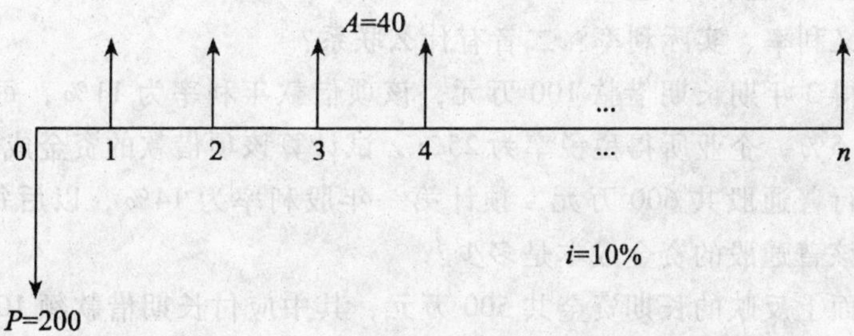

图 2-21　现金流量图

② 以投产之日第二年底(即第三年初)为基准期，计算 F_p：

$$F_p = 200(F/P,\ 10\%,\ 2) = 200\times1.210 = 242(\text{万元})$$

③ 计算返本期。

由 $P=A(P/A,\ i,\ n)$得：

$$(P/A,\ i,\ n-2) = P/A = 242/40 = 6.05$$

查复利系数表得：

$$(P/A,\ 10\%,\ 9) = 5.759\,0$$
$$(P/A,\ 10\%,\ 10) = 6.144\,6$$

利用线性内插法求得：

$$n-2 = 9.754\,7(\text{年})$$

因此投产 9.754 7 年后才能返还投资。

习题

1. 什么是投资？投资有哪些基本特点？
2. 什么是固定资产和流动资金？固定资产投资和流动资金投资由哪些部分组成？
3. 我国目前不同投资主体的投资资金来源渠道有哪些？

4. 什么是资金成本？计算资金成本有什么意义？

5. 什么是成本？建筑企业总成本费用由哪几部分组成？

6. 什么是经营成本？什么是机会成本、沉没成本和边际成本？它们在项目经济分析中有何意义？

7. 什么是折旧？影响折旧额计算的因素有哪些？

8. 营业收入与利润有何不同？建筑企业应缴纳哪些主要税金？

9. 什么是现金流量？

10. 构成现金流量的基本经济要素有哪些？

11. 绘制现金流量图的目的及主要注意事项是什么？

12. 在项目经济分析中是如何对时间因素进行研究的？试举例说明。

13. 何谓资金的时间价值？如何理解资金的时间价值？

14. 单利与复利的区别是什么？试举例说明。

15. 什么是终值、现值、等值？

16. 什么是名义利率、实际利率？二者有什么联系？

17. 某企业取得3年期长期借款100万元，该项借款年利率为11%，每年付息一次，到期筹资费率为0.5%，企业所得税税率为25%，试计算该项借款的资金成本。

18. 某公司发行普通股共600万元，预计第一年股利率为14%，以后每年增长1%，筹资费率为3%，该普通股的资金成本是多少？

19. 某企业账面上反映的长期资金共500万元，其中应付长期借款额100万元，应付长期债券50万元，普通股250万元，保留盈余100万元，其资金成本率分别为6.7%、9.17%、11.26%、11%，试计算该企业的综合资金成本率。

20. 一台设备的原值为26 000元，折旧年限为5年，预计净残值2 000元。要求：分别用直线法、双倍余额递减法和年数总和法计算这台设备各年的折旧额和年末账面价值。

21. 某大型施工机械原值为200 000元，预计净残值3 000元，按规定可使用2 000个台班，当年实际使用台班为300个，试计算当年应计提的折旧额。

22. 某工程项目现金流量情况为：第1年末支付1 000万元，第2年末支付1 500万元，第3年收益200万元，第4年收益300万元，第5年收益400万元，第6至第10年每年收益500万元，第11年收益450万元，第12年收益400万元，第13年收益350万元，第14年收益450万元。设年利率为12%，求：①现值；②终值；③第2年末项目等值。

23. 某设备价格为55万元，合同签订时付了10万元，然后采用分期付款方式。第一年末付款14万元，从第二年初起每半年付款4万元。设年利率为12%，每半年复利一次。问多少年能付清设备价款？

24. 某人每月末存款500元，期限为5年，年利率为10%，每半年复利一次。计息周期内存款时分别按单利和复利计算，求第5年末的本利和为多少？

第 3 章　工程项目可行性研究

3.1　可行性研究概述

3.1.1　可行性研究的概念

可行性研究是在投资决策之前，对拟建工程项目进行全面的技术经济分析论证并试图对其作出可行或不可行评价的一种科学方法。它是投资前期工作的重要内容，是投资建设程序的重要环节，是项目的投资决策中必不可少的一个工作程序。在投资项目管理中，可行性研究是指在项目投资决策之前，调查、研究与拟建项目有关的自然、社会、经济、技术资料，分析、比较可能的投资建设方案，预测、评价项目建成后的社会经济效益，并在此基础上，综合论证项目投资建设的必要性、财务上的盈利性、经济上的合理性、技术上的先进性和适用性以及建设条件上的可能性和可行性，从而为投资决策提供科学依据的工作。一个完整的可行性研究报告至少应包括以下三个方面的内容：一是分析论证投资项目建设的必要性。这主要是通过市场预测工作（即通过市场预测分析项目所生产的产品的市场需求情况）来完成的。二是项目投资建设的可行性。这主要是通过生产建设条件、技术分析和生产工艺论证来完成的。三是项目投资建设的合理性（财务上的盈利性和经济上的合理性）。这主要是通过项目的效益分析来完成的。其中项目投资建设的合理性是可行性研究中最核心的问题。

项目可行性研究的任务就是通过对拟建项目进行投资方案规划，工程技术论证，经济效益的预测和分析，经过多个方案的比较和评价，为项目决策提供可靠的依据和可行的建议，并明确回答项目是否应该投资和怎样进行投资。

3.1.2　可行性研究的作用

对投资项目进行可行性研究的主要目的在于为投资决策从技术经济多方面提供科学依据，以提高项目投资决策的水平，提高项目的投资经济效益。具体来说，项目的可行性研究具有以下作用：

（1）作为项目投资决策的依据。一个项目的成功与否及效益如何，会受到社会的、自然的、经济的、技术的诸多不确定因素的影响，而项目的可行性研究，有助于分析和认识这些因素，并依据分析论证的结果提出可靠或合理的建议，从而为项目的决策提供强有力的依据。

(2) 作为项目筹集资金的依据。银行等金融机构或金融组织是否给一个项目贷款融资，其依据是这个项目是否能按期、足额归还贷款。银行只有在对贷款项目的可行性研究方面进行全面、细致的分析评估之后，才能确认是否给予贷款。例如，世界银行等国际金融组织都视项目的可行性研究报告为项目申请贷款的先决条件。

(3) 作为编制设计和进行建设工作的依据。在可行性研究报告中，对项目的建设方案、产品方案、建设规模、厂址、工艺流程、主要设备和总图布置等作了较为详细的说明，因此，在项目的可行性研究得到审批后，即可作为项目编制设计和进行建设工作的依据。

(4) 作为签订有关合同、协议的依据。项目的可行性研究是项目投资者与其他单位进行谈判，签订承包合同、设备订货合同、原材料供应合同、销售合同的重要依据。

(5) 作为项目进行后评价的依据。要对投资项目进行投资建设活动全过程的事后评价，就必须有项目的可行性研究作为参照物，作为项目后评价的对照标准，尤其是项目可行性研究中有关效益分析的指标项目后评价的重要依据。

(6) 作为项目组织管理、机构设置、劳动定员的依据。

(7) 作为环保部门审查项目环境影响的依据，也作为向项目所在地政府和规划部门申请建设执照的依据。

3.1.3 可行性研究的发展历史

可行性研究作为一种方法论，诞生于20世纪30年代，最早是在美国开发田纳西河流域项目中开始试行，并取得了很好的经济效益。随着世界科学技术和经济管理科学的迅猛发展，可行性研究也得到了不断的完善和发展，至今已成为世界公认的项目评价方法。回顾可行性研究发展的历史，大致经历了以下三个阶段：

1. 财务评价阶段（20世纪50年代以前）

财务评价亦称企业财务分析或企业盈利性分析。在发达的市场经济国家的经济成分中，私人和企业投资的项目占绝大部分。资本家为了减少投资风险，获取较大利润，对其投资项目必须事先进行企业盈利性分析和预测工作。这就形成了一般投资项目的企业财务评价。它是从企业的角度评价投资项目的净财务收入，分析项目在财务上的获利能力和偿债能力，其特点是寻求最大的企业利润。

企业盈利性分析的理论来源于西方传统经济学。当时古典经济学派偏重于企业的微观效益分析，大多集中分析私有企业追求最高利润的行为，并假设项目评价的经济环境是在政府自由放任政策下的完全竞争的市场机制。他们认为在市场完全竞争、全民充分就业以及公共利益和私人利益基本一致等假设条件下，用合理的市场价格计算项目的企业利润，便与社会效益相一致，并且私人利益之和就是社会总效益。随着资本主义的发展以及统计、会计和管理方法等经营技术的不断改进，私人投资项目的财务评价逐渐系统化。在财务盈利能力分析上，从最初使用投资回收期和简单投资利润率等静态分析指标作为项目取舍的依据，发展为采用财务净现值和内部收益率等动态分析指标作为项目取舍的判断依据，这种考虑了时间因素和整个项目寿命期的效益计算出的项目微观效益更符合实际，也更合理。

2. 经济评价阶段（20世纪50年代至70年代初）

经济评价也叫社会费用效益分析。20世纪30年代，资本主义国家进入了经济大萧条时期。此时，工业发达国家的经济形势急剧变化，资本主义的自由放任体系崩溃。为了挽救萧条的经济，一些国家的政府（如美国）不得不采取新的财政政策、货币政策和建设公共工程等措施，将其作为国家宏观经济管理的常规手段，并取得了某些成效。

在第二次世界大战期间和战后，各国政府为战时军事动员和战后国民经济的恢复与重建，运用了各种政策和行政干预措施来控制国家经济事务，并动员人力、物力和财力以实现国家规定的目标。在凯恩斯理论的影响下，政府实行福利政策，大量增加公共开支，对文化教育、医疗卫生、水利和环境等社会公共福利设施和工程项目进行投资。由于这些项目难以通过市场调节使企业利益与社会利益相一致，因而私人企业不宜经营而逐步向国有化方向过渡。因此，在第二次世界大战后，资本主义国家经济的国有化成分有一定的增长。

由于公共工程和社会福利项目是以宏观经济效益与社会效益为主，单纯采用企业盈利性分析进行企业财务评价不能反映其实际的社会效益，也满足不了对这类项目评价的要求。于是，从20世纪50年代起，西方经济学家们逐步研究，最终形成了一种为评价公共项目所需的社会费用-效益分析（Social Cost-Benefit Analysis，SCBA）的方法。这种方法在形式上与传统的企业盈利性分析并无大的差别，只是在收益和支出的计算上充分考虑到企业利益与社会利益不相一致的情况，仍以货币作为计量单位，用类似的贴现方法得出相应的评价指标。两种分析方法所用的名词也有所区别，如表3-1所示。

表3-1 **两种分析方法的名词对照**

财务评价（Financial Analysis）	经济评价（Economic Analysis）
盈利分析（Profitability Analysis）	社会费用-效益分析（Social Cost-Benefit Analysis）
收益（Revenue）	效益（Benefit）
支出（Expenditure）	费用（Cost）
折现率（Discounted Rate）	社会贴现率（Social Discounted Rate）

在20世纪30—40年代，西方各国政府干预社会经济的作用逐渐增强，积累了管理公共事务的经验，随着人民要求改善生活的呼声增加，某些国家提出了实施“福利国家”和“充分就业计划”的主张和纲领以及“伟大社会”的方案。此时，一些经济学家也开始了社会效用、生产和消费水平、资源配置及一般社会福利问题的研究。于是福利经济学应运而生。他们把完全竞争模式、社会效用理论、边际分析方法及帕累托（Pareto）的福利改善准则都运用到公共项目的经济评价中，为项目经济评价提供了基本概念、原理、福

利标准和一般性的理论基础。这些福利经济基本学说成为项目社会费用-效益分析的基石，而项目社会费用-效益分析也就成为福利经济学最常用的、最有用的一种应用形式。

作为西方宏观经济学的代表——凯恩斯理论，不仅反映了西方经济萧条年代的现实，为各国政府干预社会经济事务提供了理论依据，而且也为公共项目经济评价开辟了新的发展前景，把公共项目经济评价扩展为对单个微观项目的宏观意义的研究分析，亦可称为项目的宏观效益评价。与此同时，国民经济计量体系、投入—产出分析、宏观计划经济、系统分析等一系列新型学科和新科研技术以及其他数量经济方法和数学模式的出现，为项目经济评价提供了有效的分析工具。而且，大量的宏观统计数据的收集和整理，为项目经济评价的分析工作提供了必要的基础资料。这样在工业发达的西方国家，政府计划公共服务和投资项目的增加，促进了项目经济评价的理论基础和实践程序的发展，逐渐形成了社会费用-效益分析的系统方法论。

在第二次世界大战后形成的发展中国家，大多采用集中计划、行政管理和公共投资等措施来促进本国经济的发展。于是，对公共项目的经济评价得到广泛重视，以保证提高投资项目的宏观效益。20世纪50年代初发展经济学的兴起，促进了项目评价在发展中国家的应用。在这些国家里为了能制定出切合实际的经济发展政策和国家计划，就必须事先对拟建和潜在项目做出科学评价与决策，而且在执行这些经济政策和计划时，也必须从项目实施开始。因此，发展经济学使成为发展中国家项目经济评价的理论依据，而且项目经济评价成为发展经济学不可分割的组成部分。

自20世纪60年代起，国际经济组织和工业发达国家通过技术和财务援助对发展中国家进行项目投资建设，同时也把社会费用-效益分析方法推广应用于这些被援助国家的项目评价之中。与此同时，致力于发展中国家的社会经济发展和项目评价研究的西方经济学家们发现社会费用-效益分析原理对发展中国家有着广泛的应用前景，并且通过在这些国家中项目评价的实践，丰富和发展了社会费用-效益分析的理论与方法，从而将传统的社会费用效益分析方法发展为现代社会费用效益分析方法。

3. 社会评价阶段（20世纪70年代以来）

社会评价又称社会影响分析。项目的社会评价是在经济评价的基础上发展起来的。20世纪60年代后期，随着福利经济学和发展经济学的发展，项目评价方法由不考虑分配效果的传统社会费用-效益分析方法，发展为以新福利经济学为基础的现代社会费用-效益分析方法，这就形成了以加强经济增长的效率目标加上实现收入分配的公平目标为内容的社会评价方法，它属于狭义的社会评价方法。

随着现代工业的发展，自然环境受到很大损害，在对自然环境的影响的评价过程中，人们发现工业化对社会环境和人们的生活环境产生的影响极大。社会影响评价在一些发达国家应运而生。20世纪80年代以来，世界银行在开发投资中推行的社会影响分析就是广义的社会评价方法，它是分析评价投资项目对实现国家（地区）各项社会发展目标所做的贡献与影响，包括项目与当地社会环境的相互影响的评价方法。具体地说，社会影响分析是指由于项目的建设与实施，对社会经济（包括收入分配、就业效益等非经济增长目标）、自然资源利用、自然环境、社会环境等方面的社会效益与影响的分析。随着西方社会学与人类学等社会科学的发展，人们还从社会学、心理学、政治学、数学、公共行政学和一些自然科学等非经济学科中借用一些普遍性的原则、原理和方法，来充实项目社会影响分析评价的实用手段，成为项目社会评价发展的基础，促使项目评价成为多元素、多学科和多目标的综合性评价。

3.2　可行性研究的阶段和主要内容

3.2.1　可行性研究的阶段

可行性研究是一种通过详细的调查研究，对拟建项目的必要性、可能性以及经济社会有利性进行全面、系统、综合的分析和论证，以便进行正确的决策的研究活动，是一种综合的经济分析技术。可行性研究的任务是以市场为前提，以技术为手段，以经济效果为最终目标，对拟建的投资项目，在投资前期全面、系统地论证该项目的必要性、可能性、有效性和合理性，做出对项目可行或不可行的评价。

第二次世界大战结束后，由于科学技术的发展和经济建设的需要，可行性研究在大型工程项目中得到了广泛应用，成为投资项目决策前的一个重要的工作阶段。现在，世界各国对重要的投资项目普遍要进行可行性研究。1978 年，联合国工业发展组织为了推动和帮助发展中国家的经济发展，编写出版了《工业项目可行性研究手册》一书，系统地说明了工业项目可行性研究的内容与方法。我国从 1979 年开始，在研究了西方国家运用可行性研究的经验后，经过反复酝酿，逐步将可行性研究纳入建设程序。1981 年 1 月，国务院在《技术引进和设备进口工作暂行条例》中，明确规定“所有技术引进和设备进口项目，都要编制项目建议书和可行性研究报告”。1982 年 9 月，原国家计委在《关于编制建设前期工作计划的通知》中，进一步扩大了需要进行可行性研究工作的建设项目的范围。1983 年 2 月原国家计委制定和颁发了《建设项目进行可行性研究的试行管理办法》，1991 年又对此作了修订，该办法对我国基本建设项目可行性研究的编制程序、内容、审批等进行了规定。

《工业项目可行性研究手册》将可行性研究工作分为 3 个阶段，即机会研究、初步可行性研究和详细可行性研究。

1. 机会研究

机会研究主要是为项目投资者寻求具有良好发展前景、对经济发展有较大贡献且具有较大成功可能性的投资、发展机会，并形成项目设想。可以说，机会研究是项目生成的摇篮。机会研究的一般方法是从经济、技术、社会及自然情况等方面发生的变化中发掘潜在的发展机会，通过创造性的思维提出项目设想。对于工业项目来说，机会研究主要通过以下几个方面来寻找投资机会：

① 在加工或制造方面有潜力的自然资源的新发现；

② 作为工业原材料的农产品生产格局的状况与趋向；

③ 由于人口或购买力增长而具有需求增长潜力的产品以及类似新产品的情况；

④ 有应用前景的新技术发展情况；

⑤ 现有经济系统潜在的不平衡，如原材料工业与加工制造业的不平衡；

⑥ 现有各工业行业前向或后向扩展与完善的可能性；

⑦ 现有工业生产能力扩大的可能性、多种经营的可能性和生产技术改造的可能性；

⑧ 进口情况以及替代进口的可能性；

⑨ 投资环境，包括宏观经济政策、产业政策等；

⑩ 生产要素的成本和可得性；

⑪ 出口的可能性等。

总之，机会研究围绕着是否具有良好发展前景的潜在需求开展工作。这种研究是大范围的、粗略的，要求时间短、花钱少。

机会研究阶段相当于我国的项目建议书阶段，其主要任务是提供可能进行建设的投资项目。如果证明项目投资的设想是可行的，再进行更深入的调查研究。

2. 初步可行性研究

初步可行性研究又称预可行性研究。判断机会研究所提出的项目设想是否真正可行，需要对项目设想作进一步的分析和细化，从产品的市场需求、经济政策、法律、资源、能源、交通运输、技术、工艺及设备等方面对项目的可行性进行系统的分析。然而，一个完善的可行性研究的工作量是十分巨大的，需消耗大量的人力、物力、财力，且时间较长。因此，在投入必要的资金、人力及时间进行详细可行性研究之前，先要进行初步可行性研究。初步可行性研究主要对项目在市场、技术、环境、选点、资金等方面的可行性进行初步分析，基本上是粗线条的。

(1) 初步可行性研究的主要任务

①分析机会研究的结论，并在详尽资料的基础上做出投资决定；

②根据项目设想产生的依据，确定是否进行下一步的详细可行性研究；

③确定哪些关键性问题需要进行辅助性专题研究，如市场需求预测、实验室试验、实验工厂试验等；

④判断项目设想是否有生命力，能否获得较大的利润。初步可行性研究是机会研究与详细可行性研究之间的一个中间阶段，它与机会研究的区别主要在于所获资料的详细程度不同。如果项目机会研究有足够的资料，也可以越过初步可行性研究阶段，直接进行详细可行性研究。如果机会研究阶段项目的有关资料不足，获利情况不明显，则要通过初步可行性研究来判断项目是否值得投资建设。

(2) 初步可行性研究主要解决的问题

①产品市场需求量的估计，预测产品进入市场的竞争能力；

②机器设备、建筑材料和生产所需原材料、燃料动力的供应情况及其价格变动的趋势；

③工艺技术在实验室或实验工厂试验情况的分析；

④厂址方案的选择，重点是估算并比较交通运输费用和重大工厂设施的费用；

⑤合理经济规模的研究，对几种不同生产规模的建厂方案，估算其投资支出、生产成本、产品售价和可获得的利润，从而选择合理的经济规模；

⑥生产设备的选型，着重研究决定项目生产能力的主要设备和一些投资费用较大的设备。在提出初步可行性研究报告时，还应提出项目总投资。

3. 详细可行性研究

详细可行性研究又称最终可行性研究。通过初步可行性研究的项目一般都不会被淘汰，但具体实施方案和计划还需要通过详细可行性研究来确定。项目采用哪种方案来实现以及实现后的实际效果主要取决于详细可行性研究的结果。详细可行性研究的主要任务是对项目的产品纲要、技术工艺及设备、厂址与厂区规划、投资需求、资金融通、建设计划以及项目的经济效果等多方面进行全面、深入、系统的分析和论证，通过多方案比较，选择最佳方案。虽然详细可行性研究的研究范围没有超出初步可行性研究的范围，但研究深度却远大于初步可行性研究的深度。

可行性研究各个阶段的研究深度不同，所花费的时间和费用也不同。一般来说，机会研究需要1个月左右的时间，研究费用约占项目总投资的0.2% ~1.0%；初步可行性研究需要1~3个月的时间，研究费用约占0.25% ~1.25%；详细可行性研究需要3~6个月或更长的时间，研究费用大项目约占0.8% ~1.0%，小项目约占1.0% ~3.0%。

在实际工作中，可行性研究的3个阶段未必十分清晰。有些小型和简单的项目，常把机会研究与初步可行性研究合二为一。在我国，许多项目的前两个阶段与详细可行性研究工作常常也是交织在一起进行的。下面介绍的可行性研究主要是指详细可行性研究。

3.2.2　可行性研究的主要内容

可行性研究的内容非常广泛，这里仅介绍市场调查和研究、技术分析及经济评价等内容。

1. 市场调查和研究

(1) 市场需求调查与预测

市场需求是指在一定区域、一定时间内以及一定的营销环境和一定的营销费用水平的条件下，消费者可能购买的商品总量。研究某一特定产品的市场需求量，预计可能占有的市场份额，从而确定产品方案和生产规模，是工业项目可行性研究的重要步骤。

①市场需求调查与预测的意义。做好市场需求预测是搞好项目可行性研究的前提和基础，是提高可行性研究工作水平的需要。市场需求预测将确认产品是否有市场，是否为社会所需要，以确定项目是否有必要建设。可行性研究中的技术分析和经济评价所必需的有关产品的品种、数量、规格、用户要求以及销售量等资料，都有待于市场需求预测来提供，并以此为依据。

市场需求预测是提高投资决策水平和社会经济效益的需要。在日新月异的科技时代，面对激烈的市场竞争，企业要能在变化的市场中求得生存和发展，要取得满意的投资效果，必须首先考虑投资项目的产品是否有生命力和竞争力，而搞好市场预测是提高投资决策水平和企业经济效益的保证。许多项目决策失误，主要是由于不重视市场调研、分析和预测。

②市场需求调查与预测的内容。项目可行性研究中市场需求预测的基本内容是预测社会对拟建项目所生产商品的需求。这种需求有两个方面：一是质的方面，如对商品的品种、规格、型号、性能、质量、价格及式样等的需求；二是量的方面，这是在定性需求基础上以及在一定市场环境和销售能力下，社会对该商品在数量上的需求。具体内容有市场需求量预测、市场占有率预测、技术发展预测、资源预测等。

市场需求量预测就是通过对过去和现在的产品在市场上的销售状况和影响市场需要的各种因素的分析和判断，预测市场对产品的需要量有多大，发展变化趋势如何。

市场需求量受两类因素的影响：一类是市场环境，如政府政策、经济发展状况、家庭收入、竞争情况等，这是企业本身不能控制的因素；另一类是营销方面，如改善质量、办展销会、重视广告宣传、加强售后服务等，这是企业本身能够加以控制的因素。

所谓市场占有率是指企业生产的某种产品销售量（或销售额）占市场上该种产品全部销售量（或销售额）的比重。可用下式表示：

$$S=\frac{Q_1}{Q}\times 100\%$$

式中，S——市场占有率；

Q_1——企业某种商品的销售量（或销售额）；

Q——市场上该种商品的全部销售量（或销售额）。

市场占有率预测着重考虑的是商品本身的特征和销售能力等对销售量的影响。在市场总需求不变的情况下，一家企业市场占有率的提高就意味着另外几家企业市场占有率的降低。市场占有率预测，实质上是对工程项目竞争能力的预测。因此不但要对老的竞争对手的生产经营水平进行预测，而且还要对潜在的即新的对手进行预测。

新技术、新工艺、新材料、新产品等技术创新的出现会影响产品的需求，技术发展预测就是对这种影响产品需求的状况做出估计。

资源的供应直接关系到产品的生产。资源预测是对原材料、能源供应的保证程度和发展趋势及其价格的变动情况加以估计。如以矿产品为原料的工程项目，必须对未来资源是否短缺、成本是否会大幅度上升做出很好的分析、预测，尽量避免因资源矛盾给项目带来的严重威胁。

③ 市场需求预测的方法。市场需求预测可分为定性和定量两大类方法。定性方法一般是指以市场调查为基础的经验判断法；定量方法则是指以统计资料为基础的分析计算法。

经验判断法是通过对熟悉情况的有关人员作调查，然后根据个人主观判断来进行预测。

第一，购买者意向调查。购买者意向调查就是在营销环境和条件既定的情况下，预测顾客可能购买什么。在顾客购买意向非常明显时，此方法非常有效。例如某制造厂向消费者对其生产的产品作购买意向调查，可供选择的答案有 6 种，调查后的得分情况如表 3-2 所示。通过表 3-2 的得分之和，可以预测产品需求量。此外，还要调查消费者目前和将来的购买能力和对经济前景的预测。

表 3-2　**购买意向调查表**

消费者购买意向	肯定不买	不太可能	有点可能	很有可能	非常可能	肯定购买
得分	0	0.2	0.4	0.6	0.8	1.0

第二，专家意见法。这种方法是以通信形式向专家直接征询意见，并将其一致的意见汇总后加以有效利用，从而作出对未来的预测。这种方法的特点是：一是“反馈”，整个征询意见的过程要经过多次反复；二是“匿名”，专家只与预测组织者联系，避免了心理因素的干扰。

分析计算法就是利用过去积累的统计资料，进行分析计算后作出的预测。它可分为以下几种：

第一，时间序列分析法。这是利用过去的销售统计数据所表明的趋势来推测未来的需求量。因为事物的发展有它的连续性，未来的发展将遵循过去的运行轨迹。时间序列法的种类很多，主要有移动平均法、加权移动平均法。

第二，回归分析法。回归分析法是一种数据统计方法，是建立在大量实际数据的基础上，寻求随机性现象的统计规律的一种方法。通过对预测对象的数据进行分析，可以找出变量之间的互相依存关系，从而预测未来需求量。

(2) 项目规模选择

项目的规模是指劳动力和生产资料的集中程度。衡量项目规模的大小有多种指标，如生产能力、投资额、所需人数等。在可行性研究和项目评估中，评价项目规模的指标主要是生产能力。

① 影响生产规模选择的主要因素。市场需求是决定项目规模的主要因素。建设项目只有按市场需求确定生产规模，才能保证项目获得较好的经济效益。

行业的技术经济特点。由于不同部门有不同的生产技术特点，其规模与技术经济指标的依存关系也不同，故其有各自不同的规模结构。例如机械工业，其产品结构较复杂，品种规格多，就应以少数大型企业为中心，在搞好专业协作的基础上，主要发展中小型企业；采掘业的规模，主要取决于矿物储藏量和地质条件；电力业的规模，主要取决于发电机机组的大小和负荷程度等。

资源、设备制造能力、资金等供应的可能性。除了考虑上述两项因素外，还需充分考虑资金条件、土地条件、设备条件和原材料、能源、水资源、交通运输条件、协作配套条件等。

规模经济的要求。所谓规模的经济性，就是生产规模多大时才能够达到成本最低、利润最大、投资也相对最小的经济要求。在一定生产力水平下，各种产品都有一个适应的规模区域。一般来说，投资大、所用技术设备先进而复杂的行业，如冶金、汽车、化工、航空制造等，其适度规模较大；相反，对于投资需要少、所用设备简单的行业，如服装、饮食等，规模小才能更灵活地适应市场需求的变化，其适度规模也小。

投资主体风险承受能力。规模越大，项目越复杂，投资额也越大，因而投资主体要承担的风险也就越大。如果项目主体没有雄厚的实力以及丰富的项目管理经验，投资大项目是十分危险的。

总之，在确定企业规模时，必须对上述几个因素进行综合分析和比较，既要从满足需要出发，又要考虑是否具有可能，更要注意经济效益，切不可把确定企业规模的工作简单化。

②合理规模的选择。除产品本身的特点外，影响企业经济规模的因素归纳起来可以分为两类：一类是企业内部因素，如生产技术、生产组织的管理水平等，这些因素都会影响企业的生产效率、产品成本；另一类是外部因素，如原材料供应状况、运输条件、消费区域、竞争状况等，这些因素影响产品的销售费用，如运输成本。一般来讲，考虑企业合理规模，应综合考虑上述因素影响，反复比较几个方案，从中选出最优方案。

定性分析的内容：第一，是否符合一定时期的市场条件。市场从投入和产出两个方面决定着项目的规模。从投入角度看，原材料及能源供应的价格、数量和质量，筹资条件是否有利，设备供应、零配件的协作情况等都影响建设规模。从产出角度看，市场对项目产品的品种、规格及数量的要求是确定规模的前提条件。第二，是否符合专业化分工和协作生产的要求。对专业化分工和协作生产进行有效组织，可以创造出新的生产力，取得更多的经济效益。第三，是否满足技术上先进、经济上合理的规模。项目的规模应有利于采用先进技术，同时应使得先进的工艺设备得到充分的利用。

定量分析的内容：第一，最小规模的确定。不少行业都有一个最小规模界限。这个方法的核心就是寻找盈亏平衡点的位置，即确定保本点产量，利用盈亏平衡分析法来确定最小规模。第二，起始经济规模的确定。起始经济规模的一种含义是长期边际成本曲线最低点所对应的生产规模。由于长期边际成本曲线很难确定，因此实际操作中很难依其确定起始经济规模。另一种含义是能获得社会平均资金利润率的生产规模。其本意是，作为一个企业起码应该获取社会平均资金利润率。所以起始经济规模不是盈亏平衡时的规模，而应该是能够获得社会平均资金利润率时的规模。第三，最佳经济规模确定。最佳经济规模是指企业获取最佳经济效益时的生产规模。

常用的最佳经济规模的确定方法如下：

成本函数——统计估计法。这是一种利用已有的工厂规模与生产成本关系的资料进行归纳分析，整理出规模和平均成本之间的函数关系，求导数得到平均成本最低时的规模的方法。

适者生存法。其具体做法是：先计算不同时点产业各规模层企业附加价值占全产业附加价值的比重，然后计算这一比重的增长系数，增长系数最高的规模层就是该产业的最佳经济规模。这种方法是建立在完全市场竞争基础上的，因而假定这些企业都处于最高效率，其单位成本都低于最低点。

工程技术法。通过选择代表产品，确定不同规模下对应的工艺技术设备方案，测算不同规模下的各种投资、消耗定额以及其他费用，比较不同规模下工程技术方案的单位产品成本或社会成本，从中选出成本最低的方案，这个方案所对应的生产能力即为这个基本生产系统的最佳经济规模。

2. 技术分析

（1）技术选择

① 工艺流程的选择。工艺流程是指项目生产产品所采用的制造方法及生产过程。生产过程是指从原材料进厂一直到产品出厂的全部过程。一般来讲，一个产品的生产，总是有几个可供选择的工艺，采用不同的工艺，需要具备不同的条件并会产生不同的后果。

在编制工艺流程时，首先要搜集、了解各种已成熟的能用于工业化生产的工艺方法以及这些方法所要求的工艺条件。在搜集过程中，还要对每种方法的优点和缺点加以具体分析，对这些方法在生产中的应用情况、应用效果、复杂程度和约束条件（主要是指设备和投资）做分析。

工艺流程的编制一般采用工艺流程图，在编写工艺流程图时，应详细地说明每一步要完成的事，要从原料的进厂、入库、检验开始，到产品的包装、检验、入库和出厂为止，不要遗漏和简化。在编制工艺流程图时，还要配以适当的文字、图表、计算公式、反应式等来说明该流程。

工艺流程确定后，同时也就确定了主要设备方案和技术方案的选择。

② 合理布置总平面。这包括地面布置和建筑物内布置。地面布置要使厂内的原料、半成品、制成品、水、电、气及工业废料的流转在经济上和技术上最合理。当然这要根据工艺流程来排定。同时，要使工厂内部运输和服务系统与厂外设施能实现有机的结合，各个车间之间的关系、室内外设备的衔接、厂内道路、专用铁路、堆场和仓库、办公和生产指挥中心、福利设施等，均要在工艺流程的基础上做出妥善的安排，建筑物内的布置更是直接与工艺有关。机器和设备布置、产品物料流向、工作场地面积、通道、通风、照明、维修、安全保护等，都要通盘考虑。

③ 技术选择中的环境制约。环境保护是可行性研究的重要内容之一，不仅应在可行性研究报告中有专章论述，而且另外需有专门的环境影响报告书。

环境影响可以是自然环境污染，也可以是社会环境污染。可行性研究中的污染，是指自然环境污染，指由于人类的社会经济活动对自然界造成破坏，从而恶化了人类生活环境的现象。生产过程中，危害自然环境的因素主要有废水、废渣、粉尘、废弃物、放射性物质、噪音等。在可行性研究阶段，除要求编制环境影响报告书或填报环境影响报告书外，在可行性研究报告中，还应有环境保护的专门论述。

在工业生产中污染物的产生是不可避免的，关键是怎么防止和减轻污染物对环境的危害，也就是怎么进行污染治理以及治理后应达到的标准。一般原则是，面对现实，处在什么样的科学技术水平，解决什么样的问题。污染治理的方法虽然很多，但要完全消除污染，几乎是不可能的，也是不必要的，而且从经济上来看也是不合算的。

一般是把污染控制在不对环境造成危害的程度上。我国自20世纪70年代以来颁布了许多种类的环境保护标准，它们有的是衡量环境质量的标准，有的是分析工程项目排污程度是否符合环境保护要求的依据。

可行性研究要对项目提出环境保护的措施，就要了解可能产生的环境污染程度，这就要求对环境状况有充分了解。要从工程项目的实际情况出发，搜集项目所在地的基础资料，如地形、水、农业生产、与城市的关系等。在此基础上，根据项目污染物的实际排放情况，对自然环境的影响进行估计，然后再对消除和减轻这些影响的环境保护措施进行研究和设计。

（2）厂址选择

在工程项目的可行性研究中，当拟建项目的产品品种、生产规模、原料和技术路线确定以后，便要进行厂址选择工作。厂址选择既是技术问题，又是经济问题。一个好的厂址不仅要满足生产的要求，而且在项目投产后要有较好的经济效益。厂址选择不当，对工业布局、基建投资、产品生产成本、生态环境乃至建成后的正常生产，都将产生不利影响，有些影响甚至是长期的。厂址选择有新建企业和老企业扩建两种情况。扩建由于受老企业影响，厂址选择的余地很小。而新建企业厂址选择的内容包括两个层次：选点和定址。选点又称建厂地区的选择，是确定工厂所在的地理区域；定址就是确定拟建企业的具体厂址，确定工程项目具体坐落的位置。项目发起人的身份不同，考虑的侧重面也就不同。国家级投资项目往往投资额大，对国民经济影响大，建厂地区研究时考虑的范围是全国性的，而地方级投资项目建厂地区研究的范围很窄，往往直接与厂址选择联系在一起。同时项目发起人的投资意向常常限制厂址和建厂地区的选择。

① 建厂地点选择的步骤如下：

第一步，拟订建厂条件指标。根据设置的生产规模和采用的技术，拟订建厂条件指标，包括占地面积（生产用房、公用工程、附属工程、仓库、厂区道路等用地以及施工用地和发展预留地）、全厂原料和燃料的种类及数量、运输量及运输和储存的特殊要求、用水量及对水质的要求、污水量及性质、用电量及最高负荷量和负荷等级、需要的高压蒸汽量及低压蒸汽量、全厂定员及生活区占地面积、土建工程内容和工作量、对其他厂协作的要求。

第二步，进行现场踏勘并收集选厂基础资料。收集选厂基础资料要针对拟订的建厂条件指标。

第三步，方案比较和分析论证。根据现场踏勘的结果，对各个方案进行比较，经过综合论证提出推荐方案。

第四步，提出选址报告。选址报告是厂址选择工作的最终成果，其内容包括：选厂依据、采用的工艺路线、建厂条件指标以及选厂的主要经过；建设地区的概况（包括自然的、经济的及社会概况）；厂址建设条件概述；厂址方案比较，并提出厂址技术方案比较表及厂址建设投资和经营费用比较表；各厂址方案的综合分析论证，推荐方案及推荐理由；当地领导部门、环保部门、交通部门、地震地质部门对厂址的意见；存在的问题及解决方法。选址报告要附厂址规划示意图和工厂总平面布置示意图。

② 厂址选择的方法如下：

一是最小费用法。这是一种偏重于经济方面考虑的选择方法。如果某方案的投资费用和经营费用均低，则为最优方案。如果某方案的建设投资费用大，但经营费用少，或者投资少，经营费用高，则可采用追加投资回收期、费用年值等指标评选。

二是评分优选法。在实际工作中经常遇到几个方案在满足建厂条件方面各具特色、互有优劣势，而这些优劣势很难折算成费用，这时可采用评分优选法。

3. 经济评价

项目的经济效益要从企业财务效益和国民经济效益两个方面进行综合评价，主要内容包括投资估算、资金规划及经济评价三个部分。这里仅简述经济评价的内容。

（1）财务评价

① 财务评价的概念。投资项目的财务评价是根据国家现行的财税制度和价格体系，分析、计算项目直接发生的财务效益和费用，编制财务报表，计算评价指标，考察项目的盈利能力、清偿能力以及外汇平衡能力，从而据以判别项目在财务上的可行性。

② 财务评价的特点如下：

评价目标是追求项目投资给企业（或投资主体）带来的财务收益（利润）最大化。

评价角度。站在项目投资主体或项目系统自身的角度进行经济评价。

费用与效益的识别。财务评价中的费用是指由于项目的实施给投资主体带来的直接费用支出；财务评价中的效益是指项目实施给投资主体带来的直接收益。

价格。费用与效益的计算均采用市场价格。

主要参数。利率、汇率、税收及折旧等参数均按国家现行财税制度的规定执行。

③ 财务评价的费用与效益识别。费用和效益都是相对于评价目标而言的。效益就是对评价目标的贡献；费用则是对评价目标的反贡献，是负效益。在项目经济评价中，费用与效益是追求目标下的对立统一关系。没有费用，就没有效益。为了与国民经济评价中的费用与效益相区别，习惯上把财务评价中的费用统称为支出，把效益统称为收益。支出是以指企业（实施者或投资主体）或投资项目系统自身为系统边界，由于投资项目实施发生的货币支付（即由企业内流向企业外的货币），也称直接费用或现金流出。收益是指以企业或投资项目系统自身为系统边界，由于投资项目实施而带来的货币收入（即由企业外流向企业内的货币），也称为直接收益或现金流入。

④ 财务评价的程序。项目或技术方案财务评价一般要依次经过以下四步：财务收益和支出的识别；财务收益和支出的测算；财务评价报表的编制；财务评价指标体系的计算与分析评价。

⑤ 财务评价的内容与评价指标体系。投资项目或技术方案的财务评价包括项目的盈利能力分析、清偿能力分析和不确定性分析等内容。

项目的盈利能力分析主要是考察项目投资的盈利水平。盈利能力分析要分别考察项目全部投资盈利能力、自有资金的盈利能力以及总投资的盈利能力。

项目的清偿能力分析主要是考察项目计算期内各年的财务状况及偿债能力，需要计算借款偿还期、利息备付率、偿债备付率等评价指标。

不确定性分析主要是估计项目可能承担的风险及抗风险能力，以考核项目在不确定情况下的财务可靠性，包括盈亏平衡分析、敏感性分析和概率分析三种方法。财务评价的内容与评价指标如图 3-1 所示。

（2）项目的国民经济评价

投资项目或技术方案的国民经济评价又称费用与效益分析，它与投资项目或技术方案的财务评价，共同组成投资项目或技术方案的经济评价。投资项目或技术方案的国民经济评价的目的在于把有限的资源用于最需要的投资项目，使全社会可用于投资的有限资源能

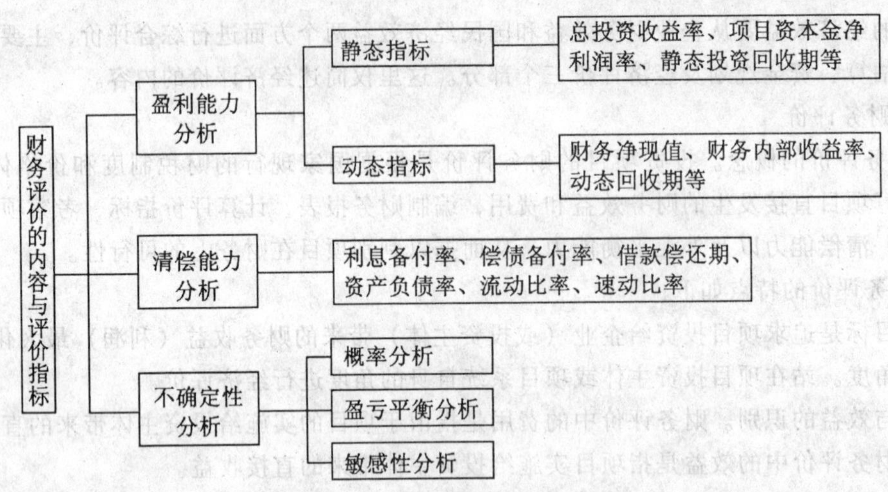

图 3-1 财务评价的内容与评价指标

得到合理配置和有效利用，使国民经济能持续稳定地发展。

① 国民经济评价的概念。国民经济评价（费用与效益分析）是按照资源合理配置的原则，从国家整体角度考察技术方案的效益与费用，用影子价格、影子工资、影子汇率和社会折现率等经济参数，分析计算技术方案对国民经济的净贡献，从而评价技术方案的经济合理性。

② 国民经济评价的对象。宏观经济效果的好坏是投资决策的主要依据，国民经济评价是技术方案经济评价的重要组成部分，并起着关键性的作用。因此，原则上，所有项目均应进行国民经济评价，并以国民经济评价的结论作为主要决策依据。

③ 国民经济评价与财务评价的区别。国民经济评价和财务评价是项目经济评价的两个层次，其区别如表 3-3 所示。

表 3-3 国民经济评价与财务评价的区别

项目	财务评价	国民经济评价
评价的角度	以企业净收入最大化为最优	资源最优配置，国民经济收入最大
费用和收益的范围	只考虑项目的直接货币效益	除考虑直接经济效果外，还要考虑间接效果（定量、定性）
费用和收益的划分	根据项目的实际收支来确定	企业利润、工资作为国民收益，税金和国内借款利息视为国民经济内部转移支付
采用的价格	市场实际价格	根据机会成本和供求关系确定影子价格
采用的贴现率	采用因行业而异的基准贴现率	采用国家统一测定的社会贴现率
采用的汇率	官方汇率	国家统一测定的影子汇率
采用的工资	当地通常的工资水平	影子工资

由于财务评价和国民经济评价有区别，可能出现同一项目的财务评价结论与国民经济评价结论不一致的情况。决策原则如下：

财务评价和国民经济评价结论均可行，项目予以通过。

财务评价和国民经济评价结论均不可行，项目予以否定。

财务评价结论可行，国民经济评价结论不可行，项目一般予以否定。

财务评价结论不可行，国民经济评价结论可行，项目一般予以推荐。

④ 国民经济评价的内容与程序。国民经济评价主要包括费用和效益的识别、计量和比较以及国民经济盈利能力分析。此外，还应对难以量化的外部效果进行定性分析。

(3) 建设项目经济评价内容的选择

建设项目的经济评价结果将对项目决策、实施和运营产生重大影响。如果这类项目产出品的市场价格基本上能够反映其真实价值，且财务评价的结果能满足决策需要，可以不进行费用与效益分析。对于关系国家安全、国土开发、公共利益和市场不能有效配置资源等具有较明显的外部效果的项目（一般为政府审批或核准项目），除应进行财务评价外，还应进行费用与效益（国民经济）分析；对于特别重大的建设项目，除进行财务评价和费用与效益分析外，还应进行区域经济与宏观经济影响分析。经济评价内容的选择如表 3-4 所示。

表 3-4　　工程项目经济评价内容选择的参考表

<table>
<tr><th colspan="3" rowspan="2">分析内容
项目类型</th><th colspan="3">财务评价</th><th rowspan="2">费用与效益分析</th><th rowspan="2">费用效果分析</th><th rowspan="2">不确定分析</th><th rowspan="2">风险分析</th><th rowspan="2">区域经济与宏观经济影响分析</th></tr>
<tr><th>生存能力分析</th><th>偿债能力分析</th><th>盈利能力分析</th></tr>
<tr><td rowspan="10">政府投资</td><td rowspan="2">直接投资</td><td>经营</td><td>☆</td><td>☆</td><td>☆</td><td>☆</td><td>△</td><td>☆</td><td>△</td><td>△</td></tr>
<tr><td>非经营</td><td>☆</td><td>△</td><td></td><td>☆</td><td>☆</td><td>△</td><td>△</td><td>△</td></tr>
<tr><td rowspan="2">资本金</td><td>经营</td><td>☆</td><td>☆</td><td>☆</td><td>☆</td><td>△</td><td>☆</td><td>△</td><td>△</td></tr>
<tr><td>非经营</td><td>☆</td><td>△</td><td></td><td>☆</td><td>☆</td><td>△</td><td>△</td><td>△</td></tr>
<tr><td rowspan="2">转贷</td><td>经营</td><td>☆</td><td>☆</td><td>☆</td><td>☆</td><td>△</td><td>☆</td><td>△</td><td>△</td></tr>
<tr><td>非经营</td><td>☆</td><td>☆</td><td></td><td>☆</td><td>☆</td><td>△</td><td>△</td><td>△</td></tr>
<tr><td rowspan="2">补贴</td><td>经营</td><td>☆</td><td>☆</td><td>☆</td><td>☆</td><td>△</td><td>☆</td><td>△</td><td>△</td></tr>
<tr><td>非经营</td><td>☆</td><td>☆</td><td></td><td>☆</td><td>☆</td><td>△</td><td>△</td><td>△</td></tr>
<tr><td rowspan="2">贴息</td><td>经营</td><td>☆</td><td>☆</td><td>☆</td><td>☆</td><td>△</td><td>☆</td><td>△</td><td>△</td></tr>
<tr><td>非经营</td><td></td><td></td><td></td><td></td><td></td><td></td><td></td><td></td></tr>
<tr><td colspan="2">企业投资（核准制）</td><td>经营</td><td>☆</td><td>☆</td><td>☆</td><td>△</td><td>△</td><td>☆</td><td>△</td><td>△</td></tr>
<tr><td colspan="2">企业投资（备案制）</td><td>经营</td><td>☆</td><td>☆</td><td>☆</td><td>△</td><td>△</td><td>☆</td><td>△</td><td></td></tr>
</table>

注：①☆表示要做；△表示根据项目的特点，有要求时做，无要求时可以不做。

②企业投资项目的经济评价内容可根据规定要求进行，一般按经营性项目选用，非经营性项目可参照政府投资项目选择评价内容。

3.3 可行性研究的工作程序和要求

3.3.1 可行性研究的工作程序

根据项目的投资建设程序和《关于建设项目进行可行性研究的试行管理办法》，我国可行性研究一般要经历如下工作程序：

1. 项目投资者提出项目建议书和初步可行性研究报告

项目投资者必须根据国民经济发展的长远规划、经济建设的方针和技术经济政策，结合资源情况、建设布局等条件，在详细地调查研究、收集资料、勘察建设地点、初步分析投资效果的基础上，提出需要进行可行性研究的项目建议书和初步可行性研究报告。

2. 进行可行性研究任务或委托有关单位进行可行性研究工作

当项目建议书经审定批准后，项目的投资建设者即可自行进行或委托有关具有相应研究资格的设计、咨询单位进行可行性研究工作。

3. 承担单位进行可行性研究工作

承担单位在承接研究任务后，即可按以下5个步骤进行：

① 组建研究小组，制订研究计划；

② 进行调查研究，收集有关资料；

③ 进行方案设计与优选；

④ 进行经济分析和评价；

⑤ 编制可行性研究报告。

4. 可行性研究报告的预审与复审

① 编制和上报的可行性研究报告，按项目大小应在预审前1~3个月交预审主持单位。

② 预审主持单位组织有关设计单位、科研机构、企业和有关专家组成评议组，对可行性研究报告进行预审并提出预审意见。

③ 当发现可行性研究报告存在原则性错误或报告的基础依据与社会经济环境条件有重大变化时，应按有关规定对可行性研究报告进行修改和复审。

5. 可行性研究报告的审批

可行性研究报告的审批一般按行政隶属关系及国家的有关规定进行。

可行性研究的工作程序如图3-2所示。

3.3.2 可行性研究的要求

为了使项目的可行性研究能够为项目的投资决策提供依据和具有一定的质量，可行性研究应达到以下要求：

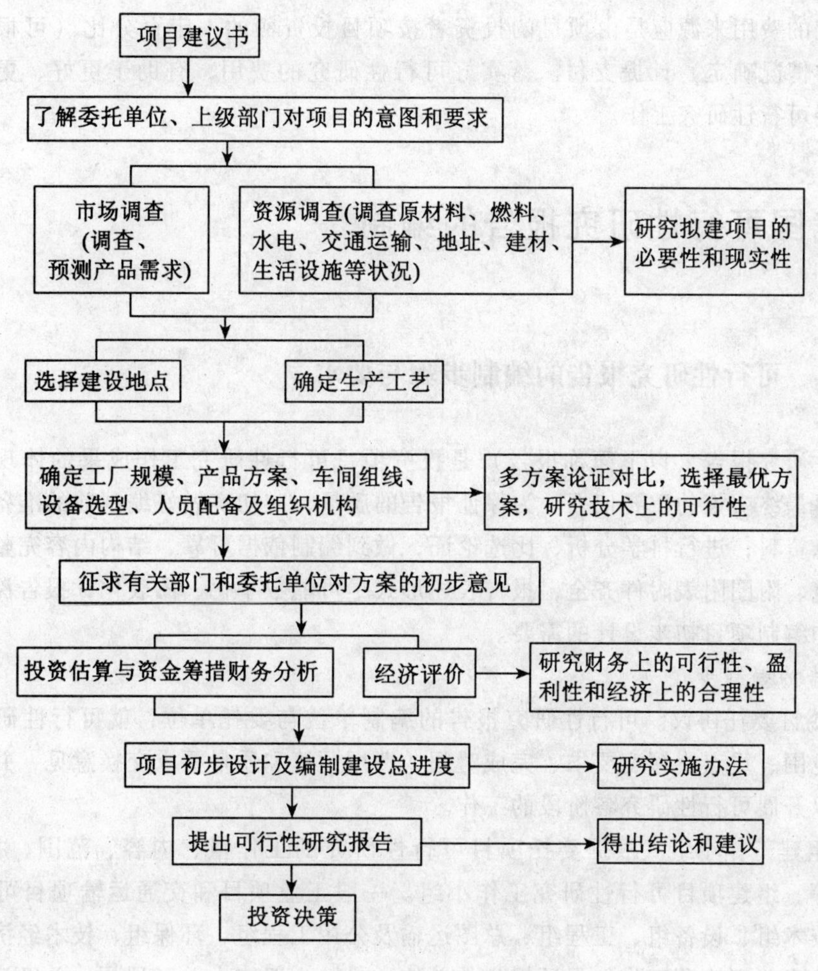

图 3-2 可行性研究的工作程序

(1) 可行性研究应具有科学性、公正性。可行性研究是一项政策性、技术性和经济性很强的综合研究工作，为保证它的公正性、科学性和客观性，在可行性研究工作中，必须坚持实事求是，在调查研究和科学预测的基础上，进行方案分析和比较，按客观实际情况进行分析论证和评价，切忌为“可行”而研究，使可行性研究流于形式。

(2) 承担可行性研究的单位应具有相应的条件和资格。为了保证可行性研究的质量，必须要求承担研究和编制任务的单位是具有丰富的实践经验、雄厚的技术力量和相当资质的专业单位。

(3) 可行性研究的深度应达到一定的标准和要求。虽然可行性研究的内容、深度因项目的具体要求会有所侧重和不同，但其基本内容应做到完整和有说服力，研究深度应达到《有关建设项目进行可行性研究的试行管理办法》、《建设项目经济评价方法与参数》和《投资项目可行性研究指南》等文件中所规定的要求。

(4) 落实可行性研究的费用来源。在国外，可行性研究的费用一般占到项目投资的

1%左右，这是因为可行性研究是一项牵涉面广、要求高、专业性强的工作。所以在我国，可行性研究的费用来源应是由项目的投资者按项目投资额的一定百分比（可根据项目的特点等具体情况确定）计提支付。落实好可行性研究的费用，有助于更好、更细致、更深入地开展可行性研究工作。

3.4 我国可行性研究报告的编制

3.4.1 可行性研究报告的编制步骤与要求

可行性研究报告（以下简称报告）是投资项目可行性研究工作成果的体现，是投资者进行项目最终决策的重要依据。为保证报告的质量，应切实做好编制前的准备工作，充分占有信息资料，进行科学分析、比选论证，做到编制依据可靠、结构内容完整、报告文本格式规范、附图附表附件齐全，报告表述形式尽可能数字化、图表化，报告深度能满足投资决策和编制项目初步设计的需要。

1. 报告的编制步骤

（1）签订委托协议。可行性研究报告的编制单位与委托单位，就可行性研究报告编制工作的范围、重点、深度要求、完成时间、费用预算和质量要求交换意见，并签订委托协议，据以开展可行性研究各阶段的工作。

（2）组建工作小组。根据委托项目可行性研究的工作量、内容、范围、技术难度、时间要求等，组建项目可行性研究工作小组。一般工业项目和交通运输项目可分为市场组、工艺技术组、设备组、工程组、总图运输及公用工程组、环保组、技术经济组等专业组。为使各专业组协调工作，保证报告的总体质量，一般应由总工程师、总经济师负责统筹协调。

（3）制订工作计划。内容包括研究工作的范围、重点、深度、进度安排、人员配置、费用预算及报告编制大纲，并与委托单位交换意见。

（4）调查研究收集资料。各专业组根据报告编制大纲进行实地调查，收集整理有关资料，包括向市场和社会调查，向行业主管部门调查，向项目所在地区调查，向项目涉及的有关企业、单位调查，收集项目建设、生产运营等各方面所必需的信息资料和数据。

（5）方案编制与优化。在调查研究收集资料的基础上，对项目的建设规模与产品方案、场址方案、技术方案、设备方案、工程方案、原材料供应方案、总图布置与运输方案、公用工程与辅助工程方案、环境保护方案、组织机构设置方案、实施进度方案以及项目投资与资金筹措方案等，研究编制备选方案，进行方案论证比选优化后，提出推荐方案。

（6）项目评价。对推荐方案进行环境评价、财务评价、国民经济评价、社会评价及风险分析，以判别项目的环境可行性、经济可行性、社会可行性和抗风险能力。当有关评价指标结论不足以支持项目方案成立时，应对原设计方案进行调整或重新设计。

(7) 编写报告。项目可行性研究的各专业方案，经过技术经济论证和优化之后，由各专业组分工编写。经项目负责人衔接协调综合汇总，提出报告初稿。

(8) 与委托单位交换意见。报告初稿形成后，与委托单位交换意见，修改完善，形成正式报告。

2. 报告的编制依据

①《项目建议书》(初步可行性研究报告) 及其批复文件。

② 国家和地方的经济及社会发展规划；行业部门发展规划，如江河流域开发治理规划、铁路公路路网规划、电力电网规划、森林开发规划等。

③ 国家有关法律、法规、政策。

④ 国家矿产储量委员会批准的矿产储量报告及矿产勘探最终报告。

⑤ 有关机构发布的工程建设方面的标准、规范、定额。

⑥ 中外合资、合作项目各方签订的协议书或意向书。

⑦ 编制报告的委托合同。

⑧ 其他有关依据资料。

3. 信息资料的采集与应用

编制可行性研究报告应有大量的、准确的、可用的信息资料作为支持。一般工业项目在可行性研究工作中，应逐步收集积累、整理分析市场分析资料、自然资源条件资料、原材料燃料供应资料、工艺技术资料、场（厂）址条件资料、环境条件资料、财政税收资料、金融贸易资料等方面的信息资料，并用科学的方法对占有的资料进行整理加工。信息资料的收集与应用一般应达到如下要求。

① 充足性要求。占有的信息资料的广度和数量，应能满足各方案设计比选论证的需要。

② 可靠性要求。对占有的信息资料的来源和真伪进行辨识，以保证可行性研究报告准确可靠。

③ 时效性要求。对占有的信息资料发布的时间、时段进行辨识，以保证可行性研究报告特别是有关预测结论的时效性。

4. 报告的深度要求

①报告应能充分反映项目可行性研究工作的成果，内容齐全、结论明确、数据准确、论据充分，满足决策者定方案、定项目的要求。

② 报告选用的主要设备的规格、参数应能满足预订货的要求。准备的资料应能满足合同谈判的要求。

③ 报告中的重大技术、经济方案，应有两个以上方案的比选。

④ 报告中确定的主要工程技术数据，应能满足项目初步设计的要求。

⑤ 报告构造的融资方案，应能满足银行等金融部门信贷决策的需要。

⑥ 报告中应反映在可行性研究过程中出现的某些方案的重大分歧及未被采纳的理由，以供委托单位与投资者权衡利弊并进行决策。

⑦ 报告应附有评估或决策（审批）所必需的合同、协议、意向书、政府批件等。

5. 报告编制单位及人员资质要求

可行性研究报告的质量取决于编制单位的资质和编写的人员的素质。承担可行性研究报告编写的单位和人员，应符合下列要求。

① 报告编制单位应具有经国家有关部门审批登记的资质等级证明。

② 编制单位应具有承担编制可行性研究报告的能力和经验。

③ 可行性研究人员应具有所从事专业的中级以上专业职称，并具有相关的知识、技能和工作经历。

④ 报告编制单位及人员，应坚持独立、公正、科学、可靠的原则，实事求是，对提供的可行性研究报告的质量负完全责任。

6. 报告的文本格式

① 报告的文本排序：封面，包括项目名称、研究阶段、编制单位、出版年月，并加盖编制单位印章；封一，包括编制单位资格证书，如工程咨询资质证书、工程设计证书；封二，包括编制单位的项目负责人、技术管理负责人、法人代表名单；封三，包括编制人、校核人、审核人、审定人名单；目录；正文；附图、附表、附件。

② 报告文本的外形尺寸统一为 A4（210mm×297mm）。

3.4.2 一般工业项目可行性研究报告编制大纲

根据《投资项目可行性研究指南》，一般工业项目可行性研究的结构和内容如下：

1. 总论

（1）项目背景

① 项目名称。

② 承办单位概况（新建项目是指筹建单位情况，技术改造项目是指原企业情况，合资项目是指合资各方情况）。

③ 可行性研究报告的编制依据。

④ 项目提出的理由与过程。

（2）项目概况

① 拟建地点。

② 建设规模与目标。

③ 建设条件。

④ 项目投入总资金及效益情况。

⑤ 主要技术经济指标。

（3）问题与建议

2. 市场预测

（1）产品市场供应预测

① 国内外市场供应现状。

② 国内外市场供应预测。

（2）产品市场需求预测

① 国内外市场需求现状。

② 国内外市场需求预测。

(3) 产品目标市场分析

① 目标市场确定。

② 市场占有份额分析。

(4) 价格现状与预测

① 产品国内市场销售价格。

② 产品国际市场销售价格。

(5) 市场竞争力分析

① 主要竞争对手情况。

② 产品市场竞争力优势、劣势。

③ 营销策略。

(6) 市场风险分析

3. 资源条件评价（指资源开发项目）

① 资源可利用量：矿产地质储量、可采储量，水利、水能资源蕴藏量，森林蓄积量等。

② 资源品质情况：矿产品位、物理性能、化学成分、煤炭热值、灰分、硫分等。

③ 资源贮存条件：矿体结构、埋藏深度、岩体性质、含油气地质构造等。

④ 资源开发价值：资源开发利用的技术经济指标。

4. 建设规模与产品方案

(1) 建设规模

① 建设规模方案比选。

② 推荐方案及其理由。

(2) 产品方案

① 产品方案构成。

② 产品方案比选。

③ 推荐方案及其理由。

5. 场址选择

(1) 场址所在位置现状

① 地点与地理位置。

② 场址土地权属类别及占地面积。

③ 土地利用现状。

④ 技术改造项目现有场地利用情况。

(2) 场址建设条件

① 地形、地貌、地震情况。

② 工程地质与水文地质。

③ 气候条件。

④ 城镇规划及社会环境条件。

⑤ 交通运输条件。

⑥ 公用设施社会依托条件。

⑦ 防洪、防潮、排涝设施条件。

⑧ 环境保护条件。

⑨ 法律支持条件。

⑩ 征地、拆迁、移民安置条件。

⑪施工条件。

（3）场址条件比选

① 建设条件比选。

② 建设投资比选。

③ 运营费用比选。

④ 推荐场址方案。

⑤ 场址地理位置图。

6. 技术方案、主要设备方案和工程方案

（1）技术方案

① 生产方法（包括原料路线）。

② 工艺流程。

③ 工艺技术来源（需引进国外技术的，应说明理由）。

④ 推荐方案的主要工艺（生产装置）流程图、物料平衡图、物料消耗定额表。

（2）主要设备方案

① 主要设备选型。

② 主要设备来源（进口设备应提出供应方式）。

③ 推荐方案的主要设备清单。

（3）工程方案

① 主要建、构筑物的建筑特征，结构及面积方案。

② 扩建工程方案。

③ 特殊基础工程方案。

④ 建筑安装工程量及“三材”用量估算。

⑤ 技术改造项目原有建、构筑物利用情况。

⑥ 主要建、构筑物工程一览表。

7. 主要原材料、燃料供应

（1）主要原材料供应

① 主要原材料品种、质量与年需要量。

② 主要辅助材料品种、质量与年需要量。

③ 原材料、辅助材料来源与运输方式。

（2）燃料供应

① 燃料品种、质量与年需要量。

② 燃料供应来源与运输方式。

(3) 主要原材料、燃料价格

① 价格现状。

② 主要原材料、燃料价格预测。

(4) 编制主要原材料、燃料年需要量表

8. 总图运输与公用辅助工程

(1) 总图布置

① 平面布置：列出项目主要单项工程的名称、生产能力、占地面积、外形尺寸、流程顺序和布置方案。

② 竖向布置：场区地形条件；竖向布置方式：场地标高及土石方工程量。

③ 技术改造项目原有建、构筑物利用情况。

④ 总平面布置图（技术改造项目应标明新建和原有以及拆除的建、构筑物的位置）。

⑤ 总平面布置主要指标表。

(2) 场内外运输

① 场外运输量及运输方式。

② 场内运输量及运输方式。

③ 场内运输设施及设备。

(3) 公用辅助工程

① 给排水工程。

a. 给水工程：用水负荷、水质要求、给水方案。

b. 排水工程：排水总量、排水水质、排放方式和泵站管网设施。

② 供电工程。

a. 供电负荷（年用电量、最大用电负荷）。

b. 供电回路及电压等级的确定。

c. 电源选择。

d. 场内供电输变电方式及设备设施。

③ 通信设施。

a. 通信方式。

b. 通信线路及设施。

④ 供热设施。

⑤ 空压及制冷设施。

⑥ 维修设施。

⑦ 仓储设施。

9. 节能措施

① 节能措施。

② 能耗指标分析。

10. 节水措施

① 节水措施。

② 水耗指标分析。

11. 环境影响评价

(1) 场址环境条件

(2) 项目建设和生产对环境的影响

① 项目建设对环境的影响。

② 项目生产过程产生的污染物对环境的影响。

(3) 环境保护措施方案

(4) 环境保护投资

(5) 环境影响评价

12. 劳动安全卫生与消防

(1) 危害因素和危害程度

① 有毒有害物品的危害。

② 危险性作业的危害。

(2) 安全措施方案

① 采用安全生产和无危害的工艺与设备。

② 对危害部位和危险作业的保护措施。

③ 危险场所的防护措施。

④ 职业病防护和卫生保健措施。

(3) 消防设施

① 火灾隐患分析。

② 防火等级。

③ 消防设施。

13. 组织机构与人力资源配置

(1) 组织机构

① 项目法人组建方案。

② 管理机构组织方案和体系图。

③ 机构适应性分析。

(2) 人力资源配置

① 生产作业班次。

② 劳动定员数量及技能素质要求。

③ 职工工资福利。

④ 劳动生产率水平分析。

⑤ 员工来源及招聘方案。

⑥ 员工培训计划。

14. 项目实施进度

① 建设工期。

② 项目实施进度安排。

③ 项目实施进度表（横道图）。

15. 投资估算

(1) 投资估算依据

(2) 建设投资估算

① 建筑工程费。

② 设备及工器具购置费。

③ 安装工程费。

④ 工程建设的其他费用。

⑤ 基本预备费。

⑥ 涨价预备费。

⑦ 建设期利息。

(3) 流动资金估算

(4) 投资估算表

① 项目投入总资金估算汇总表。

② 单项工程投资估算表。

③ 分年投资计划表。

④ 流动资金估算表。

16. 融资方案

(1) 资本金筹措

① 新设项目法人项目资本金筹措。

② 既有项目法人项目资本金筹措。

(2) 债务资金筹措

(3) 融资方案分析

17. 财务评价

(1) 新设项目法人项目财务评价

① 财务评价的基础数据与参数选取。

a. 财务价格。

b. 计算期与生产负荷。

c. 财务基准收益率设定。

d. 其他计算参数。

② 销售收入估算（编制销售收入估算表）。

③ 成本费用估算（编制总成本费用估算表和分项成本估算表）。

④ 财务评价报表。

a. 财务现金流量表。

b. 损益和利润分配表。

c. 资金来源与运用表。

d. 借款偿还计划表。

⑤ 财务评价指标。

a. 盈利能力分析：项目财务内部收益率；资本金收益率；投资各方收益率；财务净

现值；投资回收期；投资利润率。

b. 偿债能力分析：借款偿还期或利息备付率和偿债备付率。

(2) 既有项目法人项目财务评价

① 财务评价范围的确定。

② 财务评价的基础数据与参数选取。

a. "有项目"数据。

b. "无项目"数据。

c. 增量数据。

d. 其他计算参数。

③ 销售收入估算（编制销售收入估算表）。

④ 成本费用估算（编制总成本费用估算表和分项成本估算表）。

⑤ 财务评价报表。

a. 增量财务现金流量表。

b. "有项目"损益和利润分配表。

c. "有项目"资金来源与运用表。

d. 借款偿还计划表。

⑥ 财务评价指标。

a. 盈利能力分析：项目财务内部收益率；资本金收益率；投资各方收益率；财务净现值；投资回收期；投资利润率。

b. 偿债能力分析：借款偿还期或利息备付率和偿债备付率。

(3) 不确定性分析

① 敏感性分析（编制敏感性分析表，绘制敏感性分析图）。

② 盈亏平衡分析（绘制盈亏平衡分析图）。

(4) 财务评价结论

18. 国民经济评价

(1) 影子价格及通用参数选取

(2) 效益费用范围调整

① 转移支付处理。

② 间接效益和间接费用计算。

(3) 效益费用数值调整

① 投资调整。

② 流动资金调整。

③ 销售收入调整。

④ 经营费用调整。

(4) 国民经济效益费用流量表

① 项目国民经济效益费用流量表。

② 国内投资国民经济效益费用流量表。

(5) 国民经济评价指标

① 经济内部收益率。

② 经济净现值。

(6) 国民经济评价结论

19. 社会评价

(1) 项目对社会的影响分析

(2) 项目与所在地互适性分析

① 利益群体对项目的态度及参与程度。

② 各级组织对项目的态度及支持程度。

③ 地区文化状况对项目的适应程度。

(3) 社会风险分析

(4) 社会评价结论

20. 风险分析

① 项目主要风险因素的识别。

② 风险程度分析。

③ 防范和降低风险的对策。

21. 研究结论与建议

(1) 推荐方案的总体描述

(2) 推荐方案的优、缺点描述

① 优点。

② 存在的问题。

③ 主要结论与分歧意见。

(3) 主要对比方案

① 方案描述。

② 未被采纳的理由。

(4) 结论与建议

22. 附图、附表、附件

(1) 附图

① 场址位置图。

② 工艺流程图。

③ 总平面布置图。

(2) 附表

① 投资估算表。

a. 项目投入总资金估算汇总表。

b. 主要单项工程投资估算表。

c. 流动资金估算表。

② 财务评价报表。

a. 销售收入、销售税金及附加估算表。

b. 总成本费用估算表。

c. 财务现金流量表。

d. 损益和利润分配表。

e. 资金来源与使用表。

f. 借款偿还计划表。

③ 国民经济评价报表。

a. 项目国民经济效益费用流量表。

b. 国内投资国民经济效益费用流量表。

(3) 附件

① 项目建议书（初步可行性研究报告）的批复文件。

② 环保部门对项目环境影响的批复文件。

③ 资源开发项目有关资源勘察及开发的审批文件。

④ 主要原材料、燃料及水、电、气供应的意向性协议。

⑤ 项目资本金的承诺证明及银行等金融机构对项目贷款的承诺函。

⑥ 中外合资、合作项目各方草签的协议。

⑦ 先进技术考察报告。

⑧ 当地主管部门对场址批复的文件。

⑨ 新技术开发的技术鉴定报告。

⑩ 组织股份公司草签的协议。

习题

1. 什么叫可行性研究？可行性研究分为几个阶段？各个阶段的主要内容是什么？
2. 可行性研究的目的和作用是什么？
3. 简述可行性研究的发展过程。
4. 可行性研究报告编制的依据是什么？
5. 可行性研究报告包括哪些内容？

第 4 章　工程项目造价的确定

4.1　工程造价的构成

4.1.1　工程项目总投资的构成

1. 我国现行工程项目总投资的构成

我国现行工程项目总投资包括建设投资和流动资产投资。按照是否考虑资金的时间价值，建设投资可分为静态投资和动态投资两个部分。静态投资由建设工程费、安装工程费、设备及工器具购置费、工程建设其他费用和基本预备费构成；动态投资由涨价预备费、建设期贷款利息和固定资产投资方向调节税构成。

上述工程项目总投资的构成仅仅适用于基本建设新建和改扩建项目，在编制、评审和管理工程项目可行性研究投资估算和初步设计概算投资时，作为计价的依据，不适用于外商投资项目，并且在具体应用时，要根据项目的具体情况列支实际发生的费用，本项目没有发生的费用不得列支。

我国现行工程项目总投资的构成，如表 4-1 所示。

2. 世界银行工程造价的构成

1978 年，世界银行、国际咨询工程师联合会对项目的总建设成本（相当于我国的工程造价）作了统一规定，其详细内容如下：

（1）项目直接建设成本

① 土地征购费。

② 场外设施费用，如道路、码头、桥梁、机场、输电线路等设施费用。

③ 场地费用，指用于场地准备、厂区道路、铁路、围栏、场内设施等的建设费用。

④ 工艺设备费，指主要设备、辅助设备及零配件的购置费用，包括海运包装费用、交货港离岸价，但不包括税金。

⑤ 设备安装费，指设备供应商的监理费用，本国劳务及工资费用，施工设备、消耗品和工具等费用以及安装承包商的管理费和利润等。

⑥ 管道系统费用，指与系统的材料及劳务相关的全部费用。

⑦ 电气设备费，其内容与第④项相似。

表 4-1　　　　　　　　　　　　**工程项目总投资构成表**

<table>
<tr><td rowspan="14">建设项目总投资</td><td rowspan="13">建设投资——工程造价</td><td rowspan="2">设备及工器具购置费</td><td>设备购置费</td></tr>
<tr><td>工器具及生产家具购置费</td></tr>
<tr><td rowspan="4">安装工程费</td><td>直接费</td></tr>
<tr><td>间接费</td></tr>
<tr><td>利　润</td></tr>
<tr><td>税　金</td></tr>
<tr><td rowspan="3">工程建设其他费用</td><td>土地使用费</td></tr>
<tr><td>与项目建设有关的其他费用</td></tr>
<tr><td>与未来企业生产经营有关的其他费用</td></tr>
<tr><td rowspan="2">预备费</td><td>基本预备费</td></tr>
<tr><td>涨价预备费</td></tr>
<tr><td colspan="2">建设期贷款利息</td></tr>
<tr><td colspan="2">固定资产投资方向调节税</td></tr>
<tr><td colspan="3">流动资产投资——铺底流动资金</td></tr>
</table>

⑧ 电气安装费，指设备供应商的监理费用，本国劳务与工资费用，辅助材料、电缆、管道和工具费用以及安装承包商的管理费和利润等。

⑨ 仪器仪表费，指所有自动仪表、控制板、配线和辅助材料的费用以及供应商的监理费用、外国或本国劳务及工资费用、承包商的管理费和利润。

⑩ 机械的绝缘和油漆费，指与机械及管道的绝缘和油漆相关的全部费用。

⑪ 工艺建筑费，指原材料、劳务费以及与基础、建筑结构、屋顶、内外装修、公共设施有关的全部费用。

⑫ 服务性建筑费用，其内容与第⑪项相似。

⑬ 工厂普通公共设施费，包括材料和劳务费以及与供水、燃料供应、通风、下水道、污物处理等公共设施有关的费用。

⑭ 车辆费，指工艺操作必需的机动设备零件费用，包括海运包装费用以及交货港的离岸价，但不包括税金。

⑮ 其他当地费用，指那些不能归类于以上任何一个项目，不能计入项目的间接成本，但在建设期间又必不可少的当地费用，如临时设备、临时公共设施及场地的维持费，营地设施及其管理、建筑保险和债券、杂项开支等费用。

由于项目建设必须固定在一个地方并且和土地连成一片，因而项目直接建设成本中应该包括土地征购费和其他当地费用。其他当地费用属于项目建设直接成本，要注意其构成内容。

（2）项目间接建设成本

项目间接建设成本主要包括项目管理费、开工试车费、业主的行政性费用、生产前费用、运费等不直接由施工的工艺过程所引起的费用。

① 项目管理费

a. 总部人员的薪金和福利费以及用于初步和详细工程设计、采购、时间和成本控制的行政及其他一般管理的费用。

b. 施工管理现场人员的薪金、福利费和用于施工现场监督、质量保证、现场采购、时间及成本控制、行政及其他施工管理机构的费用。

c. 零星杂项费用，如返工、旅行、生活津贴、业务支出等。

d. 各种酬金。

② 开工试车费

工厂投料试车必需的劳务和材料费用（项目直接成本包括项目完工后的试车和空运转费用）。

③ 业主的行政性费用

业主的项目管理人员费用及支出（其中某些费用必须排除在外，并在“估算基础”中详细说明）。

④ 生产前费用

前期研究、勘测、建矿、采矿等费用（其中一些费用必须排除在外，并在“估算基础”中详细说明）。

⑤ 运费和保险费

海运、国内运输、许可证及佣金、海洋保险、综合保险等费用。

⑥ 地方税

地方税指地方关税、地方税及对特殊项目征收的税金。

(3) 应急费

应急费由未明确项目的准备金和不可预见的准备金构成。

① 未明确项目的准备金。此项准备金用于在估算时不可能明确的潜在项目，包括那些在做成本估算时由于缺乏完整、准确和详细的资料而不能完全预见、不能注明的项目，并且这些项目是必须完成的，它们的费用是必定要发生的。它是估算不可缺少的一个组成部分。

② 不可预见的准备金。此项准备金（在未明确项目准备金之外）用于在估算达到了一定的完整性并符合技术标准的基础上，物质、社会和经济的变化导致估算增加的情况。不可预见准备金只是一种储备，可能不动用。

(4) 建设成本上升费用

通常，估算中使用的材料和设备价格基础的截止日期就是“估算日期”，必须对该日期或已知成本基础进行调整，以补偿直至工程结束时的未知价格增长。

工程的各个主要组成部分的细目经划分决定以后，便可确定每一个主要组成部分的增长率。这个增长率是一项判断因素，它以已发表的国内和国际成本指数、公司记录等为依据，并与实际供应商进行核对，然后根据确定的增长率和从工程进度表中获得的每项活动的中点值，计算出每项主要组成部分的成本上升值。

4.1.2 设备、工器具购置费用

设备及工器具购置费是由设备购置费和工具、器具及生产家具购置费组成的，它是固定资产投资重要的组成部分。在生产性工程建设中，设备及工器具购置费占工程造价比重越大，意味着生产技术的进步和资本的有机构成越高。

1. 设备购置费的构成

设备购置费是指为建设工程项目购置或自制的达到固定资产标准的各种国产或进口设备、工具、器具的购置费用。它由设备原价和设备运杂费构成。

设备购置费=设备原价+设备运杂费

在上式中，设备原价指国产设备或进口设备的原价；设备运杂费指除设备原价之外的关于设备采购、运输、途中包装及仓库保管等方面支出费用的总和。

(1) 国产设备原价的构成

国产设备原价一般指的是设备制造厂的交货价或订货合同价。它一般根据生产厂或供应商的询价、报价、合同价来确定，或采用一定的方法计算确定。国产设备原价分为国产标准设备原价和国产非标准设备原价。

① 国产标准设备原价。国产标准设备是指按照主管部门颁布的标准图纸和技术要求，由我国设备生产厂批量生产的，符合国家质量检测标准的设备，如批量生产的车床等。国产标准设备原价有两种，即带有备件的原价和不带备件的原价，在计算时，一般采用带有备件的原价。国产标准设备原价一般指的是设备制造厂的交货价，即出厂价。如果设备由设备成套公司供应，则以订货合同价为设备原价。

② 国产非标准设备原价。国产非标准设备是指国家尚无定型标准，各设备生产厂不可能在生产工艺过程中批量生产，只能按一次订货，并根据具体的设计图纸制造的设备。非标准设备原价有多种不同的计算方法，如成本计算估价法、系列设备插入估算法、分部组合估价法、定额估算法。

(2) 进口设备原价的构成

进口设备的原价是指进口设备的抵岸价，即抵达买方边境港口或边境车站，且交完关税等税费后形成的价格。进口设备抵岸价的构成与进口设备的交货类别有关。

① 进口设备的交货类别。进口设备的交货类别可分为内陆交货类、目的地交货类、装运港交货类。

a. 内陆交货类，即卖方在出口国内陆的某个地点交货。在交货地点，卖方及时提交合同规定的货物和有关凭证，并负担交货前的一切费用和风险，买方按时接受货物，交付货款，负担接货后的一切费用和风险，并自行办理出口手续和装运出口。货物的所有权也在交货后由卖方转移给买方。

b. 目的地交货类，即卖方在进口国的港口或内地交货，有目的港船上交货价、目的港船边交货价、目的港码头交货价（关税已付）及完税后交货价（进口国的指定地点）等几种交货价。它们的特点是：买卖双方承担的责任、费用和风险是以目的地约定的交货点为分界线，只有当卖方在交货点将货物置于买方控制下才算交货，才能向买方收取货

款。这种交货类别对卖方来说承担的风险较大，在国际贸易中卖方一般不愿采用。

c. 装运港交货类，即卖方在出口国装运港交货，主要有装运港船上交货价（FOB），习惯称离岸价格。它们的特点是：卖方按照约定的时间在装运港交货，只要卖方把合同规定的货物装船后提供货运单据便完成交货任务，可凭单据收回货款。

装运港船上交货价是我国进口设备采用最多的一种货价。采用船上交货价时卖方的责任是：在规定的期限内，负责在合同规定的装运港口将货物装上买方指定的船只并及时通知买方；负担货物装船前的一切费用和风险，负责办理出口手续；提供出口国政府或有关方面签发的证件；负责提供有关装运单据。买方的责任是：负责租船或订舱，支付运费，并将船期、船名通知卖方，负担货物装船后的一切费用和风险；负责办理保险及支付保险费，办理在目的港的进口和收货手续，接受卖方提供的有关装运单据，并按合同规定支付货款。

② 进口设备原价的构成。进口设备采用最多的是装运港船上交货价，其抵岸价的构成可概括为：

进口设备原价＝FOB 价＋国际运费＋运输保险费＋银行财务费＋外贸手续费＋关税＋增值税＋消费税＋海关监管手续费＋车辆购置附加费

a. FOB 价，指装运港船上交货价，亦称为离岸价格。设备 FOB 价分为原币货价和人民币货价，原币货价一律折算为美元表示，人民币货价按原币货价乘以外汇市场美元兑换人民币中间价确定。FOB 价按有关生产厂商询价、报价、订货合同价计算。

b. 国际运费，即从出口国装运港（站）到达进口国港（站）的运费。我国进口设备大部分采用海洋运输，小部分采用铁路运输，个别采用航空运输。

国际运费（海、陆、空）＝FOB 价×运费率

或　　国际运费（海、陆、空）＝运量×单位运价

其中，运费率或单位运价参照有关部门或进出口公司的规定执行。

c. 运输保险费。对外贸易货物运输保险是由保险公司与被保险的出口人或进口人订立保险契约，在被保险人交付议定的保险费后，保险公司根据保险契约的规定对货物在运输过程中发生的承保责任范围内的损失给予经济上的补偿。这是一种财产保险。

$$运输保险费=\frac{FOB价+国外运费}{1-保险费率}\times保险费率$$

其中，保险费率按保险公司规定的进口货物保险费率计算。

d. 银行财务费，一般是指中国银行手续费。

银行财务费＝FOB 价×银行财务费率（一般为 0.4% ~0.5%）

e. 外贸手续费，指按对外经济贸易部门规定的外贸手续费率计取的费用，手续费率一般取 1.5%。

外贸手续费＝（FOB 价＋国际运费＋运输保险费）×外贸手续费率

FOB 价＋国外运费＋运输保险费，亦称到岸价格，即 CIF。

f. 关税，由海关对进出国境或关境的货物和物品征收的税种。

关税＝到岸价×进口关税税率

进口关税税率分为优惠和普通两种。优惠税率适用于与我国签订了关税互惠条约或协

定的国家的进口设备；普通税率适用于没有与我国签订关税互惠条约或协定的国家的进口设备。进口关税税率按我国海关总署发布的进口关税税率计算。

g. 增值税，是对从事进口贸易的单位和个人，在进口商品报关进口后征收的税种。我国增值税条例规定，进口应税产品均按组成计税价格和增值税税率直接计算应纳税额。即：

进口产品应纳增值税税额 = 组成计税价格 × 增值税税率

组成计税价格 = 到岸价 + 关税 + 消费税

增值税税率根据规定的税率计算，目前进口设备适用税率为 17%。

h. 消费税。仅对部分进口设备（如轿车、摩托车等）征收。

$$\text{进口产品应纳消费税税额} = \frac{\text{到岸价} + \text{关税}}{1 - \text{消费税税率}} \times \text{消费税税率}$$

其中，消费税税率根据规定的税率计算。

i. 海关监管手续费，指海关对进口减税、免税、保税货物实施监督、管理、提供服务的手续费。对于全额征收进口关税的货物不计本项费用。

海关监管手续费 = 到岸价 × 海关监管手续费率

海关监管手续费率一般为 0.3%。

j. 车辆购置附加费。进口车辆需缴纳进口车辆购置附加费。

进口车辆购置附加费 =（到岸价 + 关税 + 消费税 + 增值税）× 进口车辆购置附加费率

（3）设备运杂费的构成

①设备运杂费的构成：

a. 运费和装卸费。国产设备是指由设备制造厂交货地点起至工地仓库（或施工组织设计指定的需要安装设备的堆放地点）止所发生的运费和装卸费；进口设备则是指由我国到岸港口或边境车站起至工地仓库（或施工组织设计指定的需安装设备的堆放地点）止所发生的运费和装卸费。

b. 包装费。在设备原价中没有包含的，为运输而进行包装所支出的各种费用。

c. 设备供销部门手续费。此项费用仅发生在具有设备供销部门这个中间环节的情况下，其费用按有关部门规定的统一费率计算。

d. 采购与仓库保管费。采购、验收、保管和收发设备所发生的各种费用，包括设备采购人员、保管人员和管理人员的工资、工资附加费、办公费、差旅交通费，设备供应部门办公和仓库所占固定资产使用费、工具用具使用费、劳动保护费、检验试验费等。这些费用可按主管部门规定的采购与保管费率计算。

②设备运杂费的计算：

设备运杂费 = 设备原价 × 设备运杂费率

其中，设备运杂费率按各部门及省、市等的规定计取。

2. 工具、器具及生产家具购置费的构成及计算

工具、器具及生产家具购置费，是指新建或扩建项目初步设计规定的，保证初期正常生产必须购置的没有达到固定资产标准的设备、仪器、工具、器具、生产家具和备品备件等的购置费用。

工具、器具及生产家具购置费＝设备购置费×定额费率

4.1.3　建筑安装工程费用

1. 建筑安装工程费用的内容

（1）建筑工程费用的内容

①各类房屋建筑工程和列入房屋建筑工程预算的供水、供暖、卫生、通风、煤气等设备费用及装饰工程的费用，列入建筑工程预算的各种管道、电力、电信和电缆导线敷设工程的费用。

②设备基础、支柱、工作台、烟囱、水塔、水池等建设工程以及各种炉窑的砌筑工程和金属结构工程的费用。

③为施工而进行的场地平整工程和水文地质勘察，原有建筑物和障碍物的拆除以及施工临时用水、用电、用气、道路和完工后的场地清理、环境绿化、美化等工作的费用。

④矿井开凿、井巷延伸、露天矿剥离，石油、天然气钻井，修建铁路、公路桥梁、水库、堤坝、灌渠及防洪等工程的费用。

（2）安装工程费用的内容

①生产、动力、起重、运输、传动、医疗、实验等各种需要安装的机械设备的装配费用，与设备相连的工作台、梯子、栏杆等装设工程费用，附属于被安装设备的管线敷设工程费用以及对被安装设备进行的防腐、保温等工作的材料费和安装费。

②为测定安装工程质量，对单台设备进行单机试运转、对系统设备进行系统联动无负荷试运转工作的调试费。

2. 建筑安装工程费用项目的组成

我国现行建筑安装工程费用项目的组成（建标［2003］206 号《关于印发〈建筑安装工程费用项目的组成〉的通知》）如图 4-1 所示，建筑安装工程费由直接费、间接费、利润和税金组成。

（1）直接费

直接费由直接工程费和措施费组成。

① 直接工程费。直接工程费是指施工过程中耗费的构成工程实体的各项费用，包括人工费、材料费、施工机械使用费。

a. 人工费，指直接从事建筑安装工程施工的生产工人开支的各项费用。

人工费的内容包括：

i. 基本工资，指发放给生产工人的基本工资。

ii. 工资性补贴，指按规定标准发放的物价补贴，煤、燃气补贴，交通补贴，住房补贴，流动施工津贴等。

iii. 生产工人辅助工资，指生产工人年有效施工天数以外非作业天数的工资，包括职工学习、培训期间的工资，调动工作、探亲、休假期间的工资，因气候影响的停工工资，女工哺乳时间的工资，病假在 6 个月以内的工资及产、婚、丧假期的工资。

iv. 职工福利费，指按规定标准计提的职工福利费。

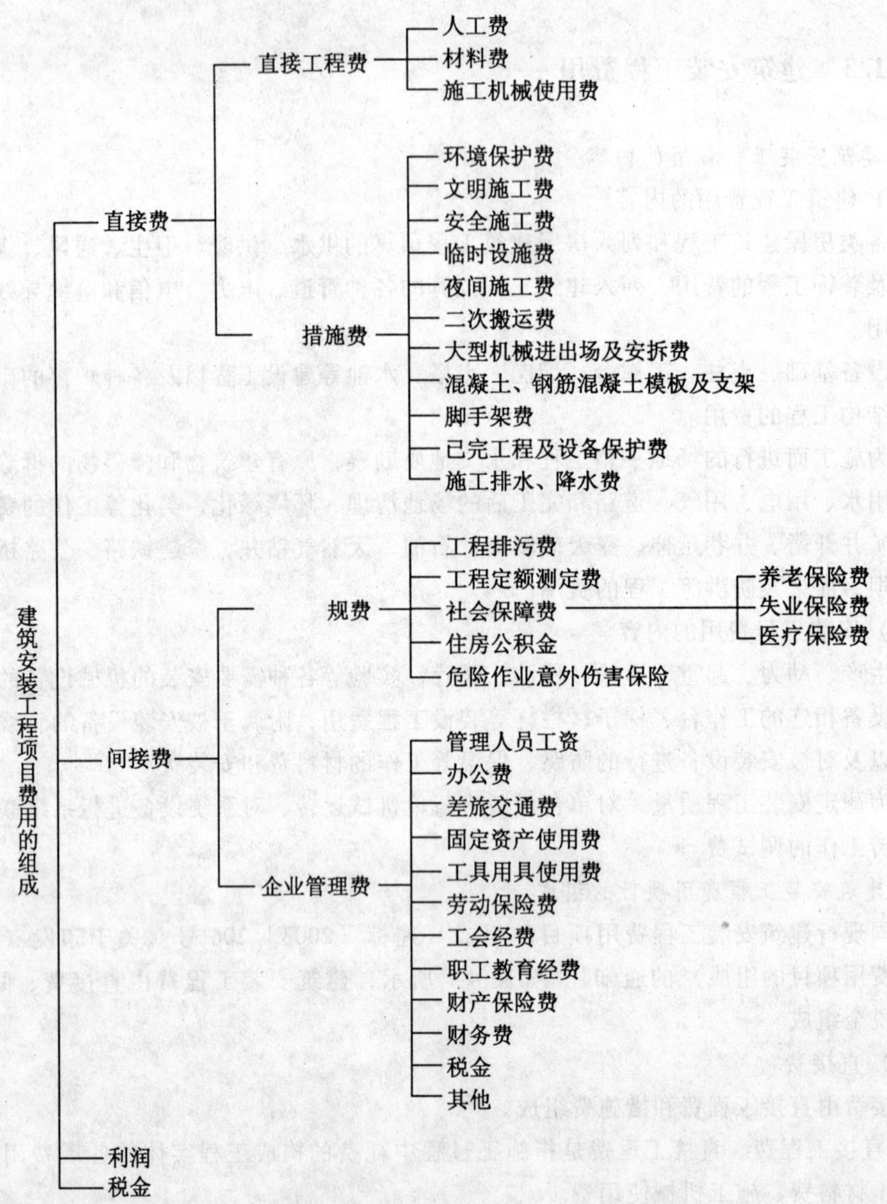

图 4-1 建筑安装工程费用项目组成表

v. 生产工人劳动保护费，指按规定标准发放的劳动保护用品的购置费及修理费，徒工服装补贴，防暑降温费，在有碍身体健康的环境中施工的保健费用等。

b. 材料费，指施工过程中耗费的构成工程实体的原材料、辅助材料、构配件、零件、半成品的费用。材料费内容包括以下几个方面：

i. 材料原价（或供应价格）。

ii. 材料运杂费。材料从来源地运至工地仓库或指定堆放地点所发生的全部费用。

iii. 运输损耗费。材料在运输装卸过程中不可避免的损耗。

iv. 采购及保管费。为组织采购、供应和保管材料过程中所需要的各项费用。包括：采购费、仓储费、工地保管费、仓储损耗。

v. 检验试验费。对建筑材料、构件和建筑安装物进行一般鉴定、检查所发生的费用，包括自设试验室进行试验所耗用的材料和化学药品等费用，不包括新结构、新材料的试验费和建设单位对具有出厂合格证明的材料进行检验，对构件做破坏性试验及其他要求检验试验的费用。

c. 施工机械使用费。施工机械作业所发生的机械使用费以及机械安拆费和场外运费。施工机械台班单价应由下列 7 项费用组成：

i. 折旧费。施工机械在规定的使用年限内，陆续收回其原值及购置资金的时间价值。

ii. 大修理费。施工机械按规定的大修理间隔台班进行必要的大修理，以恢复其正常功能所需的费用。

iii. 经常修理费。施工机械除大修理以外的各级保养和临时故障排除所需的费用。包括为保障机械正常运转所需替换设备与随机配备工具的摊销和维护费用，机械运转中日常保养所需润滑与擦拭的材料费用、机械停滞期间的维护和保养费用等。

iv. 安拆费及场外运费。安拆费指施工机械在现场进行安装与拆卸所需的人工、材料、机械和试运转费用以及机械辅助设施的折旧、搭设、拆除等费用；场外运费指施工机械整体或分体自停放地点运至施工现场或由一施工地点运至另一施工地点的运输、装卸、辅助材料及架线等费用。

v. 人工费。机上司机（司炉）和其他操作人员的工作日人工费及上述人员在施工机械规定的年工作台班以外的人工费。

vi. 燃料动力费。施工机械在运转作业中所消耗的燃料及水、电等。

vii. 养路费及车船使用税。施工机械按照国家规定和有关部门规定应缴纳的养路费、车船使用税、保险费及年检费等。

② 措施费。措施费是指为完成工程项目施工，发生于该工程施工前和施工过程中的非工程实体项目的费用。

措施费内容包括以下几个方面：

a. 环境保护费。施工现场为达到环保部门的要求所需要的各项费用。

b. 文明施工费。施工现场文明施工所需要的各项费用。

c. 安全施工费。施工现场安全施工所需要的各项费用。

d. 临时设施费。施工企业为进行建设工程施工所必须搭设的生活和生产用的临时建筑物、构筑物和其他临时设施费用等。临时设施包括：临时宿舍、文化福利及公用事业房屋与构筑物，仓库、办公室、加工厂以及规定范围内道路、水、电、管线等临时设施和小型临时设施。临时设施费用包括：临时设施的搭设、维修、拆除费或摊销费。

e. 夜间施工费。因夜间施工所发生的夜班补助费、夜间施工降效、夜间施工照明设备摊销及照明用电等费用。

f. 二次搬运费。因施工场地狭小等特殊情况而发生的二次搬运费用。

g. 大型机械设备进出场及安拆费。机械整体或分体自停放场地运至施工现场或由一个施工地点运至另一个施工地点，所发生的机械进出场运输、转移费用及机械在施工现场进行安装、拆卸所需的人工费、材料费、机械费、试运转费和安装所需的辅助设施的费用。

h. 混凝土、钢筋混凝土模板及支架费。混凝土施工过程中需要的各种钢模板、木模板、支架等的支、拆、运输费用及模板、支架的摊销（或租赁）费用。

i. 脚手架费。施工需要的各种脚手架的搭、拆、运输费用及脚手架的摊销（或租赁）费用。

j. 已完工程及设备保护费。竣工验收前，对已完工程及设备进行保护所需的费用。

k. 施工排水、降水费。为确保工程在正常条件下施工，采取各种排水、降水措施所发生的费用。

(2) 间接费

间接费由规费、企业管理费组成。

① 规费。规费是指政府和有关权力部门规定必须缴纳的费用（简称规费）。内容包括以下几个方面：

a. 工程排污费。施工现场按规定缴纳的工程排污费。

b. 工程定额测定费。按规定支付工程造价（定额）管理部门的定额测定费。

c. 社会保障费。内容包括包括以下几个方面：

i. 养老保险费。企业按规定标准为职工缴纳的基本养老保险费。

ii. 失业保险费。企业按照规定标准为职工缴纳的失业保险费。

iii. 医疗保险费。企业按照规定标准为职工缴纳的基本医疗保险费。

d. 住房公积金。企业按规定标准为职工缴纳的住房公积金。

e. 危险作业意外伤害保险。这是根据建筑法的规定，企业为从事危险作业的建筑安装施工人员支付的意外伤害保险费。

② 企业管理费

企业管理费是指建筑安装企业组织施工生产和经营管理所需的费用。

企业管理费的内容包括包括以下几个方面：

a. 管理人员工资。管理人员的基本工资、工资性补贴、职工福利费、劳动保护费等。

b. 办公费。企业管理办公用的文具、纸张、账表、印刷、邮电、书报、会议、水电、烧水和集体取暖（包括现场临时宿舍取暖）用煤等费用。

c. 差旅交通费。职工因公出差、调动工作的差旅费、住勤补助费，市内交通费和误餐补助费，职工探亲路费，劳动力招募费，职工离退休、退职一次性路费，工伤人员就医路费，工地转移费以及管理部门使用的交通工具的油料、燃料、养路费及牌照费。

d. 固定资产使用费。管理和试验部门及附属生产单位使用的属于固定资产的房屋、设备仪器等的折旧、大修、维修或租赁费。

e. 工具、用具使用费。管理使用的不属于固定资产的生产工具、器具、家具、交通工具和检验、试验、测绘、消防用具等的购置、维修和摊销费。

f. 劳动保险费。由企业支付给离退休职工的易地安家补助费、职工退职金、六个月以上的病假人员工资、职工死亡丧葬补助费、抚恤费、按规定支付给离休干部的各项经费。

g. 工会经费。企业按职工工资总额计提的工会经费。

h. 职工教育经费。企业为职工学习先进技术和提高文化水平，按职工工资总额计提的费用。

i. 财产保险费。施工管理为财产、车辆支付的保险费。

j. 财务费。企业为筹集资金而发生的各种费用。

k. 税金。企业按规定缴纳的房产税、车船使用税、土地使用税、印花税等。

l. 其他。包括技术转让费、技术开发费、业务招待费、绿化费、广告费、公证费、法律顾问费、审计费、咨询费等。

③ 利润。施工企业完成所承包的工程而获得的盈利。

④ 税金。国家税法规定的应计入建筑安装工程造价的营业税、城市维护建设税及教育费附加等。

3. 建筑安装工程费用的计算方法

(1) 直接费

① 直接工程费。

$$\text{直接工程费}=\text{人工费}+\text{材料费}+\text{施工机械使用费}$$

a. 人工费。

$$\text{人工费} = \sum(\text{工日消耗量} \times \text{日工资单价})$$

$$\text{日工资单价 } G = \sum_{1}^{5} G_1$$

i. 基本工资 G_1。

$$\text{基本工资 } G_1 = \frac{\text{生产工人平均日工资}}{\text{年平均每月法定工作日}}$$

ii. 工资性补贴 G_2。

$$\text{工资性补贴 } G_2 = \frac{\sum \text{年发放标准}}{\text{全年日历日} - \text{法定假日}} + \frac{\sum \text{月发放标准}}{\text{年平均每月法定工作日}} + \text{每工作日发放标准}$$

iii. 生产工人辅助工资 G_3。

$$\text{生产工人辅助工资 } G_3 = \frac{\text{全年无效工作日} \times (G_1 + G_2)}{\text{全年日历日} - \text{法定假日}}$$

iv. 职工福利费 G_4。

$$\text{职工福利费 } G_4 = (G_1 + G_2 + G_3 + G_4) \times \text{福利费计提比例}$$

v. 生产工人劳动保护费 G_5。

$$\text{生产工人劳动保护费 } G_5 = \frac{\text{生产工人年平均支出劳动保护费}}{\text{全年日历日} - \text{法定假日}}$$

b. 材料费。

$$\text{材料费} = \sum(\text{材料消耗量} \times \text{材料基价}) + \text{检验试验费}$$

i. 材料基价。

$$\text{材料基价} = [(\text{供应价格} + \text{运杂费}) \times (1 + \text{运输损耗率})] \times (1 + \text{采购保管费费率})$$

ii. 检验试验费。

$$检验试验费 = \sum(单位材料检验试验费 \times 材料消耗费)$$

iii. 施工机械使用费。

$$施工机械使用费 = \sum(施工机械台班消耗量 \times 机械台班单价)$$

$$\begin{aligned}机械台班单价 = &台班折旧费 + 台班大修费 + 台班经常修理费 + 台班安拆费及场外运输\\&费 + 台班人工费 + 台班燃料动力费 + 台班养路费及车船使用税\end{aligned}$$

② 措施费。本节只列通用措施费项目的计算方法，各专业工程的专用措施费项目的计算方法由各地区或国务院有关专业主管部门的工程造价管理机构自行制定。

a. 环境保护费。

$$环境保护费 = 直接工程费 \times 环境保护费费率$$

$$环境保护费费率 = \frac{本项费用年度平均支出}{全年建安产值 \times 直接工程费占总造价比例}$$

b. 文明施工费。

$$文明施工费 = 直接工程费 \times 文明施工费费率$$

$$文明施工费率 = \frac{本项费用年度平均支出}{全年建安产值 \times 直接工程费占总造价比例}$$

c. 安全施工费。

$$安全施工费 = 直接工程费 \times 安全施工费费率$$

$$安全施工费率 = \frac{本项费用年度平均支出}{全年建安产值 \times 直接工程费占总造价比例}$$

d. 临时设施费。

临时设施费由以下三个部分组成：

i. 周转使用临时建筑，如活动房屋。

ii. 一次性使用临时建筑，如简易建筑。

iii. 其他临时设施，如临时管线。

$$\begin{aligned}临时设施费 = &(周转使用临时建筑费 + 一次性使用临时建筑费)\\&\times(1 + 其他临时设施在临时设施费中所占比例)\end{aligned}$$

$$周转使用临时建筑费 = \sum\left[\frac{临时建筑面积 \times 每平方米造价}{使用年限 \times 365 \times 利用率} \times 工期\right] + 一次性拆除费$$

$$\begin{aligned}一次性使用临时建筑费 = &\sum 临时建筑面积 \times 每平方米造价\\&\times[1 - 残值率] + 一次性拆除费\end{aligned}$$

其他临时设施在临时设施费中所占比例，可由各地区造价管理部门依据典型施工企业的成本资料经分析后综合测定。

e. 夜间施工增加费。

$$\begin{aligned}夜间施工增加费 = &\left(1 - \frac{合同工期}{定额工期}\right) \times \frac{直接工程费中的人工费合计}{平均日工资单价}\\&\times 每工日夜间施工费开支\end{aligned}$$

f. 二次搬运费。

$$二次搬运费 = 直接工程费 \times 二次搬运费率$$

$$二次搬运费率 = \frac{年平均二次搬运费开支额}{全年建安产值 \times 直接工程费占总造价比例}$$

g. 大型机械进出场及安拆费。

$$大型机械进出场及安拆费 = \frac{一次进出场及安拆费 \times 年平均安拆次数}{年工作台数}$$

h. 混凝土、钢筋混凝土模板及支架费与租赁费。

混凝土、钢筋混凝土模板及支架费 = 模板摊销量 × 模板价格 + 支、拆、运输费

模板摊销量 = 一次使用量 ×（1 + 施工损耗）×［1 +（周转次数 − 1）× 补损费 / 周转次数 −（1 − 补损费）× 50% / 周转次数］

混凝土、钢筋混凝土模板租赁费 = 模板使用量 × 使用日期 × 租赁价格 + 支、拆、运输费

i. 脚手架搭拆费与租赁费。

脚手架搭拆费 = 脚手架摊销量 × 脚手架价格 + 搭、拆、运输费

$$脚手架摊销量 = \frac{单位一次使用量 \times (1 - 残值率)}{耐用期 \div 一次使用期}$$

脚手架租赁费 = 脚手架每日租金 × 搭设周期 + 搭、拆、运输费

j. 已完工程及设备保护费。

已完工程及设备保护费 = 成品保护所需机械费 + 材料费 + 人工费

k. 施工排水、降水费。

施工排水、降水费 = 排水、降水机械台班费 × 排水、降水周期 + 排水、降水使用材料费、人工费

（2）间接费

间接费的计算方法按取费基数的不同分为以下三种：

① 以直接费为计算基础。

间接费 = 直接费合计 × 间接费率

② 以人工费和机械费合计为计算基础。

间接费 = 人工费和机械费合计 × 间接费率

间接费率 = 规费率 + 企业管理费率

③ 以人工费为计算基础。

间接费 = 人工费合计 × 间接费率

a. 规费率。根据本地区典型工程发承包价的分析资料综合取定规费计算中所需要的数据：每万元发承包价中人工费含量和机械费含量；人工费占直接费的比例；每万元发承包价中所含规费缴纳标准的各项基数。

规费率的计算公式：

i. 以直接费为计算基础。

$$规费率 = \frac{\sum 规费缴纳标准 \times 每万元发承包价计算基数}{每万元发承包价中的人工费含量} \times 人工费占直接费的比例$$

ii. 以人工费和机械费合计为计算基础。

$$规费率 = \frac{\sum 规费缴纳标准 \times 每万元发承包价计算基数}{每万元发承包价中的人工费含量和机械费含量} \times 100\%$$

iii. 以人工费为计算基础。

$$规费率 = \frac{\sum 规费缴纳标准 \times 每万元发承包价计算基数}{每万元发承包价中的人工费含量} \times 100\%$$

b. 企业管理费率。

i. 以直接费为计算基础。

$$企业管理费率 = \frac{生产工人年平均管理费}{年有效施工天数 \times 人工单价} \times 人工费占直接费的比例$$

ii. 以人工费和机械费合计为计算基础。

$$企业管理费率 = \frac{生产工人年平均管理费}{年有效施工天数 \times (人工单价 + 每一工作日机械使用费)} \times 100\%$$

iii. 以人工费为计算基础。

$$企业管理费率 = \frac{生产工人年平均管理费}{年有效施工天数 \times 人工单价} \times 100\%$$

(3) 利润

利润是指施工企业完成所承包工程获得的盈利，按照不同的计价程序，利润的形成也有所不同。在编制概算和预算时，依据不同的投资来源、工程类别实行差别利润率。随着市场经济的进一步发展，企业决定利润率水平的自主权将会更大。在投标报价时，企业可以根据工程的难易程度、市场竞争情况和自身的经营管理水平自行确定合理的利润率。

(4) 税金

$$税金 = (税前造价 + 利润) \times 税率$$

① 纳税地点在市区的企业。

$$税率 = \frac{1}{1 - 3\% - (3\% \times 7\%) - (3\% \times 3\%)} - 1 = 3.4\%$$

② 纳税地点在县城、镇的企业。

$$税率 = \frac{1}{1 - 3\% - (3\% \times 5\%) - (3\% \times 3\%)} - 1 = 3.3\%$$

③ 纳税地点不在市区、县城、镇的企业。

$$税率 = \frac{1}{1 - 3\% - (3\% \times 1\%) - (3\% \times 3\%)} - 1 = 3.2\%$$

4.1.4 工程建设其他费用

工程建设其他费用是指自工程筹建起到工程竣工验收交付使用为止的整个建设期间，除建筑安装工程费用和设备、工器具购置费以外的，为保证工程建设顺利完成和交付使用后能正常发挥效用而发生的各项费用的总和。

工程建设其他费用，按其内容可分为以下三类：土地使用费、与项目建设有关的费用、与未来企业生产经营有关的费用。

1. 土地使用费

土地使用费即为获得建设用地而支付的费用。它是指工程项目通过划拨方式取得土地使用权而支付的土地征用及迁移补偿费；或者通过土地使用权出让方式取得土地使用权而支付的土地使用权出让金。

(1) 土地征用及迁移补偿费

工程项目通过划拨方式取得无限期的土地使用权，依照《中华人民共和国土地管理法》等规定所支付的费用，其总和一般不得超过被征土地年产值的 20 倍，土地年产值则按该地被征用前 3 年的平均产量和国家规定的价格计算，其内容包括以下几个方面：

① 土地补偿费。征用耕地（包括菜地）的补偿标准，为该耕地年产值的 3 ~ 6 倍，其具体标准由省、自治区、直辖市人民政府在此范围内制定。征用园地、鱼塘、藕塘、苇塘、宅基地、林地、牧场、草原等的补偿标准，由省、自治区、直辖市人民政府制定。征用无收益的土地，不予补偿。

② 青苗补偿费和被征用土地上的房屋、水井、树木等附着物补偿费的标准，由省、自治区、直辖市的人民政府制定。征用城市郊区的菜地时，还应按照有关规定向国家缴纳新菜地开发建设基金。

③ 安置补助费。征用耕地、菜地的，每个农业人口的安置补助费标准为该地每亩年产值的 2 ~ 3 倍，需要安置的农业人口数按被征地单位征地前农业人口和耕地面积的比例及征地数量计算。

④ 缴纳的耕地占用税或城镇土地使用税、土地登记及征地管理费等。县、市土地管理机关从征地费中提取管理费的比率要按征地工作量的大小，视不同情况在 1% ~ 4% 的幅度内提取。

⑤ 征地动迁费。内容包括征用土地上房屋及其附属构筑物、城市公共设施等拆除、迁建补偿费，搬迁运输费，企业单位搬迁所造成的减产、停工损失补贴费，拆迁管理费等。

⑥ 水利水电工程水库淹没处理补偿费。内容包括农村移民安置迁建费，城市迁建补偿费，库区工矿企业、交通、电力、通信、广播、管网、水利等的恢复、迁建补偿费，库底清理费，防护工程费，环境影响补偿费用等。

(2) 土地使用权出让金

工程项目通过土地使用权出让方式，取得有限期的土地使用权，依照《中华人民共和国城镇国有土地使用权出让和转让暂行条例》的规定，支付土地使用权出让金。其内容包括以下几个方面：

① 国家是城市土地的唯一所有者，应分层次、有偿、有限地出让、转让城市土地使用权给用地者。

a. 土地出让的第一层次。由城市政府将国有土地使用权出让给用地者，该层次由城市政府垄断经营，出让对象可以是有法人资格的企事业单位，也可以是外商。

b. 土地出让的第二层次及以下层次的转让发生在土地使用者之间。

② 城市土地的出让和转让方式有协议、招标、公开拍卖。各用地者获得土地使用权应获得平等竞争机会，不同的方式之间竞争强度各有不同。

a. 协议方式。由用地单位申请，经市政府批准同意后双方洽谈具体地块及地价。该方式适用于市政工程、公益事业用地以及需要减免地价的机关、部队用地和需要重点扶持、优先发展的产业用地。

b. 招标方式。在规定的期限内，由用地单位以书面形式投标，市政府根据投标报价、所提供的规划方案以及企业的信誉等综合考虑，择优出让。该方式适用于一般工程建设用地。

c. 公开拍卖。是指在指定的地点和时间，由申请用地者叫价应价，价高者得地。该方式适用于盈利高的行业用地。

③ 在有偿出让和转让土地时，政府对地价不做统一规定，但应坚持以下原则：

a. 地价对投资环境不产生大的影响；

b. 地价与当时的社会经济承受能力相适应；

c. 地价要考虑已投入的土地开发费用、土地市场供求关系、土地用途和使用年限。

④ 关于政府有偿出让土地使用权的年限，各地可根据时间、区位等各种条件做不同的规定，一般可在 30 ~ 99 年。按照地面附属建筑物的折旧年限来看，以 50 年为宜。

⑤ 土地有偿出让和转让。土地使用者和所有者要签约，明确使用者对土地享有的权利和对土地所有者应承担的义务。

a. 有偿出让和转让使用权，要向土地使用者征收契税。

b. 转让土地如有增值，要向土地转让者征收土地增值税。

c. 在土地转让期间，国家要根据不同地段、不同用途向土地占用者收取土地占用费。

2. 与项目建设有关的费用

(1) 建设单位管理费

建设单位管理费是指对工程项目立项、筹建、联合试运转、竣工验收交付使用及后评估等全过程进行管理所需的费用。内容包括以下几个方面：

① 建设单位开办费。建设单位开办费包括新建项目为保证筹建和建设工作正常进行所需的办公设备、生活用具、交通工具等的购置费用。

② 建设单位经费。建设单位经费包括工作人员的基本工资、工资性津贴、职工福利费、劳动保护费、劳动保险费、办公费、差旅交通费、工会经费、职工教育经费、固定资产使用费、工具用具使用费、技术图书资料费、生产人员招募费、工程招标费、合同咨询费、法律顾问费、审计费、业务招待费、排污费、竣工交付使用清理费、竣工验收费、后评估等费用。不包括应计入设备、材料预算价格的建设单位采购及保管设备材料所需的费用。建设单位管理费指标如表 4-2 所示。

表 4-2 建设单位管理费指标

建设总投资（万元）	计算基础	费用指标（%）	建设总投资（万元）	计算基础	费用指标（%）
500 以下	工程费用	3.0	5 001 ~ 10 000	工程费用	2.1
501 ~ 1 000	工程费用	2.7	10 001 ~ 50 000	工程费用	1.8
1 001 ~ 5 000	工程费用	2.4	50 000 以上	工程费用	1.5

(2) 勘察设计费

为本工程项目提供项目建议书、可行性研究报告及设计文件等所需的费用。

① 内容。

a. 编制项目建议书、可行性研究报告及投资估算、工程咨询、评价以及为编制上述文件进行勘察、设计、研究等所需费用。

b. 委托勘察、设计单位进行初步设计、施工图设计及概预算编制等所需的费用。

c. 在规定范围内由建设单位自行完成的勘察、设计工作所需费用。

② 勘察设计收费的计算办法。

a. 项目建议书、可行性研究报告按照国家颁布的收费标准计算。

b. 设计费按国家颁发的工程设计收费标准计算。

c. 勘察费。一般民用建筑 6 层以下的按照 3～5 元/平方米计算，高层建筑按照 8～10 元/平方米计算，工业建筑按照 10～12 元/平方米计算。即：

$$勘察费=建筑面积\times收费标准$$

(3) 研究试验费

研究试验费是指为本工程项目提供和验证设计参数、数据、资料所必需的试验费用以及设计规定在施工中必须进行的试验、验证所需的费用，包括自行或委托其他部门研究试验所需的人工费、材料费、试验设备及仪器使用费等。

研究试验费应按照设计单位根据本项目需要提出的研究实验内容和要求进行计算。

(4) 临时设施费

临时设施费是指建设期间建设单位所需临时设施的搭设、维修、摊销费用或租赁费用。临时设施包括：临时宿舍、文化福利及公用事业房屋与构筑物、仓库、办公室、加工厂及规定范围内道路、水、电、管线等临时设施和小型临时设施。

该项费用一般按照建筑安装工程费用的 1% 计算，改扩建工程一般可按小于建筑安装工程费用的 0.6% 计算。

(5) 工程监理费

工程监理费是指委托工程监理单位对工程实施监理工作所需的费用，应选择下列方法之一进行计算。

① 一般情况应按工程建设监理收费标准计算（见表 4-3），即按监理费所占工程概算或预算的百分比计算。

表 4-3　**工程建设监理收费标准**

工程概（预）算 M（万元）	设计阶段（含设计招标）监理收费 a（%）	施工（含施工招标）及保修阶段监理收费 b（%）
$M<500$	>0.20	>2.50
$500\leq M<1\,000$	$0.15<a\leq 0.20$	$2.00<b\leq 2.50$
$1\,000\leq M<5\,000$	$0.10<a\leq 0.15$	$1.40<b\leq 2.00$

续表

工程概（预）算M（万元）	设计阶段（含设计招标）监理收费a（%）	施工（含施工招标）及保修阶段监理收费b（%）
$5\,000 \leqslant M < 10\,000$	$0.08 < a \leqslant 0.10$	$1.20 < b \leqslant 1.40$
$10\,000 \leqslant M < 50\,000$	$0.05 < a \leqslant 0.08$	$0.80 < b \leqslant 1.20$
$50\,000 \leqslant M < 100\,000$	$0.03 < a \leqslant 0.05$	$0.60 < b \leqslant 0.80$
$100\,000 \leqslant M$	$a \leqslant 0.03$	$b \leqslant 0.60$

② 对于单项工程或临时性项目可根据参与监理的年度平均人数按3~5万元/（人·年）的标准计算。

（6）工程保险费

这是工程项目在建设期间根据需要实施工程保险所需的费用，包括以各种建筑工程及其在施工过程中的材料、机器设备为保险标的的建筑工程一切保险以及机器损坏保险等。根据不同的工程类别，分别按其建筑安装工程费乘以建筑安装工程保险费率计算。具体如表4-4所示。

表4-4　　建筑、安装工程保险费率

序号	工程名称	保险费率（%）
1	建筑工程	
1.1	民用建筑	
	住宅楼、综合性大楼、商场、旅馆、医院、学校等	0.2~0.4
1.2	其他建筑	
	工业厂房、仓库、道路、码头、水坝、隧道、桥梁、管道等	0.3~0.6
2	安装工程	
	农业、工业、机械、电子、电器、纺织、矿山、石油、化学及钢铁工业、钢结构桥梁	0.3~0.6

（7）供电贴费

供电贴费是指建设单位为工程项目申请用电或增加电容量时，按照国家规定应交付的供电工程贴费、施工临时用电贴费，是解决电力建设资金不足的临时对策。

供电贴费是指用户申请用电时，由供电部门统一规划并负责建设的110kV以下各级电压外部供电工程的建设、扩充、改建等费用的总称。供电贴费只能用于为增加或改善用户用电而必须新建、扩建和改善的电网建设以及有关的业务支出，由中国建设银行监督使用，不得挪作他用。各级电力的贴费标准如表 4-5 所示。

表 4-5　　各级电力的贴费标准

用户用电电压等级	用户应交贴费［元/(kVA)］	其中	
		供电贴费［元/(kVA)］	配电贴费［元/(kVA)］
380/220V	150～180	90～110	60～70
10kV	120～140	90～110	30
35(66)kV	40～100	80～100	—

(8) 施工机构迁移费

施工机构迁移费是指施工机构根据建设任务的需要，经有关部门决定将公司所属工程处、工区由原驻地迁移到另一个地区的一次性搬迁费用。费用内容包括：职工及随同家属的差旅费、调迁期间的工资和施工机械、设备、工具、用具和周转性材料的搬运费。一般按建筑安装工程费的 0.5%～1% 计算。

(9) 引进技术和进口设备其他费

引进技术和进口设备其他费包括出国人员费用、国外技术人员来华费用、技术引进费、分期或延期付款利息、担保以及进口检验鉴定费。

① 出国人员费用。出国人员费用指为引进技术和进口设备，派出人员在国外进行设计联络、设备材料检验、培训等的差旅费、制装费、生活费等。

② 国外工程技术人员来华费用。国外工程技术人员来华费用指为安装进口设备，国外技术人员来华进行技术指导工作所发生的费用。

③ 技术引进费用。技术引进费用指为引进国外先进技术而支付的费用，包括专利费、专有技术费、国外设计及技术资料费、计算机软件费等。

④ 分期或延期付款利息。分期或延期付款利息指利用出口信贷引进技术或进口设备，采用分期或延期付款所需支付的利息。

⑤ 担保费。国内金融机构为买方出具保函的担保费。一般可按承保金额的 0.5% 计算。

⑥ 进口检验鉴定费。进口设备按规定付给商品检验部门的进口设备鉴定费。一般按设备进口货价的 0.3%～0.5% 计算。

(10) 工程承包费

工程承包费指具有总承包条件的工程公司，对工程项目从开始建设至竣工投产全过程的总承包所需的管理费用。主要包括组织勘察设计、设备材料采购、非标准设备设计制造与购买、施工招标、发包、项目管理、工程预决算、施工质量监督、隐蔽工程检查、验收和试车直至竣工投产的各种管理费用。

该费用按国家主管部门或省、自治区、直辖市规定的工程总承包费取费标准计算；如无规定时，一般工业建设项目取投资估算的6%～8%，民用建筑与市政项目取投资估算的4%～6%；不实行工程总承包的项目不计算本费用。

3. 与未来企业生产经营有关的费用

① 联合试运转费。联合试运转费指新建企业或新增加生产工艺过程的扩建企业在竣工验收前，按照设计规定的工程质量标准，进行整个车间的负荷或无负荷联合试运转所发生的费用支出大于试运转收入的亏损部分。其内容包括：试运转所需的原料、燃料、油料和动力的费用，机械使用费用，低值易耗品及其他物品的购置费用、施工单位参加联合试运转人员的工资等。不包括应由设备安装工程费开支的单台设备调试费及试车费用。试运转收入包括试运转产品销售和其他收入。

联合试运转费一般根据不同性质的项目，按需要试运转车间的工艺设备购置费的百分比计算。

② 生产准备费。生产准备费是指新建企业或新增生产能力的企业，为保证竣工交付使用进行必要的生产准备所发生的费用。内容包括以下几个方面：

a. 生产人员培训费。包括自行培训和委托其他单位培训的人员的工资、工资性补贴、职工福利费、差旅交通费、学习资料费、学习费、劳动保护费等。

b. 生产单位提前进厂参加施工、设备调试等以及熟悉工艺流程及设备性能等的人员的工资、工资性补贴、职工福利费、差旅交通费、劳动保护费等。

生产准备费一般根据需要培训和提前进厂人员的人数及培训时间按照生产准备费指标估算。生产准备费指标如表4-6所示。

表4-6　　生产准备费指标

费用名称	计算基础	费用指标[元/(人·月)]	
		内部培训	委托其他单位培训
职工培训费	培训人数	300～500	600～1 000
提前进厂费	提前进厂人数	6 000～10 000	

c. 办公和生活家具的购置费。为保证新建、改建、扩建项目在初期正常生产、使用和管理，所必须购置的办公和生活家具、用具的费用。改建、扩建项目所需的办公和生活用具购置费，应低于新建项目。其范围包括办公室、会议室、资料档案室、阅览室、文娱室、食堂、浴室、理发室、单身宿舍和设计规定必须建设的托儿所、卫生所、招待所、中小学校等所需的家具用具购置费用。

该项费用按照设计定员人数乘以综合指标计算，一般按600～800元/人考虑。具体如表4-7所示。

表 4-7　　　　办公及生活家具综合费用指标

设计定员（人）	费用指标（元/人）		设计定员（人）	费用指标（元/人）	
	新　建	改建、扩建		新　建	改建、扩建
1 500 以内	850 ~ 1 000	500 ~ 600	3 001 ~ 5 000	650 ~ 750	400 ~ 450
1 501 ~ 3 000	750 ~ 850	450 ~ 500	5 000 以上	<650	<400

4.1.5　预备费、建设期贷款利息、固定资产投资方向调节税

1. 预备费

按我国现行的规定，预备费包括基本预备费和涨价预备费。

（1）基本预备费

基本预备费是指在初步设计文件及概算内难以事先预料，而在工程建设期间可能发生的工程费用。

① 基本预备费的内容。

a. 在批准的初步设计范围内，技术设计、施工图设计及施工过程中所增加的工程费用；设计变更、局部地基处理等增加的费用。

b. 一般自然灾害造成的损失和预防自然灾害所采取的措施的费用。实行工程保险的项目，费用应适当降低。

c. 竣工验收时为鉴定工程质量对隐蔽工程进行必要的剥露和修复所需的费用。

② 基本预备费的计算。

基本预备费是以工程建设费为计费基础，乘以基本预备费率进行计算的。

基本预备费=工程建设费×基本预备费率=（设备及工器具购置费+建筑安装工程费+工程建设其他费用）×基本预备费率

基本预备费率的取值应执行国家的有关规定。在项目建议书阶段和可行性研究阶段，基本预备费率一般取 10% ~15%；在初步设计阶段，基本预备费率一般取 7% ~10%。

（2）涨价预备费

涨价预备费是指建设工程项目在建设期间内的价格等变化引起工程造价变化的预测预留费用。

① 涨价预备费的内容。

涨价预备费的内容包括：人工、设备、材料、施工机械的价差费，建筑安装费及工程建设其他费用调整，利率、汇率调整等增加的费用。

② 涨价预备费的计算。

涨价预备费的计算一般是根据国家规定的投资综合价格指数，以估算年份价格水平的投资额为基数，采用复利方法计算。计算公式如下：

$$PF = \sum_{t=1}^{n} I_t[(1+f)^t - 1]$$

I_t = 工程建设费 + 基本预备费 =（设备、工器具购置费 + 建筑安装工程费 + 工程建设其他费用）+ 基本预备费

式中：PF—— 涨价预备费；

n—— 建设期；

I_t—— 建设期中第 t 年的静态投资额；

f—— 年均投资价格上涨率。

2. 建设期贷款利息

建设期贷款利息是指项目建设期间向国内银行和其他非银行金融机构、外国政府、国际商业银行贷款以及在境内外发行的债券等所产生的利息。

当贷款在年初一次性贷出且利率固定时，建设期贷款利息按下式计算：

$$I = P(1 + i)^n - P$$

式中，P—— 一次性贷款数额；

i—— 年利率；

n—— 计息期；

i—— 贷款利息。

当总贷款是分年均衡发放时，建设期贷款利息的计算可按当年借款在年中支用考虑，即当年贷款按半年计息，上年贷款按全年计算。计算公式如下：

$$q_j = \left(P_{j-1} + \frac{1}{2}A_j\right) \times i$$

式中，q_j—— 建设期第 j 年应计利息；

P_{j-1}—— 建设期第 $j-1$ 年末贷款累计金额与利息累计金额之和；

A_j—— 建设期第 j 年的贷款金额；

i—— 年利率。

在国外贷款利息的计算中，还应包括国外贷款银行根据贷款协议向贷款方以年利率的方式收取的手续费、管理费、承诺费以及国内代理机构经国家主管部门批准以年利率的方式向贷款单位收取的转贷费、担保费、管理费等。

3. 固定资产投资方向调节税

国家为引导投资方向，调整投资结构，加强重点建设，对在我国境内进行固定资产投资的单位和个人（不含中外合资经营企业、中外合作经营企业和外商独资企业）征收固定资产投资方向调节税（以下简称投资方向调节税）。

（1）税率

投资方向调节税的税率实行差别税率，税率分别为 0%、5%、10%、15%、30%，共五个档次。差别税率按两大类设计：一是基本建设工程项目投资；二是更新改造项目投资。对前者设计了四档税率，即 0%、5%、15%、30%；对后者设计了两档税率，即 0%、10%。

① 基本建设工程项目投资适用的税率。

a. 国家急需发展的项目投资，如农业、林业、水利、能源、交通、通信、原材料、科教、地质、勘探、矿山开采等基础产业和薄弱环节的部门项目投资，适用零税率。

b. 对国家鼓励发展但受能源、交通等制约的项目投资，如钢铁、化工、石油、水泥等部分重要原材料项目以及一些重要机械、电子、轻工业和新型建材的项目，实行5%的税率。

c. 为配合住房制度改革，对城乡个人修建、购买住宅的投资实行零税率；对单位修建、购买一般性住宅投资，实行5%的低税率；对单位用公款修建、购买高标准独门独院、别墅式住宅投资，实行30%的高税率。

d. 对楼堂馆所以及国家严格限制发展的项目投资，课以重税，税率为30%。

e. 对不属于上述四类的其他项目投资，实行中等税率政策，税率为15%。

② 更新改造项目投资适用的税率。

a. 为了鼓励企事业单位进行设备更新和技术改造，促进技术进步，对国家急需发展的项目投资，予以扶持，适用零税率；对单纯工艺改造和设备更新的项目投资，适用零税率。

b. 对不属于上述提到的其他更新改造项目投资，一律适用10%的税率。

（2）计税依据

投资方向调节税以固定资产投资项目实际完成投资额为计税依据。

实际完成投资额=工程建设费+预备费

=设备及工器具购置费+建筑安装工程费+工程建设其他费用+预备费

更新改造项目以建设工程实际完成的投资额为计税依据。

（3）计税方法

首先确定单位工程应税投资完成额；其次根据工程的性质及划分的单位工程情况，确定单位工程的适用税率；最后计算各个单位工程应缴纳的投资方向调节税税额，并且将各个单位工程应缴纳的税额汇总，即得出整个项目的应纳税额。

（4）缴纳方法

投资方向调节税按固定资产投资项目的单位工程年度计划投资额预缴，年度末，按年度实际完成投资额结算，多退少补。项目竣工后，按应征收投资方向调节税的项目及其单位工程的实际完成投资额进行清算，多退少补。

4.2　工程造价的编制

4.2.1　定额计价法

1. 定额计价法的编制方法

（1）单位估价法

单位估价法的程序如图 4-2 所示，即根据各分部分项工程的工程量、预算定额基价或地区单位估价表，计算工程定额直接费，并由此计算其他直接费、间接费、利润和税金，最后汇总得出整个工程预算造价。这种方法会不可避免地涉及材料价差的问题，应根据当地费用定额中的有关规定进行价差调整及造价计算。

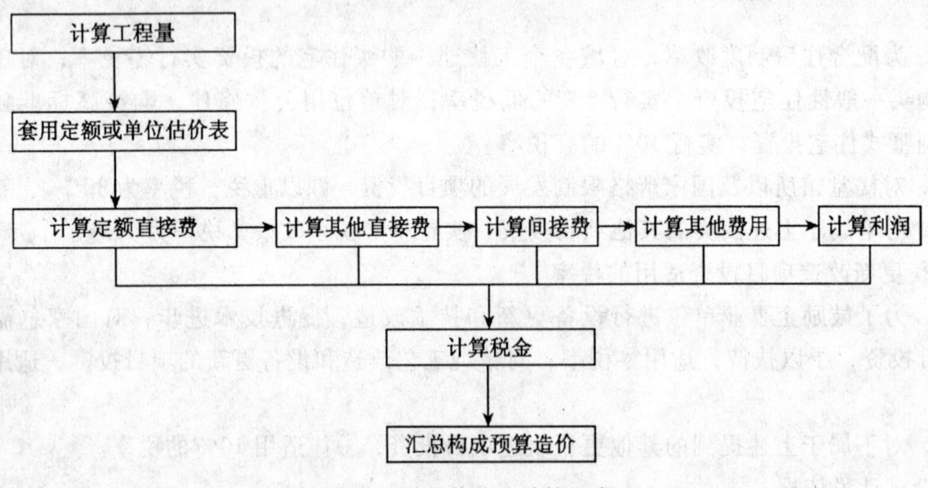

图 4-2 单位估价法计算程序

（2）实物造价法

随着新材料、新工艺、新构件和新设备不断投入市场，有些项目在现行定额中没有被包括在内，编制临时定额时间上又不允许，这时通常采用实物造价法编制预算，其程序如图 4-3 所示。

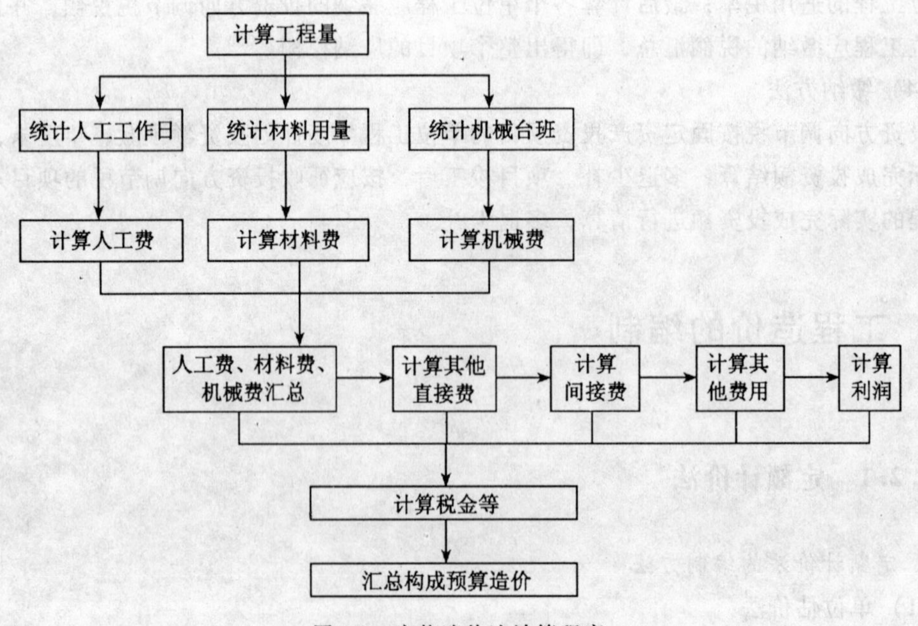

图 4-3 实物造价法计算程序

实物造价法是根据实际施工中所用人工、材料和机械等的数量，按照现行的劳动定额、地区工人日工资标准、材料预算价格和机械台班价格等计算方法计算人工费、材料费和机械费，汇总后在此基础上计算其他直接费用、间接费用、利润和税金等，最后汇总成工程预算造价。

实物造价法计算各项费用的原理，在现代工程量清单计价方法中运用得非常广，但在费用的计价方式上和单位估价法不同。

2. 定额计价法的编制步骤

① 收集资料、摸清情况。收集编制预算所需的资料，即“编制依据”的内容，同时了解甲方的意图和要求，熟悉场地情况，以便确定计算二次搬运费和夜间施工增加费等。

② 熟悉图纸，掌握设计意图。编制预算前，应充分、全面地熟悉、审核施工图纸，了解设计意图，掌握工程全貌，这是准确、迅速、正确地编制预算的关键。

③ 熟悉施工组织设计。施工组织设计是施工单位根据施工图纸、组织施工的基本原则和上级主管部门的有关规定等而编制的，用以指导拟建工程施工全过程中各项活动的技术、经济和组织的综合性文件，规定了组成拟建工程各分项工程的施工方法、施工进度和技术组织措施等。因此，应遵循施工组织设计，准确计算工程量、套取相应定额项目，使预算能反映客观实际。

④ 熟悉预算定额和单位估价表。熟悉、了解预算定额和单位估价表的内容、形式和使用方法，特别是预算定额的总说明、章说明，了解工程量计算规则、各分项工程项目及各子项目等。

⑤ 确定工程计算项目。列出全部所需编制的预算工程项目，并根据预算定额或单位估价表，将设计中有而定额中没有的项目单独列出来，以便编制补充定额或采用实物造价法进行计算。

⑥ 计算工程量。工程量是以规定的计量单位（自然计量单位或法定计量单位）所表示的各分项工程或结构构件的数量，是编制预算的原始数据。应注意将所算工程量的计算单位转化为定额规定的计量单位，以便准确套用定额。

⑦ 工程量汇总。各分项工程量计算完毕并复核无误后，按预算定额手册或单位估价表的内容和计量单位的要求以及分部分项工程的顺序逐项汇总、整理，为套用预算定额和单位估价表提供方便。

⑧ 计算直接费用。套用预算定额或单位估价表，计算直接费用。

⑨ 材料价差、人工工资价差、机械费价差的调整。在市场经济条件下，材料、人工工资、机械使用费的价格会随着市场的变化而波动，因此，各地均实行价格动态管理的方式以加强对工程造价的管理，当定额规定的参考价与实际价格不同时，允许按实际价格进行调整。

⑩ 计算各项费用。求出定额直接费后，按有关的费用定额计算其他直接费、间接费、利润和税金，并编制费用计算表。

⑪ 比较分析。至此，工程项目的总造价已经形成，将其与工程项目的设计总概算进行比较，如果没有突破概算，进行下一步；否则，要查找原因，保证预算造价限制在概算投资额内。

⑫ 工料分析。工料分析就是把工程所需要的人工和各种材料逐一计算出来并加以分

析的过程。

⑬ 编制工程项目预算书。

a. 填写工程预算书封面。封面样式如表4-8所示。

表4-8 **工程预算书封面样式**

<table>
<tr><td colspan="3">××省建设工程造价预（结）算书</td></tr>
<tr><td>建设单位：</td><td>单位工程名称：</td><td>建设地点：</td></tr>
<tr><td>施工单位：</td><td>施工单位取费等级：</td><td>工程类别：</td></tr>
<tr><td>工程规模：</td><td>工程造价：</td><td>单位造价：</td></tr>
<tr><td>建设（监理）单位：
技术负责人：
审核人：
资格证章：
年　月　日</td><td colspan="2">施工（编制）单位：
技术负责人：
编制人：
资格证章：
年　月　日</td></tr>
</table>

b. 编制说明（见表4-9）。

表4-9 **编制说明**

<table>
<tr><td rowspan="5">编制依据</td><td>施工图号</td><td></td></tr>
<tr><td>合　　同</td><td></td></tr>
<tr><td>使用定额</td><td></td></tr>
<tr><td>材料价格</td><td></td></tr>
<tr><td>其　　他</td><td></td></tr>
</table>

说明：①使用定额与材料价格栏中均注明使用的定额、费用标准以及材料价格来源（如调价表、造价信息等）；

②说明栏注明施工组织设计、大型施工机械以及技术措施费等。

编制说明的内容包括以下几个方面：

Ⅰ. 采用的图纸名称或编号；

Ⅱ. 依据的定额名称；

Ⅲ. 依据的取费标准或文号；

Ⅳ. 与定额表中材料单价不同的材料价格来源文件；

Ⅴ. 因无依据可查而未列入预算内的项目名称或材料名称，并说明另行处理的意见；

Ⅵ. 临时变更或增减项目而未列入预算内的项目名称，并说明待竣工后另行调整；

Ⅶ. 对无依据可查，需经过双方协商的项目，说明协商经办人及其意见。

c. 费用计算程序表。该表是工程项目预算造价计算的汇总表，其计算程序、取费标准由各地区工程造价管理部门统一规定。表 4-10 为某地区工程项目定额预算其他费用的计算表。

表 4-10　　某地区工程项目定额预算其他费用的计算表

序　号	费用名称	计算公式	金　额
1	分部分项工程费	1.1 + 1.2	
1.1	定额分部分项工程费	$\sum$（工程量 × 子目基价）	
1.2	价差	$\sum$［数量 ×（编制价 － 定额价）］	
2	利润	人工费 ×（20% ～35%）	
3	措施项目费	按规定计算（包括价差和利润）	
4	其他项目费	按有关规定计算	
5	规费	（1 + 2 + 3 + 4）× 费率	
6	不含税工程造价	1 + 2 + 3 + 4 + 5	
7	税金	按税务部门的规定计算	
8	含税工程造价	6 + 7	

d. 编制工程预算书。将工程项目预算书封面、编制说明、工程费用计算表、工程预算表格、工程量计算表等共 5 项按顺序装订成册，即为完整的工程项目预算书。至此，预算编制工作结束，送有关部门审核。

4.2.2　工程量清单计价法

1. 工程量清单计价程序

工程量清单计价的基本过程是：在统一的工程量计量规则的基础上，制定工程量清单项目的设置规则，再根据工程施工图纸计算各个清单项目的工程量，结合工程的造价信息和经验数据，计算工程的造价。计算的基本过程如图 4-4 所示。

2. 工程量清单计价法

工程量清单计价法的关键是确定工程量的单价，再把各分部分项工程项目工程费、措

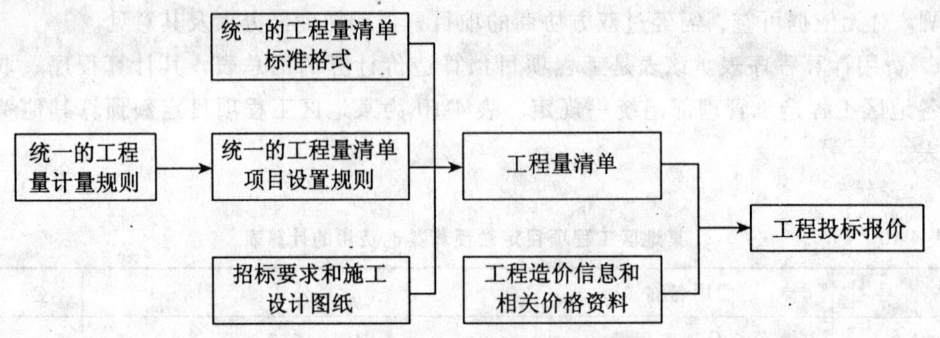

图 4-4　工程量清单计价的基本过程示意图

施项目费、其他项目费、规费、税金等汇总为单位工程的总造价。确定工程量的单价有两种方法，一种是工料单价法，另一种是综合单价法。目前我国工程量清单计价规范中，采用综合单价法。

（1）工料单价法，或称定额单价法，是根据工程量清单、招标要求和施工设计图纸，按照现行预算定额的人工、材料、机械的消耗标准及相应的预算价格确定基本直接费、其他直接费、现场经费、管理费、利润、税金及其他相关费用，按有关文件的规定，列表分别计算，最后把各项费用汇总为工程的总造价。

（2）综合单价法，即工程量清单的单价综合了直接工程费（人工费、材料费、机械费）、间接费、有关文件的调价、材料价差、利润、税金、风险金等一切费用。工料单价法虽然在价格构成上比较清晰，但它不能反映工程的质量要求和投标企业的技术水平，而综合单价法能反映投标企业的技术、工程管理等方面的能力，而且在工程量发生变更时更方便双方对工程价格进行查对。

按照综合单价法的原理，工程项目总报价的顺序如下：

① 计算分部分项工程费。

$$分部分项工程费 = \sum 分部分项工程量 \times 分部分项工程综合单价$$

其中，分部分项工程综合单价由人工费、材料费、机械费、管理费、利润等组成，并考虑了风险费用。

② 计算措施项目费。

$$措施项目费 = \sum 措施项目工程量 \times 措施项目综合单价$$

其中，措施项目综合单价的组成和分部分项工程综合单价的组成相同。

③ 计算单位工程报价。

$$单位工程报价 = 分部分项工程费 + 措施项目费 + 其他项目费 + 规费 + 税金$$

④ 计算单项工程报价。

$$单项工程报价 = \sum 单位工程报价$$

⑤ 计算工程项目总报价。

$$工程项目总报价 = \sum 单项工程报价$$

4.3 投资估算

投资估算是指在对项目的建设规模、技术方案、设备方案、工程方案及项目实施进度等进行研究并基本确定的基础上，估算项目投入总资金。项目投入总资金包括建设投资和流动资金及分年资金需要额。投资估算是制定融资方案，进行经济评价及编制初步设计概算的依据。

4.3.1 总投资构成及其形成的资产

项目评估中总投资是指项目建设和投入运营所需要的全部投资，为建设投资、建设期利息、全部流动资金之和，是保证项目建设和生产经营活动正常进行的必要资金。项目的计算期包括建设期和运营期，建设期是指从项目资金正式投入开始到项目建成投产为止所需要的时间，可按合理工期或预计的建设进度确定；运营期分为投产期和达产期两个阶段。投产期是指项目投入生产，但生产能力尚未完全达到设计能力时的过渡阶段；达产期是指生产运营达到设计预期水平后的阶段。运营期一般应以项目主要设备的经济寿命期确定。工程项目总投资估算，是进行项目评估的基础数据，对项目基础数据进行估算的精确程度，直接影响到项目评估的质量和项目的决策。

根据资金保全原则和企业资产划分的有关规定，投资项目在建成交付使用时，项目投入的全部资金分别形成固定资产、无形资产和其他资产。

（1）固定资产，是指同时具有下列特征的有形资产：

① 为生产商品、提供劳务、出租或经营管理而持有的；

② 使用寿命超过一个会计年度。

固定资产一般包括房屋及建筑物、机器设备、运销设备、工具器具等。在项目评价中构成固定资产原值的费用包括工程费用（即建筑工程费、设备购置费和安装工程费）、固定资产其他费用、预备费（包含基本预备费和涨价预备费）和建设期利息。

（2）无形资产，是指企业拥有或者控制的没有实物形态的可辨认的非货币性资产，包括专利权、商标权、土地使用权、非专利技术、商誉和著作权等。在项目评估中构成无形资产原值的费用主要包括技术转让费或技术使用费（包括专利技术和非专利技术）、商标权和商誉等。

（3）其他资产，也称递延资产，是指除流动资产、长期投资、固定资产、无形资产以外的其他资产，如长期待摊费用。按照有关规定，除购置和建造固定资产以外，所有筹建期间发生的费用，先在长期待摊费用中归集，自企业开始生产经营起计入当期的损益。构成其他资产原值的费用主要包括生产准备费、开办费、样品样机购置费和农业开荒费等。

（4）流动资产，是指可以在一年内或超过一年的一个营业周期内变现或运用的资产，总投资中的流动资金与流动负债共同构成流动资产。

4.3.2 建设投资的构成

建设投资是项目费用的重要组成部分，是项目财务分析的基础数据，可根据项目前期研究的不同阶段、对投资估算精度的要求及相关规定选用估算方法。建设投资的构成可按概算法或形成资产法分类。

1. 按概算法分类

按概算法分类，建设投资由工程费用、工程建设其他费用和预备费三个部分构成。其中工程费用又由建筑工程费、设备购置费（含工具、器具及生产家具购置费）和安装工程费构成；工程建设其他费用内容较多，且随行业和项目的不同而有所区别；预备费包括基本预备费和涨价预备费（见图 4-5）。

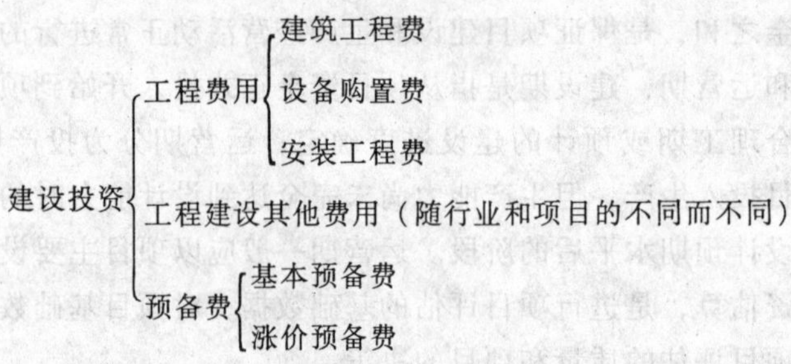

图 4-5 建设投资的构成（按概算法分类）

2. 按形成资产法分类

按形成资产法分类，建设投资由固定资产费用、无形资产费用、其他资产费用和预备费四个部分组成（见图 4-6）。

（1）固定资产费用。固定资产费用是指项目投产时将直接形成固定资产的建设投资，包括工程费用和工程建设其他费用中按规定将形成固定资产的费用，后者被称为固定资产其他费用，主要包括建设单位管理费、可行性研究费、研究试验费、勘察设计费、环境影响评价费、场地准备及临时设施费、引进技术和引进设备其他费、工程保险费、联合试运转费、特殊设备安全监督检验费和市政公用设施建设及绿化费等。

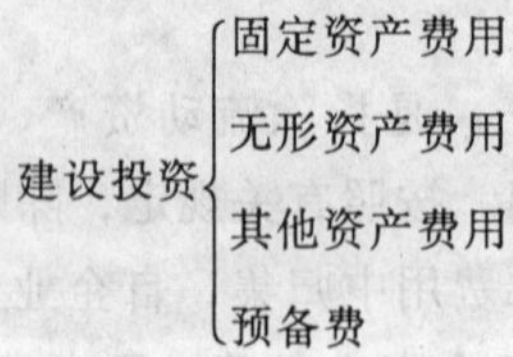

图 4-6 建设投资的构成（按形成资产法分类）

（2）无形资产费用。无形资产费用是指将直接形成无形资产的建设投资，主要是专利权、非专利技术、商标权、土地使用权和商誉等。

(3) 其他资产费用。其他资产费用是指建设投资中除形成固定资产和无形资产以外的部分，如生产准备费、开办费等。

(4) 预备费，包含基本预备费和涨价预备费。

对于土地使用权的特殊处理：按照有关规定，在尚未开发或建造自用项目前，土地使用权作为无形资产核算，房地产开发企业开发商品房时，将其账面价值转入开发成本；企业建造自用项目时将其账面价值转入在建工程成本。因此，为了与以后的折旧和摊销计算相协调，在建设投资估算表中通常可将土地使用权直接列入固定资产其他费用。

此外，建设投资还可分为静态投资和动态投资两个部分。静态投资部分由建筑工程费、设备及工器具购置费、安装工程费、工程建设其他费用、基本预备费构成；动态投资部分由涨价预备费和建设期利息构成。

4.3.3　建设投资的估算依据、要求和步骤

1. 估算依据

项目投资估算要做到方法科学，基础资料完整，依据充分并适当运用估算标准。主要依据以下标准和文件：

(1) 专门机构（如项目建设管理部门）颁发的建设工程造价费用构成、估算指标、计算方法及其他有关计算工程造价的文件。

(2) 行业主管部门制定的投资估算办法、估算指标和定额，如行业实施细则中关于资产折旧年限的规定等。

(3) 有关部门制定的工程建设其他费用的计算办法和费用标准以及国家公布的物价指数。

(4) 拟建项目各单项工程的建设内容及工程量。

2. 估算要求

投资估算应达到以下要求：

(1) 工程内容和费用构成齐全，计算合理，不重复计算，不提高或者降低估算标准，不漏项，不少算。

(2) 若选用的指标与具体工程之间的标准或者条件有差异，应进行必要的换算或者调整。

(3) 投资估算深度应能满足控制初步设计概算的要求。编制单位工程综合估算表、主要设备估算表、其他费用估算明细表。

3. 估算步骤

建设投资的估算步骤如下：

(1) 分别估算各单项工程所需的建筑工程费、设备及工器具购置费、安装工程费。

(2) 在汇总各单项工程费用的基础上，估算工程建设其他费用和基本预备费，得出项目的静态投资部分。

(3) 估算涨价预备费和建设期利息。

(4) 汇总求得建设投资总额。

4.3.4 建设投资估算项目构成

1. 建筑工程费估算

建筑工程费是指为建造永久性建筑物和构筑物所需要的费用，如场地平整，建设厂房、仓库、电站、设备基础、工业窑炉、桥梁、码头、堤坝、隧道、涵洞、铁路、公路、水库、水坝，管线敷设、露天剥离等项工程的费用。建筑工程费估算一般采用以下方法：

(1) 单位建筑工程投资估算法。该方法以单位建筑工程量所用投资乘以建筑工程总量计算。具体来说，一般工业与民用建筑以单位建筑面积（平方米）的投资，工业窑炉砌筑以单位容积（立方米）的投资，水库以水坝单位长度（米）的投资，铁路路基以单位长度（公里）的投资，矿山掘进以单位长度（米）的投资，乘以相应的建筑工程总量计算得出建筑工程费。

(2) 单位实物工程量投资估算法。该方法以单位实物工程量的投资乘以实物工程总量计算。土石方工程按每立方米的投资，矿井巷道衬砌工程按每米的投资，路面铺设工程以每平方米的投资，乘以相应的实物工程总量计算得出建筑工程费。

(3) 概算指标投资估算法。上述两种方法比较简单，一般运用得较多，但对于没有上述估算指标且建筑工程费占总投资比例较大的项目，要采用概算指标估算法。采用这种估算法，应掌握较为详细的工程资料、建筑材料价格情况和工程费用率等指标，需要投入的时间和工作量较大，应根据具体条件和要求选用。具体估算方法参考有关部门颁布的概算编制办法。

2. 设备及工器具购置费估算

(1) 设备及工器具购置费的构成。设备及工器具购置费，包括设备的购置费、工器具及生产家具购置费、现场制作费、标准设备费和相应的运杂费。

设备购置费是指为投资项目购置或自制的达到固定资产标准的各种国产或进口设备、工具、器具的购置费用。它由设备原价和设备运杂费构成，即：

$$设备购置费=设备原价+设备运杂费$$

设备原价指国产设备（国产标准设备、国产非标准设备）、进口设备的原价，国产设备和进口设备的价格需要分别估算。

设备运杂费指除设备原价之外的设备采购、运输、途中包装及仓库保管等方面支出的费用的总和。如果设备是由设备成套公司提供的，则成套公司的服务费也要计入设备运杂费中。设备运杂费一般根据一定费率计算，即

$$设备运杂费=设备原价\times设备运杂费率$$

工器具及生产家具购置费，是指新建项目或扩建项目初步设计规定所必须购置的没有达到固定资产标准的设备、仪器、工卡模具、器具、生产家具和备品备件等的购置费用。一般以设备购置费为计算基数，按照部门或行业规定的工器具及生产家具购置费率计算。即：

$$工器具及生产家具购置费=设备购置费\times定额费率$$

（2）国内设备的购置费。国内设备的购置费为设备原价加运杂费，国内设备原价分为国产标准设备原价和国产非标准设备原价。

① 国产标准设备原价。国产标准设备是指按照主管部门颁布的标准图纸和技术要求，由国内设备生产厂批量生产的，并符合国家质量检测标准的设备。国产标准设备原价一般指设备生产厂的交货价，即出厂价。具体包括两种情况，即带有备件的原价和不带有备件的原价。在计算中，一般采用带有备件的原价。

② 国产非标准设备原价。国产非标准设备是指国家尚无定型标准，非批量生产的设备，一般由建设单位依据设计图纸委托设备生产厂制造。因此，其价格只能根据设备的类型、材质、结构等逐台计算。非标准设备原价有多种不同的计算方法，如成本计算估价法、系列设备插入估价法、分步组合估价法、定额估价法等。应编制国内设备购置费估算表，如表 4-11 所示。

表 4-11　**国内设备购置费估算表**

序号	设备名称	型号规格	单位	数量	设备购置费		
					出厂价（元）	运杂费（元）	总价（万元）
合计							

（3）进口设备购置费。

进口设备购置费由进口设备货价、进口从属费用及国内运杂费构成。即：

进口设备购置费=进口设备货价+进口从属费用+国内运杂费

进口设备货价按交货地点和方式的不同，分为离岸价（FOB）与到岸价（CIF）。

进口从属费用包括国外运费、国外运输保险费、进口关税、进口环节增值税、外贸手续费、银行财务费和海关监管手续费。

国内运杂费包括运输费、装卸费、运输保险费等。

① 进口设备原价。进口设备按离岸价计价时，应先计算设备运抵我国口岸的国外运费和国外运输保险费，再得出到岸价。计算公式如下：

进口设备到岸价=离岸价+国外运费+国外运输保险费

式中，国外运费=离岸价×运费率

或　　=单位运价×运量

国外运输保险费=（离岸价+国外运费）×国外保险费率

② 设备从属费。设备从属费通常按下面的公式估算：

进口关税=进口设备到岸价×人民币外汇牌价×进口关税率

进口设备增值税=(进口设备到岸价×人民币外汇牌价+进口关税+消费税)×增值税税率

外贸手续费=进口设备到岸价×人民币外汇牌价×外贸手续费率

银行财务费=进口设备货价×人民币外汇牌价×银行财务费率

③ 国内运杂费。国内运杂费是指按合同或协议约定的到岸港口或接壤的陆地交货地点至工地现场存放地点，所发生的运输费、运输保险费、装卸费、包装费、供销部门手续费和仓库保管费等。国内运杂费按运输方式，根据运量或者设备费金额估算。应编制进口设备购置费估算表，如表4-12所示。

表4-12 **进口设备购置费估算表**

（人民币单位：万元；外币单位：万美元）

序号	设备名称	台套数	离岸价	国外运费	国外运输保险费	到岸价	进口关税	消费税	增值税	外贸手续费	银行财务费	海关监管手续费	国内运杂费	设备购置费总价
1	设备A													
2	设备B													
3	设备C													
4	设备D													
5	设备E													
…														
合计														

3. 安装工程费估算

安装工程费包括需要安装的各种机电设备的装配、安装工程费用，与设备相连的工作台、梯子及其装设工程费用，附属于被安装设备的管线敷设工程费用；被安装设备的绝缘、保温、防腐等工程费用；单位试运转和联动无负荷试运转费用等。

安装工程费通常按行业或专门机构发布的安装工程定额、取费标准和指标估算。具体计算可按安装费率、每吨设备安装费或者每单位安装实物工程量的费用估算，即：

安装工程费=设备原价×安装费率

安装工程费=设备吨位×每吨设备安装费

安装工程费=安装实物工程量×每单位安装实物工程量的费用

安装工程费估算表如表4-13所示。

表4-13 **安装工程费估算表**

序号	安装工程名称	单位	数量	指标（费率）	安装费用（万元）
1	设备				
	A				
	B				
	…				

续表

序号	安装工程名称	单位	数量	指标（费率）	安装费用（万元）
2	管线工程				
	A B				
	…				
合计					

4. 工程建设其他费用估算

工程建设其他费用指建设投资中除建筑安装工程费用、设备及工器具购置费、安装工程以外所必须花费的其他费用。工程建设其他费用应按国家有关部门或行业规定的内容、计算方法和费率或取费标准分项估算。具体内容如表 4-14 所示。

表 4-14　**工程建设其他费用估算表**　（单位：万元）

序号	费用名称	计算依据	费率或标准	总价
1	土地使用费			
2	建设单位管理费			
3	勘察设计费			
4	研究试验费			
5	建设单位临时设施费			
6	工程建设监理费			
7	工程保险费			
8	施工机构迁移费			
9	引进技术和进口设备其他费用			
10	联合试运转费			
11	生产职工培训费			
12	办公及生活用具购置费			
…				
合计				

需要注意的是，工程建设其他费用的具体科目及取费标准处在变动之中，应根据各级

政府物价部门的有关规定并结合项目的具体情况确定。

5. 基本预备费估算

基本预备费是指在可行性研究阶段难以预料的费用，又称工程建设不可预见费。主要指设计变更及施工过程中可能增加工程量的费用。

基本预备费以建筑工程费、设备及工器具购置费、安装工程费、工程建设其他费用之和为计算基数，按行业主管部门规定的基本预备费率计算。计算公式如下：

$$\text{基本预备费}=\left(\begin{matrix}\text{建筑}\\\text{工程费}\end{matrix}+\begin{matrix}\text{设备及工}\\\text{器具购置费}\end{matrix}+\begin{matrix}\text{安装}\\\text{工程费}\end{matrix}+\begin{matrix}\text{工程建设}\\\text{其他费用}\end{matrix}\right)\times\begin{matrix}\text{基本}\\\text{预备费率}\end{matrix}$$

6. 涨价预备费估算

涨价预备费是对建设工期较长的项目，由于在建设期内可能发生材料、设备、人工等价格上涨引起投资增加，需要预留的费用，亦称价格变动不可预见费。涨价预备费以建筑工程费、设备及工器具购置费、安装工程费之和为计算基数。

4.3.5 建设期利息估算

1. 建设期利息的估算方法

建设期利息是指项目借款在建设期内发生并计入固定资产的利息，包括借款利息及手续费、承诺费、管理等财务费用。估算建设利息应按以下步骤进行：

（1）明确建设投资分年计划。即根据项目进度计划，提出建设投资分年计划，列出各年投资额，并明确其中的外汇和人民币。

（2）选择利率。估算建设期利息，要采用有效年利率，因此应当注意名义年利率和有效年利率的换算。将名义年利率折算为有效年利率的计算公式如下：

$$R=\left(1+\frac{r}{m}\right)^{m}-1$$

式中，R——有效年利率；

r——名义年利率；

m——每年计息次数。

当建设期用自有资金按期支付利息时，可不必进行换算，直接采用名义年利率计算建设期利息。

（3）计算建设期利息。为了简化计算，通常假定借款均在每年的年中支用，借款当年按半年计息，其余各年按全年计息，计算公式如下：

采用自有资金付息时，按单利计算：

$$\text{各年应计利息}=\left(\text{年初借款本息累计}+\frac{\text{本年借款额}}{2}\right)\times\text{名义年利率}$$

采用复利方式计算时：

$$\text{各年应计利息}=\left(\text{年初借款本息累计}+\frac{\text{本年借款额}}{2}\right)\times\text{有效年利率}$$

2. 建设期利息估算应注意的问题

（1）多种借款资金来源的建设期利息估算。对于有多种借款资金来源，每笔借款的年利率各不相同的项目，既可分别计算每笔借款的利息，也可先计算出各笔借款加权平均的年利率，再以加权平均利率计算全部借款的利息。

（2）其他融资费用处理。其他融资费用是指某些债务资金发生的手续费、承诺费、管理费、信贷保险费等融资费用，原则上应按该债务资金债权人的要求单独计算，并计入建设期利息。项目建议书阶段，可简化作粗略估算，计入建设投资；可行性研究阶段，不涉及国外贷款的项目，也可简化作粗略估计后计入建设投资。

（3）分期建成投产的项目。在项目评价中，对于分期建成投产的项目，应注意按各期投产时间分别停止借款费用的资本化，即投产后继续发生的借款费用不作为建设期利息计入固定资产原值，而是作为运营期利息计入总成本费用。

4.3.6　流动资金的估算

流动资金是指企业以货币购买劳动对象和支付工资时所垫付的资金，是保证企业正常的生产经营的必要条件。即用于购置企业日常生产经营所需的原材料、燃料、动力，支付职工工资以及作为生产中的周转资金而被占用在制品、半成品、产成品上的在项目投产前需预先垫支的资金。

项目运营需要流动资产投资，但项目评价中需要估算并预先筹措的是从流动资产中扣除流动负债，即企业短期信用融资（应付账款）后的流动资金。

流动资金的估算方法可采用扩大指标估算法或分项详细估算法。

1. 扩大指标估算法

扩大指标估算法，是一种简化的流动资金估算方法，一般可参照同类企业流动资金占营业收入或经营成本的比例，或者单位产量占用营运资金的数额估算流动资金。

（1）按营业收入（销售收入）的资金率估算。营业收入（销售收入）资金率是指项目流动资金需要量与一定时期（通常为一年）内营业收入的比率。使用营业收入资金率估算流动资金需要量的计算公式如下：

流动资金需要量=项目年营业收入×营业收入资金率

式中，项目年营业收入取正常生产年份的数值，营业收入资金率根据同类项目的经验数据加以确定。

（2）按经营成本资金率估算。经营成本是一项综合性指标，能反映项目的物质消耗、生产技术和经营管理水平以及自然资源条件的差异等实际情况，所以有些项目可采用经营成本资金率估算流动资金。即：

流动资金需要量=年经营成本×经营成本资金率

（3）按单位产量资金率估算。有的特殊建设项目可按单位产量占用流动资金来估算，即：

流动资金需要量=达产期年产量×单位产量资金率

扩大指标估算法可用于项目建议书阶段，某些行业在可行性研究阶段也可采用此方法，该方法简便易行，但是准确度不高。

2. 分项详细估算法

分项详细估算法是对流动资产和流动负债的主要构成要素即存货、现金、应收账款、预付账款以及应付账款和预收账款等几项内容分项进行估算，据此计算企业总流动资金的需要量。一般可以根据流动资金估算表对各项流动资金进行估算。计算公式如下：

流动资金=流动资产-流动负债

流动资产=应收账款+预付账款+存货+现金

流动负债=应付账款+预收账款

流动资金本年增加额=本年流动资金-上年流动资金

流动资金估算的具体步骤是首先确定各分项最低周转天数，计算出周转次数，然后再进行分项估算。

（1）周转次数的计算

$$周转次数=\frac{360\text{ 天}}{最低周转天数}$$

各类流动资产或流动负债的最低周转天数参照同类企业的平均周转天数并结合项目特点确定，或按部门（行业）规定，在确定最低周转天数时应考虑储存天数、在途天数，并考虑适当的保险系数。

（2）流动资产估算

① 存货的估算。存货是指企业在日常生产经营过程中持有以备出售，或者仍然处在生产过程，或者在生产或提供劳务的过程中将消耗的材料或物料等，包括各类材料、商品、在产品、半产品和产成品等。为简化计算，项目评价中仅考虑外购原材料、燃料、其他材料、在产品和产成品，并分项进行计算。计算公式如下：

存货=外购原材料、燃料+其他材料+在产品+产成品

$$外购原材料、燃料=\frac{年外购原材料、燃料费用}{分项周转次数}$$

$$其他材料=\frac{年其他材料费用}{其他材料周转次数}$$

$$在产品=\frac{年外购原材料、燃料动力费用+年工资及福利费+年修理费+年其他制造费用}{在产品周转次数}$$

$$产成品=\frac{年经营成本-年其他营业费用}{产成品周转次数}$$

② 应收账款估算。应收账款是指企业对外销售商品、提供劳务尚未收回的资金，计算公式如下：

$$应收账款=\frac{年经营成本}{应收账款周转次数}$$

③ 预付账款估算。预付账款是指企业为购买各类材料、半成品或服务所预先支付的账款，计算公式如下：

$$预付账款=\frac{外购商品或服务年费用金额}{预付账款周转次数}$$

④ 现金需要量估算。项目流动资金中的现金是指为维持正常的生产运营必须预留的

货币资金，计算公式如下：

$$现金=\frac{年工资及福利费+年其他费用}{现金周转次数}$$

年其他费用=制造费用+管理费用+营业费用-（以上三项费用中所含的工资及福利费、折旧费、摊销费、修理费）

（3）流动负债估算。流动负债是指将在一年（含一年）或者超过一年的一个营业周期内偿还的债务，包括短期借款、应付票据、应付账款、预收账款、应付工资、应付福利费、应付股利、应交税金、其他暂收应付款项、预提费用和一年内到期的长期借款等。在项目评价中，流动负债的估算可以只考虑应付账款和预收账款两项。计算公式如下：

$$应付账款=\frac{外购原材料、燃料动力及其他材料年费用}{应付账款周转次数}$$

$$预收账款=\frac{预收的营业收入年金额}{预收账款周转次数}$$

3. 流动资金估算需要注意的问题

（1）在项目评价中，最低周转天数的取值对流动资金估算的准确程度有较大影响。在确定最低周转天数时，应根据项目的特点，投入和产出的性质、供应来源以及各分项的属性，并考虑保险系数分项确定。

（2）当投入物和产出物采用不含税价格时，估算中应注意将销项税额和进项税额分别计入相应的年费用金额中。

（3）流动资金一般应在项目投产前开始筹措。为了简化计算，流动资金可在投产第一年开始安排，并随生产运营计划的不同而有所不同，因此流动资金的估算应根据不同的生产运营计划分年进行。

（4）用详细估算法计算流动资金，需以经营成本及其中的某些科目为基数，因此实际上流动资金估算应在经营成本估算之后进行。

4.4　设计概算

4.4.1　设计概算的编制

1. 设计概算的概念

设计概算是设计文件的重要组成部分，是在投资估算的控制下，由设计单位根据初步设计（或扩大初步设计）图纸及说明、概算定额（或概算指标）、各项费用定额或取费标准（指标）以及设备、材料预算价格等资料，编制和确定的工程项目从筹建至竣工交付使用所需全部费用的文件。企业进行全过程造价咨询业务的同时应该整理图纸会审记录表，如表 4-15 所示，并对设计单位的图纸进行造价分析。采用两阶段设计的工程项目，初步设计阶段必须编制设计概算；采用三阶段设计的工程项目，技术设计阶段必须编制修正概算。

表 4-15　　　　　　　　　　　　**图纸会审记录表**

编号：

项目名称		日　　期	
地　　点		专业名称	
序　号	图　号	图纸问题	图纸问题交底

参加单位及人员	建设单位	设计单位	监理单位	造价咨询单位	施工单位

记录人：

注：图纸会审记录应根据专业（建筑、结构、给排水及采暖、电气、通风空调、智能系统等）记录汇总并整理。

2. 设计概算的编制依据、编制内容和编制方法

(1) 设计概算的编制依据

设计概算的编制依据主要有：

① 可行性研究报告和批准的计划任务书；

② (扩大) 初步设计图纸及说明书、设备表、材料表等有关资料；

③ 建设地区自然条件和技术经济条件资料；

④ 建设地区的工资标准、材料预算价格和设备价格等资料；

⑤ 国家、省、自治区、直辖市现行的概算定额、概算指标或综合预算定额；

⑥ 国家、省、自治区、直辖市颁布的现行取费标准和费用定额；

⑦ 类似工程的概算、预算和技术经济指标等。

(2) 设计概算的编制要求

设计概算的编制要保证概（预）算编制依据的合法性、时效性、适用性和概（预）算报告的完整性、准确性、全面性。通过概（预）算对设计方案做出客观的经济评价，同时还可根据委托人的要求和约定对设计提出可行的造价管理方法及优化建议，既满足业主的功能要求，又符合设计的合理性、经济性和可靠性要求。

设计概算编制的工程数量应基本准确、无漏项。概算和预算深度应符合现行编制规定，即采用定额取费标准正确，选用价格信息符合市场情况，计算无错误，经济指标分析合理、计价正确。

(3) 设计概算的内容

设计概算可分为单位工程概算、单项工程综合概算和工程项目总概算三级。各级概算之间的相互关系如图 4-7 所示。

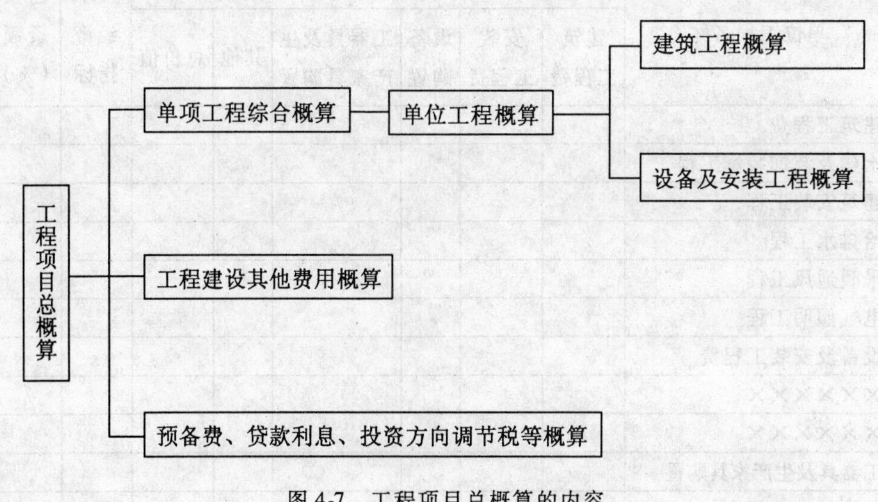

图 4-7　工程项目总概算的内容

① 单位工程概算。单位建筑工程概算是确定各单位工程建设费用的文件，包括建筑工程概算和设备及安装工程概算两类。单位工程概算表如表 4-16 所示。

表 4-16　　单位工程概算表

项目名称：　　编号：

序号	定额编号	项目名称	工程量		单价（元）				合价（元）			
			单位	数量	基价	人工费	材料费	机械费	金额	人工费	材料费	机械费

编制单位：　　编制人：　　年　月　日

建筑工程概算包括土建工程概算，给排水、采暖工程概算，通风、空调工程概算，电气、照明工程概算，弱电工程概算，特殊构筑物工程概算等；设备及安装工程概算包括机械设备及安装工程概算，电气设备及安装工程概算以及工器具及生产家具购置费概算等。

② 单项工程综合概算。单项工程综合概算是确定一个单项工程所需建设费用的文件，是由单项工程中的各单位工程概算汇总编制而成的，是工程项目总概算的组成部分。单项工程综合概算表如表 4-17 所示，单项工程综合概算的组成如图 4-8 所示。

表 4-17　　单项工程综合概算表

项目名称：　　编号：

序号	单位工程名称	概算价值						技术经济指标	占投资额（%）	备注
		建筑工程费	安装工程费	设备购置	工器具及生产家具购置	其他	总价值			
1	建筑工程费									
1.1	土建及装饰装修工程									
1.2	建筑安装工程									
1.2.1	给排水工程									
1.2.2	采暖通风工程									
1.2.3	电气照明工程									
3	设备及安装工程费									
3.1	××××××									
3.2	××××××									
4	工器具及生产家具购置									
5	其他									
合计										
占综合概算的比例										

编制单位：　　编制人：　　年　月　日

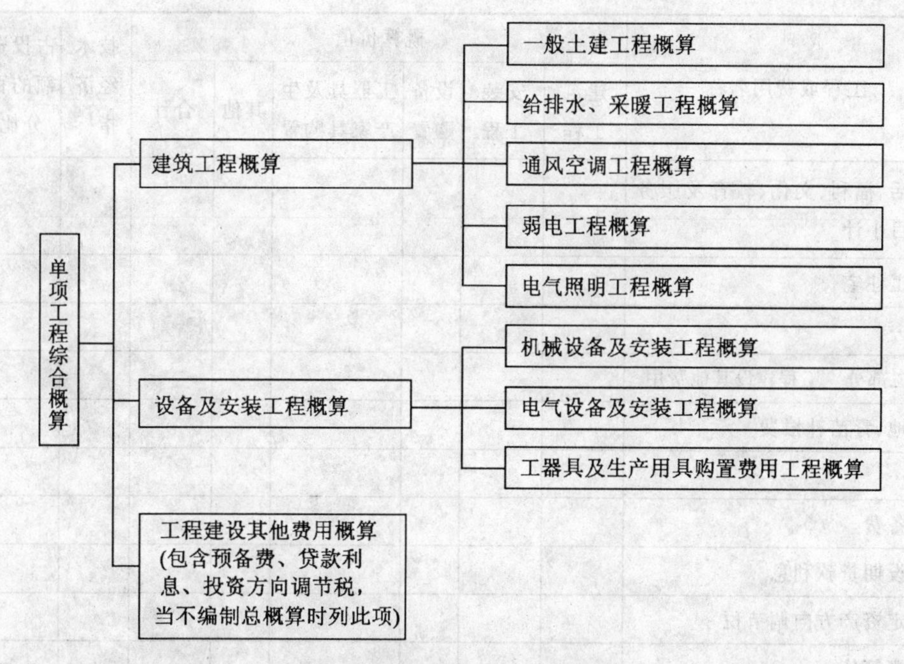

图 4-8　单项工程综合概算的组成

③ 工程项目总概算。工程项目总概算由各单项工程综合概算、工程建设其他费用概算以及预备费、贷款利息、投资方向调节税概算等汇总编制而成。根据工程需要可以汇总成表 4-18 至表 4-21。

表 4-18　**总 概 算 表**

编号：

项目名称：　　　　　　　　　　　　　　　　总概算价值：

序号	工程或费用名称	概算价值						技术经济指标	占投资额的百分比	备注
		建筑工程	安装工程	设备购置	工器具及生产家具购置	其他	合计			
一	第一部分　工程费用名称									
(一)	主要生产和辅助生产项目小计									
1	×××车间									
2	×××车间									
…	……									
(二)	公用设施项目小计									
1	水泵房									
2	变电室									
…	……									

续表

序号	工程或费用名称	概算价值						技术经济指标	占投资额的百分比	备注
		建筑工程	安装工程	设备购置	工器具及生产家具购置	其他	合计			
(三)	生活、福利、文化、教育及服务项目小计									
1	职工住宅									
…	……									
二	第二部分　工程建设其他费用									
1	土地、青苗补偿费									
…	……									
三	预备费									
四	建设期贷款利息									
五	固定资产方向调节税									
六	总概算值									
七	投资比例									

编制单位：　　　　　　　　　　编制人：　　　　　　　　　　年　月　日

表 4-19　　　　　　　　　　**总概算对比表**

总概算编号：________　工程名称：________　　　　单位：万元　共　页　第　页

序号	工程项目或费用名称	原批准概算					调整概算					差额（调整概算－原批准概算）	备注
		建筑工程费	设备购置费	安装工程费	其他费用	合计	建筑工程费	设备购置费	安装工程费	其他费用	合计		
一	工程费用												
1	主要工程												
(1)	××××××												
…	……												
2	辅助工程												
(1)	××××××												
…	……												
3	配套工程												
(1)	××××××												
…	……												

续表

序号	工程项目或费用名称	原批准概算					调整概算					差额（调整概算-原批准概算）	备注
		建筑工程费	设备购置费	安装工程费	其他费用	合计	建筑工程费	设备购置费	安装工程费	其他费用	合计		
二	其他费用												
1	××××××												
…	……												
三	预备费												
四	专项费用												
1	××××××												
…	……												
	工程项目概算总投资												

编制人：　　　　　　　　　　　　审核人：

表 4-20　**综合概算对比表**

总概算编号：________　工程名称：________　　　　单位：万元　共　页　第　页

序号	工程项目或费用名称	原批准概算				调整概算				差额（调整概算-原批准概算）	调整的主要原因
		建筑工程费	设备购置费	安装工程费	合计	建筑工程费	设备购置费	安装工程费	合计		
一	主要工程										
1	××××××										
…	……										
二	辅助工程										
1	××××××										
…	……										
三	配套工程										
1	××××××										
…	……										
单项工程概算费用合计											

编制人：　　　　　　　　　　　　审核人：

表 4-21　　　　　　　　　　　**其他费用计算表**

其他费用编号：______　费用名称：______　　　　　　单位：万元（元）　共　页　第　页

序号	费用项目名称	费用计算基数	费率（%）	金额	计算公式	备注
合　计						

编制人：　　　　　　　　　　　　　审核人：

（4）单位工程概算的编制方法

① 概算定额法。概算定额法又叫扩大单价法或扩大结构定额法，所采用的工具是概算工程量计算规则。它是根据初步设计的图纸资料和概算定额的项目划分计算出工程量，然后套用概算定额单价（基价），计算汇总后，再计取有关费用，便可得出单位工程概算造价。

概算定额法要求初步设计达到一定深度，建筑结构比较明确，能按照初步设计的平面、立面、剖面图纸计算出楼地面、墙身、门窗和屋面等扩大分项工程（或扩大结构构件）项目的工程量时才可以使用。

编制设计概算的具体步骤如下：

a. 按照概算定额分部分项顺序，列出各分部分项工程项目的名称。工程量计算应按概算定额中规定的工程量计算规则进行，并将计算所得各分部分项工程项目的工程量按概算定额的编号顺序，填入工程概算表中。

b. 确定各分部分项工程项目的概算定额单价。工程量计算完毕后，逐项套用相应概算定额单价和人工、材料消耗指标，然后分别将其填入工程概算表和工料分析表中。如果分部分项工程项目的名称、内容与采用的概算定额手册不相符，应先进行换算。

计算概算单价的公式如下：

$$
\begin{aligned}
\text{概算定额单价} &= \text{概算定额人工费} + \text{概算定额材料费} + \text{概算定额机械台班使用费} \\
&= \sum\begin{pmatrix}\text{概算定额中人工消耗量} \\ \times \text{人工单价}\end{pmatrix} + \sum\begin{pmatrix}\text{概算定额中材料消耗量} \\ \times \text{材料预算单价}\end{pmatrix} \\
&\quad + \sum(\text{概算定额中机械台班消耗量} \times \text{机械台班单价})
\end{aligned}
$$

c. 计算单位工程直接工程费和直接费。将已经计算出来的各分部分项工程项目的工程量及在概算定额中已查出来的相应定额单价和单位人工、材料消耗指标分别相乘，即可以得出各分部分项工程的直接工程费和人工、材料消耗量，再汇总各分部分项工程项目的直接工程费及人工、材料消耗量，即可以得到该单位工程的直接工程费和工料总消耗量。最后，再汇总措施费，即可以得到该单项工程的直接费。如果规定有地区的人工、材料价差调整指标，计算直接工程费时，按规定的调整系数或者其他调整方法进行调整计算。

d. 根据直接费，结合其他各项取费标准，分别计算间接费、利润和税金等。

e. 单位建筑工程概算造价=直接费+间接费+利润+税金。

② 概算指标法。该法采用直接工程费指标。将拟建工程项目的建筑面积或体积乘以技术条件相同或基本相同的概算指标而得出直接工程费，然后按规定计算出措施费、间接费、利润和税金等。该法适用于初步设计深度不够，不能准确地计算工程量，但工程设计采用的技术比较成熟而又有类似的工程概算指标可以利用的情况。因此，其计算精度较低，是一种对工程造价进行估算的方法。

a. 第一种方法：直接用概算指标编制单位工程概算。

i. 计算人工费、材料费、施工机械使用费。

根据概算指标中，每 100 平方米建筑面积或每 1 000 立方米建筑体积的人工和材料消耗指标，结合本地的工资标准、材料预算价格计算人工费和材料费。

$$\text{人工费} = \text{概算指标规定的工日数} \times \text{人工单价}$$

$$\text{材料费} = \text{主要材料费}\begin{pmatrix}\text{或概算指标的} & \times & \text{地区材料} \\ \text{主要材料用量} & & \text{预算价格}\end{pmatrix} + \text{其他材料费}$$

$$\text{其他材料费} = \sum(\text{主要材料费} \times \text{其他材料占主要材料的百分比})$$

$$\text{施工机械使用费} = \sum(\text{人工费} + \text{材料费}) \times \text{机械使用费占的百分比}$$

也可以直接从概算指标中查出其他材料费，而施工机械使用费则在概算指标中直接查找。汇总上述费用，即得概算指标直接费：

概算指标直接费=人工费+材料费+施工机械使用费

ii. 计算单位直接费。

$$\text{单位直接费} = \frac{\text{概算指标直接费}}{100\ (\text{或者}\ 1\,000)}\ (\text{元/平方米或元/立方米})$$

iii. 计算其他直接费、现场经费、利润、税金及概算单价。

概算单价=直接费+间接费+利润+税金

单位工程概算造价=建筑面积×概算单价

b. 第二种方法：用修正后的概算指标编制单位工程概算。

当设计对象的结构特征与概算指标的结构特征、技术指标有出入时，可用修正后的概算指标及单位造价，计算出工程概算造价。

设计对象的结构特征与概算指标有局部差异时的调整如下：

i. 调整概算指标中的每平方米造价。

$$结构变化修正概算指标（元/平方米）=J+Q_1P_1-Q_2P_2$$

式中，J——原概算指标；

Q_1——概算指标中换入结构的工程量；

P_1——换入结构的直接工程费单价；

Q_2——概算指标中换出结构的工程量；

P_2——换出结构的直接工程费单价。

则拟建工程造价如下：

直接工程费=修正后的概算指标×拟建工程建筑面积（或体积）

求出直接工程费后，再按照规定的取费方法计算其他费用，最终得到单位工程概算。

ii. 调整概算指标中的工、料、机数量：

$$结构变化修正概算指标的工、料、机数量=原概算指标的工、料、机数量+\begin{pmatrix}换入结构工程量\\ \times相应等额工、\\ 料、机消耗量\end{pmatrix}-\begin{pmatrix}换出结构工程量\\ \times相应定额工、\\ 料、机消耗量\end{pmatrix}$$

以上两种方法，前者是直接修正结构指标单价，后者是修正结构指标工、料、机数量。

c. 类似工程预算法。

类似工程预算法是利用技术条件与设计对象相类似的已完工程或在建工程的工程造价资料来编制拟建工程设计概算的方法。该方法适用于工程设计对象与已建或在建工程相类似，结构特征基本相同，或者概算定额和概算指标缺项的情况。当设计对象与类似预算的设计在结构或者建筑上有差异时，可以参考修正概算指标的方法进行修正。

在地区工资、材料预算价格、施工机械使用费及其他间接费用有差异时，一般情况下有两种方法进行解决。

i. 类似工程造价资料有具体的人工、材料、机械台班的用量时，可按照类似工程预算造价资料中的主要材料用量、工日数量、机械台班用量乘以拟建工程所在地的主要材料预算价格、人工单价、机械台班单价，计算出直接费，再乘以当地的综合费率，得到所需的造价指标。

ii. 类似工程造价资料只有人工、材料、机械台班费用和其他费用时，可作如下调整：

$$D=A\times K$$

$$K=a\%K_1+b\%K_2+c\%K_3+d\%K_4+e\%K_5$$

式中，D——拟建工程单方概算造价；

A——类似工程单方预算造价；

K——综合调整系数；

$a\%$、$b\%$、$c\%$、$d\%$、$e\%$——类似工程预算的人工费、材料费、机械台班费、措施费、间接费占预算造价的比重；

K_1、K_2、K_3、K_4、K_5——拟建工程地区与类似工程地区人工费、材料费、机械台班费、措施费、间接费的价差系数。

如 $K_1=\dfrac{\text{拟建工程概算的人工费（或工资标准）}}{\text{类似预算人工费（或工资标准）}}$，$K_2$、$K_3$、$K_4$、$K_5$ 可以类推得出。

（5）单位设备及安装工程预算的编制

① 设备购置费概算。设备购置费由设备原价和运杂费两项组成。其中：

运杂费＝设备原价×运杂费率

② 设备及安装工程概算的编制方法

a. 预算单价法。当初步设计较深，有详细的设备清单时，可直接按安装工程预算定额单价编制设备安装工程概算，概算程序与安装工程施工图预算程序基本相同。

b. 扩大单价法。当初步设计深度不够，设备清单不完备，只有主体设备或仅有成套设备重量时，可采用主体设备、成套设备的综合扩大安装单价来编制概算。

c. 设备价值百分比法。当初步设计深度不够，只有设备出厂价而无详细规格、重量时，安装费可按其占设备费的百分比来计算。常用于价格波动不大的定型产品和通用设备产品。

d. 综合吨位指标法。当初步设计提供的设备清单有规格和设备重量时，可采用综合吨位指标编制概算，其综合吨位指标由主管部门或设计单位根据已完工类似工程资料确定。计算公式如下：

设备安装费＝设备重量×每吨设备安装费指标

该法常用于设备波动较大的非标准设备和引进设备的安装工程概算。

通过以上计算形成设备及安装工程概算表，如表 4-22 所示。

表 4-22　　**设备及安装工程概算表**

项目名称：　　　　编号：

序号	价格表名称及项目编号	设备及安装工程名称	单位	数量	单价（元）					总价（元）				
					设备费	主材费	定额基价	其中		设备费	主材费	合计	其中	
								人工费	机械费				人工费	机械费

编制单位：　　　　编制人：　　　　年　月　日

（6）单项工程综合概算的编制

单项工程综合概算是确定单项工程建设费用的综合性文件，它是由该单项工程的各专业的单位工程概算汇总而成的，是工程项目总概算的组成部分。

单项工程综合概算一般包括编制说明和综合概算表两个部分。当工程项目只有一个单项工程时，综合概算文件还包括工程建设其他费用、建设期贷款利息、预备费和固定资产投资方向调节税的概算。

① 编制说明。编制说明主要包括以下内容：

a. 编制依据；

b. 编制方法；

c. 主要材料和设备数量及价格（见表4-23）；

表4-23　　　　主要材料和设备数量及价格表

序号	设备材料名称	规格型号及材质	单位	数量	单价（元）	价格来源	备注

编制人：　　　　　　　　　　　　　审核人：

d. 其他有关问题。

② 综合概算表。综合概算表根据单项工程所辖范围内的各单位工程概算等基础资料，按照国家规定的统一表格进行编制。

③ 技术经济指标的计算。综合概算的技术经济指标应根据综合概算数值与相应的计量单位计算。

（7）工程项目总概算的编制

① 概算书的编制说明。概算书的编制说明主要包括以下内容：

a. 工程概况；

b. 编制依据；

c. 编制方法；

d. 编制范围；

e. 投资分析；

f. 主要材料和设备数量；

g. 其他有关问题。

② 综合概算表的编制方法。综合概算表根据单项工程所辖范围内的各单位工程概算等基础资料，按照国家所规定的统一表格进行编制。将各单项工程综合概算及其他工程费用概算等汇总即为工程项目总概算。

a. 按总概算组成的顺序和各项费用的性质，将各个单项工程综合概算及其他工程费用概算汇总列入总概算表。

b. 将工程项目和费用名称及各项数值填入相应各栏内，然后按各栏分别汇总。

c. 以汇总后的总额为基础，按取费标准计算预备费用、建设期利息、固定资产投资方向调节税、铺底流动资金。

d. 计算回收金额。回收金额是指在整个基本建设过程中所获得的各种收入。

e. 计算总概算金额：

总概算金额=各部分费用+预备费+建设期贷款利息+固定资产投资方向调节税+铺底流动资金-回收金额

首先计算技术经济指标，整个技术经济指标应选择有代表性和能说明投资效果的指标填列；其次进行投资分析，对基本建设投资分配、构成等情况进行分析，应在总概算表中计算出各项工程和费用投资占总投资的比例。

4.4.2 设计概算的审核

1. 设计概算审核的方式

设计概算审核一般采用集中会审的方式进行。先由会审单位分头审核，然后集中研究定案，或组织有关部门成立专门的审核班子，根据审核人员的业务专长分组，再将概算费用进行分解，分别审核，最后集中讨论定案。

一般的审核步骤包括：概算审核前的准备，概算审核，技术经济对比分析，调查研究以及资料的整理工作。

2. 设计概算审核的内容

（1）审核设计概算的编制依据

① 审核编制依据的合法性。各种编制依据必须经过国家和相关授权机关的批准，符合国家的编制规定。

② 审核编制依据的时效性。各种编制依据应及时按照国家的政策或者法规调整后的新办法和新规定进行。

③ 审核编制依据的使用范围。

（2）审核设计概算的编制深度与广度

① 审核编制说明，包括编制方法和编制依据等重大原则问题。

② 审核概算编制深度，包括是否有符合规定的“三级预算”以及各级概算的编制、校对、审核是否按规定签署等问题。

③ 审核概算的编制范围，包括内容和范围是否与主管部门批准的工程项目范围及具

体工程内容一致，是否有重复交叉，是否重复计算或漏算，审核其他费用应列的项目是否符合规定，静态投资、动态投资和经营性项目铺底流动资金是否分别列出等。

(3) 审核设计概算的内容

① 单位工程设计概算构成的审核。

a. 建筑工程概算的审核。建筑工程概算的审核内容主要包括以下几个方面：

i. 工程量的审核；

ii. 采用的定额或缺项指标的审核；

iii. 材料预算价格的审核；

iv. 各项费用的审核。

b. 设备及安装工程概算的审核。该部分审核的重点是设备清单与安装费用的计算。

i. 非标准设备的审核：审核各地规定的统一价格标准；

ii. 标准设备的审核：审核价格的估算依据、估算方法，分析标准设备价格的波动因素；

iii. 设备运杂费的审核：费率按照各地规定的标准执行；

iv. 进口设备费用的审核（见表 4-24）；

表 4-24　　进口设备材料货价及从属费用计算表

序号	设备材料规格、名称及费用名称	单位	数量	单价（美元）	外币金额（美元）					折合人民币（元）	人民币金额（元）						合计（元）
					货价	运输费	保险费	其他费用	合计		关税	增值税	银行财务费	外贸手续费	国内运杂费	合计	

编制人：　　　　审核人：

v. 设备安装工程概算的审核。

② 综合概算和总概算的审核。

a. 审核概算的编制是否符合国家经济建设方针和政策的要求，是否适合当地自然条件、施工条件和影响造价的各种因素。

b. 审核概算文件的组成：

i. 设计概算的文件是否完整、工程项目确定是否符合设计的要求；

ii. 建设规模、建筑结构、建筑面积、建筑标准、总投资是否符合设计文件的要求；

iii. 非生产性建设项目是否符合规定的要求，结构和材料的选择是否进行了技术经济比较，是否超标等。

c. 审核总图设计和工艺流程，包括总图设计是否符合生产和工艺要求、厂区运输和仓库布置是否优化或进行了方案比较、分期建设的工程项目是否统筹考虑、总图占地面积是否符合“规划指标”和节约用地的要求、工程项目是否按生产要求和工艺流程合理安排、主要车间的生产工艺是否合理。

d. 审核经济概算是设计在经济方面的反映，此外，还要审查建设周期、原材料来源、生产条件、产品销路、资金回收和赢利等社会效益因素。

e. 审核项目环境保护方面的内容。

f. 审核其他具体项目，包括技术经济指标、建筑工程费用、设备和安装工程费以及各项其他费用：土地补偿和安置补助费、临时工程设施费用、施工机构迁移费和大型机器进退场费等。

3. 设计概算审核的方法研究

(1) 对比分析法

对比分析法主要是通过建设规模、标准与立项批文对比，工程数量与设计图纸对比，综合范围、内容与编制方法、规定对比，各项取费与规定标准对比，材料、人工单价与统一信息对比，引进设备、技术投资与报价要求对比，技术经济指标与同类工程对比等，进行设计概算审核。

(2) 查询核实法

查询核实法是对一些关键设备和设施、重要装置、引进工程图纸不全且难以核算的较大投资进行多方查询核对，逐项落实的方法。主要设备的市场价向设备供应部门或招标公司查询核实；重要生产设备、设施向同类工程查询了解；引进设备价格及有关费税向进出口公司调查清楚；复杂的建筑安装工程向同类的建设、承包、施工单位征求意见；深度不够或者不清楚的问题直接向原概算编制人员、设计者询问清楚。

(3) 联合会审法

联合会审前，可先采取多种形式分头审查（包括设计单位自审，主管、建设、承包单位初审，工程造价咨询公司评审，同行专家预审，审批部门复审等），经层层审查把关后，由有关单位和专家进行联合会审。

在联合会审大会上，由设计单位介绍概算编制情况及有关问题，各有关单位、专家汇报初审及预审意见。然后进行认真分析、讨论，结合对各专业技术方案的审查意见所产生的投资增减，逐一核实原概算出现的问题。经过充分协商，认真听取设计单位的意见后，实事求是地处理或调整。

4.5 施工图预算

4.5.1 施工图预算的编制

1. 施工图预算的定义

在施工图设计完成之后，根据施工图，按照各专业工程的预算工程量计算规则计算出工程量，并考虑实施施工图的施工组织设计确定的施工方案或方法，按照现行预算定额、工程建设定额、工程建设费用定额、材料预算价格和建设主管部门规定的费用计算程序及其他取费规定等，确定单位工程、单项工程及工程项目建筑安装工程造价的技术和经济指标，并形成如表4-25所示的工程预算表。

表4-25 工程预算表

项目名称： 编号：

序号	定额编号	工程或费用名称	工程量			其中					
			定额单位	数量	总价	人工费		材料费		机械费	
						单价	金额	单价	金额	单价	金额

编制单位： 编制人： 年 月 日

施工图预算是控制施工图设计不突破设计概算的重要措施，是施工组织材料、机具、设备及劳动力供应以及进行编制或调整固定资产投资计划的依据。

2. 施工图预算的内容

施工图预算包括单位工程施工图预算、单项工程施工图预算和工程项目施工图总预算。通过施工图预算统计建设工程造价中的建筑安装工程费用，其计算程序可以参见表4-26。单位工程施工图预算是根据单位工程施工图设计文件，现行预算定额，费用标准及人工、材料、设备、机械台班等预算价格资料，以一定方法编制出的施工图预算。汇总单位工程施工图预算就得到单项工程施工图预算，汇总单项工程施工图预算就得到工程项目施工图总预算。

表 4-26　　建筑安装工程费用计算程序表

项目名称：　　　　　　　　　　　　　　　　　　编号：

序号	费用名称	取费基础	费率	计算公式	计算结果
一	直接工程费				
1	直接费				
2	其他直接费				
	现场经费				
二	间接费				
三	计划利润				
四	其他费用				
五	上级管理费、工程造价咨询费、劳动定额测定费				
六	劳动保险基金				
七	税金				
八	概算造价				
九	单方造价				

编制单位：　　　　　　　　编制人：　　　　　　　　年　月　日

单位工程施工图预算包括建筑工程预算和设备安装工程预算。其中建筑工程预算包括一般土建工程预算、卫生工程预算、采暖通风工程、煤气工程、电气照明工程预算、特殊构筑物（如炉窖、烟囱、水塔等）工程预算和工业管道工程预算等；设备安装工程预算分为机械设备安装工程预算、电气设备安装工程预算、化工设备和热力设备安装工程预算等。

3. 施工图预算的编制依据

施工图预算的编制依据包括以下内容：

（1）经过批准和会审的全部施工图设计文件；

（2）经过批准的工程设计概算文件；

（3）经过批准的施工组织设计或施工方案、施工现场勘察及测量资料文件；

（4）预算定额和相应的地区单位估价表或补充单位估价表（见表 4-27）；

表 4-27　　补充单位估价表

子目名称：

工作内容：　　　　　　　　　　　　　　　　　　共　页　第　页

补充单位估价表编号				
定额基价				
人工费				
材料费				
机械费				

续表

名称		单位	单价	数量			
综合工日							
材料							
	其他材料费						
机械							

编制人：　　　　　　　　　　　　　　　　审核人：

（5）地区建设工程费用定额；

（6）地区材料预算价格表。

4. 施工图预算的编制方法

根据原建设部《建筑工程施工发包与承包计价管理办法（建设部令第107号）》第五条的规定，施工图预算的编制可采用以下三种计价方法。

（1）单价法

单价法是用事先编制好的分项工程的单位估价表来编制施工图预算的方法。按施工图计算的各分项工程的工程量乘以相应单价，汇总相加，得到单位工程的人工费、材料费、机械使用费之和；再加上其他直接费、现场经费、间接费、计划利润和税金等，便可以得到单位工程的施工图预算造价。其中，其他直接费、现场经费、间接费和利润可根据统一规定的费率乘以相应的计取基数求得其总和。

用单价法编制施工图预算的直接费的计算公式如下：

$$\text{单位工程施工图预算的直接费} = \sum(\text{工程量} \times \text{工料单价})$$

用单价法编制施工图预算的步骤如图4-9所示。

① 准备资料，熟悉施工图纸和施工组织设计。搜集、准备施工图纸、施工组织设计、施工方案、现行建筑安装定额、取费标准、统一工程量计算规则和地区材料预算价格等各种资料。并在此基础上对施工图纸进行详细了解，全面分析各分部分项工程，充分了解施工组织设计和施工方案，注意影响费用的关键因素。

② 计算工程量。一般步骤如下：

a. 根据工程内容和定额项目，列出需要计算的工程量分部分项工程；

b. 根据计算顺序和计算规则，列出计算公式；

c. 对单位工程进行人工分析和材料分析，形成单位工程人工分析表（见表4-28）、单位工程材料分析表（见表4-29）；

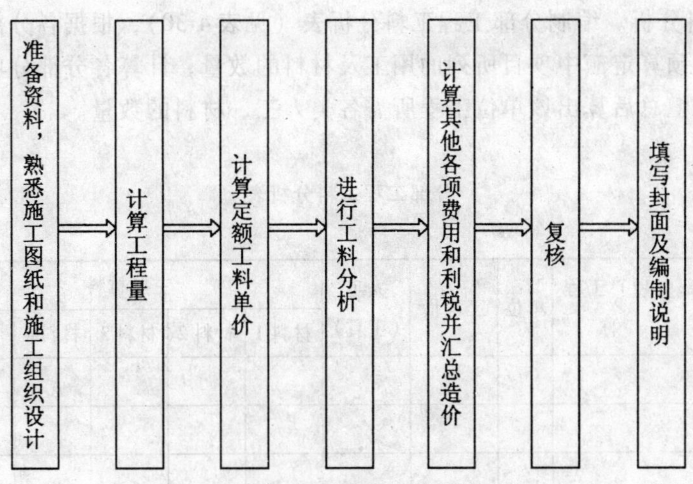

图 4-9　单价法编制施工图预算的步骤

表 4-28　　单位工程人工分析表

项目名称：　　　　编号：

序　号	工 种 名 称	工 日 数	备　注
1	木　工		
2	瓦　工		
3	钢筋工		
…	……		

编制单位：　　　　编制人：　　　　年　月　日

表 4-29　　单位工程材料分析表

项目名称：　　　　编号：

序　号	材 料 名 称	规　格	单　位	数　量	备　注
1	红　砖				
2	中　砂				
3	河流石				
…	……				

编制单位：　　　　编制人：　　　　年　月　日

d. 根据施工图纸上的设计尺寸及有关数据，代人公式进行计算；

e. 对计算结果的计量单位进行调整，使之与定额中相应的分部分项工程的计量单位保持一致。

③ 计算定额工料单价。核对计算结果后，按单位工程施工图预算的直接费的计算公

式求得单位工程人工费、材料费和机械使用费之和。

④ 进行工料分析。编制分部工程工料分析表（见表4-30），根据各分部分项工程项目的实物工程量和预算定额中项目所列的用工及材料的数量，计算各分部分项工程所需人工及材料的数量，汇总后算出该单位工程所需各类人工、材料的数量。

表4-30 分部工程工料分析表

项目名称： 编号：

序号	定额编号	分部（项）工程名称	单位	工程量	人工（工日）	主要材料					其他材料费（元）
						材料1	材料2	材料3	材料4	……	

编制单位： 编制人： 年 月 日

⑤ 计算其他各项费用和利税并汇总造价。根据规定的税率、费率和相应的计取基数，分别计算其他直接费、现场经费、间接费、利润、税金等。将上述费用累计后与直接费进行汇总，求出单位工程预算造价，并最终形成工程综合预算表（见表4-31）。

表4-31 工程综合预算表

项目名称： 单项工程： 综合预算价值：

单位工程或费用名称	预算价值(元)						技术经济指标			占投资额的百分比
	建筑工程费用	安装工程费用	设备购置费用	工器具及生产家具购置费	其他费用	合计	单位	数量	指标	
一、建筑工程										
一般土建工程										
装饰装修工程										
采暖工程										
给排水工程										
电气照明工程										
小　计										
二、安装工程										
机械设备安装工程										
电气设备安装工程										
热力设备及安装工程										
小　计										

续表

单位工程或费用名称	预算价值(元)					技术经济指标			占投资额的百分比
	建筑工程费用	安装工程费用	设备购置费用	工器具及生产家具购置费	其他费用	合计	单位	数量	指标	
三、设备购置费 机械设备 电气设备 热力设备										
小　计										
四、工器具及生产家具购置费										
小　计										
五、其他费用 其他工程和费用 预备费										
小　计										
合　计										

编制单位：　　　　　　　　　　编制人：　　　　　　　　　　年　月　日

⑥ 复核。对项目填列、工程量计算公式、计算结果、套用的单价、采用的各项取费费率、数字计算、数据精确度等进行全面复核，以便发现差错，及时修改，提高预算的准确性。

⑦ 填写封面及编制说明。封面应写明工程编号、工程名称、工程量、预算总造价和单方造价、编制单位名称、负责人的编制日期以及审核单位的名称、负责人和审核日期等。编制说明主要应写明预算所包括的工程内容范围、依据的图纸编号、承包企业的等级和承包方式、有关部门现行的调价文件号、套用单价需要补充说明的问题及其他需要说明的问题等。

(2) 实物法

应用实物法编制施工图预算，首先应根据施工图纸分别计算出分项工程量，然后套用相应预算人工、材料、机械台班的定额用量，再分别乘以工程所在地当时的人工、材料、机械台班的实际单价，求出单位工程的人工费、材料费和施工机械使用费，并汇总求和，进而求得直接工程费，然后按照规定计取其他各项费用，汇总后，就得到单位工程施工图预算造价。

实物法编制施工图预算的主要计算公式如下：

$$
\begin{aligned}
\text{单位工程预算直接工程费} = & \sum(\text{工程量} \times \text{人工预算定额用量} \times \text{当时当地人工工日单价}) + \\
& \sum(\text{工程量} \times \text{材料预算定额用量} \times \text{当时当地材料预算单价}) + \\
& \sum(\text{工程量} \times \text{机械台班预算定额用量} \times \text{当时当地机械台班单价})
\end{aligned}
$$

用实物法编制施工图预算的步骤如图 4-10 所示。

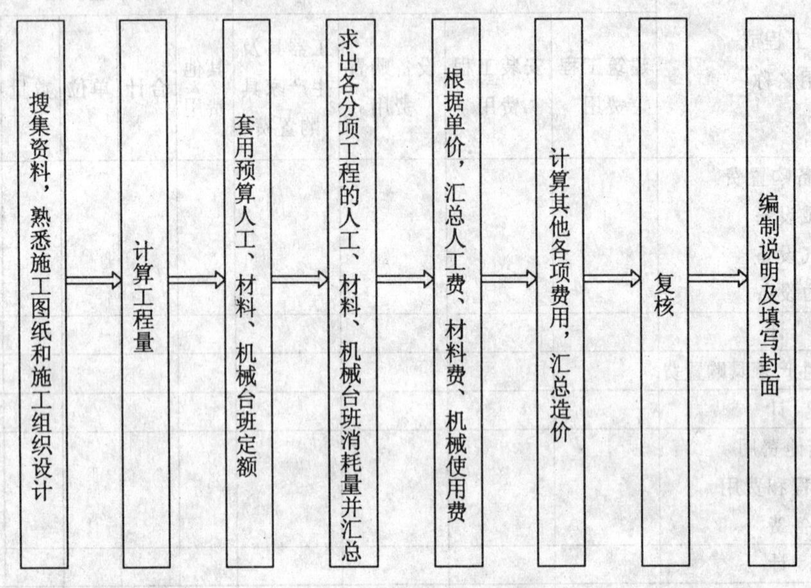

图 4-10　用实物法编制施工图预算的步骤

实物法与单价法首尾部分的步骤是相同的，所不同的是中间的三个步骤。

① 进行工程量计算后，套用相应的预算人工、材料、机械台班定额。原建设部颁发的《全国统一建筑工程基础定额》和现行全国统一安装定额、专业统一和地区统一的计价定额的实物消耗量，是完全符合国家技术规范、质量标准的。在建材产品、标准、设计、施工技术及其相关规范和工艺水平等没有大的突破性变化之前，这个消耗量标准是相对稳定的。因此，它是合理确定和有效控制造价的依据。这个定额消耗量标准由工程造价主管部门按照定额管理分工进行统一制定，并根据技术发展适时地进行补充、修改。

② 求出各分项工程的人工、材料、机械台班消耗量并汇总单位工程所需各类人工工日、材料和机械台班的消耗量。各分项工程人工、材料、机械台班消耗数量由分项工程的工程量分别乘以预算人工定额用量、材料定额用量和机械台班定额用量而得出，然后汇总便可得出单位工程各类人工、材料和机械台班的消耗量。

③ 用当时当地的各类人工、材料和机械台班的实际单价分别乘以相应的人工、材料和机械台班的消耗量，并汇总得出单位工程的人工费、材料费和机械使用费。

在市场经济条件下，人工、材料和机械台班的单价是随市场而变化的，用实物法编制施工图预算所采用的价格反映了实际价格水平，工程造价准确性较高。

（3）综合单价法

综合单价法是指分部分项工程量的单价为全费用单价，既包括直接费、间接费、利润、税金，也包括合同约定的所有工料价格变化风险等一切费用，是一种国际上通行的计价方式。分项工程的综合单价乘以工程量即为该分项工程的合价，所有分项工程合价汇总后即为该工程的总价。

该方法与上述两种方法相比较，主要区别在于间接费和利税是用一个费率分摊到分项工程单价中去的，从而组成了分项工程完全单价。但是由于采用的价格是一种综合单价，所以它仍然是一种计划的综合单价，而不是通过市场竞争形成的单价。

4.5.2 施工图预算的审核

1. 施工图预算的审核内容与审核依据

施工图预算的审核重点包括编制依据、工程量计算、预算单价套用、设备材料预算价格的取定是否正确及各项费用标准是否符合现行规定等。

施工图预算的审核依据如下：

① 施工图设计资料；

② 工程承发包合同或意向协议书；

③ 有关定额；

④ 施工组织设计或技术措施方案；

⑤ 有关文件规定；

⑥ 技术规范规程。

2. 施工图预算的审核要点

施工图预算的审核要点如下：

① 审核施工图设计是否依据已批准的初步设计进行了深化；

② 审核施工图计的深度能否满足施工要求，并据此进行验收和移交业主；

③ 审核分析建筑物功能分区的合理性；

④ 审核设计项目中对现行法规、规范、标准的执行情况；

⑤ 审核新技术、新工艺、新材料、新设备的应用是否符合工程技术发展与提高价值的要求；

⑥ 审核限额设计，对核定预算按专业、分项进行技术经济分析，说明超估算、超概算的原因，提出不突破造价限额的纠偏措施，处理好限额设计与工程质量、功能等方面的关系。

3. 施工图预算的审核内容

施工图预算的审核内容主要包括审核工程量、审核定额或单价的套用以及审核其他的有关费用。

审核工程量包括以下内容：

(1) 土方工程

① 平整场地、地槽与地坑等土方工程量的计算是否符合定额的计算规定，施工图纸标示尺寸，土壤类别是否与勘察资料一致，地槽与地坑放坡、挡土板是否符合设计要求、有无重算或者漏算；

② 地槽、地坑回填土的体积是否扣除了基础所占的体积，地面和室内回填土的厚度是否符合设计要求，运土距离、运土数量、回填土土方的扣除是否符合规定等；

③ 下料长度是否符合设计要求，接头数是否正确等。

(2) 砖石工程

① 墙基与墙身的划分是否符合规定；

② 不同厚度的内墙与外墙是否分别计算，是否扣除门窗洞口及埋入墙体的各种钢筋混凝土梁柱等所占用的体积；

③ 砂浆强度的墙和定额规定按立方米或平方米计算的墙是否有混淆、错算或漏算等。

(3) 混凝土及钢筋混凝土工程

① 现浇构件与预制构件是否分别计算，是否有混淆；

② 现浇构件与梁、主梁与次梁及各种构件计算是否符合规定，有无重算或漏算；

③ 有筋和无筋的是否按设计规定分别计算，是否有混淆；

④ 钢筋混凝土的含钢量与预算等额含钢量存在差异时，有无按规定进行增减调整。

(4) 结构工程

① 门窗是否按不同种类并按框外面积或扇外面积计算；

② 木装修的工程量是否按规定分别以延长米或平方米进行计算。

(5) 地面工程

① 楼梯抹面是否按踏步和休息平台部分的水平投影面积进行计算；

② 当细石混凝土地面或找平层的设计厚度与定额厚度不同时，是否按其厚度进行换算。

(6) 屋面工程

① 卷材屋面工程是否与屋面找平层工程量相符；

② 屋面找平层的工程量是否按屋面的建筑面积乘以保湿层平均厚度计算，不做保湿层的挑檐部分是否按规定不做计算。

(7) 构筑物工程

烟囱和水塔脚手架是否以墙面的净高和净宽计算，有无重算和漏算。

(8) 装饰工程

内墙抹灰的工程量是否按墙面的净高和净宽计算，有无重算和漏算。

(9) 金属构件制作

各种类型的钢、钢板等金属构件的制作工程量是否以吨为单位，其形状尺寸的计算是否正确，是否符合现行规定。

(10) 水暖工程

① 室内外排水管道、暖气管道的划分是否符合规定；

② 各种管道的长度、口径是否按设计规划计算；

③ 接头零件所占长度是否多扣（对室内给水管道不应扣除阀门），应扣除的卫生设备本身所附带的管道长度是否漏扣；

④ 室内排水采用的铸铁管是否将异形管及检查口所占长度错误地扣除，有无漏算；

⑤ 室外排水管道是否已扣除检查井与连接井所占的长度；

⑥ 暖气片的数量是否与设计一致。

(11) 电气照明工程

① 灯具的种类、型号、数量是否与设计一致；

② 线路的敷设方法、线材品种是否达到设计标准，有无重复计算预留线的工程量。

（12）设备及安装工程

① 设备的品种、规格、数量是否与设计一致；

② 需要安装的设备和不需要安装的设备是否分清，有无将不需要安装的设备作为需要安装的设备计入工程量。

4. 施工图预算的审核步骤

审核施工图预算的步骤如下：

（1）做好审核前的准备工作：

① 熟悉、核对施工图纸；

② 根据预算编制说明，了解预算包括的范围；

③ 根据工程性质，搜集、熟悉相应的单价、定额资料，弄清预算采用的单价估价法。

（2）选择合适的审核方法，按相应内容进行审核。

（3）综合整理审核材料，并与编制单位交换意见，定案后编制调整预算。

5. 施工图设计预算的审核方法

（1）全面审核法

首先根据施工图预算全面计算工程量，然后将计算的工程量与审查对象的工程量逐一进行对比，同时，根据定额或者单位估价表逐项对审查对象的单价进行核实。此法适用于一些工程量较小、工艺比较简单的工程，优点是全面、细致，审查质量较高，审核效果较好。

（2）标准预算审核法

对利用标准图纸或通用图纸的工程，先集中力量编制标准预算，以此为准来审查工程预算。按标准设计图纸或通用图纸施工的工程，一般上部结构和做法相同，只是根据现场施工条件或地质情况的不同，仅对基础部分做局部改变。此种工程以标准预算为准，对局部修改部分进行单独审核，而不需要逐一进行审核，优点是时间短、效果好、易定案。

（3）分组计算审核法

分组计算审核法是将预算中有关项目按类别划分为若干组，利用同组中的数据审核分项工程量的方法。首先将相邻且有一定内在联系的分部分项工程量进行编组，利用同组分项工程按相邻且有一定内在联系的项目进行编组，由此判断同组中其他几个分项工程的准确程序。此种方法审核速度快，工作量小。

（4）对比审核法

与已完工工程的施工图相同但基础部分和施工现场条件不同、工程设计相同但建筑面积不同、工程面积相同但设计图纸不完全相同的拟建工程，应该根据已建成工程的预算或虽未建成但已审查修正的工程预算进行对比审查。

（5）筛选审核法

建筑工程虽有建筑面积和高度的不同，但是各分部分项工程的工程量、造价、用工量在每个单位面积上的数值变化不大。通过归纳工程量、价格、用工三个方面的基本指标来筛选各分部分项工程，对不符合条件的进行详细审查，若审查对象的预算标准与基本指标的标准不同，就要对其进行调整。该法的特点是简单易懂，便于掌握，审查速度快，便于发现问题，但不易发现问题产生的原因。

（6）重点审核法

抓住工程预算中的重点进行审核，一般用于工程量较大或者造价较高的各种工程、补充定额以及各项费用等。

4.6 竣工决算

4.6.1 竣工决算及其编制

1. 竣工决算的概念

竣工决算是指所有工程项目竣工后，建设单位按照国家有关规定在新建、改建和扩建工程项目竣工验收阶段编制的竣工决算报告。

竣工决算是以实物数量和货币指标为计量单位，综合反映竣工项目从筹建开始到项目竣工交付使用为止的全部建设费用、建设成果和财务情况的总结性文件，是竣工验收报告的重要组成部分。竣工决算是正确核定新增固定资产价值、考核分析投资效果、建立健全经济责任制的依据，是反映工程项目实际造价和投资效果的文件。

竣工决算反映了竣工项目计划、实际的建设规模、建设工期以及设计和实际生产能力，反映了概算总投资和实际的建设成本，同时还反映了所达到的主要技术经济指标。通过对这些指标计划数、概算数与实际数进行对比分析，不仅可以全面掌握工程项目计划和概算执行情况，而且还可以考核工程项目的投资效益，为今后制订基建计划，降低建设成本，提高投资效益提供必要的资料。表 4-32 对竣工结算和竣工决算的含义和特点进行了比较分析。

表 4-32　　竣工结算与竣工决算的比较

名称	含　义	特　点
竣工结算	施工企业按照合同规定的内容全部完成所承包的工程，经验收质量合格，并符合合同要求之后，向发包单位进行的最终工程款的结算	属于工程款结算，因此是一项经济活动
竣工决算	所有建设项目竣工后，建设单位按照国家有关规定在新建、改建和扩建工程建设项目竣工验收阶段编制的竣工决算报告	以实物数量和货币指标为计量单位，综合反映竣工项目从筹建开始到项目竣工交付使用为止的全部建设费用、建设成果和财务情况的总结性文件

2. 竣工决算的作用

① 竣工决算可以作为固定资产价值核定与交付使用的依据，也可作为分析和考核固定资产投资效果的依据。

② 竣工决算可以使建设单位正确计算已经投入使用的固定资产的折旧费，有利于企业合理计算生产成本和企业利润，进行经济核算。

③ 竣工决算是考核竣工项目概（预）算与基建计划的执行情况以及分析投资效果的重要依据。因为竣工决算反映了竣工项目的实际建设成本、主要原材料消耗、实际建设工期、新增生产能力、占地面积和完工的主要工程量。

④ 竣工决算是综合掌握竣工项目财务情况和总结财务管理工作的重要依据。因为竣工决算反映了竣工项目自开工以来各项资金来源和运用情况以及最终取得的财务成果。

⑤ 竣工决算是修订概（预）算定额和制定降低建设成本的措施的重要依据。因为竣工决算反映了竣工项目实际物化劳动消耗和活劳动消耗的数量，为总结基本建设经验，积累各项技术经济资料，提高基本建设管理水平提供了基础资料。

3. 竣工决算的内容

大、中型和小型建设项目的竣工决算包括工程项目从筹建开始到项目竣工交付生产使用为止的全部建设费用，其内容包括竣工决算报告情况说明书、竣工财务决算报表、建设工程竣工图、工程造价比较分析四个方面。

(1) 竣工决算报告情况说明书

竣工决算报告情况说明书主要反映竣工工程建设成果和经验，是对竣工决算报表进行分析和补充说明的文件，是全面考核分析工程投资与造价的书面总结，其内容主要包括以下几个方面：

① 工程项目概况，对工程总的评价。一般从进度、质量、安全、造价及施工方面进行分析说明。进度方面主要说明开工和竣工时间，对照合理工期和要求工期，分析工程项目是提前完工还是延期；质量方面主要根据竣工验收委员会或质量监督部门的验收评定等级、合格率和优良品率进行说明；安全方面主要根据劳动工资和施工部门的记录，对有无设备和安全事故进行说明；造价方面主要对照概算造价，说明节约还是超支，用金额和百分率进行分析说明。

② 资金来源及运用等财务分析。主要包括工程价款结算、会计账务的处理、财产物资情况及债权债务的清偿情况。

③ 基本建设收入、投资包干结余、竣工结余资金的上缴分配情况。通过对基本建设投资包干情况的分析，说明投资包干数、实际支用数和节约额，投资包干的有机构成和包干节余的分配情况。

④ 各项经济技术指标的分析。概算执行情况分析，根据实际投资完成额与概算进行对比分析；新增生产能力的效益分析，说明支付使用财产占总投资额的比例、占支付使用财产的比例，不增加固定资产的造价占投资总额的比例，分析有机构成。

⑤ 工程建设的经验、项目管理和财务管理工作以及竣工财务决算中有待解决的问题。

⑥ 需要说明的其他事项。

(2) 竣工财务决算报表

工程项目竣工财务决算报表要根据大、中型建设项目和小型建设项目分别制定，共有6种报表。有关报表的组成如图4-11与图4-12所示。

大、中型建设项目竣工财务决算报表
- ① 建设项目竣工财务决算审批表
- ② 大、中型建设项目竣工工程概况表
- ③ 大、中型建设项目竣工财务决算表
- ④ 大、中型建设项目交付使用资产总表
- ⑤ 建设项目交付使用资产明细表

图4-11 大、中型建设项目竣工财务决算报表的组成

小型建设项目竣工财务决算报表
- ① 建设项目竣工财务决算审批表
- ② 小型建设项目竣工财务决算总表
- ③ 建设项目交付使用资产明细表

图4-12 小型建设项目竣工财务决算报表的组成

① 建设项目竣工财务决算审批表（见表4-33）。该表在竣工决算上报有关部门审批时使用，其格式是按照中央级项目的审批要求设计的，地方级项目可按审批要求做适当修改，大、中、小型项目均要按照下列要求填报此表。

表4-33 建设项目竣工财务决算审批表

建设项目法人（建设单位）		建设性质	
建设项目名称		主管部门	
开户银行意见： （盖章） 年 月 日			
专员办审批意见： （盖章） 年 月 日			
主管部门或地方财政部门审批意见： （盖章） 年 月 日			

a. 表中“建设性质”按新建、改建、扩建、迁建和恢复建设项目等分类填列。

b. 表中“主管部门”是指建设单位的主管部门。

c. 所有建设项目均需经开户银行签署意见后，按照有关要求进行报批；中央级小型项目由主管部门签署审批意见；中央级大、中型项目报所在地财政监察专员办事机构签署

意见后，再由主管部门签署意见报财政部审批；地方级项目由同级财政部门签署审批意见。

d. 已具备竣工验收条件的项目，3 个月内应及时填报审批表，如果 3 个月内不办理竣工验收和固定资产移交手续，视同项目已正式投产，其费用不得从基本建设投资中支付，所实现的收入作为经营收入，不再作为基本建设收入管理。

② 大、中型建设项目竣工工程概况表，如表 4-34 所示。该表综合反映大、中型建设项目的基本概况、内容，包括该项目总投资、建设起止时间、新增生产能力、主要材料消耗、建设成本、完成的主要工程量和主要技术经济指标及基本建设支出情况，为全面考核和分析投资效果提供依据，可按下列要求填写。

表 4-34　　　　大、中型建设项目竣工工程概况表

<table>
<tr><td>建设项目工程名称</td><td colspan="2"></td><td>建设地址</td><td colspan="4"></td><td></td><td colspan="2">项　目</td><td>概算</td><td>实际</td><td>主要指标</td></tr>
<tr><td>主要设计单位</td><td colspan="2"></td><td>主要施工企业</td><td colspan="4"></td><td rowspan="10">基建支出</td><td colspan="2">建筑安装工程</td><td></td><td></td><td></td></tr>
<tr><td rowspan="4">占地面积</td><td>计划</td><td>实际</td><td rowspan="4">总投资/万元</td><td colspan="2">计划</td><td colspan="2">实际</td><td colspan="2" rowspan="2">设备、工具、器具</td><td rowspan="2"></td><td rowspan="2"></td><td rowspan="2"></td></tr>
<tr><td rowspan="3"></td><td rowspan="3"></td><td rowspan="2">固定资产</td><td rowspan="2">流动资产</td><td rowspan="2">固定资产</td><td rowspan="2">流动资产</td></tr>
<tr><td colspan="2" rowspan="2">待摊投资
其中：建设单位管理费</td><td rowspan="2"></td><td rowspan="2"></td><td rowspan="2"></td></tr>
<tr><td></td><td></td><td></td><td></td></tr>
<tr><td rowspan="3">新增生产能力</td><td colspan="2" rowspan="2">能力(效益)名称</td><td rowspan="2">设计</td><td colspan="4" rowspan="2">实际</td><td colspan="2">其他投资</td><td></td><td></td><td></td></tr>
<tr><td colspan="2" rowspan="2">待核销基建支出</td><td rowspan="2"></td><td rowspan="2"></td><td rowspan="2"></td></tr>
<tr><td colspan="2"></td><td></td><td colspan="4"></td></tr>
<tr><td rowspan="2">建设起止时间</td><td colspan="2">设计</td><td colspan="5">从　年　月开工至　年　月竣工</td><td colspan="2">非经营项目转出投资</td><td></td><td></td><td></td></tr>
<tr><td colspan="2">实际</td><td colspan="5">从　年　月开工至　年　月竣工</td><td colspan="2">合　计</td><td></td><td></td><td></td></tr>
<tr><td rowspan="2">设计概算批准文号</td><td colspan="7" rowspan="2"></td><td rowspan="5">主要材料消耗</td><td>名称</td><td>单位</td><td>概算</td><td>实际</td><td></td></tr>
<tr><td>钢材</td><td></td><td></td><td></td><td></td></tr>
<tr><td rowspan="3">完成的主要工程量</td><td colspan="3">建筑面积/m^2</td><td colspan="4">设备(台或套或 t)</td><td>木材</td><td></td><td></td><td></td><td></td></tr>
<tr><td>设计</td><td colspan="2">实际</td><td colspan="2">设计</td><td colspan="2">实际</td><td>水泥</td><td></td><td></td><td></td><td></td></tr>
<tr><td></td><td colspan="2"></td><td colspan="2"></td><td colspan="2"></td><td colspan="5"></td></tr>
<tr><td rowspan="2">收尾工程</td><td colspan="3">工程内容</td><td colspan="2">投资额</td><td colspan="2">完成时间</td><td rowspan="2">主要技术经济指标</td><td colspan="5" rowspan="2"></td></tr>
<tr><td colspan="3"></td><td colspan="2"></td><td colspan="2"></td></tr>
</table>

a. 建设项目名称、建设地址、主要设计单位和主要施工单位，要按全称填列。

b. 表中各项目的设计、概算、计划指标可根据批准的设计文件和概算、计划等确定的数字填列。

c. 表中所列新增生产能力、完成的主要工程量、主要材料消耗的实际数据，可根据建设单位统计资料和施工单位提供的有关成本核算资料填列。

d. 表中“主要技术经济指标”包括单位面积造价、单位生产能力投资、单位投资增加的生产能力、单位生产成本和投资回收年限等反映投资效果的综合性指标，根据概算和主管部门规定的内容分别按概算和实际填列。

e. 表中“基建支出”是指工程项目从开工起至竣工止发生的全部基本建设支出，包括形成资产价值的交付使用资产，如固定资产、流动资产、无形资产、递延资产支出，还包括不形成资产价值按照规定应核销非经营项目的待核销基建支出和转出投资。上述支出，应根据财政部门历年批准的基建投资表中的有关数据填列。

f. 表中“初步设计和概算批准日期、文号”，按最后经批准的日期和文件号填列。

g. 表中“收尾工程”是指全部工程项目验收后尚遗留的少量收尾工程，在表中应明确填写收尾工程内容、完成时间，这部分工程的实际成本可根据实际情况进行估算并加以说明，完工后不再编制竣工决算。

③ 大、中型建设项目竣工财务决算表，如表4-35所示。该表反映竣工的大、中型建设项目从开工起到竣工止的全部资金来源和资金运用的情况，它是考核和分析投资效益，落实结余资金，并作为报告上级核销基本建设支出和基本建设拨款的依据。在编制该表前，应先编制出项目竣工年度财务决算，根据编制出的竣工年度财务决算和历年财务决算编制项目的竣工财务决算。此表采用平衡形式，即资金来源合计等于资金支出合计，具体编制方法如下所述。

表4-35　**大、中型建设项目竣工财务决算表**

资金来源	金额	资金占用	金额	补充资料
一、基建拨款		一、基本建设支出		1. 基建投资借款期末余额
1. 预算拨款		1. 交付使用资产		
2. 基建基金拨款		2. 在建工程		2. 应收生产单位投资借款期末余额
3. 进口设备转账拨款		3. 待核销基建支出		
4. 器材转账拨款		4. 非经营项目转出投资		3. 基建结余资金
5. 煤代油专用基金拨款		二、应收生产单位投资借款		
6. 自筹资金拨款		三、拨款所属投资借款		
7. 其他拨款		四、器材		
二、项目资本金		其中：待处理器材损失		
1. 国家资本		五、货币资金		
2. 法人资本		六、预付及应收款		
3. 个人资本		七、有价证券		
三、项目资本公积金		八、固定资产		
四、基建借款		固定资产原值		
五、上级拨入投资借款		减：累计折旧		
六、企业债券资金		固定资产净值		
七、待冲基建支出		固定资产清理		

续表

资金来源	金额	资金占用	金额	补充资料
八、应付款		待处理固定资产损失		
九、未交款				
1. 未缴税金				
2. 未交基建收入				
3. 未交基建包干结余				
4. 其他未交款				
十、上级拨入资金				
十一、留成收入				
合计	合计			

a. 资金来源包括基建拨款、项目资本金、项目资本公积金、基建借款、上级拨入投资借款、企业债券资金、待冲基建支出、应付款和未交款以及上级拨入资金和留成收入等。

项目资本金是指经营性项目的投资者按国家有关项目资本金的规定，筹集并投入项目的非负债资金，在项目竣工后，相应转为生产经营企业的国家资本金、法人资本金、个人资本金和外商资本金。

项目资本公积金是指经营性项目对投资者实际缴付的出资额超过其资金的差额（包括发行股票的溢价净收入）、资产评估确认价值或者合同、协议约定价值与原账面净值的差额、接收捐赠的财产、资本汇率折算差额，在项目建设期间作为项目资本公积金，项目建成交付使用并办理竣工决算后，转为生产经营企业的资本公积金。

b. 表中“交付使用资产”、“预算拨款”、“自筹资金拨款”、“其他拨款”、“基建借款”、“其他拨款”等项目，是指自开工建设至竣工的累计数，上述有关指标应根据历年批复的年度基本建设财务决算和竣工年度的基本建设财务决算中资金平衡表相应项目的数字进行汇总填写。

c. 表中其余项目费用办理竣工验收时的结余数，根据竣工年度财务决算中资金平衡表的有关项目的期末数填写。

d. 资金占用反映工程项目从开工准备到竣工全过程的资金支出情况，内容包括基本建设支出、应收生产单位投资借款、器材、货币资金、有价证券和预付及应收款以及拨款所属投资借款和固定资产等，资金占用总额应等于资金来源总额。

e. 补充材料的“基建投资借款期末余额”反映竣工时尚未偿还的基本投资借款额，应根据竣工年度资金平衡表内的“基建投资借款”项目的期末数填写；“应收生产单位投资借款期末余额”，根据竣工年度资金平衡表内的“应收生产单位投资借款”项目的期末数填写；“基建结余资金”反映竣工的结余资金，根据竣工决算表中有关项目计算填写。

f. 基建结余资金可以按下列公式计算：

基建结余资金＝基建拨款+项目资本金+项目资本公积金+
基建借款+企业债券基金+待冲基建支出－
基本建设支出－应收生产单位投资借款

④ 大、中型建设项目交付使用资产总表，如表4-36所示。该表反映工程项目建成后新增固定资产、流动资产、无形资产和递延资产的情况和价值，作为财务交接、检查投资计划的完成情况和分析投资效果的依据。小型项目不编制交付使用资产总表，而直接编制工程项目交付使用资产明细表；大、中型项目在编制交付使用资产总表的同时，还需编制工程项目交付使用资产明细表。大、中型建设项目交付使用资产总表的具体编制方法如下所述。

表4-36　**大、中型建设项目交付使用资产总表**

单项工程项目名称	总计	固定资产					流动资产	无形资产	递延资产
		建筑工程	安装工程	设备	其他	合计			

支付单位盖章　　年　　月　　日　　　　　　　　接收单位盖章　　年　　月　　日

a. 表中各栏目数据根据工程项目交付使用资产明细表的固定资产、流动资产、无形资产、递延资产的各相应项目的汇总数分别填写，表中总计栏的总计数应与竣工财务决算表中的交付使用资产的金额一致。

b. 表中的合计数，应分别与竣工财务决算表交付使用的固定资产、流动资产、无形资产、递延资产的数据相符。

⑤ 工程项目交付使用资产明细表，如表4-37所示。该表反映交付使用的固定资产、流动资产、无形资产和递延资产及其价值的明细情况，是办理资产交接的依据和接收单位登记资产账目的依据，也是使用单位建立资产明细账和登记新增资产价值的依据。大、中型和小型建设项目均需编制此表，编制时要做到齐全完整，数字准确，各栏目价值应与会计账目中相应科目的数据保持一致。工程项目交付使用资产明细表的具体编制方法如下所述。

表4-37　**工程项目交付使用资产明细表**

单项工程项目名称	建筑工程			设备、工具、器具、家具					流动资产		无形资产		递延资产	
	结构	面积/m^2	价值/元	规格型号	单位	数量	价值/元	设备安装费/元	名称	价值/元	名称	价值/元	名称	价值/元
合计														

支付单位盖章　　年　　月　　日　　　　　　　　接收单位盖章　　年　　月　　日

a. 表中“建筑工程”项目应按单项工程名称填列其结构、面积和价值。其中，“结构”是指项目按钢结构、钢筋混凝土结构、混合结构等结构形式填写；“面积”则按各项目的实际完成面积填列；“价值”按交付使用资产的实际价值填写。

b. 表中“设备、工具、器具、家具”部分要在逐项盘点后，根据盘点的实际情况填写，工具、器具和家具等低值易耗品可分类填写。

c. 表中“流动资产”、“无形资产”、“递延资产”项目应根据建设单位实际交付的名称和价值分别填列。

⑥ 小型建设项目竣工财务决算总表，如表4-38所示。由于小型建设项目的内容比较简单，因此可将工程概况与财务情况合并编制一张竣工财务决算总表，该表主要反映小型建设项目的全部工程和财务情况。具体编制时可参照大、中型建设项目竣工工程概况表中的指标和大、中型建设项目竣工财务决算表中的指标填写。

(3)建设工程竣工图

建设工程竣工图是真实地记录各种地上、地下建筑物、构筑物等情况的技术文件，是工程进行交工验收、维护和扩建的依据，是国家的重要技术档案。国家规定：各项新建、扩建、改建的基本建设工程，特别是基础、地下建筑、管线、结构、井巷、桥梁、隧道、港口、水坝以及设备安装等隐蔽部位，都要编制竣工图。为确保竣工图的质量，必须在施工过程中(不能在竣工后)及时做好隐蔽工程的检查记录，整理好设计变更文件。其基本要求有以下几点：

① 凡按图竣工没有变动的，由施工单位(包括总包和分包施工单位，下同)在原施工图加盖“竣工图”标志后，即作为竣工图。

② 凡在施工过程中，虽有一般性设计变更，但能将原施工图加以修改补充作为竣工图的，可不重新绘制，由施工单位负责在原施工图(必须是新蓝图)上注明修改的部分，并附以设计变更通知单和施工说明，加盖“竣工图”标志后，作为竣工图。

③ 凡结构形式改变、施工工艺改变、平面布置改变、项目改变以及有其他重大改变，不宜再在原施工图上修改、补充的，应重新绘制改变后的竣工图。由原设计原因造成的，由设计单位负责重新绘制；由施工原因造成的，由施工单位负责重新绘图；由其他原因造成的，由建设单位自行绘制或委托设计单位绘制。施工单位负责在新图上加盖“竣工图”标志，并附以有关记录和说明，作为竣工图。

④ 为了满足竣工验收和竣工决算需要，还应绘制反映竣工工程全部内容的工程设计平面示意图。

(4)工程造价比较分析

经批准的概算、预算是考核实际建设工程造价和进行工程造价比较分析的依据。在分析时，可先对比整个项目的总概算，然后将建筑安装工程费、设备及工器具购置费和其他费用逐一与竣工决算表中所提供的实际数据和相关资料及批准的概算、预算指标、实际的工程造价进行对比分析，以确定竣工项目总造价是节约还是超支，并在对比的基础上，总结先进经验，找出节约和超支的内容和原因，提出改进措施。在实际工作中，应主要分析以下内容：

① 主要实物工程量。对于实物工程量出入比较大的情况，必须查明原因。

表 4-38　　**小型建设项目竣工财务决算总表**

<table>
<tr><td>建设项目名　称</td><td colspan="3"></td><td colspan="2">建设地址</td><td colspan="2"></td></tr>
<tr><td>初步设计概算批准文件号</td><td colspan="7"></td></tr>
<tr><td rowspan="3">占地面积</td><td>计划</td><td>实际</td><td rowspan="3">总投资/万元</td><td colspan="2">计划</td><td colspan="2">实际</td></tr>
<tr><td rowspan="2"></td><td rowspan="2"></td><td>固定资产</td><td>流动资产</td><td>固定资产</td><td>流动资产</td></tr>
<tr><td></td><td></td><td></td><td></td></tr>
<tr><td rowspan="2">新增生产能力</td><td colspan="2">能力(效益)名称</td><td>设计</td><td colspan="4">实际</td></tr>
<tr><td colspan="2"></td><td></td><td colspan="4"></td></tr>
<tr><td rowspan="2">建设起止时间</td><td colspan="2">计划</td><td colspan="5">从　年　月开工
至　年　月竣工</td></tr>
<tr><td colspan="2">实际</td><td colspan="5">从　年　月开工
至　年　月竣工</td></tr>
<tr><td colspan="4">项　目</td><td colspan="2">概算/元</td><td colspan="2">实际/元</td></tr>
<tr><td colspan="4">建筑安装工程</td><td colspan="2"></td><td colspan="2"></td></tr>
<tr><td colspan="4">设备、工具、器具</td><td colspan="2"></td><td colspan="2"></td></tr>
<tr><td colspan="4">待摊投资
其中:建设单位管理费</td><td colspan="2"></td><td colspan="2"></td></tr>
<tr><td colspan="4">其他投资</td><td colspan="2"></td><td colspan="2"></td></tr>
<tr><td colspan="4">待摊销基建支出</td><td colspan="2"></td><td colspan="2"></td></tr>
<tr><td colspan="4">非经营性项目转出投资</td><td colspan="2"></td><td colspan="2"></td></tr>
<tr><td colspan="4">合计</td><td colspan="2"></td><td colspan="2"></td></tr>
</table>

<table>
<tr><td colspan="2">资金来源</td><td colspan="2">资金运用</td></tr>
<tr><td>项目</td><td>金额/元</td><td>项目</td><td>金额/元</td></tr>
<tr><td rowspan="2">一、基建拨款
其中:预算拨款</td><td rowspan="2"></td><td>交付使用资产</td><td></td></tr>
<tr><td>待核销基建支出</td><td></td></tr>
<tr><td>二、项目资本</td><td></td><td rowspan="2">非经营项目转出投资</td><td rowspan="2"></td></tr>
<tr><td>三、项目资本公积金</td><td></td></tr>
<tr><td>四、基建借款</td><td></td><td>应收生产单位投资借款</td><td></td></tr>
<tr><td>五、上级拨入借款</td><td></td><td>拨付所属投资借款</td><td></td></tr>
<tr><td>六、企业债券资金</td><td></td><td>器材</td><td></td></tr>
<tr><td>七、待冲基建支出</td><td></td><td>货币资金</td><td></td></tr>
<tr><td>八、应付款项</td><td></td><td>预付及应收款</td><td></td></tr>
<tr><td rowspan="2">九、未付款项
其中:未交基建收入
　　　未交包干收入</td><td rowspan="2"></td><td>有价证券</td><td></td></tr>
<tr><td>原有固定资产</td><td></td></tr>
<tr><td>十、上级拨入资金</td><td></td><td rowspan="2"></td><td rowspan="2"></td></tr>
<tr><td>十一、留成收入</td><td></td></tr>
<tr><td>合计</td><td></td><td>合计</td><td></td></tr>
</table>

② 主要材料消耗量。考核主要材料消耗量，要按照竣工决算表中所列明的三大材料实际超过概算的消耗量，查明在工程的哪个环节超出量最大，再进一步查明原因。

③ 考核建设单位管理费、建筑及安装工程措施费和间接费的取费标准。建设单位管

理费、建筑及安装工程措施费和间接费的取费标准要按照国家和各地的有关规定，将竣工决算报表中所列的建设单位管理费与概算所列的建设单位管理费数额进行比较，依据规定查明是否有多列或少列的费用项目，确定其节约超支的数额，并查明原因。

4. 竣工决算的编制

（1）竣工决算的编制依据

① 可行性研究报告、投资估算书、初步设计或扩大初步设计、修正总概算及其批复文件。

② 设计变更记录、施工记录、施工签证单及其他施工过程中发生的费用记录。

③ 经批准的施工图预算或标底造价、承包合同、工程结算等有关资料。

④ 历年基建计划、历年财务决算及批复文件。

⑤ 设备、材料调价文件和调价记录。

⑥ 其他有关资料。

（2）竣工决算的编制要求

为了严格执行工程项目竣工验收制度，正确核定新增固定资产价值，考核分析投资效果，建立健全经济责任制，所有新建、扩建和改建等工程项目竣工后，都应及时、完整、正确地编制好竣工决算。建设单位要做好以下工作：

① 按照规定及时组织竣工验收，保证竣工决算的及时性。

② 积累、整理竣工项目资料，特别是项目的造价资料，保证竣工决算的完整性。

③ 清理、核对各项账目，保证竣工决算的正确性。

按照规定竣工决算应在竣工项目办理验收交付手续后一个月内编好，并上报主管部门，有关财务成本部分，还应送经办银行审查签证。主管部门和财政部门对报送的竣工决算进行审批后，建设单位即可办理决算调整和结束有关工作。

（3）竣工决算的编制步骤

竣工决算的编制步骤如图 4-13 所示。

① 收集、整理和分析有关资料。在编制竣工决算文件之前，要系统地整理所有的技术资料、工程结算的经济文件、施工图纸、各种变更和签证资料，并分析它们的准确性。完整、齐全的资料，是准确而迅速地编制竣工决算的必要条件。

② 清理各项财务、债务和结余物资。在收集、整理和分析有关资料中，要特别注意建设工程从筹建到竣工投产或使用的各项财务、债权和债务的清理，做到工程完毕账目清晰，既要核对账目，又要查点库存实物的数量，做到账与物相等、账与账相符，对结余的各种材料、工器具和设备，要逐项清点核实，妥善管理，并按规定及时处理，收回资金。对各种往来款项要及时进行全面清理，为编制竣工决算提供准确的数据和结果。

③ 填写竣工决算报表。按照建设工程决算表格中的内容，根据编制依据的有关资料进行统计或计算各个项目和数量，并将其结果填到相应表格的栏目内，完成所有报表的填写。

④ 编制建设工程竣工决算报表。按照建设工程竣工决算报表的内容要求，根据编制依据的有关资料填写报表，编写文字说明。

⑤ 做好工程造价对比分析。

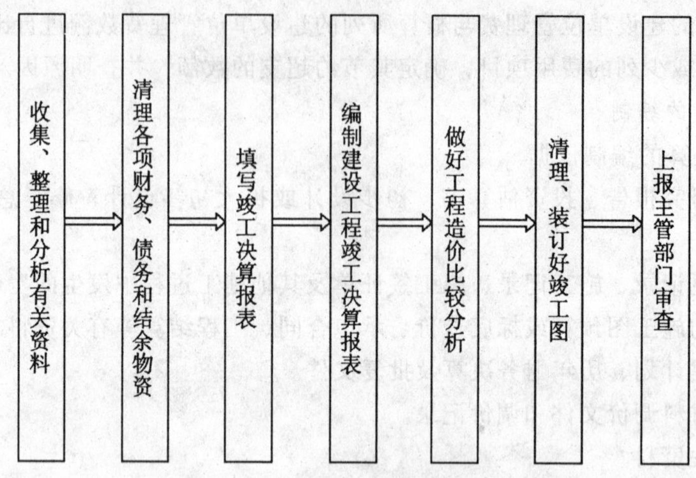

图 4-13　竣工决算的编制步骤

⑥ 清理、装订好竣工图。

⑦上报主管部门审查。上述编写的文字说明和填写的表格经核对无误，装订成册，即为建设工程竣工决算文件。将其上报主管部门审查，并把其中财务成本部分送交开户银行签证，竣工决算在上报主管部门的同时，抄送有关设计单位。大、中型建设项目的竣工决算还应抄送财政部、中国建设银行总行和省、市、自治区的财政局和中国建设银行分行各一份。建设工程竣工决算的文件，由建设单位负责组织人员编写，在竣工建设项目办理验收使用一个月之内完成。

4.6.2　新增资产价值确定

1. 新增资产价值的分类

按照新的财务制度和企业会计准则，新增资产按资产性质可分为固定资产、流动资产、无形资产、递延资产和其他资产五大类。

（1）固定资产，指使用期限超过一年，单位价值在规定标准以上（如 1 000 元、1 500 元或 2 000 元），并且在使用过程中保持原有实物形态的资产，如房屋、建筑物、机械、运输工具等。不同时具备以上两个条件的资产为低值易耗品，应列入流动资产的范围内，如企业自身使用的工具、器具、家具等。

（2）流动资产，指可以在一年或者超过一年的营业周期内变现或者耗用的资产。它是企业资产的重要组成部分。流动资产按资产的占用形态可分为现金、存货（指企业的库存材料、在产品、产成品、商品等）、银行存款、短期投资、应收账款及预付账款。

（3）无形资产，指特定主体所控制的，不具有实物形态，对生产经营长期发挥作用且能带来经济利益的资源，如专利权、非专利技术、商标权、商誉。

（4）递延资产，指不能全部计入当年损益，应当在以后年度分期摊销的各种费用，如开办费、租入固定资产改良支出等。

（5）其他资产，指具有专门用途，但不参加生产经营的经国家批准的特种物资，银行冻结存款和冻结物资、涉及诉讼的财产等。

2. 新增资产价值的确定

（1）新增固定资产价值的确定

新增固定资产价值是以独立发挥生产能力的单项工程为对象的。单项工程建成后，经有关部门验收鉴定合格，正式移交生产或使用，即应计算新增固定资产价值。

一次交付生产或使用的工程一次计算新增固定资产价值；分期分批交付生产或使用的工程，应分期分批计算新增固定资产价值。在计算时应注意以下几种情况：

① 对于为了提高产品质量、改善劳动条件、节约材料、保护环境而建设的附属辅助工程，只要全部建成，正式验收交付使用后就应该计入新增固定资产价值。

② 对于单项工程中不构成生产系统，但能独立发挥效益的非生产性项目，如住宅、食堂、医务所、托儿所、生活服务网点等，在建成并交付使用后，也要计算新增固定资产价值。

③ 凡购置达到固定资产标准并且不需安装的设备、工具、器具，应在交付使用后计入新增固定资产。

④ 属于新增固定资产价值的其他投资，应随同受益工程交付使用的，同时一并计入。

⑤ 交付使用财产的成本，应按下列内容计算：

a. 房屋、建筑物、管道、线路等固定资产的成本包括：建筑工程成本和应分摊的待摊投资。

b. 动力设备和生产设备等固定资产的成本包括需要安装设备的采购成本、安装工程成本、设备基础等建筑工程成本及应分摊的待摊投资。

c. 运输设备及其他不需要安装的设备、工具、器具、家具等固定资产一般仅计采购成本，不计分摊的待摊投资。

d. 共同费用的分摊方法。新增固定资产的其他费用，如果是属于整个建设项目或两个以上单项工程的，在计算新增固定资产价值时，应在各单项工程中按比例分摊。分摊时，什么费用应由什么工程负担应按具体规定进行。一般情况下，建设单位管理费根据建筑工程费、安装工程费、需安装设备费按比例分摊；而土地征用费、勘察设计费则按建筑工程造价分摊。

例　某工业建设项目及其总装车间的建筑工程费、安装工程费、需安装设备费、建设单位管理费、土地征用费、甚察设计费以及应摊入费用见表 4-39，试计算总装车间新增固定资产价值。

表 4-39　　**分摊费用计算表**　　单位：万元

项目名称	建筑工程费	安装工程费	需安装设备费	建设单位管理费	土地征用费	勘察设计费
建设单位竣工结算	2 000	400	800	60	70	50
总装车间竣工决算	500	180	320	18.75	17.5	12.5

解：计算过程如下所述。

$$应分摊的建设单位管理费=\frac{500+180+320}{2\ 000+400+800}\times 60$$

$$=18.75\ （万元）$$

应分摊的土地征用费 $=500/2\ 000\times 70=17.5$（万元）

应分摊的勘察设计费：$500/2\ 000\times 50=12.5$（万元）

总装车间新增固定资产价值 $=(500+180+320)+(18.75+17.5+12.5)$

$=1\ 000+48.75=1\ 048.75$（万元）

(2)新增流动资产价值的确定

① 货币性资金，指现金、各种银行存款及其他货币资金。其中现金是指企业的库存现金，包括企业内部各部门用于周转使用的备用金；各种银行存款是指企业的各种不同类型的银行存款；其他货币资金是指除现金和银行存款以外的其他货币资金，根据实际入账价值核定。

② 应收及预付款项。应收款项是指企业因销售商品、提供劳务等应向购货单位或受益单位收取的款项。预付款项是指企业按照购货合同预付给供货单位的购货定金或部分货款。应收及预付款项包括应收票据、应收款项、其他应收款、预付货款和待摊费用。一般情况下，应收及预付款项按企业销售商品、产品或提供劳务时的成交金额入账核算。

③ 短期投资包括股票、债券、基金。股票和债券根据是否可以上市流通，分别采用市场法和收益法确定其价值。

④ 存货。各种存货应当按照取得时的实际成本计价，存货的形成主要有外购和自制两个途径。外购的存货按照买价加上运输费、装卸费、保险费、途中合理损耗、入库加工、整理及挑选费用以及缴纳的税金等计价。自制的存货按照制造过程中的各项支出计价。

(3)新增无形资产价值的确定

① 无形资产计价原则。投资者以无形资产作为资本金或者合作条件投入时，按评估确认或合同协议约定的金额计价。

a. 购入的无形资产按照实际支付的价款计价。

b. 企业自创并依法申请取得的无形资产按开发过程中的实际支出计价。

c. 企业接受捐赠的无形资产按照发票所载金额或者同类无形资产的市价计价。

d. 无形资产计价入账后，应在其有效使用期内分期摊销。

② 不同形式无形资产的计价方法主要有以下几种：

a. 专利权的计价。专利权分为自创和外购两类。自创专利权的价值为开发过程中的实际支出，主要包括专利的研制成本和交易成本。研制成本包括直接成本和间接成本。直接成本是指研制过程中的直接投入所发生的费用(主要包括材料、工资、专用设备、资料、咨询鉴定、协作、培训和差旅等费用)；间接成本是指与研制开发有关的费用(主要包括管理费、非专用设备折旧费、应分摊的公共费用及能源费用)。交易成本是指在交易过程中的费用支出(主要包括技术服务费、交易过程中的差旅费及管理费、手续费、税金)。由于专利权是具有独占性并能带来超额利润的生产要素，因此，专利权的转让价格不按成本估价，而是按照其所能带来的超额收益计价。

b. 非专利技术的计价。非专利技术具有使用价值和价值，使用价值是非专利技术本身应具有的，非专利技术的价值在于非专利技术的使用所能产生的超额获利能力，应在研究分析其直接和间接的获利能力的基础上，准确计算出其价值。如果非专利技术是自创的，一般不作为无形资产入账，自创过程中发生的费用，按当期费用处理。对于外购非专利技术，应由法定评估机构确认后再进行估价。非专利技术采用收益法进行估价。

c. 商标权的计价。如果商标权是自创的，一般不作为无形资产入账，而将商标设计、制作、注册、广告宣传等发生的费用直接作为销售费用计入当期损益。只有当企业购入或转入商标时，才需要对商标权计价。商标权的计价一般根据被许可方新增的收益确定。

d. 土地使用权的计价。根据取得土地使用权的方式不同，土地使用权有以下几种计价方式：当建设单位向土地管理部门申请土地使用权并为之支付一笔出让金时，土地使用权作为无形资产核算；当建设单位获得土地使用权是通过行政划拨的，这时土地使用权就不能作为无形资产核算，在将土地使用权有偿转让、出租、抵押、作价入股和投资，按规定补交土地出让价款时，才作为无形资产核算。

(4)新增递延资产和其他资产价值的确定

① 递延资产中的开办费是指筹建期间发生且不能计入固定资产或无形资产价值的费用，主要包括筹建期间的人员工资、办公费、员工培训费、差旅费、注册登记费以及不计入固定资产和无形资产购建成本的汇兑损益、利息支出等。根据现行财务制度的规定，企业筹建期间发生的费用，应于开始生产经营起一次计入开始生产经营当期的损益。企业筹建期间开办费的价值可按其账面价值确定。

② 递延资产中以经营租赁方式租入的固定资产改良工程支出的计价，应在租赁有限期限内摊入制造费用或管理费用。

③ 其他资产，包括特种储备物资等，按实际入账价值核算。

习题

1. 建筑安装工程费用包括哪些组成部分？塔吊司机的工资是否属于人工费？为什么？

2. 材料的检验试验费包括哪些内容？它与研究试验费、联合试运转费有什么区别？

3. 间接费包括哪两部分费用？计算方法是什么？

4. 利润的计算什么时候采用综合单价法？什么时候采用工料单价法？如何计算？

5. 设备及工器具的购置费包括哪些组成部分？设备采购人员的工资是否属于直接工程费？为什么？

6. 设备的原价如何确定？

7. 工程项目其他费用包括哪些组成部分？生活家具的购置费是否属于工器具及生产家具购置费？为什么？

8. 某工程项目，建设期为 5 年，计划总投资额为 4 000 万元，均衡投入。年均投资额上涨率为 5%，试计算项目建设期间的涨价预备费。

9. 某新建项目，建设期为 3 年，计划总投资额为 1 500 万元。其中 40% 为自有资金，其余为贷款。3 年的投资计划分别为 50%、25%、25%，已知利率为 10%，建设期内利息只计息不支付，贷款年中支用。试计算建设期贷款的利息。

10. 施工图预算的作用有哪些？

11. 施工图预算的编制依据是什么？

12. 什么是工料单价法与综合单价法？

13. 什么是实物法？

14. 试叙述施工图预算的编制程序？

15. 简述各级概算的内容并说明其相互关系。

16. 简述设计概算的编制原则和依据。

17. 单位工程概算的编制方法有哪些？比较各编制方法的编制原理和适用条件。

18. 简述设计概算的审查内容。

19. 简述设计概算的审查方法。

20. 投资估算的意义与作用是什么？

21. 投资估算划分为哪几个阶段？

22. 试叙述投资估算的编制步骤。

23. 工程建设投资估算的编制依据是什么？

24. 固定资产投资估算的方法有哪些？

25. 铺底流动资金的估算方法有哪些？

26. 静态投资估算方法有哪几种？

27. 如何进行动态投资估算？

28. 简述建设项目竣工决算的概念、作用及主要内容。

第 5 章　工程项目技术经济评价方法

5.1　工程项目技术经济评价的基本概念和基本原理

5.1.1　项目计算期的确定

项目计算期也称项目经济寿命期，是指对拟建项目进行现金流量分析时应确定的项目服务年限。项目计算期包括拟建项目的建设期和生产期两个阶段。

项目建设期是指工程项目从开始施工阶段至全部建成投产所需要的时间，其长短与投资规模、行业性质及建设方式有关，应根据实际情况确定。项目建设期内只有投资，很少有产出，从投资成本及获利机会的角度来看，项目建设期应在保证工程质量的前提下，尽可能地缩短。

项目生产期是指项目从建成到主要固定资产报废为止所经历的时间。项目生产期不能等同于项目投资后的服务期（物理寿命期），而应根据项目的性质、技术水平、技术进步及实际服务期的长短合理确定。对工业项目其生产期主要根据固定资产综合分析寿命期来定，一般不超过 20 年，而水利、交通等项目的生产期可延长至 25 年，甚至 30 年以上。对于项目寿命期的确定，主要根据主体结构的经济性、维护的可行性、关联设施的实用性、经济计划管理的适应性及预测精度等综合确定。

不同的投资项目，其现金流量的分布、资金的回收时间安排往往会有差异。一方面，若项目的计算期确定得太短，就有可能在决定项目取舍或投资方案比较和选择时，错过一些具有更大潜在盈利机会的投资项目，但项目的计算期又不宜定得过长，因为计算期定得过长，经济情况发生变化的可能性会变大，从而使计算误差变大；另一方面按折现法计算，将几十年以后的收益金额折现为现值，数额较小，不会对评价结论发生关键性的影响。因此，我们在投资项目的经济分析和投资决策中应该合理地确定项目的计算期。

5.1.2　工程项目技术经济评价的基本内容

工程项目技术经济评价的基本内容包括单方案检验、多方案比选。

1. 单方案检验

单方案检验是指对某个初步选定的投资方案，根据项目收益与费用的情况，通过计算其经济评价指标，确定项目的可行性。单方案检验的方法比较简单，其主要步骤如下：

① 确定项目的现金流量情况，编制项目现金流量表或者绘制现金流量图；

② 根据公式计算项目的经济评价指标；

③ 根据计算出的指标值以及相对应的判别准则来确定项目的可行性。

2. 多方案比选

在实践中，往往面临许多项目的选择，每个项目又会有很多方案，这些方案采用不同的技术工艺和设备，具有不同的规模和坐落位置，利用不同的原料和半成品等。当这些方案在技术上都可行、经济上也都合理时，经济评价的任务就是从中选择最好的方案。因此，多方案比选就是指对根据实际情况所提出的多个备选方案，通过选择适当的经济评价方法与指标，对各个方案的经济效益进行比较，最终选择出具有最佳投资效果的方案。

多方案比选要考虑的内容如下：

(1) 备选方案的筛选，剔除不可行的方案，因为不可行的方案是没有资格参加方案比选的。备选方案的筛选实际上就是单方案检验，利用经济评价指标的判断准则来剔除不可行的方案。

(2) 进行方案比选时所考虑的因素。多方案比选可以按照方案的全部因素来计算多个方案的全部经济效益与费用，进行全面的分析对比，也可以只针对各个方案的不同因素计算其相对经济效益和费用，进行局部的分析对比。另外还要注意各个方案间的可比性，要遵循效益与费用计算口径相一致的原则。

(3) 各个方案的结构类型。对于不同结构类型的方案要选用不同的比较方法和评价指标，考察的结构类型所涉及的因素有：方案的计算期是否相同，方案所需的资金来源是否有限制，方案的投资额是否相差过大等。

多方案比选是一个复杂的系统工程，涉及许多的因素，这些因素不仅包括经济因素，而且还包括许多项目本身以及项目内外部的其他相关因素，如产品市场、市场营销、企业形象、环境保护、外部竞争、市场风险等。只有对这些因素进行全面的调查研究与深入分析，再结合项目经济效益分析的情况，才能比选出最佳方案，做出科学的投资决策。

5.1.3 多方案之间的关系类型

一般来讲，根据多方案之间的经济关系类型，一组备选方案之间存在着四种关系类型：互斥型关系、独立型关系、混合型关系和其他关系类型。

1. 互斥型关系

互斥型关系是指各个方案之间存在着互不相容、互相排斥的关系。进行方案比选时，在多个备选方案中只能选择一个，其余的均必须放弃，不能同时存在。这类多方案比选在实际工作中是最常见的，如一个建设项目的工厂规模、生产工艺流程、主要设备、厂址等的选择。

2. 独立型关系

独立型关系是指各个投资方案的现金流量是独立的，不具有相关性，选择其中的一个方案并不排斥接受其他方案，即一个方案的采用与否与其可行性有关，而与其他方案是否采用没有关系。例如某施工企业投资购置一批固定资产，方案包括：一架吊车、一辆运输汽车、一台搅拌机，在没有资金约束的条件下，这三个方案之间不存在任何的制约和排斥关系，它们就是一组独立方案。

3. 混合型关系

在一组方案中，方案之间有些具有互斥关系，有些具有独立关系，则称这一组方案为混合方案。混合方案在结构上又可组成两种形式。

(1) 在一组独立多方案中，每个独立方案下又有若干个互斥方案的形式。例如，某大型零售业公司现欲在两个相距较远的A城和B城各建一座大型仓储式超市，显然A、B是独立的。在A城有4个可行地点A_1、A_2、A_3、A_4供选择；在B城有2个可行地点B_1、B_2供选择，则A_1、A_2、A_3、A_4是互斥关系，B_1、B_2也是互斥关系。

(2) 在一组互斥多方案中，每个互斥方案下又有若干个独立方案的形式。例如，某房地产开发商在某市通过出让方式取得一块土地的使用权，按当地城市规划，这块地只能建居住物业（C方案）或商业物业（D方案），但对居住物业和商业物业的具体类型没有严格的规定，如居住物业可建成豪华套型（C_1）、高档套型（C_2）、普通套型（C_3），商业物业可建成餐饮酒楼（D_1）、写字楼（D_2）、商场（D_3）、娱乐休闲服务（D_4）。显然C、D是互斥方案，C_1、C_2、C_3是一组独立方案，D_1、D_2、D_3、D_4是一组独立方案。

4. 其他关系类型

除了上述三种关系类型外，实际工作中还会遇到一些其他关系类型，例如现金流量相关型关系，它是指在一组方案中，方案之间不完全是排斥关系，也不完全是独立关系，但其中某一方案的采用与否会对其他方案的现金流量带来一定的影响，进而影响其他方案的采用或拒绝。不管实际工作中的关系类型多么复杂，在技术经济分析时关键是要深入分析其内部条件和外部条件，进一步选择合适的分析方法。

5.2 工程项目技术经济评价的基本指标

判断工程技术方案在经济上的优劣，需要根据具体的评价指标来衡量。评价指标是工程项目经济效益或投资效果的定量化及直观的表现形式，它通常是通过对工程项目所涉及的费用和效益的量化和比较来确定的。只有正确地理解和适当地应用各个评价指标的含义及其评价准则，才能对工程项目进行有效的经济分析，才能做出正确的投资决策。

评价指标按照其所考虑的因素及使用方法的不同，可进行不同的分类。其中最常用的分类方法之一是按照是否考虑所量化的费用和效益的时间因素，即是否考虑资金的时间价值，将评价指标分为静态评价指标和动态评价指标，本节按照这种分类方法介绍评价指标。

5.2.1 静态评价指标

在工程经济分析中，把不考虑资金时间价值的经济效益评价指标称为静态评价指标。此类指标的特点是简单易算，主要包括静态投资回收期和投资收益率。

采用静态评价指标对投资方案进行评价时由于没有考虑资金的时间价值，因此它主要适用于对方案的粗略评价，如应用于投资方案的机会鉴别和初步可行性研究阶段以及某些时间较短，投资规模与收益规模均比较小的工程项目的经济评价等。

1. 静态投资回收期

静态投资回收期是指以项目每年的净收益回收项目全部投资所需要的时间，是考察项目财务上投资回收能力的重要指标。这里所说明的全部投资既包括固定资产投资，又包括流动资产投资。

静态投资回收期的表达式如下：

$$\sum_{t=0}^{P_t}(CI-CO)_t=0 \tag{5-1}$$

式中，P_t——静态投资回收期；

CI——现金流入量；

CO——现金流出量；

$(CI-CO)_t$——第 t 年的净现金流量。

静态投资回收期一般以“年”为单位，自项目建设开始年算起。当然也可以计算自项目建成投产年算起的静态投资回收期，但对于这种情况，需要加以说明，以防止两种情况的混淆。

(5-1)式是一个一般表达式，在具体计算静态投资回收期时又分以下两种情况：

(1)直接计算法

项目建成投产后各年的净收益(也即现金流量)均相同，则静态投资回收期的计算公式如下：

$$P_t=\frac{K}{R} \tag{5-2}$$

式中，K——全部投资；

R——每年的净收益。

根据(5-2)式计算出的投资回收期是从投产年开始算起的，若要求从项目建设开始算起则应再加上建设期。

【例 5-1】 某技术方案的净现金流量图如图 5-1 所示，求该方案的静态投资回收期？

解：根据现金流量图可知该方案的年净收益是等额的，其全部投资为 $K=12+4=16$ 万元，根据(5-2)式可得

$$P_t=\frac{K}{R}=\frac{16}{4}=4(\text{年})$$

即，自投产年算起项目的投资回收期为 4 年，自项目建设开始的投资回收期为 4+1 =

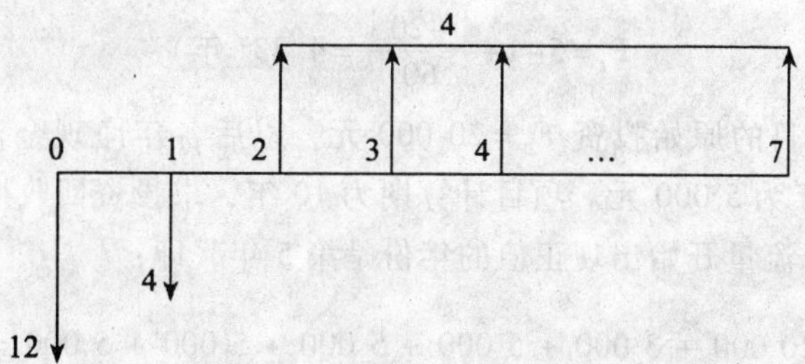

图 5-1　净现金流量图(单位：万元)

5 年。

【例 5-2】　某投资方案一次性投资 500 万元，估计投产后其各年的平均净收益为 100 万元，求该方案的静态投资回收期。

解：根据(5-2)式有：$P_t=500/100=5$(年)

即，该方案的静态回收期为 5 年。

(2)累计法

项目建成投产后各年的净收益不同，则静态投资回收期可根据累计净现金量求得。其计算公式如下：

$$P_t=[\text{累计净现金流量开始出现正值的年份}]-1+\frac{\text{上一年累计净现金流量绝对值}}{\text{当年净现金流量}} \tag{5-3}$$

【例 5-3】　某投资方案的净现金流量如图 5-2 所示，试计算其静态投资回收期。

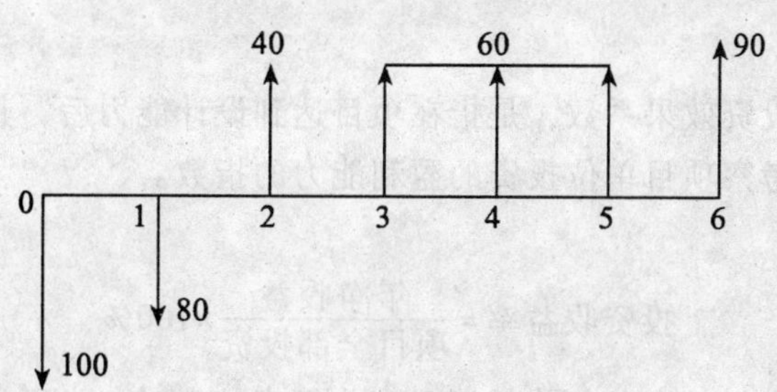

图 5-2　净现金流量图(单位：万元)

解：列出该投资方案的累计现金流量情况表，见表 5-1。

表 5-1　**累计净现金流量表**　单位：万元

年　　序	0	1	2	3	4	5	6
净现金流量	-100	-80	40	60	60	60	90
累计现金流量	-100	-180	-140	-80	-20	40	130

根据(5-3)式有：

$$P_t=5-1+\frac{|-20|}{60}=4.33(\text{年})$$

【例 5-4】 某项目的原始投资 $F_0=20\ 000$ 元，以后各年净现金流量如下：第 1 年为 3 000元，第 2～10 年为 5 000 元。项目计算期为 10 年，求投资回收期。

解：累计净现金流量开始出现正值的年份是第 5 年，即：

$$\sum_{t=0}^{5}F_t=-20\ 000+3\ 000+5\ 000+5\ 000+5\ 000+5\ 000=3\ 000>0$$

所以回收期 $P_t=5-1+2\ 000/5\ 000=4.4(\text{年})$

采用静态的投资回收期对投资方案进行评价时，其基本做法如下：

① 确定行业的基准投资回收期(P_c)。基准投资回收期是国家根据国民经济各部门、各地区的具体经济条件，按照行业和部门的特点，结合财务会计上的有关制度及规定而颁布，同时进行不定期修订的建设项目经济评价参数，是对投资方案进行经济评价的重要标准。

② 计算项目的静态投资回收期(P_t)。

③ 比较 P_t 与 P_c。若 $P_t\leq P_c$ 则项目可以考虑接受；若 $P_t>P_c$ 则项目是不可行的。

静态投资回收期(P_t)指标的优点与不足：

P_t 指标的优点是经济意义明确、直观，计算简便；在一定程度上反映了投资效果的优劣。

P_t 指标的不足是只考虑投资回收之前的效果，不能反映回收投资之后的情况，也就无法准确衡量项目投资收益的大小；没有考虑资金的时间价值，因此无法正确地辨识项目的优劣。

2. 投资收益率

投资收益率又称投资效果系数，是指在项目达到设计能力后，其每年的净收益与项目全部投资的比率，是考察项目单位投资的盈利能力的指数。

其表达式如下：

$$\text{投资收益率}=\frac{\text{年净收益}}{\text{项目全部投资}}\times100\% \tag{5-4}$$

当项目在正常生产年份内各年收益情况变化幅度较大时，也可采用以下表达式进行计算：

$$\text{投资收益率}=\frac{\text{年平均净收益}}{\text{项目全部投资}}\times100\% \tag{5-5}$$

在采用投资收益率对项目进行经济评价时，其基本做法与采用静态投资回收期的做法相似，即也主要是将计算出的项目的投资收益率与行业的平均收益率进行比较；若高于或等于行业平均投资收益率则项目可以考虑接受，若低于行业平均投资收益率则项目不可行。

投资收益率是一个综合性指标，在进行项目经济评价时，根据分析目的的不同，投资收益率又可分为：投资利润率、投资利税率、资本金利润率等，其中最常用的是投资利润率。

投资利润率是指项目在正常生产年份内所获得的年利润总额或年平均利润总额与项目全部投资的比率，其表达式如下：

$$投资利润率=\frac{年利润总额（年平均利润总额）}{项目全部投资}\times 100\% \qquad (5\text{-}6)$$

【例 5-5】　某投资项目投资与收益情况如表 5-2 所示，试计算投资利润率。

表 5-2　　某项目投资与收益情况表　　单位：万元

年序	0	1	2	3	4	5	6
投资	100						
利润		10	12	12	12	12	14

解：根据（5-6）式有：

投资利润率=（10+12+12+12+12+14）÷6÷100×100%＝12%

即投资利润率为 12%，它反映了项目在正常生产年份的单位投资所带来的年利润为 1 200元。

5.2.2　动态评价指标

一般将考虑了资金时间价值的经济效益评价指标称为动态评价指标。与静态评价指标相比，动态评价指标更加注重考察项目在其计算期内各年现金流量的具体情况，因而也就能够更加直观地反映项目的盈利能力，所以它的应用能力也就比静态评价指标更加广泛。在项目的可行性研究阶段，进行项目经济评价时一般是以动态评价指标作为主要指标，以静态评价指标为辅助指标。

常用的动态评价指标一般有：净现值（率）、净年值、内部收益率、动态投资回收期等。

1. 净现值与净现值率

（1）净现值的含义及计算

净现值（Net Present Value，NPV），是指把项目计算期内各年的净现金流量，按照一个给定的标准折现率（基准收益率）折算到建设期初（项目计算期第一年年初）的现值之和。

净现值是考察项目在其计算期内盈利能力的主要动态评价指标，其表达式如下：

$$NPV=\sum_{t=0}^{n}(CI-CO)_t(1+i_c)^{-t} \qquad (5\text{-}7)$$

式中，NPV——净现值；

$(CI-CO)_t$——第 t 年的净现金流量；

n——项目计算期；

i_c——标准折现率。

净现值的经济含义可以直观地解释如下：假设有一个小型投资项目，初始投资为

10 000元，项目寿命期为一年，到期可获得收益 12 000 元。如果设定基准收益率为 8%，根据净现值的计算公式，可以求出该项目的净现值为 1 111 元(12 000×0. 925 9-10 000)，这就是说，只要投资者能在资本市场或从银行以 8% 的利率筹措到资金，那么该项投资项目即使再增加 1 111 元的投资，在经济上还是可以做到不盈不亏；换一个角度讲，如果投资者能够以 8% 的利率筹借到 10 000 元的资金，那么一年后，投资者将会获得1 200元的利润(12 000-10 000×(1+8%))，这 1 200 元利润的净现值等于项目在寿命期内所获得的净收益的现值。

(2)净现值的判别准则

根据(5-7)式计算出 NPV 后，其结果有以下三种情况：即 NPV>0，NPV=0 或 NPV<0。在用于投资方案的经济评价时其判别准则如下：若 NPV>0，说明方案可行。因为这种情况说明投资方案实施后的投资收益水平不仅能够达到标准折现率的水平，而且还会有盈余，即项目的盈利能力超过其所期望的投资收益的水平。

若 NPV=0，说明方案可考虑接受。因为这种情况说明投资方案实施后的收益水平恰好等于标准折现率，也即盈利能力能达到所期望的最低财务盈利水平。

若 NPV<0，说明方案不可行。因为这种情况说明投资方案实施后的投资收益水平达不到标准折现率，也即其盈利能力水平比较低，甚至有可能出现亏损。

【例 5-6】 某项目的各年现金流量如表 5-3 所示，试用净现值指标判断项目的经济性($i_c=15\%$)。

表 5-3　　**某项目的现金流量表**　　单位：万元

年　序	0	1	2	3	4～19	20
投资支出	40	10				
经营成本			17	17	17	17
收　入			25	25	30	50
净现金流量	-40	-10	8	8	13	33

解：利用(5-7)式，将表中各年净现金流量代入，得：

$$
\begin{aligned}
\text{NPV} &= -40-10\times(P/F,\ 15\%,\ 1)+8\times(P/F,\ 15\%,\ 2)+8\times(P/F,\ 15\%,\ 3)\\
&\quad +13\times(P/A,\ 15\%,\ 16)(P/F,\ 15\%,\ 3)+33(P/F,\ 15\%,\ 20)\\
&= -40-10\times0.869\,6+8\times0.756\,1+8\times0.657\,5+13\times5.964\times0.657\,5\\
&= -40-10\times0.869\,6+8\times0.756\,1+8\times0.657\,5+13\times5.964\times0.657\,5+33\times0.061\,1\\
&= 15.52(\text{万元})>0
\end{aligned}
$$

由于 NPV>0，故此项目在经济效果上是可以接受的。

【例 5-7】 某项工程总投资为 5 000 万元，投产后每年生产还需支出 600 万元，每年的收益额为 1 400 万元，产品经济寿命期为 10 年，在 10 年末能回收资金 200 万元，基准收益率为 12%，用净现值法计算投资方案是否可取？

解：其现金流量图如图 5-3 所示。

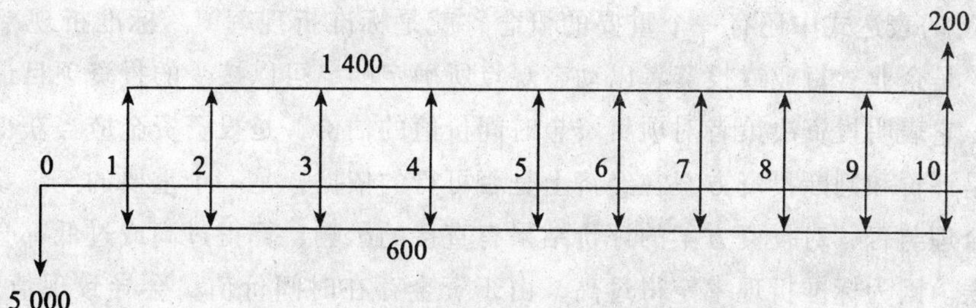

图 5-3　现金流量图(单位：万元)

$$
\begin{aligned}
\mathrm{NPV} &= -P_j + A(P/A,\ i,\ n) + F(P/F,\ i,\ n) \\
&= -5\,000 + (1\,400 - 600)(P/A,\ 12\%,\ 10) + 200(P/F,\ 12\%,\ 10) \\
&= -5\,000 + 800 \times 5.650 + 200 \times 0.322\,0 = -415.6(\text{万元})
\end{aligned}
$$

由于 NPV<0，故不可行。

(3)净现值与折现率的关系

从(5-7)式可以看出，对于具有常规现金流量(即在计算期内，方案的净现金流量序列的符号只改变一次的现金流量)的投资方案，其净现值的大小与折现率的高低有直接关系。例如，已知某投资方案各年的净现金流量，该方案的净现值就完全取决于所选用的折现率。折现率越大，净现值就越小；折现率越小，净现值就越大，随着折现率的逐渐增大，净现值就由大变小，由正变负，NPV 与 i 之间的关系一般如图 5-4 所示。

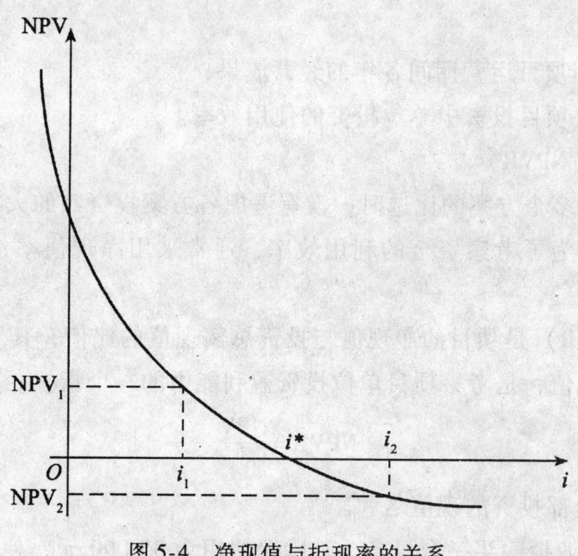

图 5-4　净现值与折现率的关系

从图 5-4 中可以发现，NPV 随 i 的增大而减小，在 i^* 处，曲线与横轴相交，说明如果选定 i^* 为折现率，则 NPV 恰好等于零。在 i^* 的左边，即 $i<i^*$ 时，NPV>0；在 i^* 的右边，即 $i>i^*$ 时，即 NPV<0。由于 NPV=0 是净现值的判别准则的一个分水岭，因此可以说 i^*

是折现率的一个临界值，我们将其称为内部收益率。

在 NPV 的表达式中还有一个重要的概念，就是标准折现率 i_c。标准折现率又称为基准收益率，是企业、行业或投资者以动态观点所确定的、可以接受的投资项目最低标准的收益水平，它表明投资决策者对项目资金时间价值的估价，是投资资金应当获得的最低盈利水平，是评价和判断投资方案在经济上是否可行的依据，是一个重要的经济参数，其数值确定得合理与否，对投资方案的评价结果有直接的影响，算得过高或过低都会导致投资决策的失误。因为标准折现率定得过高，由于资金存在时间价值，会导致现值之和变小，从而使一些经济效益不错的方案被拒绝，而如果定得过低，又会使现值之和变大，致使一些经济效益不好的投资方案也可能会被接受，从而造成不应该有的损失。

标准折现率的确定一般以行业的平均收益率为基础，同时综合考虑资金成本、投资风险、通货膨胀以及资金限制等影响因素。对于国家投资项目，进行经济评价时使用的标准折现率是由国家组织测定并发布的行业基准收益率，非国家投资项目可参考行业基准收益率，由投资者自行确定。

（4）净现值（NPV）指标的优点与不足：

① NPV 指标的优点如下：

a. 考虑了资金的时间价值并全面考虑了项目在整个寿命期内的经济情况；

b. 经济意义明确直观，能够直接以货币额表示项目的净收益；

c. 能直接说明项目投资额与资金成本之间的关系。

② NPV 指标的不足表现在以下几个方面：

a. 必须首先确定一个符合经济现实的基准收益率，而基准收益率的确定往往是比较困难的；

b. 不能直接说明项目运营期间各年的经营成果；

c. 不能真正反映项目投资中单位投资的使用效率。

（5）净现值率（NPVR）

净现值指标用于多个方案的比选时，没有考虑各方案投资额的大小，因而不能直接反映资金的利用效率。为了考察资金的利用效率，通常采用净现值率作为净现值的辅助指标。

净现值率（NPVR）是项目的净现值与投资总额现值的比值，其经济含义是单位投资现值所能带来的净现值，是考察项目单位投资盈利能力的一个指标。其表达式如下：

$$\mathrm{NPVR}=\frac{\mathrm{NPV}}{K_P} \tag{5-8}$$

式中，K_P——全部投资的现值之和。

【例 5-8】 某企业拟购买一台设备，其购置费用为 35 000 元，使用寿命为 4 年，第 4 年末的残值为 3 000 元，在使用期内，每年的收入为 19 000 元，经营成本为 6 500 元，若标准折现率为 10%，试计算该设备购置方案的净现值率。

解：购买设备这项投资的现金流量情况如图 5-5 所示。

根据(5-7)式可计算出其净现值如下：

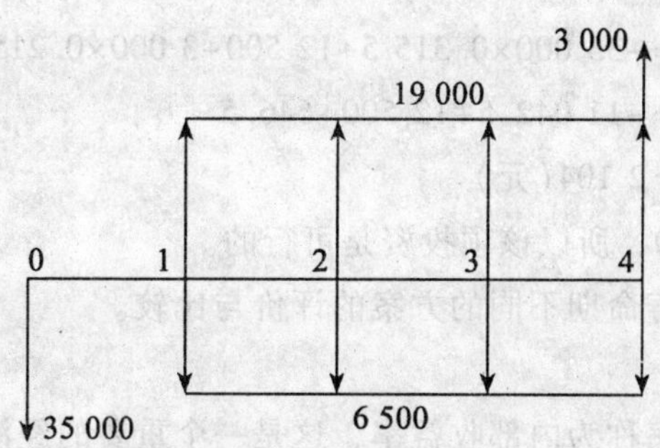

图 5-5　设备购置方案的现金流量图(单位：元)

$$\begin{aligned}\mathrm{NPV} &= -35\,000+(19\,000-6\,500\times(P/A,\ 10\%,\ 4)+(19\,000+3\,000-6\,500)\\&\quad\times(P/A,\ 10\%,\ 4)\\&=-35\,000+31\,086.25+10\,586.5\\&=6\,672.75(\text{元})\end{aligned}$$

根据(5-8)式可求出其净现值率如下：

$$\mathrm{NPVR}=\frac{\mathrm{NPV}}{K_P}=6\,672.75/35\,000=0.190\,7$$

即，该设备购置方案的净现值率为 0.190 7。

2. 净年值(NAV)

净年值是通过资金时间价值的计算将项目的净现值换算为项目计算期内各年的等额年金，是考察项目投资盈利能力的指标。其表达式如下：

$$\mathrm{NAV}=\mathrm{NPV}(A/P,\ i,\ n) \tag{5-9}$$

式中，$(A/P,\ i,\ n)$——资本回收系数。

净年值与净现值的现金流量关系如图 5-6 所示。

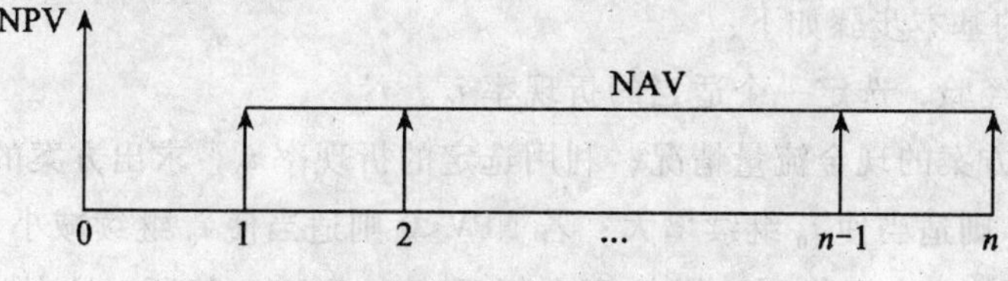

图 5-6　净年值与净现值的现金流量关系

由 NAV 的表达式可以看出，NAV 实际上是 NPV 的等价指标，也即对于单个投资方案来讲，用净年值来评价其结论是一样的，其评价准则是：若 NAV≥0 则方案可以考虑接受；若 NAV<0 则方案不可行。

【例 5-9】　根据例 5-7 中的数据，用净年值指标分析投资的可行性。

解：根据 (5-9) 式有：

$$
\begin{aligned}
NAV &= -3\ 500\times(A/P,\ 10\%,\ 4)+19\ 000-6\ 500+3\ 000 \\
&= -35\ 000\times 0.315\ 5+12\ 500+3\ 000\times 0.215\ 5 \\
&= -11\ 042.5+12\ 500+646.5 \\
&= 2\ 104(\text{元})
\end{aligned}
$$

由于 NAV=2 104 元>0，所以该项投资是可行的。

净年值指标主要用于寿命期不同的方案的评价与比较。

3. 内部收益率（IRR）

净现值等于 0 的折现率称为内部收益率，这是一个重要的经济评价指标，下面予以详细介绍。

(1) 内部收益率的概念及判别准则

内部收益率（Internal Rate of Return，IRR），又称为内部报酬率，是指项目在整个计算期内各年净现金流量的现值之和等于零时的折现率，也就是项目的净现值等于零时的折现率，其表达式如下：

$$
\sum_{t=0}^{n}(CI-CO)_t(1+IRR)^{-t}=0 \tag{5-10}
$$

式中，IRR——内部收益率。

根据净现值与折现率的关系以及净现值指标在方案评价时的判别准则，可以很容易地导出用内部收益率指标评价投资方案是否可行的判别准则，即：

若 $IRR>i_c$，则 NPV>0，方案可以考虑接受；

若 $IRR=i_c$，则 NPV=0，方案可以考虑接受；

若 $IRR<i_c$，则 NPV<0，方案不可行。

(2)内部收益率的计算

由(5-10)式可以看出，内部收益率的计算过程是求解一个一元多次方程的过程，要想精确地求出方程的解，也即内部收益率，是一件非常困难的事情，因此在实际应用中，一般是采用一种称为线性插值法的近似方法来求内部收益率的近似解(见图 5-7)。

线性插值法的基本步骤如下：

① 首先根据经验，选定一个适当的折现率 i_0。

② 根据投资方案的现金流量情况，利用选定的折现率 i_0，求出方案的净现值 NPV。

③ 若 NPV>0 则适当使 i_0 继续增大；若 NPV<0 则适当使 i_0 继续减小。

④ 重复步骤③，直到找到这样的两个折现率 i_1 和 i_2，其所对应的净现值 $NPV_1>0$，$NPV_2<0$，其中 i_2-i_1 一般为 2%～5%。

⑤ 采用线性插值法求出内部收益率的近似解，其公式如下：

$$
IRR=i_1+\frac{NPV_1}{NPV+|NPV_2|}(i_2-i_1) \tag{5-11}
$$

【例 5-10】 某项目净现金流量如表 5-4 所示。当基准收益率 $i_c=12\%$ 时，试用内部收益率指标判断该项目的经济性。

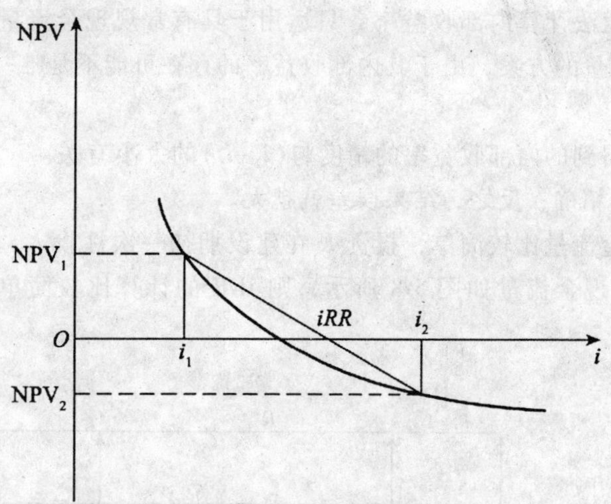

图 5-7　内部收益率线性插值法示意图

表 5-4　　　　**某项目现金流量表**　　　　单位：万元

年　　序	0	1	2	3	4	5
净现金流量	-100	20	30	20	40	40

解：此项目净现值的计算公式如下：

$$NPV = -100+20(P/F, i, 1)+30(P/F, i, 2)+20(P/F, i, 3) +40(P/F, i, 4)+40(P/F, i, 5)$$

现分别设 $i_1=12\%$，$i_2=15\%$，计算相应的 NPV_1 和 NPV_2。

$$NPV_1(i_1) = -100+20(P/F, 12\%, 1)+30(P/F, 12\%, 2)+20(P/F, 12\%, 3) +40(P/F, 12\%, 1)+40(P/F, 12\%, 5)$$
$$= -100+20\times0.8929+30\times0.7972+20\times0.7118+40\times0.6355+40\times0.5674$$
$$=4.126(\text{万元})$$

$$NPV_2(i_2) = -100+20(P/F, 15\%, 1)+30(P/F, 15\%, 2)+20(P/F, 15\%, 3) +40(P/F, 15\%, 1)+40(P/F, 15\%, 5)$$
$$= -100+20\times0.8696+30\times0.7561+20\times0.6575+40\times0.5718+40\times0.4972$$
$$=-4.015(\text{万元})$$

用(5-11)式可计算出 IRR 的近似解：

$$IRR = i_1+\frac{NPV_1}{NPV+|NPV_2|}(i_2-i_1)$$
$$= 12\%+4.126/[4.126+|-4.015|]\times(15\%-12\%)$$
$$= 13.5\%$$

因为 $IRR=13.5\%>i_c=12\%$，故该项目在经济效果上是可以接受的。

(3)关于内部收益率的计算需要注意的问题

① 采用线性插值法计算内部收益率，只适用于具有常规现金流量的投资方案，而对于具有非常规现金流量的方案，由于其内部收益率的存在可能不是唯一的，因此这种方法就不太适用。

② 在计算中所得到的内部收益率的精度与(i_2-i_1)的大小有关。i_2与i_1之间的差距越小，则计算结果就越精确；反之，结果误差就越大。

③ 若方案的现金流量比较简单，投资K在建设期初一次性投入，在计算期内各年有等额的净收益R，即现金流量如图 5-8 所示，则 IRR 的计算比较简单，可按下述步骤进行：

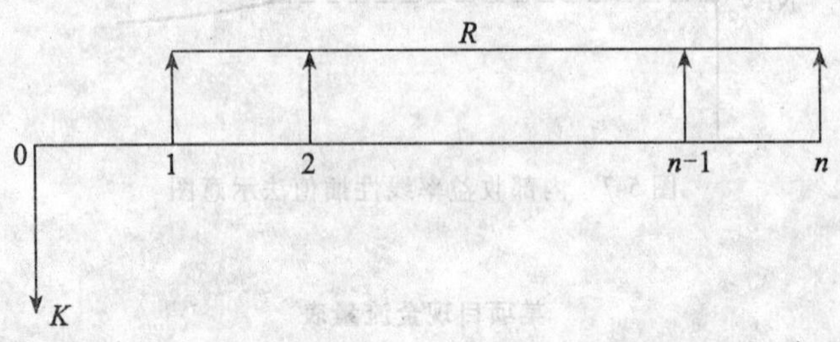

图 5-8 期初一次投资各年等额收益的现金流量图

第一步，计算年金现值系数：

$$(P/A,\ \mathrm{IRR},\ n)=K/R$$

第二步，查年金现值系数表，找到与上述年金现值系数相邻的两个系数$(P/A,\ i_1,\ n)$和$(P/A,\ i_2,\ n)$以及对应的i_1和i_2。

第三步，用线性插值法计算 IRR：

$$\frac{\mathrm{IRR}-i_1}{i_2-i_1}=\frac{\frac{K}{P}(P/A,\ i_1,\ n)}{(P/A,\ i_2,\ n)-(P/A,\ i_1,\ n)}$$

(4)内部收益率的经济含义

内部收益率的经济含义是指投资方案占用的尚未回收资金的获利能力，是项目到计算期末正好将未收回的资金全部收回来的折现率，是项目对贷款利率的最大承担能力，它只与项目本身的现金流量有关，是项目借入资金利率的临界值。假设一个项目的全部投资均来自借入资金，从理论上讲，如果借入资金的利率i小于项目的内部收益率 IRR，则项目会有盈利；如果i>IRR，则项目就会亏损；如果i=IRR，则由项目全部投资所获得的净收益刚好用于偿还借入资金的本金和利息。这样一个偿还的过程只与某些项目的内部因素，如借入资金额、各年的净收益等有关，反映的是发生在项目内部的资金的盈利情况，而与项目之外的外界因素无关。

(5)内部收益率(IRR)指标的优点与不足

① IRR 指标的优点：

a. 考虑了资金的时间价值以及项目在整个寿命期内的经济状况；

b. 能够直观地反映项目的最大可能盈利能力；

c. 不需要事先确定一个基准收益率，而只需要知道基准收益率的大致范围即可。

② IRR 指标的不足：

a. 需要大量的与投资项目有关的数据，计算比较麻烦；

b. 对具有非常规现金流量的项目来讲，其内部收益率往往不是唯一的，在某些情况下甚至不存在。

4. 动态投资回收期

动态投资回收期，是指在考虑了资金时间价值的情况下，以项目每年的净收益的现值来回收项目全部投资的现值所需要的时间。这个指标的提出主要是为了克服静态投资回收期指标的缺点，它没有考虑资金的时间价值，因而不适合用于计算期较长的项目经济评价。

动态投资回收期的表达式如下：

$$\sum_{t=0}^{P_t'} (CI - CO)_t (1 + i_c)^{-t} = 0 \tag{5-12}$$

式中，P_t'——动态投资回收期。

采用(5-12)式计算 P_t' 一般比较烦琐，因此在实际应用中往往是根据项目的现金流量表，用下列近似公式计算：

$$P_t' = \text{累计净现金流量现值开始出现正值的年份数} - 1 + \frac{\text{上一年累计净现金流量现值的绝对值}}{\text{当年净现金流量现值}} \tag{5-13}$$

【例 5-11】　某项目有关数据如表 5-5 所示，计算该项目的动态投资回收期。设 $i_c = 10\%$。

表 5-5　　　　　　某项目有关数据表

年　序	0	1	2	3	4	5	6	7
投资	20	500	100					
经营成本				300	450	450	450	450
销售收入				450	700	700	700	700
净现金流量	−20	−500	−100	150	250	250	250	250
净现金流量现值	−20	−454.6	−82.6	112.7	170.8	155.2	141.1	128.3
累计净现金流量现值	−20	−474.6	−557.2	−444.5	−273.7	−118.5	22.6	150.9

解：根据(5-13)式，有：

$$P_t' = 6 - 1 + \frac{|-118.5|}{141.1} = 5.84(\text{年})$$

所以该项目的动态投资回收期为 5.84 年。

动态投资回收期用于投资方案，其评价准则可根据净现值的判别准则推出，根据净现值的计算公式和动态投资回收期的计算公式，可以得到：当 NPV = 0 时，有 $P_t' = n$，因此 P_t' 的判别准则如下：

若 $P_t' \leqslant n$，则 NPV≥0，方案可以考虑接受；

若 $P_t' > n$，则 NPV<0，方案不可行。

动态投资回收期是考察项目财务上投资实际回收能力的动态指标。它反映了等值回收，而不是等额回收项目全部投资所需要的时间，因而更具有实际意义。

5.3 互斥方案的比选

5.3.1 寿命期相同的互斥方案的比选

对于寿命期相同的互斥方案，计算期通常设定为其寿命周期，这样能满足在时间上可比的要求。寿命期相同的互斥方案的比选方法一般有净现值法、净现值率法、差额内部收益率法、最小费用法等。

1. 净现值法和净现值率法

(1) 净现值法

净现值法是通过计算各个备选方案的净现值并比较其大小而判断方案的优劣，是多方案比选中最常用的一种方法。

净现值法的基本步骤如下：

① 分别计算各个方案的净现值，并用判别准则加以检验，剔除 NPV<0 的方案；

② 对所有 NPV≥0 的方案比较其净现值；

③ 根据净现值最大准则，选择净现值最大的方案为最佳方案。

【例 5-12】 现有 A、B、C 三个互斥方案，其寿命期均为 10 年，各方案的净现金流量如表 5-6 所示，试用净现值法选择出最佳方案，已知 $i_c = 10\%$。

表 5-6　**各方案的净现金流量表**　单位：万元

方案 \ 年份	建设期		生产期		
	1	2	3	4 ~ 5	16
A	−2 024	−2 800	500	1 100	2 100
B	−2 800	−3 000	570	1 310	2 300
C	−1 500	−2 000	300	700	1 300

解：各方案的净现值计算结果如下：

$$
\begin{aligned}
NPV_A &= -2\,024\times(P/F,10\%,1)-2\,800\times(P/F,10\%,2)\\
&\quad +500\times(P/F,10\%,3)+1\,100\times(P/F,10\%,12)\\
&\quad \times(P/F,10\%,3)+2\,100\times(P/F,10\%,16)\\
&= 582.5(\text{万元})
\end{aligned}
$$

同理可得，　　　$NPV_B = 586.0$(万元)；

$NPV_C = 14.3$(万元)

计算结果表明方案 B 的净现值最大，所以方案 B 是最佳方案。

(2)净现值率法

净现值率法是在净现值法的基础上发展起来的，可以作为净现值的补充指标，在净现值相同或相近时，净现值率指标可以反映单位投资的净贡献，在多方案选择中有重要作用。

【例 5-13】 某项目有四个方案，A 方案财务净现值 NPV = 200 万元，投资现值 I_P = 3 000万元，B 方案 NPV = 180 万元，I_P = 2 000 万元，C 方案 NPV = 150 万元，I_P = 3 000 万元，D 方案 NPV = 200 万元，I_P = 2 000 万元，试选出最优方案。

解：由于 A 方案和 D 方案的净现值相同，无法用净现值法比较其优劣，因此采用净现值率法，根据净现值率的定义式：$NPV = NPV/I_P$ 得：

A 方案：NPVR = 200÷3 000 = 0.066 6；B 方案：NPVR = 180÷2 000 = 0.09；

C 方案：NPVR = 150÷3 000 = 0.05；D 方案：NPVR = 200÷2 000 = 0.10。

所以项目的最好方案是 D 方案。

净现值法和净现值率法是对寿命期相同的互斥方案进行比选时最常用的方法。有时我们在采用不同的评价指标对方案进行比选时，会得出不同的结论，这时往往以净现值指标作为最终衡量的标准。

2. 差额内部收益率法

内部收益率是衡量项目综合能力的重要指标，也是在项目经济评价中经常用到的指标之一，但是在进行互斥方案的比选时，如果直接用各个方案内部收益率的高低来作为衡量方案优劣的标准，往往会得出错误的结论，试看下面的例题。

【例 5-14】 某工程项目有三个设计方案，其寿命期均为 10 年，各方案的初始投资和年净收益如表 5-7 所示，试选择最佳方案(已知 $i_c = 10\%$)。

表 5-7　　**各个方案的初始投资和年净收益表**　　单位：万元

年份 / 方案	0	1～10
A	170	44
B	260	59
C	300	68

解：先用净现值法对方案进行比选。根据各个方案的现金流量情况，可计算出其

NPV 值分别如下：

$$NPV_A=-170+44\times(P/A,\ 10\%,\ 10)=100.34(\text{万元})$$

$$NPV_B=-260+59\times(P/A,\ 10\%,\ 10)=102.53(\text{万元})$$

$$NPV_C=-300+68\times(P/A,\ 10\%,\ 10)=117.83(\text{万元})$$

由于 NPV_C 最大，因此根据净现值法的结论，方案 C 为最佳方案。

对于上面这个题目，如果采用内部收益率指标来进行比选又会如何呢？我们来计算一下。根据 IRR 的定义及各个方案的现金流量情况，有：

$$-170+44\times(P/A,\ IRR_A,\ 10)=0,\ \text{即}\ IRR_A=22.47\%$$

$$-260+59\times(P/A,\ IRR_B,\ 10)=0,\ \text{即}\ IRR_B=18.94\%$$

$$-300+68\times(P/A,\ IRR_C,\ 10)=0,\ \text{即}\ IRR_C=18.52\%$$

可见：IRR_A、IRR_B、IRR_C 均大于 i_c，且 $IRR_A>IRR_B>IRR_C$。

即方案 A 为最佳方案。这个结论与采用净现值法计算得出的结论是矛盾的。那么为什么两种方法得出的结论会产生矛盾呢？究竟哪一个方法正确？这个问题可通过图 5-9 加以说明。

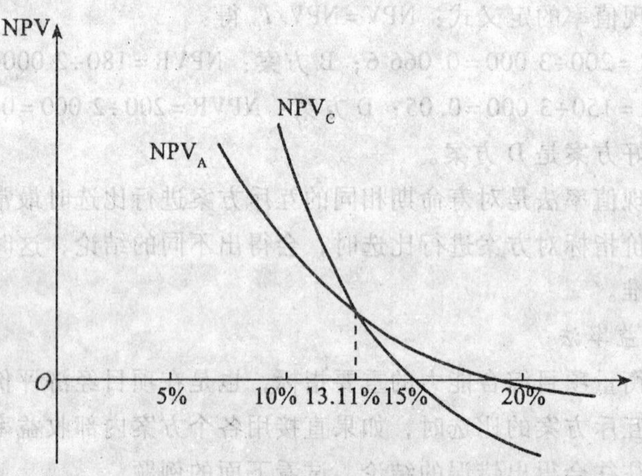

图 5-9　方案 A 和方案 C 的净现值与折现率的关系

图 5-9 中两条曲线分别是方案 A 和方案 C 的净现值函数曲线，由两条曲线的形状可以看出，两条曲线在 $i=13.11\%$ 处相交，当折现率小于 13.11% 时，即 $NPV_C>NPV_A$，当折现率大于 13.11% 时，$NPV_A>NPV_C$。也就是说，当我们取定的标准折现率 i_c 大于 13.11% 时，采用净现值指标与内部收益率指标对方案进行比选可以得出相同的结论；当取定的标准折现率小于 13.11% 时，两种方法会得出相反的结论。产生这种现象的根本原因在于净现值与内部收益率这两个评价指标的经济含义有所不同。

我们知道净现值的经济含义十分明确，例如对于一个投资方案来讲，若其 NPV=0，则表明该方案的净收益刚好抵付用标准折现率所计算的利息，即该方案的盈利水平恰好等于所选用的标准折现率。换句话讲，该方案的净现金流量所具有的机会收益率恰好等于计算净现值时所选定的标准折现率。而内部收益率则是表明了投资方案所能承受的最高利率，或最高的资金成本，即方案的净现金流量所具有的机会成本就是该方案本身所产生的内部收益率，用式子表示就是当选定的 i_c=IRR 时，方案的 NPV=0。根据标准折现率的经济含义，它代表的是项目投资的收益期望水平，是项目投资的资金机会成本，因此采用净现值最大准则作为方案比选的决策依据可以使总投资的收益最大化，符合方案比选的基本目标。而内部收益率并未考虑资金机会成本，其决策结果与资金机会成本无关，这样就难以保证比选的正确性。

由于互斥方案的比选，实质上是分析投资大的方案所增加的投资能否用其增量收益来补偿，也即对增量的现金流量的经济合理性作出判断，因此我们可以通过计算增量净现金流量的内部收益率即差额内部收益率来比选方案，这样就能够保证方案比选结论的正确性。

差额内部收益率的表达式如下：

$$\sum_{t=0}^{n}\left[(CI-CO)_2-(CI-CO)_1\right]_t(1+\Delta IRR)^{-t}=0 \tag{5-14}$$

差额内部收益率的计算与内部收益率的计算相同，也采用线性插值法求得。

采用差额内部收益率指标对互斥方案进行比选的基本步骤如下：

① 计算各备选方案的 IRR；

② 将 IRR≥i_c 的方案按投资额由小到大依次排列；

③ 计算排在最前面的两个方案的差额内部收益率 ΔIRR，若 ΔIRR≥i_c，则表明投资大的方案优于投资小的方案，保留投资大的方案；反之，若 ΔIRR<i_c，则保留投资小的方案。

④ 将保留的较优方案依次与相邻方案两两逐对比较，直至全部方案比较完毕，最后保留的方案就是最优方案。

【例 5-15】 根据例 5-14 的资料，试用差额内部收益率法进行方案比选。

解：由于三个方案的 IRR 均大于 i_c，将它们按投资额大小排列为：A→B→C。先对方案 A 和方案 B 进行比较。

根据差额内部收益率的计算公式，有：

$-(260-170)+(59-44)(P/F,\ \Delta IRR_{B-A},\ 10)=0$，可求出 $\Delta IRR_{B-A}=10.43\%>i_c=10\%$

故方案 B 优于方案 A，保留方案 B，继续进行比较。

将方案 B 和方案 C 进行比较：

$-(300-260)+(68-59)(P/F,\ \Delta IRR_{C-B},\ 10)=0$，可求出 $\Delta IRR_{C-B}=18.68\%>i_c=10\%$，

故方案 C 优于方案 B。

综上，最后可得出结论：方案 C 为最佳方案。

在采用差额内部收益率法进行方案的比选时一定要注意，差额内部收益率只能说明增加投资部分的经济合理性，亦即 ΔIRR≥i_c，只能说明增量投资部分是有效的，并不能说明全部投资的效果。因此采用此法前，应该先对备选方案进行单方案检验，只有可行的方案才能作为对比的对象。

3. 最小费用法

在工程经济中经常会遇到这样一类问题，两个或多个互斥方案产出的效果相同，或基

本相同但却难以进行具体估算。比如一些环保、国防、教育等项目，其所产生的效益无法或者说很难用货币直接计量，由于得不到其现金流量情况，也就无法采用诸如净现值法、差额内部收益率法等来对此类项目进行经济评价。在这种情况下，只能通过假定各方案的收益是相等的，对各方案的费用进行比较，根据效益极大化目标的要求，费用较小的项目比费用较大的项目更为可取的原则来选择最佳方案，这种方法称为最小费用法。最小费用法包括费用现值比较法和年费用比较法。

(1)费用现值(PC)比较法

费用现值比较法实际上是净现值法的一个特例，费用现值的含义是指利用此方法所计算出的净现值只包括费用部分。由于无法估算各个方案的收益情况，只计算各备选方案的费用现值(PC)来进行对比，以费用现值较低的方案为最佳。其表达式如下：

$$PC = \sum_{t=0}^{n} CO_t (1 + i_c)^{-t} = \sum_{t=0}^{n} CO_t (P/F, i_c, t) \tag{5-15}$$

【例 5-16】 某项目有 A、B 两种不同的工艺设计方案，均能满足同样的生产技术需要，其有关费用支出如表 5-8 所示，试用费用现值比较法选择最佳方案，已知 $i_c = 10\%$。

表 5-8 **A、B 两方案费用支出表** 单价：万元

费用 方案	投资 第一年末)	年经营成本 (第二至第十年末)	寿命期
A	600	280	10
B	785	245	10

解：根据费用现值的计算公式可分别计算出 A、B 两方案的费用现值如下：

$$PC_A = 600(P/A, 10\%, 1) + 280(P/A, 10\%, 9)(P/F, 10\%, 1)$$
$$= 2\ 011.40(\text{万元})$$
$$PC_B = 785(P/F, 10\%, 1) + 245(P/A, 10\%, 9)(P/F, 10\%, 1)$$
$$= 1\ 996.34\ \text{万元}$$

由于$PC_A > PC_B$，所以方案 B 为最佳方案。

(2)年费用(AC)比较法

年费用比较法是通过计算各备选方案的等额年费用(AC)并进行比较，以年费用较低的方案为最佳方案的一种方法，其表达式如下：

$$AC = \sum_{t=0}^{n} CO_t (P/F, i_c, t)(A/P, i_c, n) \tag{5-16}$$

【例 5-17】 根据例 5-16 的资料，试用年费用比较法选择最佳方案。

解：根据(5-16)式可计算出 A、B 两方案的等额年费用如下：

$$AC_A = 2\ 011.40 \times (P/A, 10\%, 10) = 327.46(\text{万元})$$

$$AC_B = 1\ 996.34 \times (P/A, 10\%, 10) = 325.00(\text{万元})$$

由于$AC_A > AC_B$，故方案 B 为最佳方案。

采用年费用比较法与费用现值比较法对方案进行比选的结论是完全一致的。因为实际上费用现值(PC)和等额年费用(AC)之间可以很容易进行转换。即：

$$PC = AC(P/A,\ i,\ n)$$

或

$$PA = PC(P/A,\ i,\ n)$$

所以根据费用最小的原则，两种方法的计算结果是一致的，因此在实际应用中对于效益相同或基本相同但又难以具体估算的互斥方案进行比选时，若方案的寿命期相同，则任意选择其中的一种方法即可，若方案的寿命期不同，则一般使用年费用比较法。

5.3.2 寿命期不同的互斥方案的比选

对于互斥方案来讲，如果其寿命期不同，那么就不能直接采用净现值法等评价方法来对方案进行比选，因为此时寿命期长的方案的净现值与寿命期短的方案的净现值不具有可比性。因此，为了满足时间上可比的要求，需要对各备选方案的计算期和计算公式进行适当的处理，使各个方案在相同的条件下进行比较，才能得出合理的结论。

为了满足时间可比条件而进行处理的方法很多，常用的有年值法、最小公倍数法和研究期法等。

1. 年值(AW)法

年值(AW)法是对寿命期不相等的互斥方案进行比选时用到的一种最简明的方法。它是通过分别计算各备选方案净现金流量的等额年值(AW)进行比较，以 AW≥0，且 AW 最大者为最优方案。其中年值(AW)的表达式如下：

$$AW = \left[\sum_{t=0}^{n}(CI-CO)_2\,(1+i_c)^{-t}\right](A/P,\ i_c,\ n) = NPV(A/P,\ i_c,\ n) \tag{5-17}$$

【例 5-18】 某工程项目有 A、B 两个方案，其净现金流量情况如表 5-9 所示，若 $i_c = 10\%$，试用年值法对方案进行比选。

表 5-9　**A、B 两方案的净现金流量**　单位：万元

方案＼年序	1	2~5	6~9	10
A	-300	80	80	100
B	-100	50	—	—

解：先求出 A、B 两个方案的净现值：

$$NPV_A = -300(P/F,\ 10\%,\ 1) + 80(P/A,\ 10\%,\ 8)(P/F,\ 10\%,\ 1) + 100(P/F,\ 10\%,\ 10) = 153.83(\text{万元})$$

$$NPV_B = -100(P/F,\ 10\%,\ 1) + 50(P/A,\ 10\%,\ 4)(P/F,\ 10\%,\ 1) = 53.18(\text{万元})$$

然后根据(5-17)式求出 A、B 两方案的等额年值(AW)。

$$AW_A = NPV_A(A/P, i_c, n_A) = 153.83 \times (A/P, 10\%, 10) = 25.04(\text{万元})$$

$$AW_B = NPV_B(A/P, i_c, n_B) = 53.18 \times (A/P, 10\%, 5) = 14.03(\text{万元})$$

由于$AW_A > AW_B$，且AW_A、AW_B均大于零，故方案 A 为最佳方案。

2. 最小公倍数法

最小公倍数法又称为方案重复法，是以各备选方案寿命期的最小公倍数作为方案比选的共同的计算期，并假设各个方案均在这样一个共同的计算期内重复进行。例如有 A、B 两个互斥方案，A 方案计算期为 4 年，B 方案计算期为 6 年，则其共同的计算期即为 12 年(4 和 6 的最小公倍数)，然后假设 A 方案将重复实施 3 次，B 方案将重复实施 2 次，分别对其净现金流量进行重复计算，在此共同的计算期内对方案进行比选。

最小公倍数法是基于重复型更新假设理论之上的。重复型更新假设理论包括以下两个方面：

① 在较长时间内，方案可以连续地以同种方案进行重复更新，直到多方案的最小公倍数寿命期或无限寿命期；

② 替代更新方案与原方案现金流量完全相同，延长寿命后的方案现金流量以原方案寿命为周期重复变化。

【例 5-19】 根据例 5-18 的资料，试用最小公倍数法对方案进行比选。

解：A 方案计算期为 10 年，B 方案计算期为 5 年，则其共同的计算期为 10 年，也即 B 方案需重复实施两次。

计算在计算期为 10 年的情况下，A、B 两个方案的净现值。

其中 NPV_B 的计算可参考图 5-10。

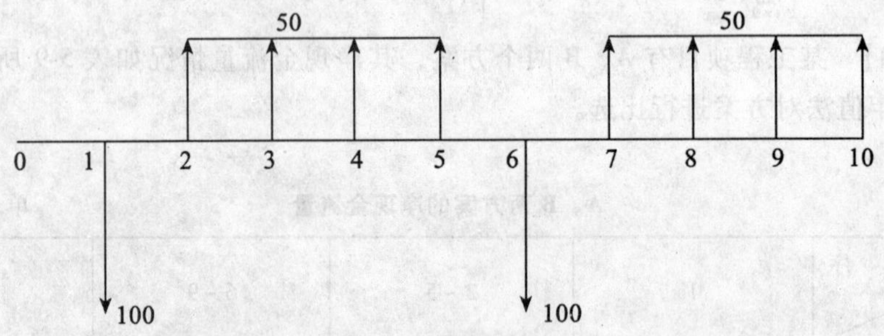

图 5-10 方案 B 的现金流量图(单位：万元)

$$NPV_A = 153.83(\text{万元})$$

$$\begin{aligned} NPV_B &= -100 \times (P/F, 10\%, 1) + 50 \times (P/A, 10\%, 4) \times (P/F, 10\%, 1) \\ &\quad -100 \times (P/F, 10\%, 6) + 50 \times (P/A, 10\%, 4) \times (P/F, 10\%, 6) \\ &= 86.20(\text{万元}) \end{aligned}$$

由于 $NPV_A > NPV_B$，且 NPV_A、NPV_B 均大于零，故方案 A 为最佳方案。

【例 5-20】 某公司选择施工机械，有两种方案可供选择，资金利率为 10%，设备方案的数据如表 5-10 所示，试进行方案比较。

表 5-10　　　　　　　　　　　　　**现金流量表**

	单位	方案 A	方案 B
投资 P	元	10 000	15 000
年收入 A	元	6 000	6 000
年度经营费 A	元	3 000	2 500
残值 F	元	1 000	1 500
服务寿命期 a	年	6	9

解：由于两个方案的服务寿命不相等，计算期应取各方案服务寿命的最小公倍数，以便在相同年限内进行比较。本题的最小公倍数为 18 年，故有：

$$\begin{aligned}NPV_A &= -10\ 000-(10\ 000-1\ 000)(P/F, 10\%, 6)-(10\ 000-1\ 000)\\&\quad(P/F, 10\%, 12)+1\ 000(P/F, 10\%, 18)+(6\ 000-3\ 000)\\&\quad(P/A, 10\%, 18)\\&= 10\ 448.9(\text{元})\end{aligned}$$

$$\begin{aligned}NPV_B &= -15\ 000-(15\ 000-1\ 500)(P/F, 10\%, 5)+1\ 500(P/F, 10\%, 18)\\&\quad+(6\ 000-2\ 500)(P/A, 10\%, 18)\\&= 6\ 997.7(\text{元})\end{aligned}$$

$$NPV_A-NPV_B=10\ 448.9-6\ 997.7=3\ 451.2(\text{元})$$

即，计算结果表明，选择方案 A 可以多获得 3 451.2 元。同时应当指出，由于此方法延长了时间，实际上夸大了两方案的差别。

重复型更新假设理论一般隐含于问题之中，无需特别说明。另外，需要特别指出的是，年值法也隐含了重复型更新假设理论，因为在重复型更新假设理论的条件下，现金流量是周期性变化的，延长若干期后的方案年值与一个周期的年值应是相等的。

一般情况下，设 n 为方案的寿命年限，m 为周期数，则在重复型更新假设理论的条件下，有以下等式：

$$AV^{(n\times 1)}=AV^{(n\times m)}$$

因此，年值法是最小公倍数法的一个特例，在此之所以把年值法单独作为一种方法列出来，主要是因为年值法是寿命期不等的互斥方案选择中最常用的方法，对于寿命期不等的互斥方案可以直接通过计算方案的年值来比较方案的优劣。

3. 研究期法

在用最小公倍数法对互斥方案进行比选时，如果各方案的最小公倍数比较大，则需对计算期较短的方案进行多次的重复计算，而这与实际显然不相符合，因为技术在不断地进步，一个完全相同的方案在一个较长的时期内反复实施的可能性不大，因此用最小公倍数法得出的方案评价结论就不太令人信服，这时可以采用一种称为研究期法的评价方法。

所谓研究期法，就是针对寿命期不相等的互斥方案，直接选取一个适当的分析期作为各个方案共同的计算期，在此共同的计算期内对方案进行比选。

为了得到正确合理的评价结论，应用研究期法需要满足三个前提：一是研究期的确定合理；二是对于在研究期内提前达到寿命期的方案，合理确定其更替方案及现金流量；三是对于在研究期末尚未达到寿命期的方案或更替方案，合理确定其未使用价值(残值)。

(1)研究期的确定

一般分为以下三种情况：

① 以寿命最短方案的寿命为各方案共同的服务年限——研究期，令寿命长的方案在研究期末保留一定的残值；

② 以寿命最长方案的寿命为共同的研究期，令寿命短的方案在寿命终止时，以更替方案更替，在研究期末令更替方案保留一定的残值；

③ 统一规定方案的计划服务年限，在此期限内有的方案可能需要更替，服务期满后，有的方案可能存在残值。

(2)更替方案及其现金流量的确定

对于在达到共同服务年限之前先达到其寿命期的方案，可以根据技术进步的快慢程度，合理地预测未来更替方案及其现金流量。一般有两种处理情况：一是采用同种固定资产进行更替——原型更新；二是采用可以预测到的其他新型固定资产进行更替——新型更新。

(3)方案未使用价值(残值)的处理

一般有以下三种处理方式：

① 完全承认未使用价值，即将方案的未使用价值全部折算到研究期末；

② 完全不承认未使用价值，研究期后的方案未使用价值均忽略不计；

③ 对研究期末的方案未使用价值进行客观的估计，以估计值计在研究期。

【例 5-21】 有 A、B 两个方案，A 方案的寿命为 4 年，B 方案的寿命为 6 年，其现金流量如表 5-11 所示，$i_c=10\%$。

(1)试确定两方案在不同研究期下的现金流量；

(2)根据残值的不同处理方式对两方案进行比较选择。

表 5-11　　**A、B 两方案的现金流量**　　单位：元

年　末	0	1	2	3	4	5	6
A 方案	-5 000	3 000	3 000	3 000	3 000	—	—
B 方案	-4 000	2 000	2 000	2 000	2 000	2 000	2 000

解：(1)A、B 两方案在不同研究期下的现金流量。

① 以 A 方案的寿命期(4 年)为研究期，现金流量如表 5-12 所示。

表 5-12　　**现金流量表**　　单位：元

年　末	0	1	2	3	4
A 方案	-5 000	3 000	3 000	3 000	3 000
B 方案	-4 000	2 000	2 000	2 000	2 000 1 500(残值)

② 以 B 方案的寿命期(6 年)为研究期，现金流量如表 5-13 所示。

表 5-13　　现金流量表　　单位：元

年　末	0	1	2	3	4	5	6
A 方案	-5 000	3 000	3 000	3 000	3 000 -5 000	3 000	3 000 3 500(残值)
B 方案	-4 000	2 000	2 000	2 000	2 000	2 000	2 000

③ 计划服务年限(10 年)为研究期，现金流量如表 5-14 所示。

表 5-14　　现金流量表　　单位：元

年　末	0	1	2	3	4	5	6	7	8	9	10
A 方案	-5 000	3 000	3 000	3 000	3 000 -5 000	3 000	3 000	3 000	3 000 -5 000	3 000	3 000 3 500(残值)
B 方案	-4 000	2 000	2 000	2 000	2 000	2 000	2 000 -4 000	2 000	2 000	2 000	2 000 1 500(残值)

(2)根据残值的不同处理方式对两方案进行比选。

选定研究期为 4 年。

① 完全承认研究期末方案的未使用价值

$$NPV_A^{(4)} = -5\ 000+3\ 000(P/A,\ 10\%,\ 4)=4\ 506.7(元)$$

$$NPV_B^{(4)} = -4\ 000(A/P,\ 10\%,\ 6)(P/A,\ 10\%,\ 4)+2\ 000(P/A,\ 10\%,\ 4) = 3\ 428(元)$$

即选择 A 方案。

② 完全不承认研究期末方案的未使用价值

$$NPV_A^{(4)} = -5\ 000+3\ 000(P/A,\ 10\%,\ 4)=4\ 506.7(元)$$

$$NPV_B^{(4)} = -4\ 000+2\ 000(P/A,\ 10\%,\ 4)=2\ 339.6(元)$$

即选择 A 方案。

③ 估计研究期末设备的残值为 1 500 元

$$NPV_A^{(4)} = -5\ 000+3\ 000(P/A,\ 10\%,\ 4)=4\ 506.7(元)$$

$$NPV_B^{(4)} = -4\ 000+2\ 000(P/A,\ 10\%,\ 4)+1\ 500(P/F,\ 10\%,\ 4)=3\ 364.1(元)$$

即 A 方案为优。

【例 5-22】 A、B 两个项目的现金流量如表 5-15 所示，若已知 $i_c=10\%$，试用研究期法对方案进行比选。

表 5-15　　A、B 两个项目的净现金流量　　单位：万元

项目＼年序	1	2	3～7	8	9	10
A	-550	-350	380	430		
B	-1 200	-850	750	750	750	900

解：取 A、B 两方案中较短的计算期作为共同的计算期，也即 $n=8$ 年，分别计算当计算期为 8 年时 A、B 两方案的净现值：

$$NPV_A=-550(P/F,10\%,1)-350(P/F,10\%,2)+380(P/F,10\%,5)(P/F,10\%,2)+430\times(P/F,10\%,8)$$
$$=601.89(万元)$$

$$NPV_B=[-1\,200(P/F,10\%,1)-850(P/F,10\%,2)+750(P/A,10\%,7)(P/F,10\%,2)+900(P/F,10\%,10)](A/P,10\%,10)(P/F,10\%,8)$$
$$=1\,364.79(万元)$$

注：B 方案是按完全考虑残值计算的。

由于 $NPV_B>NPV_A>0$，所以方案 B 为最佳方案。

5.4 独立方案和现金流量相关型方案的比选

5.4.1 独立方案的比选

独立方案一般有两种情况：无资源限制和有资源限制。

1. 无资源限制的情况

如果独立方案之间共享的资源足够多（没有限制），则任何一个方案的选择只与其自身的可行性有关，因此只要该方案在经济上是可行的，就可以采纳。因此这种情况实际上就是单方案检验。但是，无资源限制并不是指有无限多的资源，而是指资源足以满足所有方案的需要。

2. 有资源限制的情况

如果独立方案之间共享的资源是有限的，不能满足所有方案的需要，则在这种不超出资源限制的条件下，独立方案的选择有两种方法：一是方案组合法；二是净现值率排序法。

(1) 方案组合法

方案组合法的基本原理就是：在资源限制的条件下，列出独立方案所有可能的组合，

每种组合形成一个组合方案，所有可能的组合方案是互斥的，然后根据互斥方案的比选方法选择最优的组合方案即为独立方案的选择。

【例 5-23】　有三个独立方案 A，B 和 C，寿命期均为 10 年，现金流量如表 5-16 所示。基准收益率为 8%，投资资金限额为 12 000 万元。试做出最佳投资决策。

表 5-16　　**方案 A、B、C 的现金流量表**

方　案	初始投资（万元）	年净收益（万元）	寿命（年）
A	3 000	600	10
B	5 000	850	10
C	7 000	1 200	10

解：三个方案的净现值都大于零，从单方案检验的角度看都是可行的，但是由于投资总额有限制，因此三个方案不能同时实施，只能选择其中的一个或两个方案。

① 列出不超过投资限额的所有组合方案；

② 对每个组合方案内的各独立方案的现金流量进行叠加，作为组合方案的现金流量，并按投资额从小到大排列；

③ 按组合方案的现金流量计算各组合方案的净现值；

④ 净现值最大者即为最优组合方案。

计算过程如表 5-17 所示，（A+C）为最佳组合方案，故最佳投资决策是选择 A+C 组合方案。

表 5-17　　**组合方案的现金流量及净现值表**

序号	组合方案	初始投资(万元)	年净收益(万元)	寿命(年)	净现值(万元)	结论
1	A	3 000	600	10	1 026	
2	B	5 000	850	10	704	
3	C	7 000	1 200	10	1 052	
4	A+B	8 000	1 450	10	1 730	
5	A+C	10 000	1 800	10	2 078	最佳
6	B+C	12 000	2 050	10	1 756	

（2）净现值率排序法

净现值率排序法是指净现值率大于或等于零的各个方案按净现值率的大小依次排序，并依此次序选取方案，直至所选取的方案组合的投资总额最大限度地接近或等于投资限额为止。

【例 5-24】　根据例 5-23 的资料，试利用净现值率排序法做出最佳投资决策。

解：首先计算 A、B、C 三个投资方案的净现值率：

$$NPVR_A = 34.2\%$$

$$NPVR_B = 14.08\%$$

$$NPVR_C = 15.03\%$$

然后将各方案按净现值率从大到小依次排序，结果如表 5-18 所示。

表 5-18　　**方案 A、B、C 的 NPVR 排序表**

方　案	净现值率	投资额（万元）	累计投资额（万元）
A	34.2%	3 000	3 000
C	15.03%	7 000	10 000
B	14.08%	5 000	15 000

即，由表 5-18 可知，方案的选择顺序是 A→C→B。由于资金限额为 12 000 万元，所以投资决策为方案 A、C 的组合。

对于有资源限制的独立方案的比选，方案组合法和净现值率排序法各有其优劣。净现值率排序法的优点是计算简便，选择方法简明扼要；缺点是经常会出现资金没有被充分利用的情况，因而不一定能保证获得最佳组合方案。而方案组合法的优点是在各种情况下均能获得最佳组合方案，但缺点是计算比较烦琐。因此在实际运用中，应该综合考虑各种因素，选用适当的方法进行方案的比选。

5.4.2　现金流量相关型方案的比选

对于现金流量相关型方案的比选常用的方法也是通过方案组合法使各组合方案互斥化，不同的是由于方案之间的现金流量相互影响，因此必须对方案之间现金流量的相互影响作出准确的估计。

【例 5-25】　为了满足运输要求，有关部门分别提出要在某两地之间修建一条铁路和（或）一条公路。只上一个项目时的净现金流量如表 5-19 所示。若两个项目都上，由于货运分流的影响，两项目都将减少净收益，其净现金流量如表 5-20 所示。当 $i_c = 10\%$ 时，应如何选择？

表 5-19　　**只上一个项目时的净现金流量表**　　单位：百万元

方案 \ 年序	0	1	2	3 ~ 32
铁路（A）	-200	-200	-200	100
公路（B）	-100	-100	-100	60

表 5-20　　两个项目都上的净现金流量表　　单位：百万元

方案＼年序	0	1	2	3～32
铁路（A）	-200	-200	-200	80
公路（B）	-100	-100	-100	35
两项目合计	-300	-300	-300	115

解：先将两个相关方案组合成三个互斥方案，再分别计算其净现值，结果如表 5-21 所示。

表 5-21　　组合互斥方案及其净现值表　　单位：百万元

方案＼年序	0	1	2	3～32	NPV
1. 铁路（A）	-200	-200	-200	100	281.65
2. 公路（B）	-100	-100	-100	60	218.73
3. （A+B）	-300	-300	-300	115	149.80

根据净现值最大的评价标准，A 方案为最优方案。

由以上论述可以看出，方案比选中方案的互斥化是比较常用的一种方法。对于混合方案的比选，也是根据具体情况进行方案组合使组合方案成为互斥方案，从而利用互斥方案的比选方法进行比选，在此不再赘述。

习题

1. 工程项目技术经济评价的基本内容包括哪些？

2. 根据多方案之间的经济关系类型，一组备选方案之间存在的三种关系类型是什么？

3. 净现值与折现率的关系是什么？

4. 某建筑公司新建一个预制构件厂，需要固定资产投资 50 万元，流动资金 5 万元，若每年销售总收入为 40 万元，年经营费为 20 万元，预计经济寿命为 20 年，残值为 15 万元，基准收益率为 20%，试绘出现金流量图，并用净现值法论证其是否合理。

5. 某项目采用的折现率为 17% 时，所得财务净现值为 18.7 万元，而采用的折现率为 18% 时，财务净现值就下降为-74 万元（负值），求其财务内部收益率。

6. 某企业新建工程需要固定资产投资 40 万元，流动资金 5 万元，若每年销售总收入为 30 万元，年经营费为 17 万元（其中原料、燃料、工资、管理费支出为 15 万元，机器设备更新支出为 2 万元），预计经济寿命为 20 年，残值为 15 万元，基准收益率为 20%，试用净现值法论证其合理否。

7. 某投资者拟投资于房地产，现有 3 处房产供选择。该投资者拟购置房产后，出租经营，10 年后再转手出让，各处房产的购置价、年租金和转卖价如表 5-22 所示。其基准收益率为 15%。分别用净现值法、差额内部收益率法选择最佳方案。

表 5-22　　各处房产的购置价、年租金和转卖价　　单位：万元

项目	A 房产	B 房产	C 房产
购置价	140	190	220
转卖价（扣除相关费用）	125	155	175
年租金	24	31	41

8. 政府考虑修建一个公共的娱乐健身场所，但是政府无法提供基金，只能为项目筹集建设资金提供担保。项目的贷款利息和本金的偿还，可在 15 年内以每年的净收入来支付。若银行贷款利率为 10%，则应修建哪种级别的设施（各种级别的设施的费用与收入数据如表 5-23 所示）？

表 5-23　　各种级别的设施的费用与收入数据　　单位：万元

级　别	建设费用	年运行费用	年收入
Ⅰ	60	3.5	10
Ⅱ	220	6.0	35
Ⅲ	360	8.0	57
Ⅳ	480	9.5	81

第 6 章　工程项目不确定性分析

6.1　概述

作为投资决策依据的技术经济分析，建立在分析人员对未来事件所作的预测与判断基础之上。由于影响各种方案经济效果的政治、经济形势，资源条件，技术发展情况等因素的未来变化带有不确定性，加上预测方法和工作条件的局限性，对方案经济效果评价中使用的投资、成本、产量、价格等基础数据的估算与预测结果不可避免地会有误差。这使得方案经济效果的实际值可能偏离其预期值，从而给投资者和经营者带来风险。例如，投资超支、建设工期拖长、生产能力达不到设计要求、原材料价格上涨、劳务费用增加、产品售价波动、市场需求量变化、贷款利率及外币汇率变动等都可能使一个工程项目达不到预期的经济效果，甚至发生亏损。导致这种偏差出现的原因，可分为主观原因和客观原因。从主观上看，虽然数据的得出都是基于科学的预测或估算方法，但原始统计上的误差、统计样本不足、统计和预测方法的局限性、未知的或受抑制的因素的限制、不能定量表示的因素、不现实或不准确的假设、预测模型不适当的简化等，都会导致一定程度的失误出现。从客观上看，投资项目实施结果在很大程度上受环境因素的影响，如不可预见的社会变革、技术进步所引起的新老产品及工艺的替代、不同时期的经济政策变化对资本市场利率及通货膨胀的影响、在开放经济条件下国际竞争格局变化等，这些客观因素的变化，大多数是难以准确预测的。

为了尽量避免决策失误，我们需要了解各种外部条件的变化对投资方案经济效果的影响程度，需要了解投资方案对各种外部条件变化的承受能力以及对应于可能发生的外部条件的变化，投资方案经济效果的概率分布，需要掌握风险条件下正确的决策原则与方法。

6.2　盈亏平衡分析

盈亏平衡分析是在完全竞争或垄断竞争的市场条件下，研究工程项目特别是工业项目产品生产成本、产销量与盈利之间平衡关系的方法。对于一个工程项目而言，随着产销量的变化，盈利与亏损之间一般至少有一个转折点，我们称这种转折点为盈亏平衡点

(Break Even Point, BEP)，在这一点上，销售收入与成本费用相等，既不亏损也不盈利。盈亏平衡分析就是要找出项目方案的盈亏平衡点。一般说来，对工程项目的生产能力而言，盈亏平衡点越低，项目盈利的可能性就越大，对不确定因素变化所带来的风险的承受能力就越强。

盈亏平衡分析的基本方法是建立成本与产量、销售收入与产量之间的函数关系，通过对这两个函数及其图形的分析，找出盈亏平衡点。

6.2.1 线性盈亏平衡分析

线性盈亏平衡分析的基本公式如下：

年销售收入方程：
$$R=P\times Q \tag{6-1}$$

年总成本费用方程：
$$C=F+V\times Q+T\times Q \tag{6-2}$$

年利润方程：
$$B=R-C=(P-V-T)\times Q-F \tag{6-3}$$

式中，R 为年总销售收入；P 为单位产品销售价格；Q 为项目设计生产能力或年产量；C 为年总成本费用；F 为年总成本中的固定成本；V 为单位产品变动成本；T 为单位产品销售税金；B 为年利润。

当盈亏平衡时，年销售收入=年总成本费用，则：

年产量的盈亏平衡点：

$$\mathrm{BEP}_Q=\frac{F}{P-V-T} \tag{6-4}$$

销售收入的盈亏平衡点：

$$\mathrm{BEP}_R=P\left(\frac{F}{P-V-T}\right) \tag{6-5}$$

盈亏平衡点的生产能力利用率：

$$\mathrm{BEP}_Y=\frac{\mathrm{BEP}_Q}{Q}=\frac{F}{(P-V-T)\times Q} \tag{6-6}$$

经营安全率：
$$\mathrm{BEP}_S=1-\mathrm{BEP}_Y \tag{6-7}$$

平衡点的生产能力利用率一般不应大于75%；经营安全率一般不应小于25%。

产品销售价格的盈亏平衡点：

$$\mathrm{BEP}_P=\frac{F}{Q}+V+T \tag{6-8}$$

单位产品变动成本的盈亏平衡点：
$$\mathrm{BEP}_V=P-T-\frac{F}{Q} \tag{6-9}$$

以上分析如图6-1所示。

【例6-1】 某设计方案年产量为12万吨，已知每吨产品的销售价格为675元，每吨产品缴付的销售税金为165元，单位可变成本为250元，年总固定成本费用为1 500万元，试求用产量表示的盈亏平衡点、盈亏平衡点的生产能力利用率、盈亏平衡点的产品售价。

解：$R=675\times Q$

$C=1\ 500+(250+165)\times Q$

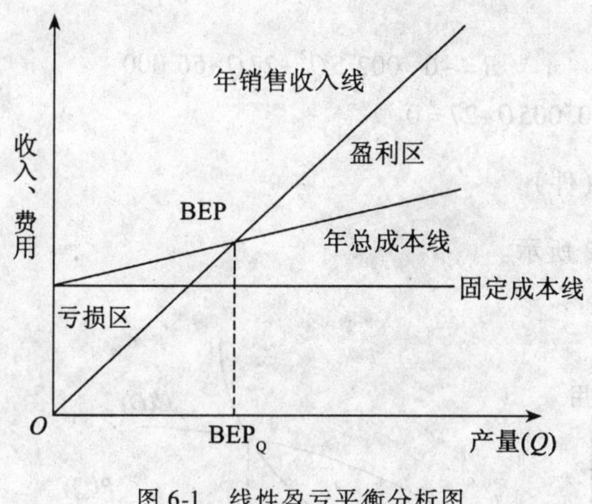

图 6-1　线性盈亏平衡分析图

BEP(产量) = 1 500÷(675−250−165) = 5.77(万吨)

BEP(生产能力利用率) = 5.77÷12×100% = 48.08%

BEP(产品售价) = 1 500÷12+250+165 = 540(元/吨)

6.2.2　非线性盈亏平衡分析

在垄断竞争下，随着项目产销量的增加，市场上产品的单位价格就要下降，因而销售收入与产销量之间是非线性关系；同时，企业增加产量时原材料价格可能会上涨，同时要多支付一些加班费、奖金以及设备维修费，使产品的单位可变成本增加，从而总成本与产销量之间也呈非线性关系；这种情况下可能出现一个以上的盈亏平衡点。

【例 6-2】 某企业投产以后，年固定总成本为 66 000 元，单位变动成本为 28 元，由于原材料整批购买，每多生产一件产品，单位变动成本可降低 0.001 元；单位销售价为 55 元，销量每增加一件产品，售价下降 0.003 5 元。试求盈亏平衡点及最大利润时的销售量。

解：单位产品的售价为：$(55-0.0035Q)$；

单位产品的变动成本为：$(28-0.001Q)$

(1)求盈亏平衡点的产量 Q_1 和 Q_2

$$C(Q)=66\,000+(28-0.001Q)\times Q=66\,000+28Q-0.001Q^2$$

$$R(Q)=55Q-0.0035Q^2$$

根据盈亏平衡原理：$C(Q)=R(Q)$

即，$$66\,000+28Q-0.001Q^2=55Q-0.0035Q^2$$

$$0.0025Q^2-27Q+66\,000=0$$

$$Q_1=\frac{27-\sqrt{27^2-4\times0.0025\times66\,000}}{2\times0.0025}=3\,470(\text{件})$$

$$Q_1=\frac{27+\sqrt{27^2-4\times0.0025\times66\,000}}{2\times0.0025}=7\,060(\text{件})$$

(2)求最大利润时的产量 Q_{max}

由 $B=R-C$ 得

$$B=-0.0025Q^2+27Q-66000$$

令 $B'(Q)=0$ 得：$-0.005Q+27=0$

$$Q_{max}=\frac{27}{0.005}=5400(件)$$

以上分析，如图 6-2 所示。

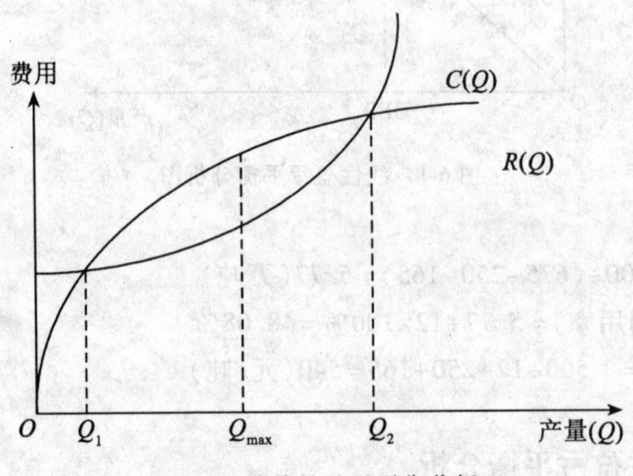

图 6-2　非线性盈亏平衡分析

如果一个企业生产多种产品，可换算成单一产品，或选择其中一种不确定性最大的产品进行分析。

运用盈亏平衡分析，在方案选择时应优先选择平衡点较低者，盈亏平衡点越低意味着项目的抗风险能力越强，越能承受意外的风吹草动。

6.2.3　互斥方案的盈亏平衡分析

在需要对若干个互斥方案进行比选的情况下，如果有某一个共有的不确定因素影响这些方案的取舍，可以先求出两两方案的盈亏平衡点，再根据盈亏平衡点进行方案取舍。

【例 6-3】　某产品有两种生产方案，方案 A 初始投资为 70 万元，预期年净收益为 15 万元；方案 B 初始投资为 170 万元，预期年收益为 35 万元。该项目产品的市场寿命具有较大的不确定性，如果给定基准收益率为 15%，不考虑期末资产残值，试以项目寿命期为共有变量分析两方案的临界点。

解：设项目寿命期为 n

$$NPV_A=-70+15(P/A,\ 5\%,\ n)$$

$$NPV_B=-170+35(P/A,\ 5\%,\ n)$$

当 $NPV_A=NPV_B$ 时，有

$$-70+15(P/A,\ 5\%,\ n)=-170+35(P/A,\ 5\%,\ n)$$

$$(P/A,\ 5\%,\ n)=5$$

查复利系数表得 $n=10$ 年。

这就是以项目寿命期为共有变量时方案 A 与方案 B 的盈亏平衡点。由于方案 B 净收益比较高，项目寿命期延长对方案 B 有利。故可知：如果根据市场预测项目寿命期小于 10 年，应采用方案 A；如果寿命期在 10 年以上，则应采用方案 B，如图 6-3 所示。

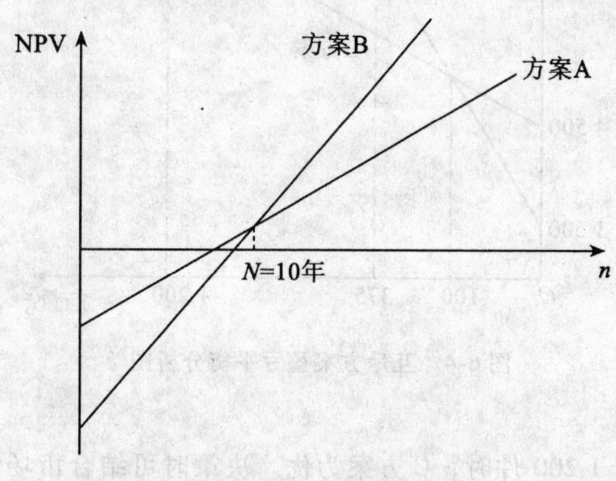

图 6-3　盈亏平衡图

【例 6-4】　拟建某工程项目，有三个技术方案可供采纳，每一个方案的产品成本见表 6-1，试比较三个方案。

表 6-1　　成本数据表

方　案	A	B	C
产品可变成本(元/件)	50	20	10
产品固定成本(元)	1 500	4 500	16 500

解：设 ξ 为预计产量，各方案的成本费用方程如下：

$$C=V\xi+F$$

$$C_A=50\xi+1\ 500$$

$$C_B=20\xi+4\ 500$$

$$C_C=10\xi+16\ 500$$

令 $C_A=C_B$，求得 $\xi_{AB}=100$

令 $C_B=C_C$，求得 $\xi_{BC}=1\ 200$

令 $C_A=C_C$，求得 $\xi_{AC}=375$

以横轴表示产量，纵轴表示成本，绘出盈亏平衡图，如图 6-4 所示。

从图中可以看出，当产量小于 100 件时，A 方案为优；当产量为 100 ~1 200 件时，B

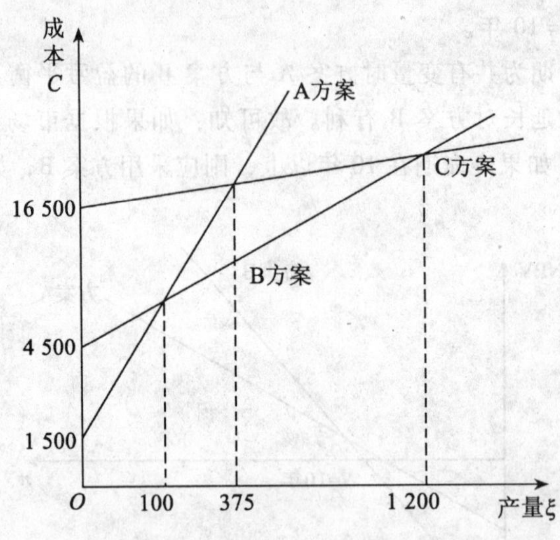

图 6-4　互斥方案盈亏平衡分析图

方案为优；当产量大于 1 200 件时，C 方案为优。决策时可结合市场预测结果及投资条件进行方案取舍。

6.3　敏感性分析

6.3.1　敏感性分析与敏感因素

敏感性分析又称敏感度分析，它是项目经济决策中一种常用的不确定性分析方法。敏感性分析是通过测定一个或多个不确定性因素的变化所引起的项目经济效果评价指标的变化幅度，计算项目预期目标受各个不确定性因素变化的影响程度；分析不确定性因素对于项目预期目标的敏感程度，并根据因素的敏感程度大小制定相应的对策，使项目达到预期目标。

可能对方案经济效果产生影响的不确定性因素很多，一般有产品销售量、产品售价、主要原材料和动力价格、固定资产投资、经营成本、建设工期和生产期等。其中有的不确定性因素微小的变化就会引起方案经济效果发生很大的变化，对项目经济评价的可靠性产生很大的影响，则这些不确定性因素称为敏感因素；反之，称为不敏感因素。与不敏感因素相比，敏感性因素的变化给项目带来的风险会更大一些，所以，敏感性分析的核心问题，是从众多的不确定因素中找出影响投资项目经济效果的敏感因素，并提出有针对性的控制措施，为项目决策服务。

6.3.2 敏感性分析的步骤

1. 确定分析指标

这里所述的分析指标就是敏感性分析的具体分析对象。评价一个项目经济效果的指标有多个，如净现值、净年值、净现值率、内部收益率、投资回收期等，都可以作为敏感性分析指标。但是，对于某一个具体的项目而言，没有必要对所有的指标都作敏感性分析，因为不同的项目有不同的特点和要求，各个经济效果指标都有各自特定的含义，分析、评价所反映的问题也有所不同。因此，应根据经济评价的深度和具体情况来选择敏感性分析指标。

选择原则有以下两点：

(1) 敏感性分析的指标应与确定性分析的指标相一致，不应超出确定性分析所用指标的范围，另立指标；

(2) 确定性经济分析中所用指标比较多时，应选择最能够反映该项目经济效益和经济合理与否的一个或几个最重要的指标作为敏感性分析的对象。一般在项目的机会研究阶段，各种经济数据较为粗略，常使用简单的投资收益率和投资回收期指标，而在详细可行性研究阶段，经济指标主要采用内部收益率和净现值等动态指标，并通常附以投资回收期指标。

2. 选择不确定因素，并设定其变化幅度

影响方案经济效果的不确定性因素很多，如前所述，这些因素中的任何一个发生变化，都会引起方案经济效果的变动。但是在实际工作中，不可能也没有必要对影响经济效果的所有因素都进行不确定性分析，而应该根据经济评价的要求和项目的特点，将发生变化的可能性比较大、对项目方案经济效果影响比较大的几个主要因素设定为不确定性因素。对于一般的项目而言，常用做敏感性分析的因素有投资额、建设期、产量或销售量、价格、经营成本、折现率等。对于具体的项目来说，还要作具体的选择和考虑。在选定了需要分析的不确定性因素后，还要结合实际情况，根据各不确定性因素可能波动的范围，设定不确定因素的变化幅度，如5%、10%、15%等。

3. 计算设定的不确定因素的变化幅度对经济指标的影响数值

对于各个不确定因素的各种可能的变化幅度，分别计算其对分析指标影响的具体数值，即固定其他不确定因素，变动某一个或某几个因素，计算经济效果指标值。

4. 寻找敏感因素

敏感因素是指数值变化能显著影响分析指标的不确定因素。判别敏感因素的方法有相对测定法和绝对测定法两种。

(1) 相对测定法

假设各不确定因素有一个相同的变化幅度，比较在同一变化幅度下各因素的变动对分析指标的影响程度，影响程度大者为敏感因素。这种影响程度可以用敏感度系数表示。

敏感度系数的计算公式如下：

$$\beta = \frac{\Delta A}{\Delta F}$$

式中，β——评价指标 A 对于不确定因素 F 的敏感度系数；

ΔF——不确定因素 F 的变化率(%)；

ΔA——不确定因素 F 发生 ΔF 变化率时，评价指标 A 相应的变化率(%)。

相对测定法仅仅从评价指标对不确定因素变化的敏感程度来鉴别敏感因素，而没有考虑各个不确定因素本身可能变化的情况。事实上，鉴别某个因素是否为敏感因素，不仅要考虑评价指标对该因素变化的敏感程度，还要考虑该因素可能出现的最大变化幅度。

(2)绝对测定法

设各个不确定因素均向对方案不利的方向变化，并取其可能出现的对方案最不利的数值，据此计算方案的经济效果指标，看其是否达到使方案无法被接受的程度，如 NPA<0 或 IRR<i_0。如果某个因素可能出现的最不利数值使方案变得不可接受，则表明该因素为方案的敏感因素。

绝对测定法的一个变通方法是先设定分析指标将方案从可行转变为不可行，即 NPA=0 或 IRR=i_0 等，然后分别求解各不确定因素所对应的变化幅度——临界点，并与其可能出现的最大变化幅度比较。如果某个因素可能出现的变化幅度超过其临界点，则表明该因素是方案的敏感因素。临界点可用临界点百分比或者临界值表示，临界点百分比表示不确定因素变化幅度的相对值，临界值表示不确定因素变化达到的绝对数值。

5. 结合确定性分析进行综合评价，并对项目的风险情况作出判断

根据敏感因素对方案评价指标的影响程度及敏感因素的多少判断项目风险的大小，结合确定性分析的结果作进一步的综合判断，寻求对主要不确定因素变化不敏感的项目，为项目决策提供可靠的依据。

根据项目经济目标，如经济净现值或经济内部收益率等所做的敏感性分析叫经济敏感性分析，而根据项目财务目标所做的敏感性分析叫做财务敏感性分析。

根据每次计算时考虑的变动不确定因素数目的不同，敏感性分析可以分为单因素敏感性分析和多因素敏感性分析。

6.3.3 单因素敏感性分析

假定其他因素不变，每次只考虑一个不确定因素的变化对项目经济效果的影响的敏感性分析，称为单因素敏感性分析。单因素敏感性分析还应求出导致项目由可行变为不可行的不确定因素变化的临界值。临界值可以通过敏感性分析图求得，具体做法如下：

将不确定因素变化率作为横坐标，以某个评价指标，如内部收益率为纵坐标作图，由每种不确定因素的变化可得到内部收益率随之变化的曲线。每条曲线与基准收益率的交点称为该不确定因素的临界点，该点对应的横坐标即为不确定因素变化的临界点。

【例 6-5】 设某项目基本方案的基本数据估算值如表 6-2 所示，试以年销售收入 B、年经营成本 C 和建设投资 I 作为拟分析的不确定因素对内部收益率进行单因素敏感性分析

(基准收益率 $i_c=8\%$)。

表 6-2　　基本方案的基本数据估算表

因素	建设投资 I /万元	年销售收入 B /万元	年经营成本 C /万元	期末残值 L /万元	寿命 n /年
估算值	1 500	600	250	200	6

解：(1)以销售收入、经营成本和投资作为拟分析的不确定因素。

(2)选择项目的内部收益率为评价指标。

(3)作出方案的现金流量图，如图 6-5 所示，计算基本方案的内部收益率 IRR：

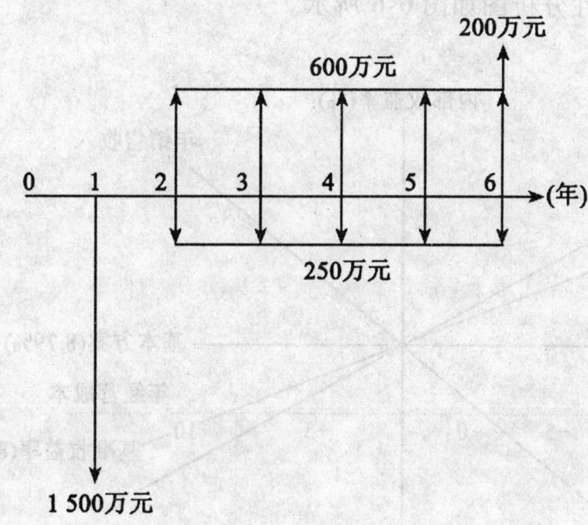

图 6-5　现金流量图

$$-I(1+\mathrm{IRR})^{-1}+(B-C)\sum_{i=2}^{5}(1+\mathrm{IRR})^{-1}+(B+L-C)(1+\mathrm{IRR})^{-6}=0$$

$$-1\,500(1+\mathrm{IRR})^{-1}+350\sum_{i=2}^{5}(1+\mathrm{IRR})^{-1}+550(1+\mathrm{IRR})^{-6}=0$$

采用试算法得：

$$\mathrm{NPV}(i=8\%)=31.08(\text{万元})>0,$$
$$\mathrm{NPV}(i=9\%)=-7.92(\text{万元})<0$$

采用线性内插法可求得：

$$\mathrm{IRR}=8\%+\frac{31.08}{31.08+7.92}\times(9\%-8\%)=8.79\%$$

(4)计算销售收入、经营成本和建设投资变化对内部收益率的影响，结果如表 6-3 所示。

表 6-3　　因素变化对内部收益率的影响

不确定因素 \ 内部收益率(%) \ 变化率(%)	-10	-5	基本方案	+5	+10
销售收入	3.01	5.94	8.79	11.58	14.30
经营成本	11.12	9.96	8.79	7.61	6.42
建设投资	12.70	10.67	8.79	7.06	5.45

内部收益率的敏感性分析图如图 6-6 所示。

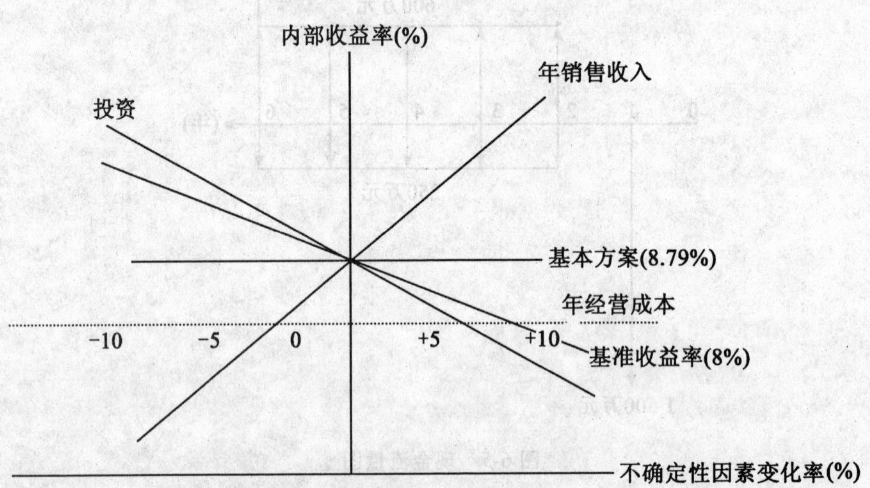

图 6-6　单因素敏感性分析图

(5)计算方案对各因素的敏感度

平均敏感度的计算公式如下：

$$\beta=\frac{\text{评价指标变化的幅度}(\%)}{\text{不确定性因素变化的幅度}(\%)}$$

$$\text{年销售收入平均敏感度}=\frac{(14.30-3.01)\div 3.01}{20\%}=18.75$$

$$\text{年经营成本平均敏感度}=\frac{|6.42-11.12|\div 11.12}{20\%}=0.78$$

$$\text{建设投资平均敏感度}=\frac{|5.45-12.70|\div 12.70}{20\%}=2.85$$

显然，内部收益率对年销售收入变化的反应最为敏感。

6.3.4 多因素敏感分析

单因素敏感性分析计算简单，结果明了，但实际上它是一种理想化了的敏感性分析方法。现实中，许多因素的变动都具有相关性，一个因素的变动往往会伴随着其他因素的变动，单纯考虑单个不确定因素的变化对经济效果评价指标的影响不能够真实地反映现实的实际情况，因此具有一定的局限性。多因素敏感性分析考虑了这种相关性，即考察多个因素同时变化对项目经济效果的影响程度，因而弥补了单因素分析的局限性，更全面地揭示了事物的本质。因此，在对一些有特殊要求的项目进行敏感性分析时，除了进行单因素敏感性分析外，还应进行多因素敏感性分析。但是多因素敏感性分析需要考虑多种不确定因素可能发生的不同变动幅度的多种组合，计算起来比单因素敏感性分析要复杂得多，可编制相应程序，用计算机进行计算。

【例 6-6】 假设某项目初始投资为 1 000 万元，当年建成并投产，预计可使用 10 年，每年销售收入为 700 万元，年经营费用为 400 万元，设基准折现率为 10%。如果可变因素为初始投资与销售收入，并考虑它们同时发生变化，试通过净现值指标对该项目进行敏感性分析。

解：设初始投资额为 K，年销售收入为 R，年经营成本为 C，又假设初始投资变动比例为 x，销售收入变动比例为 y，则

$$\text{NPV}=-K(1+x)+[R(1+y)-C](P/A,\ 10\%,\ 10)$$

将题目中相关数据代入上式计算得：

$$\text{NPV}=843.2-1\ 000\ x+4\ 300.8y$$

取 NPV 的临界值，即令 NPV=0，则有：

$$y=0.233x-0.196$$

这是一个直线方程，将其在坐标图上表示出来，如图 6-7 所示。此直线为 NPV=0 的临界线，在临界线上，NPV=0。在临界线左上方区域 NPV>0，在右下方区域 NPV<0，也就是说，如果投资额与销售收入同时变动，只要不超过左上方区域(包括临界线上的点)，方案都可接受。

在这个例子中，如果分析初始投资额、年销售收入、年经营成本三个因素同时变动对净现值的影响，如上例，假设初始投资变动比例为 x，销售收入变动比例为 y，年经营成本变动比例为 z，则有：

$$\text{NPV}=-K(1+x)+[R(1+y)-C(1+z)](P/A,\ 10\%,\ 10)$$

将题目中相关数据代入上式得：

$$\text{NPV}=843.2-1\ 000x+4\ 300.8y-2457.6z$$

由于很难处理三维以上敏感性的表达式，为了简化起见，我们可以按年经营成本变动的不同比例研究三个参数同时发生变化时净现值的相应变化。令 NPV(z)表示年经营费用变动比例为 z 的净现值，则：

当 $z=+20\%$ 时，$y=0.233x-0.082$

当 $z=-20\%$ 时，$y=0.233x-0.310$

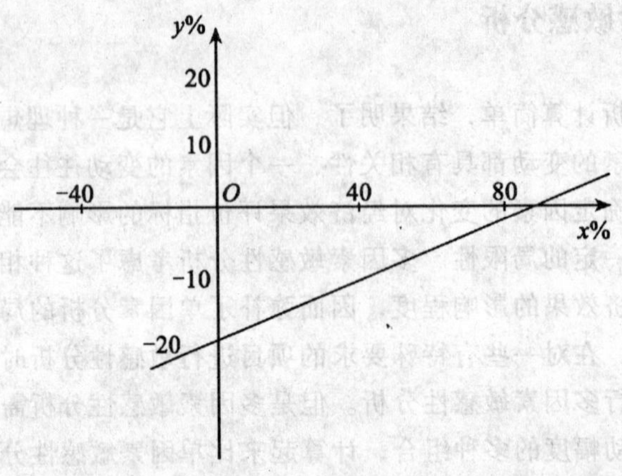

图 6-7　双因素敏感性分析

当 $z=+10\%$ 时，$y=0.233x-0.139$

当 $z=-10\%$ 时，$y=0.233x-0.253$

根据上面的等式，可以绘出一组平行线，如图 6-8 所示。

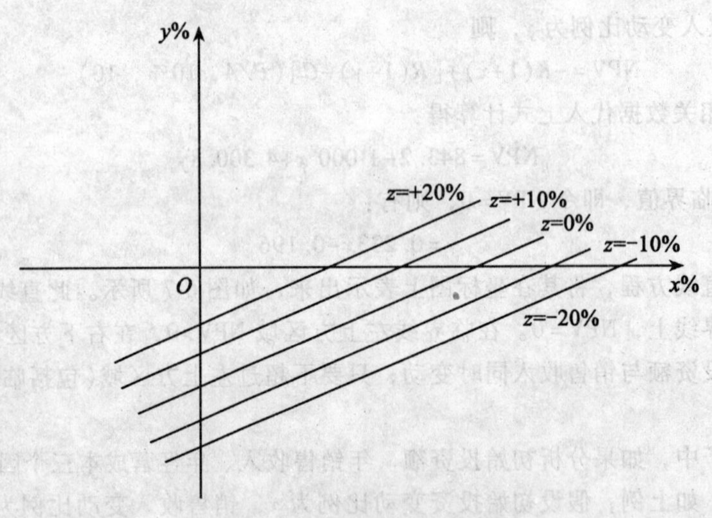

图 6-8　三因素敏感性分析

这一组平行线描述了初始投资额、年经营成本和年销售收入三因素同时变动对净现值的影响程度，从图 6-8 可以看出，经营成本增大，临界线向左上方移动，可行区域变小；而若经营成本减少，临界线向右下方移动，可行区域增大。

6.3.5　三项预测值敏感性分析

多因素敏感性分析要考虑可能发生的多种因素不同变动幅度的各种组合，计算起来要比单因素敏感性分析复杂得多。当分析的不确定因素不超过三个，且指标计算比较简单时，可以采用三项预测值敏感性分析。

三项预测值敏感性分析的基本思路是：对技术方案的各种参数分别给出三个预测值，即悲观的预测值 P，最可能的预测值 M，乐观的预测值 O，根据这三种预测值即可对技术方案进行敏感性分析并做出评价。

【例 6-7】　某企业准备购买新设备，投资、寿命等数据如表 6-4 所示，试就使用寿命、年支出和年销售收入三项因素按最有利、最可能和最不利的三种情况，进行净现值敏感性分析。

表 6-4　　投资、寿命等数据表　　单位：万元

因素变化＼因素	总投资	使用寿命/年	年销售收入	年支出
最有利(O)	15	18	11	2
最可能(M)	15	10	7	4.3
最不利(P)	15	8	5	5.7

解：计算结果如表 6-5 所示。表中最大的 NPV 是 69.35 万元。即寿命、销售收入、年支出均处于最有利状态 O 时：NPV(11-2)(P/A, 8%, 18)-15=0×9.372-15=69.35(万元)

表 6-5　　三项预测值敏感性分析　　单位：万元

销售收入＼净现值	年支出								
	O			M			P		
	寿命								
	O	M	P	O	M	P	O	M	P
O	69.35	45.39	36.72	47.79	29.89	23.50	34.67	20.56	15.46
M	31.86	18.55	13.74	10.30	3.12	0.52	-2.82	-6.28	-7.53
P	13.12	5.13	2.24	8.44	-10.30	-10.98	-21.56	-19.70	-19.00

在表 6-5 中最小的 NPV 是-21.56 万元。即寿命在 O 状态、销售收入和年支出均处于最不利状态 P 时：

NPV(5-5.7)(P/A, 8%, 18)-15=-0.7×9.372-15=-21.56(万元)

6.3.6　敏感性分析的局限性

敏感性分析在一定程度上就各种不确定因素的变动对方案经济效果的影响作了定量描

述，这有助于决策者了解方案的不确定程度，有助于确定在决策及方案实施过程中需要重点研究与控制的因素，对提高方案经济评价的可靠性具有重要意义。但是，敏感性分析具有其局限性，它只考虑了各个不确定因素对方案经济效果的影响程度，而没有考虑各个确定因素在未来发生变动的概率，这可能会影响分析结论的准确性。实际上，各个不确定因素在未来发生变动的概率一般是不同的，有些因素非常敏感，一旦发生变动，对方案的经济效果影响很大，但它发生变动的可能性很小，以至于可以忽略不计；而另一些因素可能不是很敏感，但它发生变动的可能性很大，实际带来的不确定性比那些敏感因素更大。这个问题是敏感性分析所无法解决的，必须借助于风险概率分析方法。

6.4 概率分析

盈亏平衡分析和敏感性分析是不确定性分析最常用的两种方法，但这两种分析方法都隐含了一个假设，即各个不确定因素发生变动的可能性相同。事实上，各个不确定因素在未来发生某一幅度的变动的概率是不尽相同的，这就提出了概率分析的要求。《建设项目评价方法与参数》指出，在完成盈亏平衡分析和敏感性分析之后，根据项目特点和实际需要，有条件时还应进行概率分析。概率分析的基本原理是：假设影响方案经济效果的各种不确定因素是服从某种分布的随机变量，则以这些不确定因素为参数的经济效果函数也必然是一个随机变量。在进行概率分析时，先对各个不确定因素作出概率估计，并以此为基础计算方案的经济效果，最后通过经济效果的期望值、累计概率、标准差及离差系数等来表示方案的风险和不确定程度。

6.4.1 随机现金流的概率描述

严格来说，影响方案经济效果的大多数因素(如投资额、销售量、销售价格、生产成本、项目寿命期等)都是随机变量。也就是说，人们可以通过以往的统计资料，预测其未来可能的取值范围，估计各种取值或值域发生的概率，但不可能肯定地预知它们取什么值。投资方案的现金流量序列正是由这些因素所决定的，所以说，方案的现金流量序列也是随机变量，称之为随机现金流。

要完整地描述一个随机变量，需要确定其概率分布的类型和参数。常见的概率分布类型有均匀分布、二项分布、泊松分布、指数分布和正态分布等，在经济分析与决策中，使用最普遍的是均匀分布和正态分布。随机现金流的概率分布通常可以借鉴已经发生过的类似情况的实际数据，并结合对各种具体条件的判断来确定。在某些情况下，也可以根据各种典型分布的条件，通过理论分析来确定随机现金流的概率分布类型。

一般来说，工程项目的随机现金流要受多种已知或未知的不确定因素的影响，可以看成多个独立的随机变量之和，在多数情况下近似地服从正态分布。

描述随机变量的主要参数是期望值和方差。假设某方案的寿命期为 n 个周期，净现金流量序列为 y_0，y_1，…，y_n。周期数 n 和各周期的净现金流量 $y_t(t=0,\ 1,\ \cdots,\ n)$都是随机变量，对于某一特定周期 t 的净现金流量 y_t 可能有无限多个取值，我们可将其简化为若干个离散值 $y_t^{(1)}$，$y_t^{(2)}$，…，$y_t^{(m)}$。这些离散值发生的概率分别为 P_1，P_2，…，$P_m\left(\sum_{j=1}^{m} P_t - 1\right)$，则第 t 周期净现金流量 y_t 的期望值如下：

$$E(y_t) = \sum_{j=1}^{m} y_t^{(j)} \times P_j \tag{6-10}$$

第 t 周期净现金流量 y_t 的方差如下：

$$D(y_t) = \sum_{j=1}^{m} [y_t^{(j)} - E(y_t)]^2 \times P_j \tag{6-11}$$

6.4.2　方案净现值的期望值与方差

我们这里以净现值为例来讨论方案经济效果的概率描述。在各个周期的净现金流量均为随机变量的情况下，由各个周期净现金流量现值之和构成的方案的净现值必然也是一个随机变量，称为随机净现值。在多数情况下，可以认为随机净现值近似地服从正态分布。

设各周期的随机现金流为 $y_t(t=0, 1, \cdots, n)$，则随机净现值如下：

$$\mathrm{NPV} = \sum_{t=0}^{n} y_t (1 + i_0)^{-t} \tag{6-12}$$

假设方案寿命期的周期数 n 为一常数，根据各周期随机现金流的期望值 $E(y_t)(t=0, 1, \cdots, n)$，可得方案净现值的期望值如下：

$$E(\mathrm{NPV}) = \sum_{t=0}^{n} E(y_t) \times (1 + i_0)^{-t} \tag{6-13}$$

方案净现值的方差与各周期随机现金流之间的相关性有关。如果方案寿命期内任意两个随机现金流之间不存在相关关系或相关关系可以不考虑，则方案净现值的方差如下：

$$D(\mathrm{NPV}) = \sum_{t=0}^{n} D(y_t) \times (1 + i_0)^{-2t} \tag{6-14}$$

如果考虑随机现金流之间的相关关系，则方案净现值的方差如下：

$$D(\mathrm{NPV}) = \sum_{t=0}^{n} D(y_t) \times (1 + i_0)^{-2t} + 2\sum_{\tau=0}^{n-1}\sum_{\theta=1}^{n} \mathrm{Cov}(y_\tau, y_\theta) \times (1 + i_0)^{-(\tau+\theta)} \tag{6-15}$$

式中，y_τ，$y_\theta(\tau \in t, \theta \in t, \tau<\theta)$——第 τ 周期和第 θ 周期的随机现金流；

$\mathrm{Cov}(y_\tau, y_\theta)$——$y_\tau$，$y_\theta$ 的协方差。

在实际工作中，如果能通过统计或主观判断给出在方案寿命期内不确定因素可能出现的各种状态及发生概率，就可以通过对各不确定因素的不同状态进行组合，求出所有可能出现的方案净现金流量序列及其发生概率，从而直接计算方案净现值的期望值与方差，这样，就不必计算各年的净现金流量的期望值与方差。

如果影响方案现金流量的不确定因素在方案寿命期内可能出现的各种状态均可视为独立事件，则由各因素的某种状态组合所形成的方案净现金流量序列的发生概率应为各因素相应状态发生概率之积。设有 A、B、C 三个影响方案净现金流量的不确定因素，它们分

别有 p、q、r 种可能出现的状态，三个因素可能的状态组合有 $p\times q\times r$ 种。A 因素的第 i 种可能状态为 θ_{A_i}，相应的发生概率为 P_{A_i}；B 因素的第 j 种可能状态为 θ_{B_j}，相应的发生概率为 P_{B_j}；C 因素的第 k 种可能状态为 θ_{C_k}，相应的发生概率为 P_{C_k}。每一种状态组合对应着一种可能出现的方案净现金流量序列，并伴随着相应的发生概率。组合 $\theta_{A_i}\cap\theta_{B_j}\cap\theta_{C_k}$ 所形成的方案净现金流量序列的发生概率如下：

$$P=P_{A_i}\times P_{B_j}\times P_{C_k} \tag{6-16}$$

在对各个不确定因素的各种可能出现状态进行组合后，便可得到所有可能出现的方案现金流量状态及其发生概率。在此基础上，计算方案净现值的期望值与方差。

设各个不确定因素各种可能出现状态的组合共有 m 种可能出现的方案现金流量状态，各种状态所对应的现金流序列为 $\{y_t \mid t=0, 1, \cdots, n\}$ $(j=1, 2, \cdots, m)$，各种状态的发生概率为 $P_j\left(j=1, 2\cdots, m;\ \sum_{j=1}^{m} P_j=1\right)$，则在第 j 种状态下方案的净现值如下：

$$\mathrm{NPV}_j=\sum_{t=0}^{n} y_t^{(j)}\times(1+i_0)^{-t} \tag{6-17}$$

式中，$y_t^{(j)}$ 为在第 j 种状态下第 t 周期的净现金流量。方案净现值的期望值如下：

$$E(\mathrm{NPV})=\sum_{j=1}^{m}\mathrm{NPV}_j\times P_j \tag{6-18}$$

(6-18) 式与(6-13) 式等效。方案净现值的方差如下：

$$D(\mathrm{NPV})=\sum_{j=1}^{m}[\mathrm{NPV}_j-E(\mathrm{NPV})]^2\times P_j \tag{6-19}$$

(6-18) 式考虑了不同周期现金流量之间的相关性。

为了便于分析，通常使用与净现值具有相同量纲的标准差 $\sigma(\mathrm{NPV})=\sqrt{D(\mathrm{NPV})}$，来反映随机净现值取值的离散程度。

【例 6-8】 某新产品生产项目，影响未来净现金流量的不确定因素主要是产品的市场销售情况和原材料价格水平。据分析，市场销售状态有畅销、一般、滞销三种可能(分别记做 θ_{m_1}，θ_{m_2}，θ_{m_3})，原材料价格水平状态有高、中、低三种可能(分别记做 θ_{p_1}，θ_{p_2}，θ_{p_3})。市场销售状态与原材料价格水平状态之间是相互独立的。各种市场销售状态和原材料价格水平状态的发生概率如表 6-6 所示，各种可能的状态组合所对应的方案现金流量如表 6-7 第(3)、第(4)列所示。试计算方案净现值的期望与方差($i_0=12\%$)。

表 6-6　　各种市场销售状态和原材料价格水平状态的发生概率

市场销售状态	状　态	θ_{m_1}	θ_{m_2}	θ_{m_3}
	发生概率	$P_{m_1}=0.3$	$P_{m_2}=0.5$	$P_{m_3}=0.2$
原材料价格水平状态	状　态	θ_{p_1}	θ_{p_2}	θ_{p_3}
	发生概率	$P_{p_1}=0.4$	$P_{p_2}=0.4$	$P_{p_3}=0.2$

表 6-7　　各种可能的状态组合所对应的方案现金流量

序号	状态组合	现金流量/万元		净现值 NPV_j /万元	发生概率 P_j
		0 年	1~5 年		
(1)	(2)	(3)	(4)	(5)	(6)
1	$\theta_{m_1} \cap \theta_{p_1}$	-1 000	390	405.86	0.12
2	$\theta_{m_1} \cap \theta_{p_2}$	-1 000	450	622.15	0.12
3	$\theta_{m_1} \cap \theta_{p_3}$	-1 000	510	838.44	0.06
4	$\theta_{m_2} \cap \theta_{p_1}$	-1 000	310	117.48	0.20
5	$\theta_{m_2} \cap \theta_{p_2}$	-1 000	350	261.67	0.20
6	$\theta_{m_2} \cap \theta_{p_3}$	-1 000	390	405.86	0.10
7	$\theta_{m_3} \cap \theta_{p_1}$	-1 000	230	-170.90	0.08
8	$\theta_{m_3} \cap \theta_{p_2}$	-1 000	250	-98.81	0.08
9	$\theta_{m_3} \cap \theta_{p_3}$	-1 000	270	-26.71	0.04

解：参照(6-16)式、(6-17)式分别计算各种状态组合的净现值 NPV_j 和发生概率 $P_j(j=1, 2, \cdots, 9)$，见表 6-7 第(5)、第(6)列。

按(6-18)式计算方案净现值的期望值：

$$E(NPV) = \sum_{j=1}^{9} NPV_j \times P_j = 267.44(\text{万元})$$

按(6-19) 式计算方案净现值的方差：

$$D(NPV) = \sum_{j=1}^{9} [NPV_j - E(NPV)]^2 \times P_j = 72\,943.69(\text{万元})$$

方案净现值的标准差如下：

$$\sigma(NPV) = \sqrt{D(NPV)} = 270.08(\text{万元})$$

6.4.3　方案风险估计

通过上述计算得到方案经济效果指标(如净现值)的期望值与方差后，便可估计方案的风险。方案风险估计的常用方法有解析法、图示法和模拟法等。

1. 解析法

在已知方案经济效果指标(如净现值)的概率分布及期望值与方差的情况下，可以用解析法进行方案风险估计。

【例 6-9】　假定例 6-8 中方案净现值服从正态分布，利用例 6-8 的计算结果求：

(1)净现值大于等于 0 的概率；

(2)净现值小于-100 万元的概率；

(3)净现值大于等于 500 万元的概率。

解：由概率论理论可知，连续型随机变量 X 的标准正态分布函数如下：

$$F(x)=\frac{1}{\sqrt{2\pi}}\int_{-\infty}^{\frac{x-\mu}{\sigma}}\mathrm{e}^{-\frac{1}{2}\mu^2}\mathrm{d}u=\Phi\left(\frac{x-\mu}{\sigma}\right)$$

式中，μ，σ 分别为随机变量 X 的期望值和标准差。令 $Z=\frac{x-\mu}{\sigma}$，由标准正态分布表可以直接查出 $x<x_0$ 的概率值：

$$P(x<x_0)=P(Z<\frac{x-\mu}{\sigma})=\Phi(\frac{x-\mu}{\sigma})$$

在本例中，若将方案净现值视为连续型随机变量，且：

$$\mu=E(\mathrm{NPV})=267.44(\text{万元})$$
$$\sigma=\sigma(\mathrm{NPV})=270.08(\text{万元})$$

则
$$Z=\frac{\mathrm{NPV}-E(\mathrm{NPV})}{\sigma(\mathrm{NPV})}=\frac{\mathrm{NPV}-267.44}{270.08}$$

由此可以计算出各项待求概率。

(1)净现值大于等于0的概率

$$\begin{aligned}P(\mathrm{NPV}\geqslant 0)&=1-P(\mathrm{NPV}<0)\\&=1-P\left(Z<\frac{0-267.44}{270.08}\right)\\&=1-P(Z<-0.990\ 2)\\&=P(Z<0.990\ 2)\end{aligned}$$

由标准正态分布表可查得 $P(Z<0.990\ 2)=0.838\ 9$，所以：

$$P(\mathrm{NPV}\geqslant 0)=0.838\ 9$$

(2)净现值小于-100万元的概率

$$\begin{aligned}P(\mathrm{NPV}<-100)&=P\left(Z<\frac{-100-267.44}{270.08}\right)\\&=P(Z<-1.360)\\&=1-P(Z<1.360)\\&=1-0.913\ 1\\&=0.086\ 9\end{aligned}$$

(3)净现值大于等于500万元的概率

$$\begin{aligned}P(\mathrm{NPV}<-100)&=1-P(\mathrm{NPV}<500)\\&=1-P\left(Z<\frac{500-267.44}{270.08}\right)\\&=P(Z<-1.360)\\&=1-P(Z<0.861\ 1)\\&=1-0.805\ 4\\&=0.194\ 6\end{aligned}$$

从以上计算结果可知，本方案能够取得满意的经济效果(NPV≥0)的概率为83.89%，不能取得满意的经济效果(NPV<0)的概率为16.11%；净现值小于-100万元的概率为

8.69%；净现值大于等于 500 万元的概率为 19.46%。

我们知道，在正态分布条件下，随机变量的实际取值在 $\mu\pm\sigma$(μ 为净现值，σ 为标准差)范围内的概率为 68.3%，在 $\mu\pm2\sigma$ 范围内的概率为 95.4%，在 $\mu\pm3\sigma$ 范围内的概率为 99.7%。因此，对于随机净现值服从正态分布的投资方案，只要计算出了净现值的期望值和标准差，就可以根据正态分布的特点，对方案的风险程度作出大致的判断。如例 6-8，实际净现值在-2.64～537.52 万元的概率为 68.3%，实际净现值在-272.72～807.6 万元的概率为 95.4%，实际净现值小于-542.8 万元和大于 1 077.68 万元的情况几乎不可能(概率小于 0.3%)。

2. 图示法

如果已知所有可能方案的现金流量状态所对应的经济效果指标(如净现值)及其发生概率，还可以通过绘制投资风险图来表示方案的风险情况。

【例 6-10】 根据例 6-8 的数据，运用图示法估计方案风险。

解：将表 6-7 中的各种状态组合按其所对应的净现值的大小由小到大重新排序，并按重新排序后的状态组合序号依次计算出累计概率，见表 6-8。

表 6-8　**累计概率表**

序号	状态组合	净现值/万元	发生概率	累计概率
1	$\theta_{m_3}\cap\theta_{P_1}$	-170.90	0.08	0.08
2	$\theta_{m_3}\cap\theta_{P_2}$	-98.81	0.08	0.16
3	$\theta_{m_3}\cap\theta_{P_3}$	-26.71	0.04	0.20
4	$\theta_{m_2}\cap\theta_{P_1}$	117.48	0.20	0.40
5	$\theta_{m_2}\cap\theta_{P_2}$	261.67	0.20	0.60
6	$\theta_{m_1}\cap\theta_{P_1}$	405.86	0.12	0.72
7	$\theta_{m_2}\cap\theta_{P_3}$	405.86	0.10	0.82
8	$\theta_{m_1}\cap\theta_{P_2}$	622.15	0.12	0.94
9	$\theta_{m_1}\cap\theta_{P_3}$	838.44	0.06	1.00

根据表 6-8 的数据绘制净现值累计概率分布图(投资风险图)，如图 6-9 所示。

投资风险图实质上是方案净现值的累计概率分布图，它反映了净现值小于某一数值的概率。如图 6-9 所示的方案净现值累计概率分布图，净现值小于零的概率约为 0.237 0，即净现值大于等于零的概率约为 0.763 0。这个结果与例 6-9 中用解析法求解的结果(0.838 9)相近，但存在一定差距。这是因为图示法是直接使用随机净现值的离散数据绘制的风险分析图，未对概率分布类型作任何假设；而例 6-9 中的解析法则假定方案随机净现值是服从正态分布的连续型随机变量，在使用离散数据求得概率分布参数(期望值与标准差)后按连续型分布函数进行风险估计。

可见，利用图示法进行方案风险估计不仅适用于经济效果指标(如净现值)服从典型

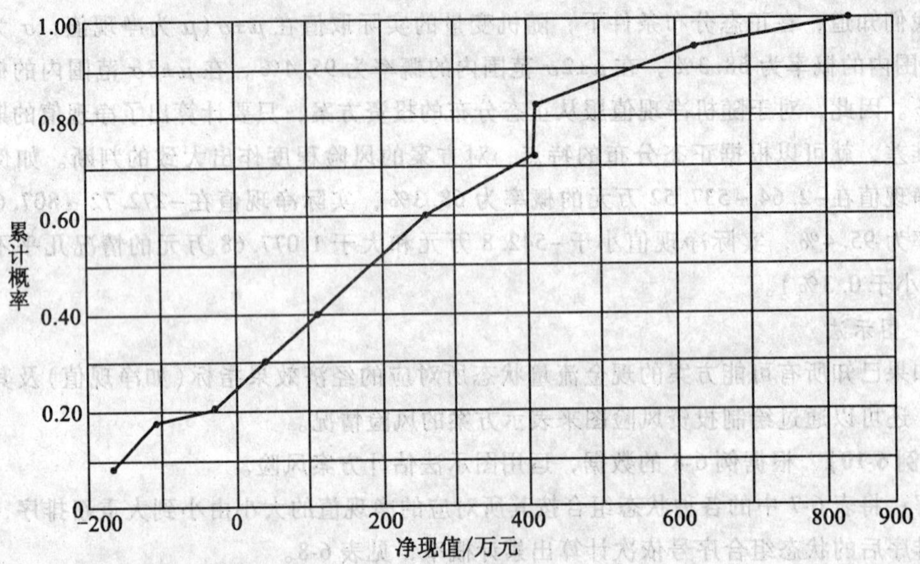

图 6-9 净现值累计概率分布图

概率分布的情况，也适用于经济效果指标的概率分布类型不明确或无法用典型分布描述的情况。

3. 模拟法

模拟法也称蒙特卡罗技术(Monte Carlo Method)，是通过反复地进行随机抽样来模拟各种随机变量的变化，进而计算分析方案经济效果指标的概率分布的一种分析方法。

模拟法要通过反复抽样来模拟方案的各种随机状态，且样本数要足够大，因而计算工作量非常大，用手工计算进行大样本模拟是很困难的，一般需借助计算机进行模拟计算。

【例 6-11】 某工程方案的初始投资为 1 800 万元，投资当年即可获得正常收益。方案的年净收益呈正态分布，其期望值为 300 万元，标准差为 50 万元；寿命期估计为 12～16 年，呈均匀分布。设项目基准折现率为 12%，期末残值为零，试用模拟法分析该方案净现值的概率分布。

解：本例需模拟的随机变量为方案的年净收益和寿命期。

在模拟法中，随机变量的变化是通过随机数来模拟的，即由随机数发生器(多数计算机具有此功能)产生随机数，然后根据随机变量的概率分布将随机数转换为相应的随机变量取值。随机数通常在[0.000，0.999)范围内抽取。

本例中年净收益服从 $N(300, 50)$分布。我们可先从计算机中读出一个随机数 0.524，将其作为年净收益取值所对应的累计概率的一个随机值，由标准正态分布表可查得累计概率 0.524 所对应的 Z 值为 0.060，由 $Z=\frac{x-\mu}{\sigma}$可求得：

$$x=\mu+2\sigma=300+0.060\times50 =303.00(\text{万元})$$

即我们抽取的年净收益的第一个随机样本数据为 303.00 万元。

本例的寿命期为均匀分布，即发生在 12 年、13 年、14 年、15 年、16 年的概率均为

0.20（1/5），其累计概率分布如表 6-9 所示。

表 6-9　**累计概率分布**

寿命期	12 年	13 年	14 年	15 年	16 年
累计概率	[0.00，0.20)	[0.20，0.40)	[0.40，0.60)	[0.60，0.80)	[0.80，1.00)

我们再从计算机中读一个随机数 0.291，作为寿命期取值所对应的累计概率的一个随机值。由表 6-9 可知，随机数 0.291 对应的寿命期为 13 年，这是我们抽取的第一个寿命期随机样本数据。

根据上述第一组随机样本数据（年净收益为 303 万元，寿命期为 13 年），可计算得到相应的净现值：

$$NPV_1=-1\ 800+303\times(P/A,\ 12\%,\ 13)$$

$$=-1\ 800+303\times 6.424=146.47（万元）$$

重复上述过程，可以得到方案年净收益和寿命期的其他随机样本数据及相应的净现值计算结果。一般来说，模拟分析的随机样本数据应达到 50～300 组，这里，我们取 25 组作示例，如表 6-10 所示。

表 6-10　**方案年净收益和净现值表**

组号	随机数 1	Z 值	年净收益/万元	随机数 2	寿命期/年	净现值/万元
1	0.524	0.060	303.00	0.291	13	146.47
2	0.936	1.522	376.10	0.019	12	529.56
3	0.076	-1.433	228.35	0.793	15	-244.71
4	0.434	-0.166	291.70	0.907	16	234.32
5	0.931	1.483	374.15	0.340	13	603.54
6	0.919	1.399	369.95	0.654	15	719.73
7	0.498	-0.005	299.75	0.341	13	125.59
8	0.956	1.706	385.30	0.702	15	824.28
9	0.205	-0.824	258.80	0.500	14	-84.67
10	0.363	-0.351	282.45	0.991	16	169.81
11	0.575	0.189	309.45	0.795	15	307.66
12	0.923	1.426	371.30	0.852	16	789.45
13	0.631	0.334	316.70	0.268	13	234.48
14	0.074	-1.446	227.70	0.193	12	-389.63
15	0.340	-0.412	279.40	0.397	13	-5.13
16	0.081	-1.399	230.05	0.849	16	-195.63

续表

组号	随机数 1	Z 值	年净收益/万元	随机数 2	寿命期/年	净现值/万元
17	0.234	-0.726	263.70	0.522	14	-52.20
18	0.256	-0.656	267.20	0.883	16	63.45
19	0.896	1.259	362.95	0.380	13	531.59
20	0.037	-1.786	210.70	0.707	15	-364.92
21	0.213	-0.796	260.20	0.555	14	-75.39
22	0.130	-1.126	243.70	0.056	12	-290.52
23	0.399	-0.256	287.20	0.438	14	103.56
24	0.091	-1.335	233.25	0.664	15	-211.33
25	0.621	0.308	315.40	0.031	12	153.59

将表 6-10 中的净现值以 200 万元为级差分为若干组，求出净现值的随机值出现在各组的频数及频率(见表 6-11)，还可用直方图直观地反映净现值的概率分布(见图 6-10)。

表 6-11　　**净现值的随机值出现在各组的频数及频率**

组次	1	2	3	4	5	6	7
净现值(万元)	[-500, -300)	[-300, -100)	[-100, 100)	[100, 300)	[300, 500)	[500, 700)	[700, 900)
频数(次)	2	4	5	7	1	3	3
频率	0.08	0.16	0.20	0.28	0.04	0.12	0.12

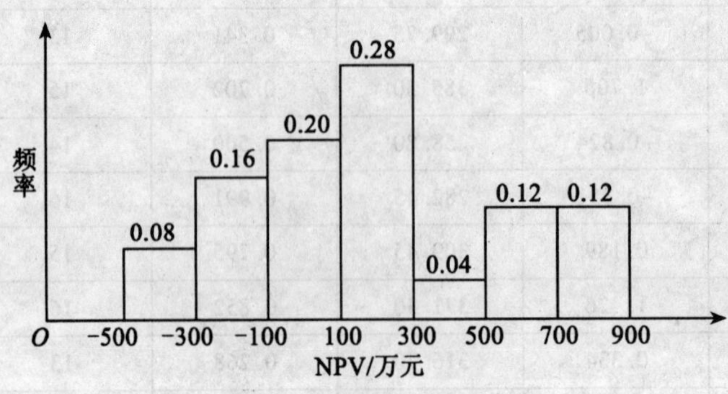

图 6-10　净现值的概率分布

图 6-10 反映了净现值的随机值发生在某一区间内的相对频率，这个频率可以看做相

应的净现值取值发生概率的近似值。之所以称为“近似值”，是因为模拟时所取的样本数据有限，样本数据越多，相对频率就越接近于实际概率。根据净现值取值的概率分布情况，就可以对方案的风险情况作出判断。

在本例中，作为不确定因素的年净收益服从正态分布，寿命期服从均匀分布。事实上，模拟法可以运用于具有更多个不确定因素的情况，也适用于不确定因素的其他概率分布类型，包括无法用解析模型加以描述的经验分布。

4. 决策树法

决策树法是利用一种树型决策网络来描述与求解风险型决策问题的方法。它的优点是能使决策问题形象直观，便于思考与集体讨论。特别是在多级决策活动中，能起到层次分明、一目了然、计算简便的作用。

(1)决策树的结构与决策过程

决策树是以方框与圆圈为节点，由直线连接而形成的一种树型图，如图 6-11 所示。在决策树中，方框节点称为决策点；由决策点引出若干条直线，每一条直线代表一个方案，称为方案枝；在每条方案枝的末端有一个圆圈节点，称为状态点；由状态点引出若干条直线，每一条直线代表一个客观状态及其可能出现的概率，称为概率枝；在每条概率枝的末端标有相应方案在该状态下的损益值，称为可能结果。

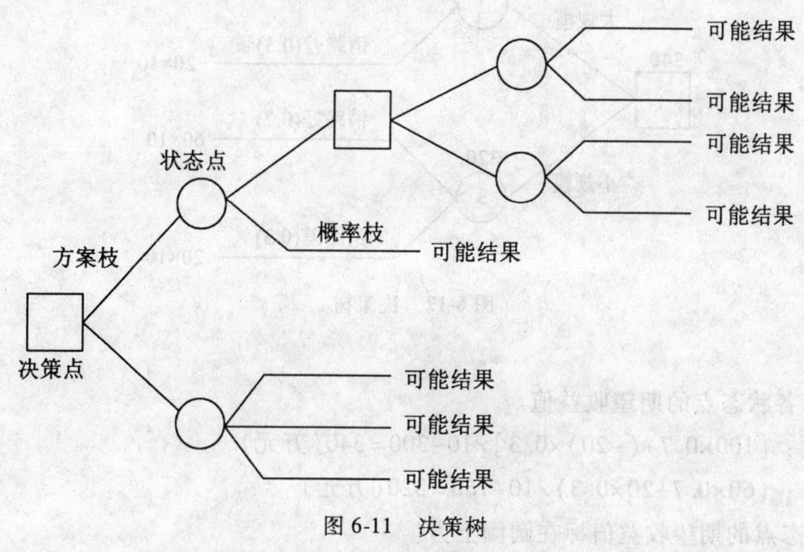

图 6-11　决策树

风险型决策问题一般都具有多个备选方案，每个方案又有多种客观状态，因此决策树都是由左向右，由简入繁，形成一个树型的网络图。

运用决策树进行决策通常分为两个过程：首先是从左向右的建树过程，即根据决策问题的内容(备选方案、客观状态及其概率、损益值等)从左向右逐步分析，绘制决策树；决策树绘制好后，再从右向左，计算各个方案在不同状态下的期望损益值，然后根据不同方案的期望损益值的大小作出选择，“剪去”被淘汰的方案枝，最后决策点留下的唯一一条方案枝即代表最优方案。

(2)单级决策

只需要进行一次决策就可以选出最优方案的决策，称为单级决策。

【例 6-12】 某投资者欲投资兴建一座工厂，建设方案有两个：① 大规模投资 300 万元；② 小规模投资 160 万元。两个方案的生产期均为 10 年，其每年的损益值及销售状态的概率如表 6-12 所示。试用决策树法选择最优方案。

表 6-12 每年的损益值及销售状态的概率

销售状态	概率	损益值/(万元/年)	
		大规模投资	小规模投资
销路好	0.7	100	60
销路差	0.3	-20	20

解：a. 绘制决策树(见图 6-12)。

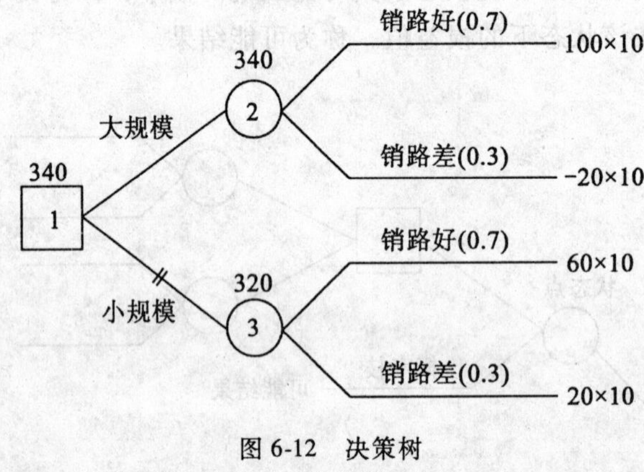

图 6-12 决策树

b. 计算各状态点的期望收益值。

节点② ：[100×0.7+(-20)×0.3]×10-300=340(万元)

节点③ ：(60×0.7+20×0.3)×10-160=320(万元)

将各状态点的期望收益值标在圆圈上方。

c. 决策。比较节点② 与节点③ 的期望收益值可知，大规模投资方案优于小规模投资方案，故应选择大规模投资方案，用符号“//”在决策树上“剪去”被淘汰的方案。

(3)多级决策

一个决策问题，如果需要进行两次或两次以上的决策，才能选出最优方案，达到决策目的的，就称为多级决策。

【例 6-13】 接例 6-12，为了适应市场的变化，投资者又提出了第三个方案，即先小规模投资 160 万元，生产 3 年后，如果销路差，则不再投资，继续生产 7 年；如果销路好，则再作决策是否继续投资 140 万元扩建至大规模(总投资 300 万元)，生产 7 年。前 3

年和后 7 年的销售状态的概率如表6-13 所示，大小规模投资的年损益值同例 6-12。试用决策树法选择最优方案。

表 6-13　　**前 3 年和后 7 年的销售状态的概率**

	前 3 年的销售状态概率		后 7 年的销售状态概率	
	好	差	好	差
概率	0.7	0.3	0.9	0.1

解：(1)绘制决策树(见图 6-13)。

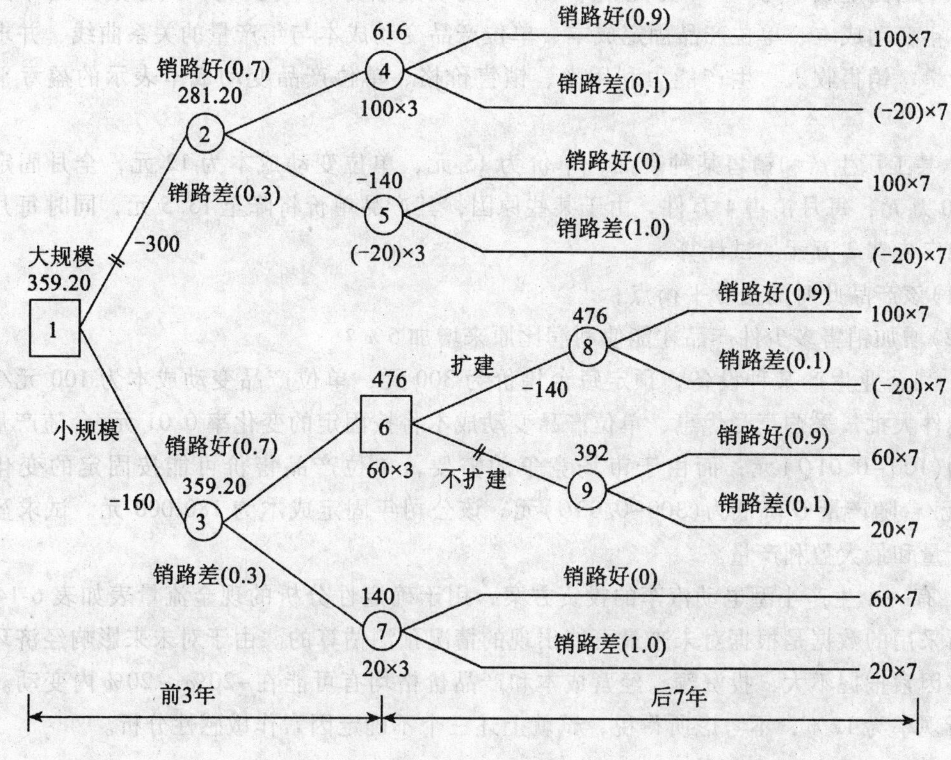

图 6-13　决策树

(2)计算各节点的期望收益值并选择方案。

节点④：[100×7×0.9+(-20)×7×0.1]=616(万元)

节点⑤：[100×7×0+(-20)×7×1.0]=-140(万元)

节点②：(616+100×3)×0.7+[(-140)+(-20)×3]×0.3-300=281.20(万元)

节点⑧：[100×7×0.9+(-20)×7×0.1]-140=476(万元)

节点⑨：(60×7×0.9+20×7×0.1)=392(万元)

节点⑧的期望收益值为 476 万元，大于节点⑨的期望损益值 392 万元，故选择扩建方案，“剪去”不扩建方案。因此，节点⑥ 的期望损益值取扩建方案的期望损益值476万元。

节点⑦：(60×7×0+20×7×1.0)=140(万元)

节点③：[(476+60×3)×0.7+(140+20×3)×0.33-160=359.20(万元)

节点③ 的期望损益值为359.20万元，大于节点② 的期望损益值281.20万元，故“剪去”大规模投资方案。

综上所述，投资者应该先进行小规模投资，3年后如果销售状态好则再扩建，否则不扩建。本例进行了两次决策，才选出最优方案，属于两级决策问题。

习题

1. 某化工厂生产某种化工原料，设计生产能力为年产7.2吨，产品售价为1300元/吨，每年的固定成本为1 740万元，单位产品变动成本为930元/吨，试分别画出年固定成本、年变动成本、单位产品固定成本、单位产品变动成本与年产量的关系曲线，并求出以年产量、销售收入、生产能力利用率、销售价格、单位产品变动成本表示的盈亏平衡点。

2. 某工厂生产和销售某种产品，单价为15元，单位变动成本为12元，全月固定成本为10万元，每月销售4万件。由于某些原因，其产品单价将降至13.5元，同时每月还将增加广告费2万元。试计算：

(1)该产品此时的盈亏平衡点；

(2)增加销售多少件产品才能使利润比原来增加5%？

3. 某企业生产某种设备，预定每台售价为300元，单位产品变动成本为100元/台。因零配件大批量采购享受优惠，单位产品变动成本将按固定的变化率0.01元/台随产量Q降低为$(100-0.01Q)$元；而由于市场竞争的需要，单位产品售价可能按固定的变化率0.03元/台随产量Q降低为$(300-0.03Q)$元。该公司年固定成本为180 000元。试求盈亏平衡产量和最大盈利产量。

4. 有一个生产小型电动汽车的投资方案，用于确定性分析的现金流量表如表6-14所示，所采用的数据是根据对未来最可能出现的情况预测估算的。由于对未来影响经济环境的某些因素把握不大，投资额、经营成本和产品价格均有可能在-20%～20%内变动。设基准折现率为12%，不考虑所得税，试就上述三个不确定因素作敏感性分析。

表6-14　　**现金流量表**　　单位：万元

年　末	0	1	2～10	11
投资	15 000			
销售收入			19 800	19 800
经营成本			15 200	15 200
期末资产残值				2 000
净现金流量	-15 000	0	4 600	6 600

5. 某扩建工程，建设期为 2 年，生产运营期为 8 年，现金流量如表 6-15 所示。设基准折现率为 12%，不考虑所得税，试就投资、销售收入、经营成本等因素的变化，对投资回收期、内部收益率、净现值的影响进行单因素敏感性分析，画出敏感性分析图，并指出敏感因素。

表 6-15　　该扩建工程现金流量表　　单位：万元

年　末	0	1	2	3	4	5	6	7	8	9
投资	−1 600	−2 600								
销售收入			2 600	4 200	4 200	4 200	4 200	4 200	4 200	4 200
经营成本			1 800	3 000	3 000	3 000	3 000	3 000	3 000	3 000
期末资产残值										600
净现金流量	−1 600	−2 600	800	1 200	1 200	1 200	1 200	1 200	1 200	1 800

6. 某投资项目总投资为 10 000 万元，寿命期为 5 年，残值为 2 000 万元。该项目投资当年即可投产，年收益为 5 000 万元，年支出为 2 200 万元。通过初步的单因素敏感性分析得知，投资额和年收益为敏感性因素。试分析投资额和年收益同时变动对净现值的综合影响(基准折现率为 8%)。

7. 设有甲、乙两个方案，经初步分析，其净现值及其发生的概率如表 6-16 所示。试比较这两个方案的风险的大小。

表 6-16　　甲、乙两个方案净现值及其发生的概率

销售情况	概　率	净现值(万元)	
		方案甲	方案乙
好	0.6	20	15
一般	0.2	5	10
差	0.2	−5	5

8. 某工程项目建设期为 1 年，第 2 年开始运营。受市场因素影响，项目投资额、年净收益和寿命期是不确定的，各不确定因素的可能状态及其发生的概率和估计值如表 6-17 所示。设各不确定因素之间是相互独立的，基准折现率 i_0 为 12%。试计算方案净现值的期望值与方差。

表 6-17　　各不确定因素的可能状态及其发生的概率和估计值

因　素	投资/万元			年净收益/万元			寿命期/年		
状态	高	中	低	高	中	低	长	中	短
概率	0.15	0.70	0.15	0.20	0.60	0.20	0.15	0.65	0.20
估计值	1 700	1 500	13 500	500	400	250	10	8	6

9. 某工程投资方案各年净现金流的期望值和标准差如表 6-18 所示。假定各年的随机现金流之间互不相关，基准折现率为 12%。求下列概率，并对方案的风险大小作出判断：

(1)净现值大于等于零的概率；

(2)净现值小于-50 万元的概率；

(3)净现值大于 500 万元的概率。

表 6-18　**各年净现金流的期望值和标准差**　单位：万元

年　末	0	1	2	3	4	5
净现金流期望值	-900	500	500	500	500	500
净现金流标准差	300	300	350	400	450	500

10. 某工业项目建设期为 1 年，第 2 年可开始生产经营，但项目初始投资总额、投产后每年的净收益以及产品的市场寿命期是不确定的，不确定因素的各种状态及其发生概率和估计值如表 6-19 所示。设各不确定因素之间相互独立，最低希望收益率为 20%，试求各种可能的状态组合的发生概率及相应的方案净现值，分别用解析法和图示法进行风险估计。

表 6-19　**不确定因素的各种状态及其发生概率和估计值**

	发生概率	初始投资(万元)	寿命期(年)	年净收益(万元)
乐观状态	0.17	900	10	500
最可能状态	0.66	1 000	7	400
悲观状态	0.17	1 200	4	250

11. 某企业为了提高产品包装质量，拟在生产线上安装一台电子秤。安装后，预计可减少包装损失 2 500 元。电子秤的初期费用(含购买、安装等)呈正态分布，均值为 15 000 元，标准差为 1 500 元；寿命期为 12 ~ 16 年，服从均匀分布。试用模拟法分析该方案净现值的概率分布(随机样本数据不少于 25 组)。

12. 某公司拟投资生产一种目前畅销的电子产品，根据技术预测和市场预测，该产品很可能在 2 年后开始换代，有三种可能的市场前景：

θ_1——2 年后出现换代产品，此后，换代产品畅销，现有产品滞销，这种情况发生的概率为 50%；

θ_2——2 年后出现换代产品，但此后的 6 年内，换代产品与现有产品均畅销，这种情况发生的概率为 40%；

θ_3——8 年内不会出现有竞争力的换代产品，现行产品一直畅销，这种情况出现的概率为 10%。

公司面临一个两阶段风险决策问题，需要作出的选择是立即建厂生产现有产品还是暂不投资。如果立即建厂生产现有产品，需要投资 300 万元，2 年后还要根据市场情况决定是否对生产线进行改造以生产换代产品，生产线改造需要投资 150 万元；如果目前暂不投资建设，则要待 2 年后视市场情况决定是建厂生产现有产品还是建厂生产换代产品，2 年后建厂生产现有产品需要投资 340 万元，建厂生产换代产品需要投资 380 万元。设计算期为 8 年，基准折现率为 15%，在各种情况下可能采取的方案及各个方案在不同情况下的年净收益(包括期末设备残值)如表 6-20 所示。试用决策树法进行决策。

表 6-20　　**各个方案在不同情况下的年净收益**　　单位：万元

		θ_1				θ_2				θ_3			
		1～2	3	4～7	8	1～2	3	4～7	8	1～2	3	4～7	8
立即建厂	2 年后改造	120	60	130	180	120	60	130	180				
	2 年后不改造	120	100	60	90	120	120	120	150	120	120	120	150
暂不建厂	2 年后建厂生产现有产品	0	60	130	200	0	60	130	200				
	2 年后建厂生产换代产品					0	60	120	180	0	60	120	180

第7章 工程项目财务评价

工程项目经济评价是在完成市场调查与预测、拟建规模、营销策划、资源优化、技术方案论证、环境保护、投资估算与资金筹措等可行性分析的基础上，对拟建项目各方案投入与产出的基础数据进行推测、估算，对拟建项目各方案进行评价和选优的过程。经济评价的工作成果融汇了可行性研究的结论性意见和建议，是投资主体决策的重要依据。

工程项目经济评价分为财务评价和国民经济评价。本章主要介绍财务评价的主要内容及其理论和方法。

7.1 财务评价概述

财务评价是在国家现行财税制度和市场价格体系下，分析预测项目的财务效益与费用，计算财务评价指标，考察拟建项目的盈利能力、偿债能力和抵御风险的能力，据以判断项目在财务上的可行性。

7.1.1 财务评价的目的

1. 衡量竞争性工程项目的盈利能力和清偿能力

我国实行企业（项目）法人责任制后，企业法人要对工程项目的筹划、筹资、建设直至生产经营、归还贷款或债券本息以及资产的保值、增值实行全过程负责，承担投资风险。除需要国家安排资金和外部条件需要统筹安排的，应按规定报批外，凡符合国家产业政策，由企业投资的竞争性项目，其可行性研究报告和初步设计，均由企业法人自主决策。因决策失误或管理不善造成企业法人无力偿还债务的，银行有权依据合同取得抵押资产或由担保人负责偿还债务。因此，企业所有者和经营者对项目盈利水平如何，能否达到行业的基准收益率或企业目标收益率，项目清偿能力如何，是否满足行业基准回收期的要求，能否按银行要求的期限偿还贷款等，都十分关心。此外，国家和地方各级决策部门、财务部门和贷款部门（如银行）对此也非常关心。为了使项目在财务上能站得住脚，就要进行项目财务分析。

2. 权衡非营利性项目或微利项目的经济优惠措施

对于非营利项目或微利项目，如公益性项目和基础性项目，在经有关部门批准的情况下，可以实行还本付息价格或微利价格，在这类项目决策中，为了权衡项目在多大程度上要由国家或地方财政给予必要的支持，例如进行政策性的补贴或实行减免税等经济优惠措施，同样需要进行财务计算和评价。由于基础性项目大部分属于政策性投融资的范围，主要由政府通过经济实体进行投资，并吸引地方、企业参与投资，有的也可吸引外商直接投资，因而这类项目的投融资既要注重社会效益，也要遵循市场规律，讲求经济效益。

3. 合营项目谈判签约的重要依据

合同条款是中外合资项目和合作项目双方合作的首要前提，而合同的正式签订又离不开经济效益分析，实际上合同条款的谈判过程就是财务评价的测算过程。

4. 项目资金规划的重要依据

工程项目需要多少投资、资金的可能来源、用款计划的安排和筹资方案的选择都是财务评价要解决的问题。为了保证项目所需资金能按时提供（资金到位），投资者（国家、地方、企业和其他投资者）、项目经营者和贷款部门也都要知道拟建项目的投资金额，并据此安排资金计划和国家预算。

7.1.2　财务评价的基本步骤

财务评价主要是利用有关基础数据，通过基本财务报表，计算评价指标，进行分析和评价。财务评价的步骤一般有以下几步：

1. 财务评价前的准备

（1）熟悉拟建项目的基本情况，收集整理基础数据资料。

（2）编制辅助报表。辅助报表包括：建设投资估算表、流动资金估算表、建设进度计划表、固定资产折旧费估算表、无形资产及递延资产摊销费估算表、资金使用计划与资金筹措表、销售收入、销售税金及附加和增值税估算表、总成本费用估算表。

（3）编制基本财务报表。

2. 进行财务分析

通过基本财务报表计算各项评价指标及财务比率，进行各项财务分析。

3. 进行风险和不确定性分析

风险和不确定性分析的主要方法包括：盈亏平衡法、敏感性分析法和概率分析法。

7.1.3　财务评价的基本报表

1. 财务现金流量表

财务现金流量表反映项目计算期内各年的现金收支，用以计算各项动态和静态评价指标，进行项目财务盈利能力分析。财务现金流量表分为以下几种：

（1）全部资金财务现金流量表。对于新设项目，该表不分投资资金来源，以全部投资作为计算基础，计算项目的财务内部收益率、财务净现值及静态和动态投资回收期等评价指标，考察项目全部投资的盈利能力，为各个投资方案（不论其资金来源及利息多少）进行比较建立共同的基础。

（2）资本金财务现金流量表。用于计算资本金内部收益率和净现值等指标。

(3) 投资各方财务现金流量表。用于计算投资各方内部收益率和净现值等指标。

2. 损益表

该表反映项目计算期内各年的利润总额、所得税及税后利润的分配情况，用以计算项目投资利润率等财务盈利能力指标。

3. 资金来源与运用表

该表用于反映项目计算期内各年的投资、融资及生产经营活动的资金流入、流出情况，考察项目资金盈余、短缺和平衡情况。

4. 借款偿还计划表

该表用于反映项目计算期内各年借款的使用、还本付息以及偿债资金来源，计算借款偿还期或者偿债备付率、利息备付率等指标。

除了以上报表外，财务评价的基本报表还有资产负债表、财务外汇平衡表等。

财务评价的基本报表与评价指标之间的关系如表 7-1 所示。

表 7-1　**财务评价的基本报表与评价指标的关系**

<table>
<tr><th>评价内容</th><th>基本报表</th><th>静态指标</th><th>动态指标</th></tr>
<tr><td rowspan="4">盈利能力分析</td><td>全部资金财务现金流量表</td><td>全部资金静态投资回收期</td><td>全部资金财务内部收益率
全部资金财务净现值
全部资金动态投资回收期</td></tr>
<tr><td>资本金财务现金流量表</td><td>资本金静态投资回收期</td><td>资本金内部收益率
资本金净现值
资本金动态投资回收期</td></tr>
<tr><td>投资各方财务现金流量表</td><td>投资各方静态投资回收期</td><td>投资各方内部收益率
投资各方净现值
投资各方动态投资回收期</td></tr>
<tr><td>损益表</td><td>投资利润率
投资利税率
资本金利润率</td><td></td></tr>
<tr><td>清偿能力分析</td><td>资金来源与运用表
借款偿还计划表
固定资产折旧估算表
无形及递延资产摊销估算表</td><td>借款偿还期
偿债备付率
利息备付率</td><td></td></tr>
</table>

在财务评价过程中，工程经济分析人员可以根据项目的具体情况和委托方的要求对评价指标进行取舍。

7.2　财务评价的指标体系

利用财务评价的基本报表，可以计算一系列评价指标。

7.2.1　静态指标

所谓静态指标，就是在不考虑资金的时间价值的前提下，对项目或方案的经济效果所进行的经济计算与度量。财务评价中主要有下列几个静态指标：

1. 投资回收期(P_t)

投资回收期(或投资返本年限)是以项目的净收益抵偿全部投资(包括固定资产投资和流动资金)所需的时间，也就是为补偿项目的全部投资而要积累一定的净收益所需的时间。它是反映项目在财务上的投资回收能力的重要指标。

投资回收期自建设开始年算起，如从投产开始年算起，则应予注明。

投资回收期(以年表示)的表达式如下：

$$\sum_{t=1}^{P_t}(CI-CO)_t=0 \tag{7-1}$$

求出投资回收期(P_t)后，将其与部门或行业的基准投资回收期(P_c)比较，当 $P_t \leqslant P_c$ 时，表明项目投资能在规定的时间内收回。

基准投资回收期应由国家根据各工业部门生产企业的特点，在总结过去的建设经验和大量统计资料的基础上，考虑国家对于不同工业部门的发展战略和经济政策，统一确定一个较为切合实际的合理回收期限，并且这种基准投资回收期也随投资机会的条件不同而发生变化。

投资回收期作为静态评价指标，其主要优点是概念明确、计算简单。由于它判别项目或方案的标准是回收资金的速度越快越好，因此，在投资风险分析中有一定的作用。特别是在资金短缺和特别强调项目清偿能力(即强调在一个很短时间内把全部投资回收)的情况下，尤为重要。但是，由于这个指标在计算过程中不考虑投资回收以后的经济效益、项目的服务年限以及项目的最终回收资金等，因此它不能全面地反映项目的经济效益，只能作为项目评价中的辅助指标。

2. 投资利润率

投资利润率一般是指项目达到设计生产能力后的一个正常生产年份的利润总额或项目生产期内年平均利润总额与项目总投资的比率。对生产期内各年利润总额变化幅度较大的项目应计算生产期年平均利润总额与项目总投资的比率。其计算公式如下：

$$\text{投资利润率}=\frac{\text{年利润总额或年平均利润总额}}{\text{项目总投资}}\times 100\% \tag{7-2}$$

投资利润率可根据损益表中的有关数据计算求得。在财务评价中，将投资利润率与行业平均投资利润率对比，以判别项目单位投资盈利能力是否达到本行业的平均水平。

3. 投资利税率

投资利税率是指项目达到生产能力后的一个正常生产年份的利税总额或项目生产期内的年平均利税总额与项目总投资的比率。其计算公式如下：

$$\text{投资利税率}=\frac{\text{年利税总额或年平均利税总额}}{\text{项目总投资}}\times 100\% \tag{7-3}$$

投资利税率可根据损益表中的有关数据计算求得。在财务评价中，通常将投资利税率与行业平均投资利税率对比，以判别单位投资对国家积累的贡献水平是否达到本行业的平均水平。

4. 资本金利润率

资本金是指设立企业时在工商行政管理部门登记注册的注册资金。

资本金利润率是指项目达到设计生产能力后的一个正常生产年份的利润总额或项目生产期内的年平均利润总额与资本金的比率，它反映投入项目的资本金的盈利能力。其计算公式如下：

$$\text{资本金利润率}=\frac{\text{年利润总额或年平均利润总额}}{\text{资本金}}\times 100\% \tag{7-4}$$

5. 借款偿还期(P_d)

借款偿还期是指根据国家财政规定及项目的财务条件，项目投产使用后可用做还款的利润、折旧、摊销及其他资金(当年税前提取的弥补亏损额)偿还固定资产投资借款本金和建设期利息所需要的时间。

(1)固定资产投资国内借款偿还期

其定义式如下：

$$I_d=\sum_{t=0}^{P_d} R_t \tag{7-5}$$

式中，I_d——固定资产投资借款本金和建设期利息之和；

P_d——固定资产投资借款偿还期(从建设期开始年算起，当从投产年算起时，应予注明)；

R_t——第 t 年可用于还款的资金，一般可考虑用所有偿债资金来还款。

借款偿还期可由资金来源与运用表及国内借款还本付息计算表直接推算，以年表示。其计算公式如下：

$$\text{借款偿还期}=\text{借款偿还后出现盈余年份数}-\text{开始借款年份数}+\frac{\text{当年应偿还借款本金额}}{\text{当年可用于还款的资金额}} \tag{7-6}$$

(2)固定资产投资国外或境外借款偿还期

涉及利用外资的项目，其国外或境外借款的还本付息，应按已经明确的或预计可能的借款偿还条件(包括偿还方式、宽限期限)计算。

当借款偿还期满足贷款机构的要求期限时，即认为项目是有清偿能力的。

6. 资产负债率

资产负债率是反映项目利用债权人提供资金进行经营活动的能力，并反映债权人发放贷款的安全程度。资产负债率可由资产负债表求得，其计算公式如下：

$$资产负债率=\frac{负债总额}{全部资产总额}\times100\% \tag{7-7}$$

7. 流动比率

流动比率是反映项目流动资产在短期债务到期以前可以变为现金用于偿还流动负债的能力。流动比率可由资产负债表求得，其计算公式如下：

$$流动比率=\frac{流动资产}{流动负债}\times100\% \tag{7-8}$$

一般认为流动比率为 200% 较适当。

8. 速动比率

速动比率是反映项目流动资产中可以立即用于偿付流动负债的能力。速动比率可由资产负债表求得，其计算公式如下：

$$速动比率=\frac{流动资产}{流动负债}\times100\% \tag{7-9}$$

一船认为速动比率为 100% 较适当。

9. 其他静态指标

还可以根据行业或部门的特点，计算其他的价值指标或实物指标。

7.2.2　动态指标

所谓动态指标，就是在考虑资金的时间价值(以复利方法计算)的情况下，对项目或方案的经济效益所进行的计算与度量。与静态指标相比，它的特点是能够动态地反映项目在整个计算期内的资金运动情况，包括投资回收期以后若干年的经济效益、项目结束时的固定资产余值及流动资金的回收等。

动态指标的计算是建立在资金等值的基础上的，即将不同时点的资金流入与资金流出换算成同一时点的价值。它为不同方案和不同项目的经济比较提供了同等的基础，并能反映出未来时期的发展变化情况，对投资者和决策者树立资金周转观念、利息观念、投入产出观念，合理利用建设资金，提高经济效益等都具有十分重要的意义。

常用的财务评价动态指标主要有以下几个：

1. 财务净现值(FNPV)

财务净现值是指项目按设定的折现率(i_c)将各年的净现金流量折现到建设起点(建设期初)的现值之和。其表达式如下：

$$\mathrm{FNPV}=\sum_{t=1}^{n}\frac{(\mathrm{CI}-\mathrm{CO})_t}{(1+i_c)^t} \tag{7-10}$$

式中，i_c——折现率，取部门或行业的基准收益率或根据资金的来源和构成确定的数值；

n——计算期年限，一般取 10～20 年。

净现值的实质可以理解为一旦投资该项目，就能立即从该项目获得的净收益。折现的意义在于从现在时点的立场来看，扣除掉由于资金的时间价值所带来的那一部分收益，剩余部分才真正反映了投资该项目的收益。因此，净现值的大小，可以作为判别该项目经济上是否可行的依据。利用财务现金流量表可以计算出 FNPV。

当 FNPV≥0 时，项目可行；

当 FNPV<0 时，项目不可行。

2. 财务内部收益率(FIRR)

财务内部收益率是指项目在计算期内各年净现金流量现值累计等于零时的折现率，其表达式如下：

$$\sum_{t=1}^{n} \frac{(CI - CO)_t}{(1 + FIRR)^t} = 0 \tag{7-11}$$

从财务净现值的计算中可以看出，一个项目的净现值大小与计算时采用的折现率大小有关。折现率越大，被看做由于时间变化而产生的资金增值则越大，而被看做由项目本身所产生的资金增值则越小，即净现值越小；反之，折现率越小，净现值则越大。因此，我们可以定性地看出，对于确定的各年净现金流量而言，其财务净现值与财务内部收益率之间存在对应的关系。即若在 i_c 下，计算出的 FNPV 大于零，从财务内部收益率的定义出发，为使 FNPV 等于零，就必然存在 FNPV> i_c；若在 i_c 下，有 FNPV 小于零，则必然存在 FIRR<i_c；若在 i_c 下，FNPV 等于零，则按照定义有 FIRR=i_c。由于 FNPV 可作为判别一个项目经济上是否可行的标志，因此 FIRR 也能作为项目经济性的判别指标，两者的判别结果应是一致的。即

当 FNPV≥0 时，则有 FIRR≥i_c，项目可行；

当 FNPV<0 时，则有 FIRR<i_c，项目不可行。

3. 财务净现值率(FNPVR)

财务净现值率是财务净现值与全部投资现值之比，亦即单位投资现值的净现值。其表达式如下：

$$FNPVR = \frac{FNPV}{I_P} \tag{7-12}$$

式中，I_P——投资(包括固定资产投资和流动资金)的现值。

净现值率是在净现值的基础上发展起来的，可作为净现值的补充指标，它反映了净现值与投资现值的关系。净现值率的最大化，有利于实现有限投资的净现值最大化，它在多方案选择中有重要作用。

7.3 财务评价报表的编制

7.3.1 财务评价的基本报表的编制

财务评价的基本报表包括现金流量表、损益表、资金来源与运用表、资产负债表、外汇平衡表等。

1. 现金流量表

现金流量表是指将项目寿命周期内每年的现金流入量和现金流出量及两者之间的差额列成的表格，它反映出项目计算期内各年发生的流入和流出系统的现金活动及流动数量，用以计算各项财务评价指标，进行项目财务盈利能力分析。由于一般的会计处理方法把诸如折旧、应收及应付账款等并不引起现金支付的项目也列入报表中，不能客观地反映项目实际获取或支付现金的能力。所以，用现金流量表可以更好地反映项目寿命周期内的盈利或偿债能力。现金流量表一般由现金流入量、现金流出量、净现金流量三个部分组成。净现金流量是现金流入量与现金流出量之间的差额。

净现金流量 = 现金流入量 - 现金流出量

现金流量表按照考察角度的不同，分为全投资现金流量表和自有现金流量表。

全投资现金流量表的现金流入包括产品销售收入、回收固定资产余值和回收流动资金。现金流出包括建设投资、流动资金、经营成本、销售税金及附加、所得税等，其现金流量构成如下：

年净现金流量 = 销售收入 + 资产回收 - 固定资产投资 - 流动资产投资
- 成本 - 销售税金及附加 - 所得税

其中，资产回收包括：① 固定资产余值，即固定资产报废后的残值减去清理费用后的净残值；② 当项目寿命周期结束时，收回垫支的流动资金。

自有资金现金流量表是从投资者的角度出发，以投资者的出资额作为计算基础，用于计算财务评价指标，考察项目自有资金的盈利能力。该表将借款本金偿还和利息支付作为现金流出，其净现金流量构成如下：

年净现金流量 = 销售收入 + 资产回收 - 自由资金投资 - 借款本金偿还
- 借款利息支付 - 经营成本 - 销售税金及附加 - 所得税

全投资现金流量表如表 7-2 所示，自有资金现金流量表如表 7-3 所示。

表 7-2　　**现金流量表(全部投资)**　　(单位：万元)

序号	项目 \ 年份	建设期		投产期		达到设计能力的生产期				合计
		1	2	3	4	5	6	…	n	
	生产负荷/%									
1	现金流入									
1.1	产品销售(营业)收入									
1.2	回收固定资产余值									
1.3	回收流动资产									
2	现金流出									
2.1	建设投资									
2.2	流动资金									
2.3	经营成本									

续表

序号	项目 \ 年份	建设期		投产期		达到设计能力的生产期				合计
		1	2	3	4	5	6	…	n	
2.4	销售税金及附加									
2.5	所得税									
3	净现金流量									
4	累计净现金流量									
5	所得税前现金流量									
6	所得税前累计净现金流量									

计算指标：财务内部收益率：　　所得税　　所得税前

财务净现值：　　(i_c=　%)　　(i_c=　%)

投资回收期

表 7-3　**现金流量表(自有投资)**　(单位：万元)

序号	项目 \ 年份	建设期		投产期		达到设计能力的生产期				合计
		1	2	3	4	5	6	…	n	
	生产负荷/%									
1	现金流入									
1.1	产品销售(营业)收入									
1.2	回收固定资产余值									
1.3	回收流动资产									
2	现金流出									
2.1	自由资金									
2.2	借款本金偿还									
2.3	借款利息支付									
2.4	经营成本									
2.5	销售税金及附加									
2.6	所得税									
3	净现金流量(1-2)									

计算指标：财务内部收益率：

财务净现值：　　(i_c=　%)

2. 损益表

损益表是反映项目计算期内各年的利润总额、所得税及税后利润分配情况的报表，如表 7-4 所示。通过损益表可以计算项目的投资利润率、投资利税率和资本金利润率等指标。损益表的计算公式如下：

利润总额＝产品销售(营业)收入－销售税金及附加－总成本费用

净利润＝利润总额－所得税

净利润＝可供分配利润＝盈余公积金＋应付利润＋未分配利润

表 7-4　　损益表　　(单位：万元)

序号	项目 ＼ 年份	投产期		达到设计能力的生产期				合计
		3	4	5	6	…	n	
	生产负荷/%							
1	产品销售(营业)收入							
2	销售税金及附加							
3	总成本费用							
4	利润总额(1-2-3)							
5	所得税							
6	净利润(4-5)							
7	可供分配利润(6)							
7.1	盈余公积金							
7.2	应付利润							
7.3	未分配利润							
	累计未分配利润							

注：利润总额应根据国家规定调整为应纳税所得额(如减免所得税、弥补上年度亏损等)，再计算所得税。

3. 资金来源与运用表

资金来源与运用表是反映项目计算期内各年的资金来源、运用以及资金盈余或短缺情况的报表，可用于选择资金筹措方案，制订借款与还款计划，为编制资产负债表提供依据。资金来源与运用表分为三大项，即资金来源、资金运用和盈余资金。资金来源减去资金运用即为盈余资金(“+”表示当年资金盈余，“-”表示当年资金短缺)，如表 7-5 所示。

表 7-5　　　　资金来源与运用表　　　　（单位：万元）

序号	年份 / 项目	建设期		投产期		达到设计能力的生产期				合计
		1	2	3	4	5	6	…	n	
	生产负荷/%									
1	资金来源									
1.1	利润总额									
1.2	折旧费									
1.3	摊销费									
1.4	长期借款									
1.5	流动资金借款									
1.6	其他短期借款									
1.7	自由资金									
1.8	其他									
1.9	回收固定资产余值									
1.10	回收流动资金									
2	资金运用									
2.1	建设投资									
2.2	建设期利息									
2.3	流动资金									
2.4	所得税									
2.5	应付利润									
2.6	长期借款本金偿还									
2.7	流动资金借款本金偿还									
2.8	其他短期借款本金偿还									
3	盈余资金									
4	累计盈余资金									

4. 资产负债表

资产负债表(见表 7-6)是综合反映项目计算期内各年年末资产、负债和所有者权益的增减变化及对应关系，考察项目资产、负债、所有者权益的结构是否合理，用以计算资产负债率、流动比率及速动比率等指标并进行清偿能力分析的报表。资产负债表包括资产和负债两个部分，负债分为直接负债和所有者权益两种。其平衡关系式为：资产＝负债+所有者权益。

表 7-6　　资产负债表　　（单位：万元）

序号	项目 \ 年份	建设期		投产期		达到设计能力的生产期				合计
		1	2	3	4	5	6	…	n	
1	资产									
1.1	流动资产总额									
1.1.1	应收账款									
1.1.2	存货									
1.1.3	现金									
1.1.4	累计盈余资金									
1.2	在建工程									
1.3	固定资产净值									
1.4	无形资产及递延资产净值									
2	负债及所有者权益									
2.1	流动负债总额									
2.1.1	应付账款									
2.1.2	流动资金借款									
2.1.3	其他短期借款									
2.2	长期借款									
	负债小计									
2.3	所有者权益									
2.3.1	资本金									
2.3.2	资本公积金									
2.3.3	累计盈余公积金									
2.3.4	累计未分配利润									

5. 外汇平衡表

外汇平衡表(见表 7-7)适用于有外汇收支的项目，用以反映项目计算期内各年外汇的余缺程度，进行外汇平衡分析。

外汇平衡表包括两大部分，即外汇来源和外汇运用，表现形式是外汇来源等于外汇运用。其等式为：外汇来源＝外汇运用。

表 7-7 外汇平衡表 (单位：万元)

序号	项目 \ 年份	建设期		投产期		达到设计能力的生产期				合计
		1	2	3	4	5	6	…	n	
	生产负荷/%									
1	外汇来源									
1.1	产品销售外汇收入									
1.2	外汇借款									
1.3	其他外汇收入									
1.4	外汇运用									
1.5	建设投资中外汇支出									
1.6	进口原材料									
1.7	进口零部件									
1.8	技术转让费									
1.9	偿付外汇借款本息									
1.10	其他外汇支出									
2	外汇余缺									

7.3.2 财务评价的辅助报表

在财务评价前，必须进行财务预测，就是先要收集、估计和测算一系列财务数据，作为企业财务评价所需的基本数据。财务预测的结果主要汇集于辅助报表中，有了这些辅助报表，就可以编制财务评价的基本报表和计算一系列财务评价的指标。在财务评价前，设计的辅助报表主要有以下几种：

(1)建设投资估算表(见表 7-8)、固定资产投资估算表。建设投资估算表反映了工程项目的建设投资组成和各类固定资产的内容以及建设投资和固定资产投资的估算值。

表 7-8 建设投资估算表 (单位：万元)

序号	工程或费用名称	估算价值					占总值的比重(%)
		建筑工程	设备费用	安装工程	其他费用	总值	
1	建设投资(不含建设期利息)						
1.1	第一部分 工程费用						
1.1.1	主要生产项目						
	其中：外汇						

续表

序号	工程或费用名称	估算价值					占总值的比重(%)
		建筑工程	设备费用	安装工程	其他费用	总值	
1.1.2	辅助生产车间						
1.1.3	公用工程						
1.1.4	环境保护工程						
1.1.5	总图运输						
1.1.6	厂区服务性工程						
1.1.7	生活福利工程						
1.1.8	厂外工程						
1.2	第二部分　其他费用						
	其中：土地费用						
	第一、第二部分合计						
1.3	预备费用						
2	建设期利息						
	合计(1+2)						

(2)流动资金估算表(见表 7-9)。该表反映了流动资产和流动负债各项的构成金额，为生产期的资金筹措提供了依据。

表 7-9　**流动资金估算表**　(单位：万元)

序号	年份 项目	最低周转天数	周转次数	投产期		达到设计能力的生产期	
				3	4	5	6
1	流动资产						
1.1	应收账款						
1.2	存货						
1.3	现金						
2	流动负债						
2.1	应付账款						
3	流动资金(1-2)						
4	流动资金增加额						

(3)投资计划与资金筹措表(见表 7-10)。该表用以对各年投资进行规划以及进一步制

定资金筹措的方案，确定资金的来源。

表 7-10　　**投资计划与资金筹措表**　　（单位：万元）

序号	项目 \ 年份	合计人民币	1				2				3				4				5			
			外币	折合人民币	人民币	小计	外币	折合人民币	人民币	小计	外币	折合人民币	人民币	小计	外币	折合人民币	人民币	小计	外币	折合人民币	人民币	小计
1	总投资																					
1. 1	建设投资(未含利息)																					
1. 2	建设期利息																					
1. 3	流动资金																					
2	资金筹措																					
2. 1	自有资金																					
	其中：用于流动资金																					
2. 1. 1	资本金																					
2. 1. 2	资本溢价																					
2. 2	借款																					
2. 2. 1	长期借款																					
2. 2. 2	流动资金借款																					
2. 2. 3	建设期利息																					
2. 3	其他																					

注：各年流动资金在年初投入。

(4)总成本费用估算表(见表 7-11)。该表反映了不同生产负荷下总成本费用的估算值和构成以及经营成本、可变成本和固定资本。

表 7-11　　**总成本费用估算表**　　（单位：万元）

序号	项目 \ 年份	投产期		达到设计能力的生产期				合计
		3	4	5	6	…	n	
1	外购原材料							
2	外购原材料及动力							
3	工资及福利费							
4	修理费							

续表

序号	项　目 \ 年　份	投产期		达到设计能力的生产期				合计
		3	4	5	6	…	n	
5	折旧费							
6	维简费							
7	摊销费							
8	财务费用							
9	其他费用							
	其中：土地使用费							
10	总成本费用							
	(1+2+…+9)							
	其中：1. 固定费用							
	2. 可变费用							
11	经营成本							
	(10-5-6-7-8)							

(5)单位产品生产成本估算表(见表 7-12)。该表反映了不同生产负荷下单位产品生产成本及其构成，是反映产品生产所需的物质资料和劳动力消耗的主要指标，也是预测项目获利能力的重要依据。

表 7-12　**单位产品生产成本估算表**　(单位：万元)

序号	项　目	规格	单位	消费定额	单价	金额
1	原材料					
2	燃料和动力					
3	工资和福利费					
4	制造费用					
5	副产品回收费用					
6	生产成本(6=1+2+…+4-5)					

(6)固定资产折旧费估算表(见表 7-13)。该表反映了各类固定资产的原值以及在不同的折旧年限下各年的折旧费和净值。

表 7-13　　固定资产折旧费估算表　　(单位：万元)

序号	项目＼年份	折旧年度	投产期		达到设计能力的生产期				合计
			3	4	5	6	…	n	
	固定资产合计								
	原值								
	折旧费								
	净值								
1	房屋及建筑物								
	原值								
	折旧费								
	净值								
2	××设备								
	原值								
	折旧费								
	净值								
3	××设备								
	原值								
	净值								
4	……								

注：①本表自生产年份起开始计算，各类固定资产按《工业企业财务制度》规定的年限分列。
②生产期内发生的更新改造投资列入其投入年份。

(7)无形资产及递延资产摊销费估算表(见表 7-14)。该表反映了无形资产和递延资产的原值以及按摊销年限计算的摊销费。

表 7-14　　无形资产及递延资产摊销估算表　　(单位：万元)

序号	项目＼年份	摊销年限	原值	投产期		达到设计能力的生产期				合计
				3	4	5	6	…	n	
1	无形资产小计									
1.1	土地使用权									
	摊销									
	净值									

续表

序号	年份 项目	摊销年限	原值	投产期		达到设计能力的生产期				合计
				3	4	5	6	…	n	
1.2	专有技术和专利权									
	摊销									
	净值									
1.3	其他无形资产									
	摊销									
	净值									
2	递延资产(开办费)									
	摊销									
	净值									
3	无形资产及递延资产合计 (无形资产+递延资产)									
	摊销									
	净值									

注：摊销期相同的项目允许适当归并。

(8)产品销售收入、销售税金及附加和增值税估算表(见表 7-15)。该表反映了项目投产后产品的销售收入、销售税金及附加情况，是衡量项目的财务效益和经济效益的决定因素。

表 7-15　**销售收入、销售税金及附加和增值税估算表**　(单位：万元)

序号	项　目	单价(元)	生产负荷(70%)(第 3 年)		生产负荷(90%)(第 4 年)		生产负荷(100%)(第 5～10 年)	
			销售量(吨)	金额(万元)	销售量(吨)	金额(万元)	销售量(吨)	金额(万元)
1								
2								
2.1								
2.2								

(9)借款还本付息计算表(见表 7-16)。该表反映了项目投产后各年偿还借款的资金来源和偿还借款本息的情况。

表 7-16　借款还本付息计算表　(单位：万元)

序号	项目 \ 年份	利率/%	建设期		投产期		达到设计能力的生产期	
			1	2	3	4	5	6
1	外汇借款(折成人民币)							
1.1	年初借款本息累计							
1.1.1	本金							
1.1.2	建设期利息							
1.2	本年借款							
1.3	本年应计利息							
1.4	本年偿还本金							
1.5	本年支付利息							
2	人民币借款							
2.1	年初借款本息累计							
2.1.1	本金							
2.1.2	建设期利息							
2.2	本年借款							
2.3	本年应计利息							
2.4	本年偿还本金							
2.5	本年支付利息							
3	偿还借款本金的资金来源							
3.1	利润							
3.2	折旧费							
3.3	摊销费							
3.4	偿还本金来源合计(3.1+3.2+3.3)							
3.4.1	偿还外汇本金							
3.4.2	偿还人民币本金							
3.4.3	偿还本金后余额(3.4−3.4.1−3.4.2)							

7.3.3 财务评价的基本报表与辅助报表的关系

财务评价的基本报表与辅助报表的关系可以从数据流向及计算顺序中看出，如图 7-1 所示。

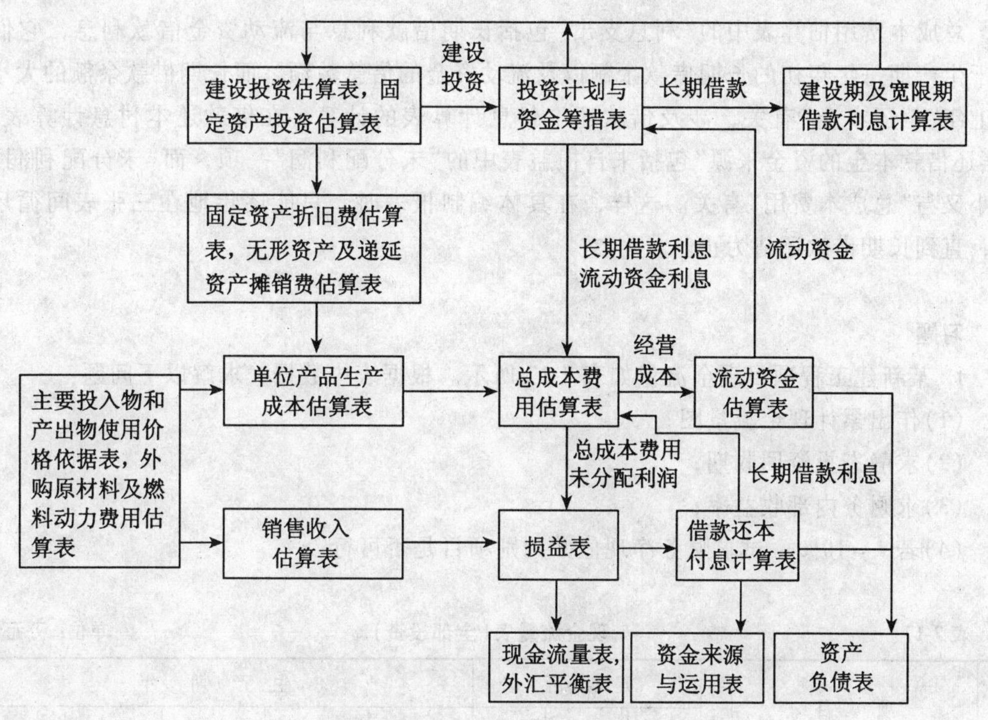

图 7-1　财务评价的基本报表与辅助报表的关系

从图 7-1 中可以看出，财务评价的基本报表的数据来自辅助报表。辅助报表是基本报表的基础，而基本报表则是计算财务评价各类指标的依据。在具体的计算过程中，应理清计算思路，把握数据的来龙去脉，通过各报表间的数据链接，使计算准确、快捷。以下几点值得说明：

(1) 建设投资估算表、固定资产投资估算表是源头表格。有了建设投资估算值或固定资产投资数额，就可以按投资使用计划进行建设期逐年的投资安排和相应的资金筹措，并进行投资计划与资金筹措表的填写。接下来，利用投资计划与资金筹措表或建设期及宽限期借款利息计算表可计算出建设期利息，再把它填入固定资产投资估算表中，这样固定资产投资估算表才全部编制结束，固定资产投资总额也由此得出，还可归纳出固定资产、无形资产和递延资产的数额，并据此完成对固定资产折旧费估算表和无形资产及递延资产摊销费估算表的编制。

(2) 主要投入物和产出物使用价格依据表、外购原材料及燃料动力费用估算表是另一类源头表格，它们为总成本费用估算表及销售收入估算表提供了计算基础；表中的数据应根据市场调研、生产负荷及物料消耗情况作出估计。

(3)有了上述报表的编制基础，总成本费用估算表中各年的经营成本就可得出，它为流动资金的分项详细估算提供了依据，从而可完成流动资金估算表的填写。然后就可以按生产负荷进行流动资金的逐年投放及筹措，这样才最终完成了投资计划与资金筹措表的全部填写工作。

(4)总成本费用估算表与损益表、借款还本付息计算表是形成数据回路的三张表。其中，总成本费用估算表中的“利息支出”包括长期借款利息与流动资金借款利息，它们取决于生产期每年年初的长期借款余额以及流动资金的借款数额，而长期借款余额的大小又与上年“偿还本金”有关，涉及借款还本付息计算表的计算。在借款还本付息计算表中，“偿还借款本金的资金来源”包括来自损益表中的“未分配利润”一项，而“未分配利润”的大小又与“总成本费用”有关。这样，在具体编制报表时，只能逐年地在三张表间循环填写，直到长期借款还清为止。

习题

1. 某新建工程项目现金流量如表 7-17 所示。根据表中数据，求解以下问题：

(1)作出累计现金流量图；

(2)求静态投资回收期；

(3)求财务内部收益率；

(4)若 $i_c=10\%$，试求财务净现值并判别项目是否可行。

表 7-17　　现金流量表(全部投资)　　单位：万元

序号	项　目	合计	建设期/年			生　产　期　/年				
			1	2	3	4(70%)	5(90%)	6(100%)	7～17	18
(1)	现金流入									
①	销售收入					24 794	31 878	35 420	35 420×11	35 420
②	回收固定资产余值									2 563
③	回收流动资金									7 804
	小　计									
(2)	现金流出									
①	建设投资		8 935	24 570	11 164					
②	固定资产投资方向调节税									
③	流动资金					4 959	1 417	708		
④	经营成本					15 405	18 965	20 745	20 745×11	20 745
⑤	销售税金及附加					1 881	2 418	2 689	2 689×11	2 689
⑥	所得税									
	小　计									

续表

序号	项　目	合计	建设期/年			生　产　期　/年				
			1	2	3	4(70%)	5(90%)	6(100%)	7~17	18
(3)	净现金流量									
	累计净现金流量									
(4)	所得税前净现金流量									
	所得税前累计净现金流量									

2. 某厂新建项目的资金来源与运用表中部分数据摘录如表 7-18 所示，试求该项目的借款偿还期。

表 7-18　　资金来源与运用表　　（单位：万元）

序号	项　目	合计	建设期/年			生产期/年						
			1	2	3	4	5	6	7	8	9	…
	生产负荷/%					70	90	100				
(1)	资金来源											
①	利润总额					756	4 197	6 247	6 479	7 089	7 875	
②	折旧费					2 933	2 933	2 933	2 933	2 933	2 933	
③	摊销费					316	316	316	316	316	170	
④	长期借款		6 445	18 320	10 348							
⑤	流动资金借款					2 834	1 417	708				
⑥	其他短期借款											
⑦	自有资金		2 775	7 631	3 469	2 125						
⑧	回收固定资产余值											
⑨	回收流动资金											
(2)	资金运用											
①	建设投资		8 935	24 570	11 164							
②	建设期利息		285	1 381	2 653							
③	流动资金					4 959	1 417	708				
④	所得税					249	1 385	2 062	2 138	2 339	2 599	
⑤	应付利润											
⑥	长期借款本金偿还					3 629	5 358	6 388	6 505	6 811	3 350	
⑦	流动资金本金偿还											
⑧	其他短期借款本金偿还											
⑨	其他					127	703	1 046	1 085	1 188	1 319	
(3)	盈余资金(1)-(2)										3 710	
(4)	累计盈余资金										3 710	

3. 某项目建设期固定资产借款本息之和为 8 000 万元，借款偿还期为 5 年，年利率为 10%。用等额偿还本金和利息的方法，列表计算各年应偿还的本金和利息。

4. 现拟建一个工程项目，第 1 年末投资 1 000 万元，第 2 年末又投资 2 000 万元，第 3 年末再投资 1 500 万元。从第 4 年起，连续 8 年每年年末获利 1 200 万元。假定项目残值不计，折现率为 12%，试画出该项目的资金流量图，并求出项目的净现值和净现值率，并判断该项目是否可行。

第 8 章　工程项目国民经济评价

8.1　国民经济评价概述

工程项目国民经济评价是项目经济评价十分重要的组成部分。国民经济评价是在宏观层面上，通过对项目的直接效益、直接费用以及间接效益和间接费用的分析，考察项目的经济合理性，为项目决策提供必要的依据。

8.1.1　国民经济评价的概念

国民经济评价是指在合理配置社会资源的前提下，从国家整体利益的角度出发，计算项目对国民经济的贡献，分析项目的经济效率、效果和对社会的影响，评价项目在宏观经济上的合理性。

国民经济评价是站在宏观经济的立场上，按照社会福利最大化的原则，在整个国民经济系统中，分析、计算项目的经济效益和费用，考察项目对社会经济发展的价值以及对社会福利的贡献，以判断项目的经济合理性，为项目决策提供依据。

国民经济评价通常在财务评价的基础上进行。在完善的市场经济体系下，市场竞争机制充分发挥作用，产出品的价格反映边际社会效益，投入品的价格反映边际社会机会成本，厂商对利润最大化的追求自然会导致资源的有效配置——实现帕累托最优。项目财务评价和国民经济评价的结论是一致的，而在现实经济中，市场本身发育不完善、政府的干预等因素，使得市场机制失灵。所以，在进行项目的财务评价后，还要进行项目的国民经济评价。其原因主要有以下几个方面：第一，财务评价是以现行市场价格体系为评价基础的，而市场发育不成熟、不完善，使得许多商品和服务的价格存在着“扭曲”和“失真”。即在现行市场价格体系下，商品和服务的价格既不能反映其真实价值，又难以体现资源的稀缺程度以及商品和服务的市场供求关系。所以，以这样的价格信号和价格杠杆难以实现资源在市场上的合理配置。第二，财务评价是在项目的框架下进行的，而项目的实施所依赖的基础和项目实施所产生的影响不仅限于项目系统自身，项目的实施除了需要直接费用外，还需要相关费用（间接费用）。同样，项目的运营除了产生直接效益外，还会产生相关效益（间接效益）。在财务评价中，仅考虑到了项目的直接效益和直接费用，因此财务评价不能完全涵盖项目的效益和费用，存在片面性。并且，财务评价中的转移支付项目是作为建设项目的现金流量处理的，显然在国民经济评价中，这些项目不应被视为现金流量分析的因素。

8.1.2 国民经济评价的项目范围

对存在着财务价格扭曲，不能通过市场价格杠杆有效配置资源以及财务效益不能真实全面地反映项目产出的经济价值，财务费用不能真实全面地反映项目对社会资源的耗费的项目，应进行国民经济评价。

应当进行国民经济评价的项目具有如下特征：

（1）项目的产出不具有市场价格。项目的产出多具有公共产品的属性，因而不能对其进行市场定价。

（2）市场价格虽然存在，但不能准确反映投入物和产出物的边际社会效益和费用。

（3）项目的外部效果显著，而且往往关系社会公共福利和国家安全。

具体来说，以下项目应进行国民经济评价。

（1）具有垄断特征的项目，如电力、基本通信、干线交通等项目。

（2）产出具有公共产品属性的项目。公共产品具有“消费的非排他性”和“消费的非竞争性”的特征。公共产品是由国家公共财政支撑的一国国民享受的社会公共福利，如市政基础设施、公共事业项目。

（3）具有明显的外部效果的项目。项目的外部效果是指项目主体因为实施项目而给其他主体造成的对它没有直接损益关联的影响。项目主体由于不受外部效果的预算约束，所以在其行为过程中常常会低效率地使用资源，造成消费者剩余与生产者剩余的损失及市场失灵。

（4）国家战略资源的开发项目，如石油、稀有矿藏开采项目。

（5）涉及国家经济安全的项目。

（6）受过度行政干预的项目。

8.1.3 国民经济评价的作用

（1）国民经济评价是宏观上合理配置国家有限的资源的需要。合理的资源配置应该是能够使国民经济目标达到最优化的资源配置，项目是国民经济大系统中的一个小系统，它从国民经济大系统吸取一定的投入，又向国民经济大系统提供一定的产出。为使国民经济大系统目标达到最优化，所选项目应该是对系统目标优化最有利的项目。但由于市场的不完善及市场功能的局限性等原因，财务价格往往不能全面、正确地反映项目投入物及产出物的真正价格，由财务评价所选择的项目就可能不是对国民经济目标优化最有利的项目。因此，为在宏观上合理配置资源，需要进行国民经济评价。

（2）国民经济评价是真正反映项目对国民经济净贡献的需要。从国家的角度出发，投资建设的目的是取得尽可能大的国民经济效益，项目的取舍应以项目对国民经济净贡献的大小为依据。为全面真正反映项目的国民经济净贡献，需要进行国民经济评价。

(3) 国民经济评价是投资决策科学化的需要。科学合理的投资决策应能有效地促成适度的投资规模、合理的投资结构和实现好的经济效益。国民经济评价可以从以下三个方面促进投资决策的科学化：通过调整社会折现率等来控制一些项目的通过与否，达到调控投资规模的目的；通过体现宏观意图的影子价格、影子工资等起到鼓励或抑制某些行业、区域及某类项目发展的作用；通过选择国民经济净贡献大的项目，可以提高国民经济总体效益。

8.1.4　国民经济评价的程序

国民经济评价可以在财务评价的基础上进行，也可以直接进行。

在财务评价的基础上进行时，应首先剔除在财务评价中已计算为效益或费用的转移支付（如国家对项目的补贴、项目向国家交纳的税金、营业外净支出等），增加财务评价中未反映的间接效益和间接费用，然后用影子价格、影子工资、影子汇率和土地影子费用等代替财务评价中的价格和费用，对销售收入（或效益）、固定资产投资、流动资金、经营成本等进行调整并以此为基础计算项目的国民经济评价指标。

直接进行国民经济评价的项目，首先应识别和计算项目的直接效益、间接效益、直接费用和间接费用，然后以货物的影子价格、影子工资、影子汇率和土地影子费用等计算项目的固定资产投资、流动资金、销售收入（或收益），并在此基础上计算项目的国民经济评价指标。

国民经济评价的步骤如图 8-1 所示。

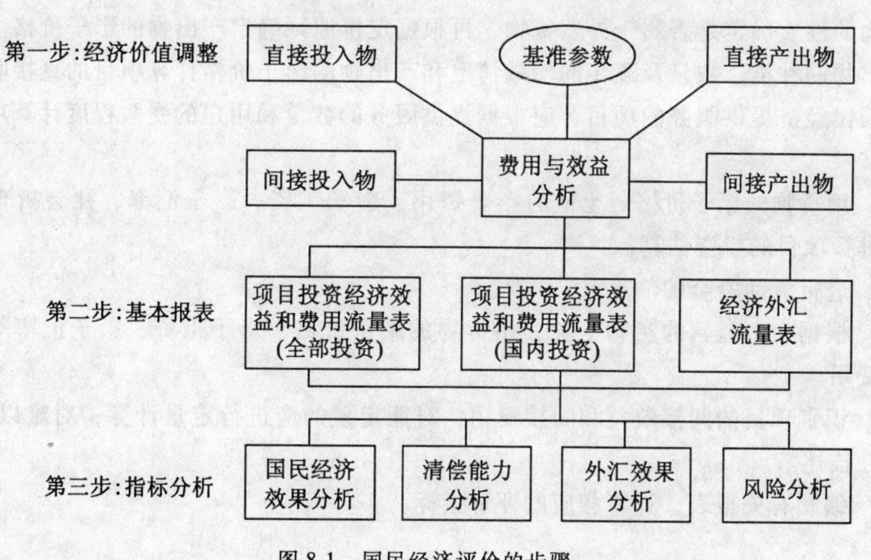

图 8-1　国民经济评价的步骤

1. 在财务评价的基础上进行国民经济评价的步骤

(1) 经济价值的调整分为两个方面的内容：一个是对效益和费用的范围进行调整，

主要是剔除已经计入财务效益和财务费用的转移支付，并识别项目的间接效益和间接费用；另一个是对效益和费用的数值进行调整，主要是对固定资产投资、流动资金、经营费用、销售收入和外汇借款等进行调整。

在对固定资产投资进行调整时，剔除属于国民经济内部转移支付的引进设备、材料的关税和增值税，并用影子汇率、影子运费和贸易费用对引进设备的价值进行调整；对于国内设备的价值则用其影子价格、影子运费和贸易费用进行调整；根据建筑工程消耗的人工、材料、电力等，用影子价格调整建筑费用；若安装费中的材料费占很大比重，或有进口安装材料，也应按材料的影子价格调整安装费用；用土地的影子费用代替占用土地的实际费用；剔除涨价预备费；调整其他费用。

流动资金的调整：对流动资金估算基础的变动引起的流动资金占用量的变动进行调整。

经营费用的调整：先用影子工资、影子价格调整费用要素，然后再相加汇总求得经营费用。

销售收入的调整：先确定项目产出物的影子价格，然后重新计算销售收入。用影子汇率计算外汇借款的本金和利息偿付额。

（2）编制项目投资经济效益和费用流量表（全部投资）。对于使用国外贷款的项目，还应编制项目投资经济效益和费用流量表（国内投资）；对于产出物出口或替代进口的项目，还应编制经济外汇流量表和国内资源流量表。

（3）计算经济内部收益率、经济净现值、外汇净现值、经济换汇成本和经济节汇成本。

2. 直接进行国民经济评价的步骤

（1）识别和计算项目的直接收益，对那些为国民经济提供产出物的项目，首先应根据产出物的性质确定是否属于外贸货物，再根据定价原则确定产出物的影子价格。按照项目的产出物的种类、数量及逐年的增减情况和产出物的影子价格计算项目的直接收益。对那些为国民经济提供服务的项目，应根据提供服务的数量和用户的受益程度计算项目的直接收益。

（2）用货物的影子价格、土地的影子费用、影子工资、影子汇率、社会折现率等参数直接进行项目的投资估算。

（3）进行流动资金的估算。

（4）根据生产经营的实物消耗，用货物的影子价格、影子工资、影子汇率等参数计算经营费用。

（5）识别项目的间接效益和间接费用，对能定量的应进行定量计算；对难以定量的，应作定性描述。

（6）编制有关报表，计算相应的评价指标。

8.1.5 国民经济评价与财务评价的异同

国民经济评价和财务评价是工程项目经济评价的两个层次，它们互相联系，有共同点又有区别。

1. 国民经济评价与财务评价的共同点

(1) 二者评价的目的相同

国民经济评价和财务评价都是要寻求以最小的投入获得最大的产出。

(2) 二者评价的基础相同

国民经济评价和财务评价都是在完成了产品需求预测、工程技术方案、资金筹措等可行性研究的基础上进行评价的。

2. 国民经济评价与财务评价的区别

(1) 二者评价的角度不同

财务评价是站在项目的角度上，按照微观利润最大化的原则，分析项目的直接财务费用和效益，从而判断项目的财务可行性。

国民经济评价是站在整个国民经济的角度上，按照社会福利最大化的原则，分析项目的效益和费用，以判断项目的经济合理性。

(2) 二者费用和效益的界定范围不同

财务评价以项目系统为边界，根据项目的实际现金流量确定其财务费用和效益。凡是由系统内流出的现金流量都是财务费用，凡是流向系统内部的现金流量都是财务效益。

国民经济评价以国民经济系统为边界，考察项目的经济费用和效益。任何导致社会最终产品或服务减少的都是经济费用；任何导致社会最终产品或服务增加的都是经济效益。

由于两种评价的角度及效益费用界定的边界不同，有些在财务评价中视为费用的项目，如税金、国内贷款利息等，在国民经济评价中不作为费用处理。同样，在财务评价中视为效益的项目，如补贴等，在国民经济评价中不作为效益处理。从国民经济系统的角度来看，这些现金流既没有使得社会最终产品减少，又没有使得其增加，只是在系统内部作了一下转移，因此称为转移支付。

(3) 二者价值尺度不同

财务评价是在现行市场价格体系下，计算和分析项目的财务效益和费用，考察项目经济效益状况的。

国民经济评价利用在完善的市场机制下所形成的价格，考量项目的经济效益和费用，评价项目的经济合理性。在市场经济不完善的情况下，利用影子价格来模拟完善的市场机制下所形成的价格，为资源的合理配置提供准确的价格信息。

(4) 二者所采用的有关参数不同

财务评价与国民经济评价除了价格参数不同外，还有一些参数也有区别。例如，财务评价中采用的汇率是官方汇率，而国民经济评价中采用的是影子汇率；财务评价中采用的折现率是行业基准折现率，而国民经济评价中采用的折现率是社会折现率等。

3. 国民经济评价结论与财务评价结论的关系

在大多数情况下，国民经济评价结论和财务评价结论是一致的，但有时两种评价结论可能是不同的。下面分析可能出现的四种情况及相应的决策原则：

(1) 财务评价和国民经济评价均可行的项目，应予以通过；

(2) 财务评价和国民经济评价均不可行的项目，应予以否定；

(3) 财务评价不可行，国民经济评价可行的项目，应予以通过，但国家和主管部门应采取相应的优惠政策，如减免税、给予补贴等，使项目具有生存能力；

（4）财务评价可行，国民经济评价不可行的项目，应该否定，或者重新考虑方案，进行“再设计”。

8.2 费用和效益的识别

8.2.1 识别效益和费用的原则

1. 基本原则

国民经济分析以实现社会资源的最优配置从而使国民收入最大化为目标，凡是增加国民收入的就是国民经济效益，凡是减少国民收入的就是国民经济费用。

2. 边界原则

财务分析从项目自身的利益出发，其系统分析的边界是项目。凡是流入项目的资金，就是财务效益，如销售收入等；凡是流出项目的资金，就是财务费用，如投资支出、经营成本和税金等。国民经济分析则从国民经济的整体利益出发，其系统分析的边界是整个国家。国民经济分析不仅要识别项目自身的内部效果，而且需要识别项目对国民经济其他部门和单位产生的外部效果。

3. 资源变动原则

在计算财务收益和费用时，依据的是货币的变动。凡是流入项目的货币就是直接效益，凡是流出项目的货币就是直接费用。国民经济分析以实现资源最优配置从而保证国民收入的最大增长为目标。经济资源的稀缺性意味着一个项目的资源投入会减少这些资源在国民经济其他方面的可用量，从而减少了其他方面的国民收入，从这种意义上看，该项目对资源的使用产生了国民经济费用。同理，我们说项目的产出是国民经济效益，是由于项目的产出能够增加社会资源——最终产品的缘故。因此在考察国民经济费用和效益的过程中，我们的依据不是货币，而是社会资源真实的变动量。凡是减少社会资源的项目投入都产生国民经济费用，凡是增加社会资源的项目产出都产生国民经济收益。

应当注意的是，这里提到的资源应是稀缺的经济资源而不是闲置或不付出代价就可自由使用的物品。

8.2.2 国民经济效益与费用

国民经济效益分为直接效益和间接效益，国民经济费用分为直接费用和间接费用。直接效益和直接费用可称为内部效果，间接效益和间接费用可称为外部效果。

1. 直接效益与直接费用

直接效益是指由项目产出物直接生成，并在项目范围内计算的经济效益。一般表现为增加项目产出物或者服务的数量以满足国内需求的效益；增加出口或者减少进口从而增加或者节支的外汇等。

直接费用是指项目使用投入物所形成的，并在项目范围内计算的费用，一般表现为其他部门为本项目提供投入物；需要扩大生产规模所耗费的资源的费用；减少对其他项目或者最终消费投入物的供应而放弃的效益；增加进口或者减少出口从而耗用或者减少的外汇等。

2. 间接效益和间接费用

间接效益与间接费用，或称外部效果，是指项目对国民经济做出的贡献与国民经济为项目付出的代价中，在直接效益与直接费用中未得到反映的那部分效益与费用。外部效果应包括以下几个方面：

（1）产业关联效果。例如建设一个水电站，一般除发电、防洪灌溉和供水等直接效果外，还必然会带来养殖业和水上运动以及旅游业的发展等间接效益。此外，农牧业还会因土地淹没而遭受一定的损失（间接费用），这些都是水电站兴建而产生的产业关联效果。

（2）环境和生态效果。例如发电厂排放的烟尘会使附近田园的作物产量减少，质量下降，化工厂排放的污水会使附近江河的鱼类资源骤减。

（3）技术扩散效果。技术扩散和示范效果是由于建设技术先进的项目会培养和造就大量的技术人员和管理人员。除了为本项目服务外，他们的流动和技术交流对整个社会经济发展也会带来好处。

技术性外部效果反映了社会生产和消费的真实变化，这种真实变化必然引起社会资源配置的变化，所以应在国民经济评价中加以考虑。

为防止外部效果计算扩大化，项目的外部效果一般只计算一次相关效果，不应连续计算。

3. 转移支付

项目的某些财务收益和支出，从国民经济的角度看，并没有造成资源的实际增加或者减少，而只是国民经济内部的“转移支付”，不计做项目的国民经济效益与费用。转移支付的主要内容如下：

（1）税金

在财务分析中，税金包括销售税和所得税，对企业来说，这些税金都是财务支出。但是，对国民经济整体而言，企业纳税并未减少国民收入，只不过是将企业的这笔货币收入转移到政府手中而已，是收入的再分配。考察项目的国民经济评价系统，我们是从资源增减的角度区别收益和费用的，税金既然是国民收入的再分配，并不伴随资源的变动，所以，在国民经济评价中既不能把税金列为收益，也不能把税金列为费用。

（2）补贴

补贴是一种货币流动方向与税金相反的转移支付。政府如果对某些产品实行价格补贴，可能会降低项目投入的支付费用，或者会增加项目的收入，从而增加项目的净收益。但是这种收益的增加仍然是国民收入从政府向企业的一种转移，它使资源的支配权发生变动，但是既未增加社会资源，也未减少社会资源，因而补贴不被视做国民经济评价中的费用和收益。

（3）国内贷款的还本付息

项目的国内贷款及其还本付息也是一种转移支付，在项目投资的财务评价中被视做财务支出。但从国民经济的角度看，情况则不同，还本付息并没有减少国民收入，这种货币流动过程仅仅代表资源支配权的转移，社会实际资源并未增加或减少，因而在国民经济评价中，不被视为费用。

(4) 国外贷款的还本付息

国外贷款还本付息的处理分以下三种情况：

① 评价国内投资的经济效益的处理办法。项目的国民经济评价以项目所在国的经济利益为根本出发点，所以必须考察国外贷款还本付息对项目举办国的真实影响。如果国外贷款利率很高，高于全部投资的内部收益率，那么一个投资效益好的项目，也可能由于偿还国外债务致使本国投资得不偿失。为了能够揭示这种情况，如实判断本国投资资金的盈利水平，就需要进行国内投资的经济效益分析。在分析时，由于还本付息意味着国内资源流入国外，因而应当视做费用（现金流出）。

② 国外贷款不指定用途时的处理办法。对项目进行国民经济分析的目的是使有限的资源得到最佳配置。因此，应当对项目所用资源的利用效果作出分析评价，这种评价就是包括国外贷款在内的全部投资的国民经济评价。不过，对使用国外贷款的项目进行全投资经济评价是有条件的，这个条件就是国外贷款不是针对某一项目专款专用，该贷款还允许用于其他项目。这种情况下，与贷款对应的实际资源虽然来自国外，但受贷国在如何有效利用这些资源的问题上，面临着与国内资源同样的优化配置任务，因而应当对包括国外贷款在内的全部资源的利用效果作出评价。在这种评价中，国外贷款还本付息不视做收益，也不视做费用，不出现在国民经济评价所用的项目国民经济效益和费用流量表中。

③ 国外贷款指定用途的处理办法。如果不是拟建项目，就不能得到国外贷款，这时便无须进行全投资的经济效益评价，可只进行国内投资资金的经济评价。这是因为，全投资经济效益评价的目的在于对包括国外贷款在内的全部资源的多种用途进行比较选优，既然国外贷款的用途已经唯一限定，别无其他选择，也就没有必要对其利用效果作出评价了。

8.3 国民经济评价的重要参数

国民经济评价的参数是国民经济评价的基础。正确理解和使用评价参数，对正确计算费用、效益和评价指标以及比选优化方案具有重要作用。国民经济评价的参数体系有两类，一类是通用参数，如社会折现率、影子汇率和影子工资等，这些通用参数由有关专门机构组织测算和发布；另一类是货物影子价格等一般参数，由行业或者项目评价人员测定。

8.3.1 社会折现率

社会折现率（i_s）是从社会角度对资金时间价值的估量，是社会费用-效益分析体系中的重要参数，代表社会资金被占用应获得的最低收益率，并被用做不同年份资金价值换算的折现率。社会折现率可根据国民经济发展的多种因素综合测定。各类投资项目的国民经济评价都应采用有关专门机构统一发布的社会折现率作为计算经济净现值的折现率。社会折现率可作为经济内部收益率的判别标准。

根据对我国国民经济运行的实际情况、投资收益水平、资金供求状况、资金机会成本以及国家宏观调控等因素的综合分析，在《方法与参数》一书中推荐的社会折现率为8%。

8.3.2　影子汇率

影子汇率（SER）是指单位外汇的经济价值，区分于外汇的财务价格和市场价格。在国民经济评价中使用影子汇率，是为了正确计算外汇的真实经济价值，影子汇率代表着外汇的影子价格。在国民经济评价中，影子汇率通过影子汇率换算系数计算，影子汇率换算系数是影子汇率与国家外汇牌价的比值。投资项目投入物和产出物涉及进出口的，应采用影子汇率换算系数调整计算影子汇率。根据目前我国的外汇收支状况、主要进出口商品的国内价格与国外价格的比较、出口换汇成本以及进出口关税等因素综合分析，目前我国的影子汇率换算系数取值为1.08。

作为项目国民经济评价的重要通用参数，影子汇率的取值对于项目决策有着重要的影响，对于那些主要产出物是外贸货物的工程项目，包括产品是出口或替代进口的项目，由于产品的影子价格要以产品的口岸价为基础计算，外汇的影子价格的高低直接影响项目收益价值的高低，影响对项目效益的判断和对项目可行性研究的评价结论。影子汇率换算系数越高，外汇的影子价格越高，产品是外贸货物的项目的经济效益就越好，项目就越容易获得通过；反之，项目就越不容易获得通过。当项目要引进国外的技术、设备或要使用进口原材料、零部件时，都要进行引进与不引进之间的方案比较，要与使用国内技术、设备、原材料、零部件进行对比。影子汇率的高低，直接影响进口技术、设备、原材料、零部件的影子价格的计算，影响引进方案的经济效益评价。外汇的影子价格较高时，引进方案的费用较高，评价结论会比较不利于引进方案。

8.3.3　影子价格

影子价格是进行项目国民经济评价、计算国民经济效益与费用时专用的价格，是指依据一定原则确定的，能够反映投入物和产出物的真实经济价值，反映市场供求状况和资源稀缺程度，使资源得到合理配置的价格。进行国民经济评价时，项目的主要投入物和产出物价格，原则上都应采用影子价格。

影子价格（shadow price）这一术语是20世纪三四十年代由苏联著名数学家、经济学家列·维·康特洛维奇为解决资源的最优利用问题而首先提出的，主要用于国民经济计划工作中的集中决策研究，也称为“最优计划价格”。他认为影子价格是“有限资源的使用情况的反映，资源决定了价格”。随后荷兰数理经济学家、计量经济学家奎恩·丁伯根将其进一步完善，他认为影子价格是“反映资源得到合理配置的预测价格”，是“对劳动、资本和为获得稀缺资源而进口商品的合理评价”，并将其应用于自由经济中的分散决策，因此影子价格又称为“预测价格”。后来美国著名经济学家萨缪尔森又作了进一步发展，使其成为一个主要反映资源是否得到合理配置和利用的预测价格的概念。萨缪尔森指出，第一，影子价格是以线性规划为计算方法的“计算价格”或“记账价格”；第二，影子价格是一种资源价格；第三，影子价格是以边际生产力为基础的，换言之，某种资源的产品影子价格就是该资源的边际生产力。此外，他还把商品的边际成本也称为影子价格。

影子价格以资源的稀缺性为价值依据，以资源的边际效益为价值尺度，反映了资源对目标值的边际贡献、资源在最优决策下的边际价值以及资源的市场供求关系、稀缺程度。它表示对某种资源效用价值的估价，这种估价不是该资源的市场价格，而是根据该资源在特定的经济结构中作出的贡献所作的估价，因而称为影子价格。

从总体上来说，影子价格又可以分为两种类型：一种是福利经济学和资源分配理论与工程经济学相结合的产物，主要用于项目在国民经济评价中的影子价格，是广义的影子价格；另一种是福利经济学和资源分配理论与企业经济学相结合的产物，主要用于企业资源的最优分配与合理利用的决策中的影子价格，是狭义的影子价格。

影子价格是国民经济评价中的一个关键参数。国民经济评价是通过考虑项目的效益和费用来评价项目对国民经济的净贡献，而合理确定和应用影子价格是保证项目国民经济效益和费用衡量的真实性的重要前提，影子价格可以保证资源的合理配置，从而使国民经济获得高效率、高速度的发展。如果影子价格失真，则项目国民经济效益和费用的衡量必然失实，从而导致错误的投资决策，造成有限资源的浪费。一般来说，发展中国家的价格体系往往存在着扭曲现象，价格既不反映价值，也不反映供求状况，造成这种状况的原因主要是产业结构不合理、通货膨胀、劳动力过剩、过度保护本国工业、价格管制、外汇短缺等。我国也有类似的情况，因此，仅依靠现有的价格体系不可能正确衡量项目的费用和效益，而必须测算和应用影子价格。

8.4 影子价格的确定

8.4.1 影子价格的计算方法

影子价格的计算方法主要有线性对偶解法、市场均衡价格法、机会成本分析法、成本分解法和消费者支付意愿法。在这里，我们简单地介绍一下机会成本分析法和消费者支付意愿法。

1. 机会成本分析法

机会成本也叫机会费用，是建立影子价格的基础。

世界上的所有资源都是有限的，项目投入物作为一种稀缺的资源，有多种用途，投到某一项目上，就失去了用于别的用途获得效益的机会，那么，这种投入物投到某一项目上使国民经济所付出的代价就是放弃其他使用机会而获得的最大效益。也就是说，在国民经济评价中，项目占用某种资源的机会成本是指用于该项目的这种资源若用于其他最好的替代机会所能获得的效益。机会成本代表了项目占用资源的影子费用，反映资源影子价格的大小，机会成本分析的思想几乎体现在所有影子价格或影子费用的确定中。

2. 消费者支付意愿法

消费者支付意愿，是指消费者愿意为商品或劳务付出的价格。消费者支付意愿法与机会成本分析法同属局部均衡分析法。当项目产出物投入国内市场，影响国内市场供应量的情况下，如果产品的市场价格不变，则消费者支付意愿的度量尺度就是市场价格本身，产出物的影子价格可直接取市场价格。如果产品的市场价格下降，则消费者支付意愿等于消费者实际支付加上增加的消费者剩余。当项目产出物替代国内原生产企业的部分或全部生产的情况下，其影子效益为原生产企业减产或停产向社会所释放资源的价值，等于这部分资源的消费者支付意愿。项目投入物的影子价格的计算以此类推，当项目投入物来自国内生产量增加的情况下，其影子费用就是增加生产所消耗资源的价值。当项目投入物来自挤占对该投入物原用户的供应量，其影子费用等于原用户因此而减少效益的价值。

8.4.2　影子价格的确定

在计算项目国民经济效益和费用，确定投入物和产出物的影子价格时，通常将项目的投入物和产出物划分为外贸货物、非外贸货物与特殊投入物三种类型。

1. 外贸货物影子价格的确定

外贸货物是指项目使用或生产某种货物将直接或间接影响国家对这种货物的进口或出口。外贸货物包括：项目产出物中直接出口（增加出口）、间接出口（替代其他企业产品使其增加出口）或替代进口（减少进口）者；项目投入物中直接进口（增加进口）、间接进口（挤占其他企业的投入物使其增加进口）或挤占原可用于出口的国内产品（减少出口）者。

外贸货物的影子价格一般以口岸价格为基础来确定，对投入物和产出物分别按照不同的情况，采用不同的定价方法。

（1）项目产出物影子价格的确定

① 直接出口。项目的产品直接出口，其影子价格的计算公式如下：

$$\mathrm{SP}=\mathrm{FOB}\times\mathrm{SER}-T_1-T_{R1}$$

式中，SP——表示产品的影子价格，按出厂价计算；

FOB——产品出口离岸价，以外汇计价；

SER——影子汇率；

T_1——出口产品出厂运到口岸的运输费用；

T_{R1}——出口产品国内外经销企业的贸易费用。

② 间接出口。间接出口产品的影子价格的计算公式如下：

$$\mathrm{SP}=\mathrm{FOB}\times\mathrm{SER}-(T_2+T_{R2})+(T_3+T_{R3})-(T_4+T_{R4})$$

式中，SP——间接出口产品的影子价格，按出厂价计价；

FOB——同类产品出口离岸价，以外汇计价；

SER——影子汇率；

T_2+T_{R2}——原供应厂到口岸的运费及贸易费用；

T_3+T_{R3}——原供应厂到用户的运费及贸易费用；

T_4+T_{R4}——项目地点到用户的运费及贸易费用。

当原供应厂难以确定时，可简化为按直接出口计算，这时需假定一个产品出口的离岸口岸，估算出离岸价以及项目所在地到口岸的运费及贸易费用，再计算出产品的影子价格。

③ 替代进口。替代进口的产品的影子价格的计算公式如下：

$$SP = CIF \times SER + (T_5 + T_{R5}) - (T_4 + T_{R4})$$

式中，SP——替代进口产品的影子价格，按出厂价计价；

CIF——被替代进口货物的到岸价，以外汇计价；

SER——影子汇率；

T_5+T_{R5}——被替代进口货物从口岸到用户的运费及贸易费；

T_4+T_{R4}——项目产品出厂到用户的运费及贸易费用。

具体用户难以确定时，可按到岸价格计算。

(2)项目投入物影子价格的确定

① 直接进口。项目的投入物直接进口，其影子价格的计算公式如下：

$$SP = CIF \times SER + T_1 + T_{R1}$$

式中，SP——直接进口投入物的影子价格；

CIF——直接进口投入物的进口到岸价，以外汇计价；

SER——影子汇率；

T_1+T_{R1}——直接进口投入物从我国口岸到项目地点的运费及贸易费。

② 间接进口。间接进口产品的影子价格的计算公式如下：

$$SP = CIF \times SER + (T_5 + T_{R5}) - (T_3 + T_{R3}) + (T_6 + T_{R6})$$

式中，SP——间接进口投入物的影子价格；

CIF——间接进口产品的进口到岸价；

SER——影子汇率；

T_5+T_{R5}——间接进口投入物从口岸到原用户的运费及贸易费用；

T_3+T_{R3}——国内供应厂到原用户的运费及贸易费用；

T_6+T_{R6}——国内供应厂到项目地点的运费及贸易费用。

供应厂和其原用户难以确定时，可按直接进口考虑。

③ 减少出口。减少出口产品的影子价格的计算公式如下：

$$SP = FOB \times SER - (T_2 + T_{R2}) + (T_6 + T_{R6})$$

式中，SP——减少出口投入物的影子价格；

FOB——投入物的出口离岸价；

SER——影子汇率；

(T_2+T_{R2})——投入物原来出口由生产厂到口岸的运费及贸易费用；

(T_6+T_{R6})——投入物原生产厂到项目地点的运费及贸易费用。

供应厂难以确定时，可按离岸价格计算。

2. 非外贸货物影子价格的确定

非外贸货物是指其生产或使用将不影响国家进出口的货物。除了所谓“天然”的非外贸货物如建筑物、国内运输等基础设施和商业的产品和服务外，还有由于运输费用过高或受国家对外贸易政策和其他条件的限制即不能进行外贸的货物。非外贸货物的影子价格按下述原则和方法确定：

(1)产出物

① 项目的产品增加国内的供应量，从而增加新的消费量。在这种情况下，供求均衡的，按财务价格定价；供不应求的，参照国内市场价格并考虑价格变化的趋势定价，但不应高于相同质量产品的进口价格；无法判断供求情况的，取上述价格中较低者。

② 项目的产品不增加国内供应数量，只是替代其他相同或类似企业的产出物，导致被替代企业停产或减产。在这种情况下，如果质量与被替代产品相同，应按被替代企业相应的产品可变成本分解定价；如果提高了产品质量，原则上应按被替代产品的可变成本加上提高产品质量而带来的国民经济效益定价。其中，提高产品质量带来的效益，可近似地按国际市场价格与被替代产品的价格之差确定。非贸易货物产出物按上述原则定价后，再计算为出厂价格。

(2)投入物

① 项目所需投入物能通过原有企业挖潜、不增加投资但增加供应的，按可变成本分解定价。

② 在拟建项目计算期内需通过增加投资扩大生产规模来满足拟建项目需要的，按全部成本(包括可变成本和固定成本)分解定价。当难以获得分解成本所需要的资料时，可参照国内市场价格定价。

③ 项目计算期内无法通过扩大生产规模增加供应的(减少原用户的供应量)，参照国内市场价格、国家统一价格加补贴中较高者定价。

投入物按上述原则定价后，再计算出到厂价格。

确定非外贸货物影子价格的一种重要方法是成本分解法。用成本分解法对某种货物进行分解，可以得到货物的分解成本，用来反映货物的经济价值。用成本分解法对某种货物的成本进行分解时原则上应对边际成本而不是平均成本进行分解。如果缺乏资料，也可分解平均成本。如果是必须用新增投资来增加所需投入物供应的，应按其全部成本(包括可变成本和固定成本)进行分解；可以发挥原有企业生产能力增加供应的，应按其可变成本进行分解，并用影子价格进行调整换算，得到该货物的分解成本。

用成本分解法确定分解成本的步骤如下：

第一步，按费用要素列出某种非外贸货物的财务成本、单位货物的固定资产投资额及流动资金，并列出该货物生产厂的建设期限、建设期各年的投资比例。

第二步，剔除上述数据中包括的税金。

第三步，按外贸货物与非外贸货物的定价原则，对外购原材料、燃料和动力等投入物的费用进行调整。其中有些可直接使用给定的影子价格或换算系数，对重要的外贸货物应自行测算其影子价格。重要的非外贸货物可留待第二轮分解，有条件时，也应对投资中某些占较大比例的费用项目进行调整。

第四步，工资及福利费和其他费用原则上不予调整。

第五步，计算单位货物总投资(包括固定资产投资和流动资金)的资金回收费用(M)，对折旧和流动资金的利息进行调整。

计算公式如下：

$$M=(I-S_V-W)\times(A/P,\ i_s,\ n_2)+(W+S_V)i_s$$

因为：

$$I=I_F+W$$

故：

$$M=(I_F-S_V)\times(A/P,\ i_s,\ n_2)+(W+S_V)i_s$$

当 $S_V=0$ 时：

则：

$$M=I_F(A/P,\ i_s,\ n_2)+Wi_s$$

式中，I——换算为生产期初的全部投资；

I_F——换算为生产期初的固定资产投资，按可变成本分解时，I_F 为零；

W——流动资金占用额；

S_V——计算期末回收的固定资产余值；

i_s——社会折现率；

n_2——生产期。

I_F 可由下式求得：

$$I_F=\sum_{i=1}^{n_1} I_t(1+i_s)n_1-t$$

式中，I_t——建设期第 t 年调整后的固定资产投资；

n_1——建设期。

第六步，必要时，对上述分解成本中涉及的非外贸货物进行第二轮分解。

综合以上各步之后，即可得到该种货物的分解成本。

8.5 国民经济评价的调整计算

8.5.1 费用、效益调整

国民经济评价可以单独进行，也可以在财务评价的基础上进行调整计算，即将财务评价的投资、成本和销售收入等按照国民经济评价的要求进行调整计算，包括费用、效益的范围调整和数值调整两个方面。

1. 费用与效益范围的调整

(1)识别属于国民经济内部转移支付的内容，并逐项从费用和效益现金流量中剔除，如增值税、消费税、城乡维护建设税和固定资产投资方向调节税等。

(2)据实确定项目的间接费用和间接效益。

2. 费用与效益数值的调整

主要是采用影子价格重新计算投资、成本费用和销售收入等。

8.5.2　投资调整

投资调整是国民经济评价的重要组成部分，包括固定资产投资和流动资金的调整。

1. 固定资产投资的调整

(1)剔除属于国民经济内部转移支付的部分，如引进设备材料支付的关税和增值税等。

(2)调整引进设备价值，包括按影子汇率将外币价值折算为人民币和采用《方法与参数》中发布的不同运输方式的影子运费换算系数进行运输费用的调整。

(3)调整国内设备价值，包括采用影子价格计算设备本身的价值和运输费用、贸易费用。《方法与参数》中有国内机电设备的影子价格换算系数，一般情况下可直接采用。关于贸易费用的计算方法和贸易费用率参数的数值也可以参见《方法与参数》。

(4)调整建筑费用，原则上应按分解成本方法计算建筑工程的影子造价。为了简化计算，也可只作材料费用价格调整。《方法与参数》中给出了房屋建筑工程的影子价格换算系数(指建筑工程影子造价与按当地预算价格计算的财务造价之比)，一般的项目可将建筑工程的财务价格直接乘以该系数得出影子造价。对于建筑工程占较大比例或不符合《方法与参数》中该系数使用范围的情况，最好由评价人员自行调整。

(5)调整安装费用，一般情况下可主要调整安装材料的价格(如钢材等)，计算采用影子价格后所引起的变化。如果使用引进材料还要考虑采用影子汇率所引起的数值调整。

(6)调整土地费用，如果项目占用农田、林地、山坡地、荒滩等，可按《方法与参数》中给出的计算该地净效益的方法，计算项目占用该地导致国民经济的净效益损失，再加上土地征购补偿费中属于实际新增资源耗费费用，如搬迁费、安置费和征地管理费等，将它们汇总作为项目占用土地的费用，用以代替原土地征购补偿费。如果项目占用的土地有明显的其他替代用途，原则上应按该替代用途的土地所能产生的净效益计算。实践中难以计算时，可参照对外资企业收取的土地使用费计算。

(7)其他费用调整，其他费用中的外币需按影子汇率折算为人民币。其他费用中的有些项目，如供电贴费应从投资额中剔除。

(8)将反映建设期内价格上涨的价格增长预备费从投资额中剔除。

2. 流动资金的调整

(1)调整范围。构成流动资金总额的存货部分既是项目本身的实际费用，又是国民经济为项目付出的代价，在国民经济评价中仍然作为费用。构成流动资金总额的现金，应收账款与应付账款的差额并不造成国家资源的实际耗费，因此在国民经济评价中不作为费用。一般的处理方法是：估定这部分资金占流动资金总额的比例，按比例将其从流动资金总额中剔除。

(2)按剔除不造成国家资源实际耗费的资金后的流动资金占销售收入或总成本的比例，以调整后的销售收入或总成本为基数重新计算，即得调整后的流动资金数额。

(3)为简化计算，在流动资金数额相对不大的情况下，也可不剔除这部分流动资金。

8.5.3 经营成本调整

经营成本的调整，一般包括以下内容：

(1)确定主要原材料及燃料、外购动力的货物类型(属于外贸货物还是非外贸货物)，然后按其属性确定影子价格，并重新计算该项成本。对自来水、电、气等原则上应按其成本构成重新调整计算后确定其影子价格。

(2)根据调整后的固定资产投资计算出调整后的固定资产原值、无形资产原值与递延资产原值，除国内借款的建设期利息不计入固定资产原值外，其他计算方法与财务评价相同。然后按与财务评价相同的方式与比率计算出修理和其他费用。

(3)确定工资换算系数，计算影子工资。

最后将调整后的项目与未予调整的项目加起来即得到调整后的经营费用。为了简化计算，也可调整按生产费用要素列项的经营成本(见表8-1)。

表8-1　国民经济评价经营费用调整计算表

序号	项　目	单位	年用量	财务评价		国民经济评价		调整额	备注
				单价/元	年金额/万元	单价/元	年金额/万元		
(1)	外购原材料								
(2)	外购动力								
(3)	其他需调整项目								
(4)	调整额合计								
(5)	财务评价年经营成本								
(6)	国民经济评价年经营费用(4)+(5)								

8.5.4 销售收入调整

销售收入的调整对评价结果影响较大，必须慎重对待。首先确定项目产品所属的货物类型，然后按相应的定价原则确定其影子价格。项目主要产品的影子价格一般应由评价人员根据实际情况自行确定。

8.5.5 外汇借款调整

列入效益和费用流量表(国内投资)的外汇借款还本付息额是以人民币表示的。在财务评价中，该数额是由外汇额乘以国家公布的外汇汇率得出的，在国民经济评价中，应用影子汇率代替。

8.6 国民经济评价的指标和计算方法

国民经济评价的指标，按重要程度分为主要指标和附加指标，如经济内部收益率、经济净现值、经济净现值率和投资净效益率等为主要指标，经济外汇净现值、经济换汇成本或经济节汇成本等为附加指标；按计算时是否考虑资金的时间价值分为静态指标和动态指标。下面逐一介绍。

8.6.1 经济内部收益率

经济内部收益率(economic internal rate of return)是使项目经济净现值等于零时的折现率。它反映了项目占用投资对国民经济的净贡献能力，是一个相对指标。经济内部收益率大于或等于社会折现率时，项目是可以接受的，它的计算公式如下：

$$\sum_{t=0}^{n}(B-C)_t(1+\mathrm{EIRR})^{-t}=0 \tag{8-1}$$

式中，$(B-C)_t$——第 t 年的净现金流量；

n——建设项目的计算期；

EIRR——经济内部收益率。

经济内部收益率的计算方法同财务内部收益率。

8.6.2 经济净现值

经济净现值(economic net present value)是用社会折现率 i_s 将项目计算期内各年的净效益折算到建设期初的现值之和。它是反映项目对国民经济所做贡献的绝对指标，其计算公式如下：

$$\mathrm{ENPV}=\sum_{t=0}^{n}(B-C)_t(1+i_s)^{-t} \tag{8-2}$$

式中，i_s——社会折现率；

ENPV——经济净现值；

其余符号意义同前。

若经济净现值大于或等于零，表示国家为拟建项目付出代价后，可以得到符合社会折现率的社会盈余，或除了得到符合社会折现率的社会盈余外，还可以得到以现值计算的超额社会盈余，这时就认为项目是可以接受的。

8.6.3 经济净现值率

经济净现值率(economic net present value rate)是反映项目占用的单位投资对国民经济

所做贡献的相对指标，其计算公式如下：

$$\mathrm{ENPVR}=\frac{\mathrm{ENPV}}{I_P} \tag{8-3}$$

式中，ENPVR——经济净现值率；

I_P——项目总投资的现值；

其余符号意义同前。

当 ENPVR≥0 时，项目是可以接受的。

8.6.4 投资净效益率

投资净效益率(net benefit rate on investment)是指项目达到设计能力后的一个正常生产年份，其年净效益或年平均净效益与项目全部投资的比率，其计算公式如下：

$$\text{投资净效益率}=\frac{\text{年净效益或年平均净效益}}{\text{全部投资}} \tag{8-4}$$

一般来说，当投资净效益率大于社会折现率时，项目是可以接受的。

8.6.5 经济外汇净现值

经济外汇净现值(economic net present value of foreign exchange)是把项目计算期内各年的净外汇流量按社会折现率折算到建设期初的现值之和，其计算公式如下：

$$\mathrm{ENPV_F}=\sum_{t=0}^{n}(\mathrm{FI}-\mathrm{FO})_t(1+i_s)^{-t} \tag{8-5}$$

式中，$\mathrm{ENPV_F}$——经济外汇净现值；

$(\mathrm{FI}-\mathrm{FO})_t$——第 t 年的外汇净现金流量；

其余符号意义同前。

经济外汇净现值是衡量项目对国家外汇净贡献的绝对指标。当经济外汇净现值大于或等于零时，项目是可行的。

8.6.6 经济换汇成本或经济节汇成本

经济换汇成本(economic exchange cost)或经济节汇成本(economic saving exchange cost)是用影子价格、影子工资和社会折现率计算的为生产出口产品(或替代进口产品)而投入的国内资源的现值与生产出口产品(或替代进口产品)的经济外汇净现值之比，即换取或节约一美元的外汇所需的人民币金额，是分析评价项目实施后在国际上的竞争力，进而判断其产品是否应该出口的指标，其计算公式如下：

$$\text{经济换(节)汇成本}=\frac{\sum_{t=0}^{n}\mathrm{DR}''_t(1+i_s)^{-t}}{\sum_{t=0}^{n}(\mathrm{FI}'-\mathrm{FO}')_t(1+i_s)^{-t}} \tag{8-6}$$

式中，DR''_t——项目在第 t 年为生产出口产品（或替代进口产品）而投入的国内资源（包括投资、原材料、工资、其他投入和贸易费用）；

FI'——生产出口产品（或替代进口产品）的外汇流入（或外汇节约）；

FO'——生产出口产品（或替代进口产品）的外汇流出；

$(FI'-FO')_t$——第 t 年的外汇净现金流量；

其余符号意义同前。

经济换汇成本或经济节汇成本小于或等于影子汇率时，该项目是可以接受的。

8.7　国民经济评价报表的编制

国民经济评价的主要报表是项目投资经济效益和费用流量表，反映项目计算期内的经济效益流量和经济费用流量，用于计算项目的经济内部收益率（EIRR）、经济净现值（ENPV），考察项目对国民经济的贡献。项目投资经济效益和费用流量可以直接进行识别和计算，也可以在财务报表的基础上进行识别和计算。

8.7.1　在财务评价的基础上编制项目投资经济效益和费用流量表

以财务评价为基础编制项目投资经济效益和费用流量表，应注意合理调整费用与效益的范围和内容。

（1）剔除财务现金流量中的通货膨胀因素，得到以实价标示的财务现金流量。

（2）剔除运营期内财务现金流量表中不反映资源流量变动的转移支付因素。

（3）用影子价格、影子汇率调整建设投资的各项组成部分，剔除其中的转移支付项目。

（4）调整流动资金，将流动资产和流动负债中不反映资源实际消耗的有关现金、应收款项、应付款项、预收款项、预付款项，从流动资金中剔除。

（5）调整经营成本，用影子价格、影子工资等参数调整外购原材料、燃料动力、工资及福利费等费用要素。

（6）调整营业收入，对于有市场价格的产出，以市场价格为基础计算其影子价格；对于无市场价格的产出效果，以支付意愿或接受补偿原则计算其影子价格。

（7）对于可货币量化的外部效果，将货币量化的外部效益与外部费用计入经济效益和费用流量；对于难以货币量化的外部效果，尽可能用其他量纲量化，难以量化的，应进行定性描述。

8.7.2　直接编制项目投资经济效益和费用流量表

有些项目需要直接进行国民经济评价，判断项目的经济合理性，可按以下步骤直接编制项目投资经济效益和费用流量表。

(1)对于各种主要投入物，应按机会成本的原则计算其经济价值。

(2)识别项目产出可能带来的各种影响效果。

(3)对于有市场价格的产出效果，以市场价格为基础计算其影子价格。

(4)对于无市场价格的产出效果，以支付意愿或接受补偿原则计算其影子价格。

(5)对于难以货币量化的外部效果，尽可能用其他量纲量化，难以量化的，应进行定性描述。

国民经济评价的主要报表有项目投资经济效益和费用流量表(见表8-2)、经济效益和费用分析投资估算调整表(见表8-3)、经济效益和费用分析经营费用估算调整表(见表8-4)、项目直接效益估算表(见表8-5)、项目间接效益估算表(见表8-6)、项目间接费用估算表(见表8-7)。

表8-2　　**项目投资经济效益和费用流量表**

序号	项　目	合计	计　算　期					
			1	2	3	4	…	*n*
1	效益流量							
1.1	项目直接效益							
1.2	资产余值回收							
1.3	项目间接效益							
2	费用流量							
2.1	建设投资							
2.2	流动资金							
2.3	经营费用							
2.4	项目间接费用							
3	净效益流量							

计算指标：

经济内部收益率(EIRR/%)

经济净现值(ENPV，i_c=　%)

表8-3　　**经济效益和费用分析投资估算调整表**

序号	项　目	财务分析			经济分析			经济分析比财务分析增减
		外币	本币	合计	外币	本币	合计	
1	建设投资							
1.1	建筑工程费							
1.2	设备购置费							

续表

序号	项　　目	财务分析			经济分析			经济分析比财务分析增减
		外币	本币	合计	外币	本币	合计	
1.3	安装工程费							
1.4	其他费用							
1.4.1	其中：土地费用							
1.4.2	专利及专有技术费							
1.5	基本预备费							
1.6	涨价预备费							
1.7	建设期利息							
2	流动资金							
3	合计(1+2)							

注：若投资费用通过直接估算得到，本表应略去财务分析栏。

表 8-4　　经济效益和费用分析经营费用估算调整表

序号	项　　目	单位	投入量	财务分析		经济分析	
				单价	成本	单价	成本
1	外购原材料						
1.1	原材料 A						
1.2	原材料 B						
1.3	原材料 C						
1.4	……						
2	外购燃料动力						
2.1	煤						
2.2	水						
2.3	电						
2.4	油						
2.5	……						
3	工资及福利费						
4	修理费						
5	其他费用						
6	合计(1+2+3+4+5)						

注：若经营费用是通过直接估算得到的，本表应略去财务分析栏。

表 8-5　　　　**项目直接效益估算表**

产出物名称			投产第一期负荷/%				投产第二期负荷/%				……	正常生产年份负荷/%			
			A 产品	B 产品	……	小计	A 产品	B 产品	……	小计		A 产品	B 产品	……	小计
年产出量	计算单位														
	国内														
	国际														
	合计														
财务分析	国内市场	单价/元													
		现金收入													
	国际市场	单价/美元													
		现金收入													
经济分析	国内市场	单价/元													
		直接效益													
	国际市场	单价/美元													
		直接效益													
合计/万元															

注：若直接效益是通过直接估算得到的，本表应略去财务分析栏。

表 8-6　　　　**项目间接效益估算表**

序号	项　目	合计	计　算　期					
			1	2	3	4	…	n

表 8-7　　　　　　　　　　　项目间接费用估算表

序号	项　　目	合计	计　算　期					
			1	2	3	4	…	*n*

习题

1. 什么是工程项目的国民经济评价？它与财务评价有何异同？

2. 国民经济评价中费用与效益的识别原则是什么？

3. 国民经济评价中采用的经济参数主要有哪些？它们的取值如何确定？

4. 某产品共有三种原料，A、B 两种原料为非外贸品，其国内市场价格总额每年分别为 200 万元和 50 万元，影子价格与国内市场价格的换算系数分别为 1.2 和 1.5。C 原料为进口货物，其到岸价格总额每年为 100 万美元。设影子汇率换算系数为 1.08，外汇牌价为 8.633 5 元/美元，在不考虑国内运费和贸易费的情况下，求该产品国民经济评价的年原料成本总额。

5. 某项目年产某产品 15 万吨，项目投产后，可以减少进口该产品 5 万吨，其到岸价格为 800 美元/吨，国内市场价格将会由每吨 6 000 元降为 5 000 元；国内原有生产企业将因成本过高而减产 4 万吨。原有企业的财务成本为 5 600 元/吨，按可变成本调整后的影子价格为 4 000 元/吨。外汇牌价为 6.7 元/美元，不考虑国内运费和贸易费，求该项目国民经济评价的年销售收入。

6. 某种原料是拟建项目的主要投入物，需要对其进行成本分解以求得影子价格。全国平均生产一吨该种货物调整为生产期初的固定资产投资为 1 507 元，占用流动资金 250 元。项目生产期为 15 年，社会折现率为 10%。

(1) 试求年资金回收费用(M)，不考虑固定资产残值。

(2) 在分解成本法中，应用年资金回收费用调整原料财务成本中的哪些项目？

第9章 工程项目后评价

9.1 工程项目后评价概述

9.1.1 工程项目后评价的含义

工程项目后评价又称事后评价，是指工程项目建成投产并运行一段时间（一般为2年）后，对项目立项、准备、决策、实施直到投产运行全过程的工程活动进行总结评价，对工程项目取得的经济效益、社会效益和环境效益进行综合评价，从而作为判别项目目标实现程度的一种方法。工程项目的后评价是对项目决策前的评价报告及其设计文件中规定的技术经济指标进行再评价，并通过对整个工程项目建设过程各阶段工作的回顾，对工程项目全过程的实际情况（施工建设、投产经营等）与预计情况进行比较研究，衡量分析实际情况与预计情况发生偏离的程度，说明项目成功与失败的原因，全面总结工程项目管理的经验与教训。再将总结的经验教训反馈到将来的项目中去，作为其参考和借鉴，为改善项目管理工作和制订科学合理的工程计划及各项规定提供重要的依据和改进措施，以达到提高项目投资决策水平、管理水平和投资效益的目的。工程项目后评价不仅是工程项目建设程序中的一个重要工作阶段，而且是项目管理工作中不可缺少的组成部分和重要环节。

9.1.2 工程项目后评价的特点

工程项目后评价不同于项目决策前的可行性研究和项目的评价（即前评价）。由于评价时点的不同，后评价具有以下特点：

1. 现实性

工程项目后评价是对工程项目投产后一段时间所发生情况的一种总结评价。它分析研究的是项目的实际情况，所依据的数据资料是现实发生的真实数据或根据实际情况重新预测的数据，总结的是现实存在的经验教训，提出的是可实行的对策措施。工程项目后评价的现实性决定了其评价结论的客观可靠性，而项目前评价分析研究的是项目的预测情况，所采用的数据都是预测数据。

2. 独立性

后评价必须保证公正性和独立性，这是一条重要的原则。公正性标志着后评价及评价者的信誉，应避免在发生问题、分析原因和做结论时避重就轻，受项目利益的束缚和局限，作出不客观的评价。独立性标志着后评价的合法性，后评价应从项目投资者和受益者或项目业主以外的第三者的角度出发，独立地进行，特别是要避免项目决策者和管理者自己评价自己的情况发生。公正性和独立性应贯穿后评价的全过程，即从后评价项目的选定、计划的编制、任务的委托、评价者的组成，到评价过程和撰写报告。

3. 可信性

后评价的可信性取决于评价者的独立性和经验以及资料信息的可靠性和评价方法的实用性。可信性的一个重要标志是应同时反映出项目成功的经验和失败的教训，这就要求评价者具有广泛的阅历和丰富的经验。同时，后评价也提出了“参与”的原则，要求项目执行者和管理者参与后评价，以利于收集资料和查明情况。为增强评价者的责任感和可信度，评价报告要注明评论者的姓名。评价报告要说明所用资料的来源或出处，报告的分析和结论应有充分可靠的依据。评价报告还应说明评价所采用的方法。

4. 全面性

工程项目后评价的内容具有全面性，即不仅分析项目的投资过程，还分析其生产经营过程；不仅分析项目的投资经济效益，还分析其社会效益、环境效益等。另外，它还分析项目经营管理水平和项目发展的潜力。

5. 透明性

透明性是后评价的另一项重要原则。从可信性来看，后评价的透明度越大越好，因为后评价往往需要引起公众的关注，对投资决策活动及其效益实施更有效的社会监督。从后评价成果的扩散和反馈的效果来看，成果及其扩散的透明度也是越大越好，以便使更多的人能够借鉴过去的经验教训。

6. 反馈性

工程项目后评价的目的在于对现有情况的总结和回顾，并为有关部门反馈信息，以利于提高工程项目决策和管理水平，为以后的宏观决策、微观决策和建设提供依据和借鉴。因此，后评价的最主要特点是具有反馈特性。项目后评价的结果需要反馈到决策部门，作为新项目的立项和评价基础以及调整工程规划和政策的依据，这是后评价的最终目的。因此，后评价结论的扩散以及反馈机制、手段和方法成为后评价成败的关键环节之一。国外一些国家建立了“项目管理信息系统”，通过项目周期各个阶段的信息交流和反馈，系统地为后评价提供资料和向决策机构提供后评价的反馈信息。

9.1.3　项目后评价与项目财务评价（前评价）的区别

工程项目后评价的特点决定了它与工程项目前评价有较大的差别，主要体现在以下几个方面：

1. 评价主体不同

工程项目前评价是由工程主体（投资者、贷款决策机构、项目审批机构等）组织实施的；而工程项目的后评价则是以工程运行的监督管理机构、单独设立的后评价机构或决策的上一级机构为主，会同计划、财政、审计、设计、质量等有关部门进行。这样一方面可保证工程项目后评价的全面性，另一方面也可确保后评价工作的公正性和客观性。

2. 评价的侧重点不同

工程项目前评价主要以定量指标为主，侧重于项目的经济效益分析与评价，其作用是直接作为项目投资决策的依据；而后评价则要结合行政、法律、经济、社会、建设、生产、决策和实施等方面的内容进行综合评价。它以现有事实为依据，以提高经济效益为目的，对项目实施结果进行鉴定，并间接作用于未来项目的投资决策，为其提供反馈信息。

3. 评价的内容不同

工程项目前评价主要是对项目建设的必要性、可行性、合理性及技术方案和建设条件等进行评价，对未来的经济效益和社会效益进行科学预测；而后评价除了对上述内容进行再评价外，还要对项目决策的准确程度和实施效率进行评价，对项目的实际运行状况进行深入细致的分析。

4. 评价的依据不同

工程项目前评价主要依据历史资料和经营数据以及国家和有关部门颁发的政策、规定、方法、参数等文件；而项目的后评价则主要以已经建成投产后一段时间内，项目全过程（包括项目的工程实施期）的总体情况为依据进行评价。

5. 评价的阶段不同

工程项目的前评价在项目决策前的前期工作阶段进行，是项目前期工作的重要内容之一，它为项目投资决策提供依据；而后评价则是在项目建成投产后一段时间里，对项目全过程（包括项目的工程实施期和生产期）的总体情况进行的评价。

总之，工程项目的后评价不是对项目前评价的简单重复，而是依据国家政策和制度的规定，对工程项目的决策水平、管理水平和实施结果进行的严格检验和评价。它是在与前评价进行比较分析的基础上，总结经验教训，发现存在的问题并提出对策措施，促使项目更好更快地发挥效益和健康地发展。

9.1.4 工程项目后评价的作用

从上述工程项目后评价的定义、特点及与前评价的差别中可以看出，工程项目的后评价在提高项目决策的科学化水平、改进项目管理水平、监督项目的正常生产经营、降低工程项目的风险和提高投资效益水平等方面发挥着非常重要的作用。具体地说，工程项目后评价的作用主要表现在以下几个方面：

1. 总结工程项目建设管理的经验教训，对项目本身有监督和促进作用

工程项目管理是一项十分复杂的综合性的工作活动。它涉及计划、主管部门、银行、物资供应部门、勘察设计部门、施工单位、项目和有关地方行政管理部门等较多单位。项目能否顺利完成并取得预期的工程经济效果，不仅取决于项目自身的因素，而且还取决于这些部门能否相互协调、密切合作、保质保量地完成各项任务和工作。工程项目后评价通过对已建成项目的分析研究和论证，较全面地总结项目管理各个环节的经验教训，指导未

来项目的管理活动。不仅如此，通过工程项目后评价，针对项目实际效果所反映出来的项目建设全过程（从项目的立项、准备、决策、设计实施和投产经营）各阶段存在的问题提出切实可行的、相应的改进措施和建议，促进项目运营状况正常化，使项目尽快实现预期的效益目标，更好地发挥其效益。同时，对于一些决策失误，或投产后经营管理不善，或环境变化造成生产、技术、经济状况处于困境的项目，通过后评价为其找出生存和发展途径，这样也会对现有工程项目起到一定的监督作用。

2. 提高项目投资决策的科学化水平，对项目决策有着示范和参考作用，有利于降低项目的工程风险程度

工程项目的前评价是项目投资决策的依据，但前评价中所作的预测和结论是否准确，需要通过项目的后评价来检验。因此，通过建立和完善项目的后评价制度和科学的方法体系，一方面可使决策者和执行者预先知道自己的行为和后果要受到事后的审查和评价，从而增强他们的责任感，促使评价和决策人员努力做好前评价工作，提高项目预测的准确性；另一方面，可通过项目的后评价的反馈信息，及时纠正项目决策中存在的问题，从而提高未来工程项目决策的准确程度和科学化水平，并对类型相似的工程项目决策起到参考和示范作用。

3. 为国家制订工程计划、产业政策和技术经济参数提供重要依据，对国家建设项目的工程管理工作起着强化和完善作用

通过工程项目的后评价，能够发现工程宏观管理中存在的某些问题，从而使国家可以及时地修正某些不适合经济发展的技术经济政策，修订某些已经过时的指标参数。同时，国家还可以根据项目后评价所反馈的信息，合理确定工程规模和工程流向，协调各产业、各部门之间及其内部的各种比例关系。此外，国家还可以充分运用法律、经济和行政的手段，建立必要的法规、制度和机构，促进工程管理的良性循环。

9.1.5　工程项目后评价的程序

各个项目的工程额、建设内容、建设规模等不同，其后评价的程序也有所差异，但大致包括以下几个步骤：

1. 确定后评价计划

制订必要的计划是项目后评价的首要工作。项目后评价的提出单位可以是国家有关部门、银行，也可以是工程项目者。项目后评价机构应当根据项目的具体特点，确定项目后评价的具体对象、范围、目标，据此制订必要的后评价计划。项目后评价计划的主要内容包括组织后评价小组、配备有关人员、时间进度安排、确定后评价的内容与范围、选择后评价所采用的方法等。

2. 收集与整理有关资料

根据制订的计划，后评价人员应制定详细的调查提纲，确定调查的对象与调查所用的方法，收集有关资料。这一阶段所要收集的资料主要包括以下几个方面：

（1）项目建设的有关资料。这方面的资料主要包括项目建议书、可行性研究报告、项目评价报告、工程概算（预算）和决算报告、项目竣工验收报告以及有关合同文件等。

（2）项目运行的有关资料。这方面的资料主要包括项目投产后的销售收入状况、生产（或经营）成本状况、利润状况、缴纳税金状况和建设工程贷款本息偿还状况等。这类资料可从资产负债表、损益表等有关会计报表中反映出来。

（3）国家有关经济政策与规定等资料。这方面的资料主要包括与项目有关的国家宏观经济政策、产业政策、金融政策、工程政策、税收政策以及其他有关政策与规定等。

（4）项目所在行业的有关资料。这方面的资料主要包括国内外同行业项目的劳动生产率水平、技术水平、经济规模与经营状况等。

（5）有关部门制定的后评价的方法。各部门规定的项目后评价方法所包括的内容略有差异，项目后评价人员应当根据委托方的意见，选择后评价方法。

（6）其他有关资料。根据项目的具体特点与后评价的要求，还要收集其他有关的资料，如项目的技术资料、设备运行资料等。

在收集资料的基础上，项目后评价人员应当对有关资料进行整理、归纳，如有异议或发现资料不足，可作进一步的调查研究。

3. 分析论证

在充分占有资料的基础上，项目后评价人员应根据国家有关部门制定的后评价方法，对项目建设与生产过程进行全面的定量与定性分析论证。

4. 编制项目后评价报告

项目后评价报告是项目后评价的最终成果。项目后评价人员应当根据国家有关部门制定的后评价格式，将分析论证的结果汇总，编制出项目后评价报告，并提交委托单位与被评价单位。项目后评价报告的编制必须坚持客观、公正和科学的原则。

9.1.6 工程项目后评价的产生和发展

就世界范围而言，从20世纪30年代美国政府第一次有目的地开始对项目进行后评价以来，已有近70年的历史，然而直到20世纪70年代中期后评价才广泛地被许多国家、世界银行和亚洲开发银行等双边和多边援助组织在评价其世界范围的资助活动的结果中使用。目前，各国的后评价机构各不相同，而且随着其社会和经济发展而变化。

1. 发达国家的后评价

在发达国家，后评价主要是对国家的预算、计划和项目进行评价。一般来说，这些国家有评价的法律和系统的规则、明确的管理机构、系统的方法和程序。目前后评价的发展趋势是将资金预算、监测、审计和评价结合在一起，形成一个有效、完整的管理循环和评价体系。

（1）美国国内工程活动的评价体系

美国是后评价做得比较好的国家之一。在过去的60多年中，为促进社会和经济的发展，美国两次对主要由政府控制的工程计划进行过后评价。第一次是在20世纪30年代经济大萧条时期所进行的“新分配”计划。当时的后评价仅是少数人的行为。第二次是在20世纪60年代，在被称为“向饥饿宣战”的计划中，联邦政府为新建一大批大型公益项目投入了数以亿计的美元，国会和公众对资金的使用、效益和影响表现出极大的关注，于是在计划实施的同时进行了以投资效益评价为核心的后评价。这种效益评价的原则延续至今。

在20世纪70年代到80年代，某些公益性项目的决策由美国联邦政府下放到州政府或地方政府，后评价的过程也相应扩展到地方。最近六七年内不少州在后评价方法体系中有许多创新，例如，州政府对主要社会福利项目的评价更为密切和直接；评价更注重对项目过程的研究，而不是等到项目结束时才进行。这些创新得到了联邦政府的全力支持。目前，公众主要关注项目效益的发展趋势，要求增加对国家各级政府管理的透明度，对政府是否“尽职”提出质疑，其范围涉及社会的各个方面，诸如从环境保护到教育及创造就业机会等。内容涉及政府机构管理公共资源和工程的状况，管理是否充分和有效，评价项目的结果和效益如何等。

在经济衰退和紧缩时期，更增加了对后评价的要求，预算来源的挑战对后评价起到了推动作用。近年来，执行部门中的管理和预算办公室越来越强调对计划执行情况的评价，并把评价结果作为决定国家预算分配的一个重要因素。该办公室对计划执行情况的评价有极强的兴趣。在立法部门中，美国国会将其后评价研究作为一种监督功能，中央政府机构中总监督的范围原先仅限于一般的审计和检查活动，而今已经扩展到计划的评价领域。

在私营体系中，即私有公司和企业中，也有一些增强后评价的趋势。一些私有公司开始使用被称为“战略计划”的方式，通过所确立的发展目标，公司可以不断地检查计划，不断地调整和修订其目标和策略。这些原属于私营企业的计划评价模式，现在开始推广到公共部门，政府形成了对公共部门工程计划和项目的效益、结果进行不断监测和评价的能力。

(2) 发达国家援外机构的后评价

大部分发达国家在其国家预算中都有一部分资金用于第三世界的工程，这些资金的使用由一个单独的机构管理，如美国国际开发署、英国海外开发署、加拿大国际开发署等。为保证资金使用的合理性和效益性，各国在这些部门中一般设立一个相对独立的办公室专门从事海外援助项目的后评价。例如，英国海外开发署是设立在英联邦外交办公室的一个政府部门，它每年有约100个国外工程项目，工程金额达数亿英镑。该部门从1975年开始项目的影响评价，并于1982年正式在署内设立后评价局，主要负责项目后评价的政策、计划、执行、报告和反馈，每年花费大约80万英镑对10～15个项目进行后评价。

2. 发展中国家的后评价

近年来，发展中国家的后评价已经有了很大的发展。据联合国开发署1992年的资料介绍，85个较不发达国家已经成立了中央评价机构。但这些评价机构大多从属或挂靠政府的下属机构，相对独立的后评价机构和体系尚未真正形成。这些政府机构大多只是根据世界银行等外部要求组织相关项目的后评价。从总体上看，后评价成果的反馈情况并不令人满意，主要问题是没有完善的反馈机制。

3. 国际金融组织的后评价

20世纪70年代以来，越来越多的国际金融组织依靠评价来检查其工程活动的结果。20世纪80年代末，英国海外开发署对全世界24个多边金融机构的评价体系进行了专门研究，研究表明：所调查的24个组织每年花费3600万美元用于后评价，而同期的资金投入约为210亿美元，即评价费用约占同期工程的0.17%；几乎所有组织都有综合性的项目前评价系统和有组织的监测系统；评价的目的因各个方面的要求而异，但一般可分为两类，一是总结经验教训；二是通过对项目价值的评价，检查本组织的工作情况。真实有效的评价应指出工程活动的缺点，因此评价和被评价之间的矛盾是不可避免的。评价单位对所做的评价报告的质量应有严格的控制，内容应与所用的资料来源相一致，评价结果应有很高的可信度。因此，设立一个高级管理委员会是监督和控制评价成果质量的一种有效方法。

在各个国际金融组织中，世界银行和亚洲开发银行由于工程贷款额大，后评价任务重，在项目执行评价方面积累了大量的经验。

4. 中国的工程项目后评价

中国的工程项目后评价始于20世纪中期，原国家计委正式委托中国国际工程咨询公司进行了第一批国家重点建设项目的后评价工作，多年来中国的工程项目后评价工作已有了长足的进步，初步形成了自己的后评价体系。

(1) 项目后评价的基本情况

中国工程项目后评价的目的是全面总结工程项目的决策、实施和运营情况，分析项目的技术、经济、社会和环境效益的影响，为投资决策和项目管理提供经验教训，改进并完善建成项目，提高其可持续性。

就工程项目渠道和管理体制而言，项目后评价可分为以下几类：

第一类，国家重点建设项目。这类项目由原国家计委制定评价规定，编制评价计划，委托独立的咨询机构来完成。原国家计委主要委托中国国际工程咨询公司去实施项目的后评价。国家重点建设项目后评价有多种类型，包括项目后评价、项目效益调查、项目跟踪评价、行业专题研究等。中国国际工程咨询公司完成了多项国家重点建设项目的各类评价报告，为原国家计委投资决策提供了有益的反馈信息。

第二类，国际金融组织贷款项目。这类项目主要是指世界银行和亚洲开发银行在华的贷款项目。国际金融组织贷款项目按其规定开展项目后评价，由这些组织来进行分析评价，中方项目管理和执行机构主要做一些后评价的准备和资料收集工作，财政部和中国人民银行也积极参与了这些项目后评价的指导和管理工作。当然，多数国际金融组织的贷款项目也是中国的重点项目，其中部分项目原国家计委也要安排进行国内的后评价。

第三类，国家银行贷款项目。过去国家建设项目的工程执行机构是中国建设银行，该行从1987年起就开展了国家工程大中型项目的效益调查和评价工作，目前已形成了自己的评价体系。1994年国家开发银行的成立，对国家政策性工程实现统一管理，该行担负起国家政策性工程业务的后评价工作，十几年来在后评价机构建设、人员配备和业务开发上取得了较大的进展。

第四类，国家审计项目。20世纪80年代末国家审计署成立，开始了对国家工程和利用外资的大中型项目的正规审计工作。对这些主要项目的审计由审计署自己来完成，主要进行项目开工、实施和竣工的财务方面的审计。目前国家审计署正在积极开拓绩效审计等与项目后评价相关的业务。

第五类，行业部门和地方项目。由行业部门和地方政府安排的建设项目一般由部门和地方去安排后评价。行业部门和地方政府的项目后评价发展还不平衡，目前开展比较好的有农林、能源、交通、卫生等部门和黑龙江、云南、山西等地区。部门和地方项目管理机构还参与了在本地区或本部门的国家和世界银行项目的后评价工作。

（2）项目后评价的机构和管理

到 1995 年，国家开发银行、中国国际工程咨询公司和中国建设银行等相继成立了后评价机构，这些机构的模式大多类似世界银行的模式，具有相当的独立性。

国家重点建设项目和政策性贷款项目的后评价已经走上正轨。原国家计委和国家开发银行选择后评价项目的原则包括以下几个方面：第一，国家特大型项目，尤其是跨地区跨行业的项目；第二，与国家产业政策密切相关的项目，特别是带有引导发展方向的项目；第三，有特点的项目，如采用新技术、新融资渠道、新政策的项目；第四，国家急需了解的项目等。

国内后评价一般分为以下四个阶段：

第一阶段为项目自评阶段：由项目业主会同执行管理机构按照原国家计委或国家开发银行的要求编写项目的自我评价报告，报行业主管部门和原国家计委或国家开发银行。

第二阶段为行业或地方初审阶段：由行业或省级主管部门对项目自评报告进行初步审查，提出意见，一并上报。

第三阶段为正式后评价阶段：由相对独立的后评价机构组织专家对项目进行后评价，通过资料收集、现场调查和分析讨论，提出项目的后评价报告。

第四阶段为成果反馈阶段：在项目后评价报告的编写过程中，要广泛征求各方面的意见，在报告完成之后要以召开座谈会等形式进行发布，同时散发成果报告。

9.2　工程项目后评价的内容

9.2.1　工程项目的过程后评价

项目的建设过程包括立项决策、勘察设计与采购工作、施工、生产（使用、运营）等，这是项目的财力、物力集中投放和耗用的过程，也是固定资产逐步形成的过程，它对项目最终能否发挥投资效益有着十分重要的作用。工程项目过程后评价的目的在于评价项目前期工作和项目实施的实绩，分析和总结前期工作和项目实施中的经验教训，为今后项目管理积累经验。

1. 立项决策评价

根据已建项目的情况，主要应从以下几个方面对项目决策进行后评价。

（1）决策依据

根据工程实际资料论证立项条件的正确程度，要对项目建议书及可行性研究报告中有关工业布局、资源、厂址、生产规模、工艺设备、产品性能等方面的预测和项目评估资料进行分析比较和评价。

(2) 投资方向

根据国情国力现状分析投资方向的适应程度，要从产业政策、城乡建设和社会经济发展的前景，评价其对提高行业的生产能力和技术水平以及对繁荣区域经济和文化生活的促进作用。

(3) 建设方案

对项目的原建设方案进行分析，评价最终实施方案的优、缺点和重大修改变更情况。

(4) 技术水平

分析工程项目的技术状况，与国家的技术经济政策和国内外同类项目的技术水平相比，评价其先进、合理、经济、适用、高效、可靠、耐久程度以及所采用的工艺、设备标准、规程等的成熟程度。

(5) 引进效果

涉外项目还应对引进技术、引进设备的必要性和消化吸收情况、签约程序、合同条款的变更、索赔事项、外资筹措和支付等方面的情况进行评价。

(6) 协作条件

评价项目所在地外部协作配合条件，包括供电、供热、供气、供水、排水、防洪、通信、交通、气象、劳务等方面的落实程度。

(7) 土地使用

对土地占用情况的评价，主要评价是否遵守国家有关国土规划、城市规划以及文物保护、环境保护、资源保护等方面的法令法规，说明土地征用、建筑物拆迁、人员安置情况。

(8) 咨询意见

对前期工作咨询评估报告内容和意见的评价，主要是评价咨询单位的选定及咨询评估的内容和意见是否具有公正性、可靠性和科学性，评估的意见是否得到贯彻执行。

(9) 决策程序

按照规定的决策程序，评价决策过程的效率和决策科学化、民主化程度。按照项目管理的要求，评价筹建机构的组织指挥能力。

(10) 效益评价

对可行性研究报告预测的经济效益和市场预测的深度、准确程度等进行评价，并分析与现实偏离的原因。

2. 勘察设计与采购工作评价

(1) 勘察设计评价

① 对勘测设计单位和工程监理单位的选定以及它们的能力和资信情况进行评价，检查项目主体在选定上述单位时是否采用了招投标方式，效果如何。

② 对勘测工作质量的评价，应结合工程实践说明：

a. 地形地貌测绘图纸对工程总平面布置的满足程度，特别是防止洪涝灾害，减少土石方工程量，清除施工障碍等方面的精确程度。

b. 水文地质和工程地质等方面的勘测工作深度。根据工程实际情况，对钻孔布置、勘测精度等和工程实际状况进行对比。

c. 结合资源勘探结论，根据实际投产后的数据进行分析，对原来提供的矿产品位、储量、分布、开采年限、采掘条件等方面进行评价。

d. 对特殊项目，要说明所提供的气象勘测资料，在建设过程中的验证情况。

③ 对设计方案的评价，要从总体设计上说明：

a. 设计的指导思想是否充分体现了技术先进、经济合理、方案可行、规模适度的原则。

b. 设计方案的优选方法是经过设计招标竞争或多方案评比优化，还是套用国内外同类项目模式。

c. 最终确定的设计方案在工程实践中的修改和变更情况。

④ 设计水平的评价，应当说明：

a. 总体设计水平，主要设计技术指标的先进程度和达标要求，工程总概算的控制能力。

b. 设计采用的新工艺、新技术、新材料、新结构情况，安装设备和建筑设备的选型定型情况和国产化程度。

c. 设计单位的图纸和预算质量，包括出图计划执行情况、图纸差错、设计变更、预算漏项等以及因此造成的投资增减、工期调整、环境影响等方面的情况。

d. 设计单位的服务质量，主要评价是否能为国家节约投资，全面安排好配套设施和预留发展或技术改造条件，还要评价设计人员深入工程现场进行技术交底和提供咨询服务、指导施工的情况。

（2）采购工作评价

采购工作评价的主要内容包括：

① 在设备采购准备阶段，主要评价工程项目是否正式列入国家计划；是否具有批准的初步设计或设计单位确认的设备清单及详细的技术规格书；大型专用设备预安排是否具有批准的可行性研究报告。

② 项目采购的设备和材料是否经过招标、投标方式进行，招标、投标文件和有关证明文件是否规范和满足要求；对于参加投标及中标的供应商或承包商是否进行过资信调查。

③ 项目采购的设备和材料是否符合国家的技术政策，是否先进、适用、可靠；采用的国内科研成果是否经过工业实验和技术鉴定。

④ 引进的国外设备和技术是否符合国家有关规定和国情，是否成熟，有无盲目、重复引进现象，消化吸收如何；引进的专利技术制造的设备是否有其先进性和适用性。

⑤ 采购合同执行阶段，主要评价采购合同是否完善，设备到场后是否保管妥善，检验手续是否完备。

⑥ 评价设备的运行情况是否达到设计能力。

3. 施工评价

（1）施工准备工作评价

① 进行施工招标时，工程是否已正式列入年度建设计划，资金是否已经到位，主要材料、设备的来源是否已经落实；初步设计及概算是否已经批准，是否有能满足标价计算要求的设计文件。

② 施工招投标是否通过公平竞争择优选择施工单位，达到了使建设工程质量优、工期短、造价合理的目的。

③ 施工组织方式是否科学合理，施工单位人员的素质和技术装备情况是否达到规定要求，施工现场的“三通一平”和大型临时设施准备情况，施工物资的供应、验收和使用情况。

④ 施工技术准备情况，包括施工组织设计的编制，施工技术组织措施的落实，施工总进度计划的控制以及现场的技术交底和技术培训工作。

(2) 施工管理工作评价

主要评价施工过程中工期目标、质量目标、成本目标的完成情况和特点。主要内容如下：

① 工期目标评价主要反映工程合同中工期履约情况和各单项（位）工程施工网络计划的执行情况；核实单项工程实际开、竣工日期，计算实际建设工期和实际建设工期变化率；分析施工进度提前或延误的原因。

② 质量目标评价主要反映单位工程的合格率、优良率和综合质量情况：

a. 计算实际工程质量合格品率、实际工程质量优良品率等指标，将实际工程质量指标与合同文件的规定或设计的规定或其他同类项目工程质量状况进行比较，分析变化的原因。

b. 评价设备质量，分析设备及其安装工程质量能否保证投产后正常生产的需要。

c. 计算和分析工程质量事故的经济损失。包括计算返工损失率，质量事故拖延建设工期所造成的实际损失以及分析无法补救的工程质量事故对项目投产后投资效益的影响程度。

d. 工程安全情况评价，有无重大安全事故发生，分析其原因和所带来的实际影响。

③ 成本目标评价。主要反映物资消耗、工时定额、设备折旧、管理费等计划与实际支出的情况。评价项目成本控制方法是否科学合理，分析实际成本高于或低于目标成本的原因以及经验教训，主要包括以下内容：

a. 主要实物工程量变化及其范围。

b. 主要材料消耗变化情况，分析造成超耗的原因。

c. 各项工时定额和管理费用标准是否符合有关规定。

4. 生产（使用、运营）评价

工程项目生产（使用、运营）评价是将项目实际经营状况、投资效果与预测情况或其他同类项目的经营状况相比较，分析和研究偏离程度及其原因，系统地总结项目投资的经验教训，为进一步提高项目运营的实际经济效益献计献策。

(1) 生产运行准备工作评价

工程项目的生产运行准备工作是充分发挥投资效益的重要组成部分，后评价时要分析以下内容：

① 原设计方案的定员标准和实有职工人数情况，机构设置是否科学合理。

② 生产和管理人员的熟练程度，培训和考核上岗情况。

③ 生产性项目的产、供、销渠道和生产资金的准备情况。

④ 生产运行的外部条件调整和改善措施。

（2）生产管理系统评价

大型建设工程项目应当建立相应的现代化管理系统，后评价时要根据项目性质和特点，分析以下管理系统的完善程度：

① 为保证产品质量和提高经济效益的生产技术和经营管理系统的完善程度。

② 交通运输、邮电通信、输电、输油、输气项目进入区域网后的运行管理系统的完善程度。

③ 农林水利、环保项目涉及社会效益、环境效益的综合管理系统的完善程度。

④ 城市公用事业和教科文卫体项目的服务和维护管理系统的完善程度。

⑤ 国防军工项目的安全保证和管理系统的完善程度。

（3）项目使用功能评价

项目建成投产（使用、运营）后的使用功能评价包括以下内容：

① 生产性项目的达标情况。

② 非生产性项目的使用效果情况。

③ 原材料消耗和能源消耗与国内外同类项目的水平对比。

④ 对可靠性、耐久性的分析和长期使用效果预测。

5. 过程评价中的常用指标

为了定量反映工程项目过程评价中某些方面的结果，常用下列指标对建设过程进行分析。

（1）实际设计周期，指从建设单位与设计单位签订委托设计合同生效之日起至设计完毕提交建设单位所实际经历的时间，一般用月来表示。

（2）设计周期变化率，表示实际设计周期与预计（合同）设计周期相比的偏离程度的指标，该指标大于零时，表明实际设计周期长于预计（合同）设计周期；反之，则短于预计（合同）设计周期。计算公式如下：

$$\text{设计周期变化率}=\frac{\text{实际设计周期}-\text{预计（合同）设计周期}}{\text{预计（合同）设计周期}}\times 100\%$$

（3）实际建设成本。实际建设成本是竣工项目包括物化劳动和活劳动在内的实际劳动总消耗，是竣工项目以价值形式表现的总投入，即项目从开工到竣工使用的全部投资及费用，包括构成固定资产与流动资产的投资支出，构成投资完成额而不构成固定资产与流动资产的核销性投资、转出投资以及不构成投资完成额的核销性费用支出等。

（4）实际建设成本变化率。实际建设成本变化率是反映项目实际建设成本与批准的概（预）算所规定的建设成本的偏离程度的指标，它可以反映项目概（预）算的实际执行情况，计算公式如下：

$$\text{实际建设成本变化率}=\frac{\text{实际建设成本}-\text{预计建设成本}}{\text{预计建设成本}}\times 100\%$$

（5）实际投资总额。实际投资总额是指项目竣工投产后重新核定的实际完成投资额，包括固定资产投资和流动资金投资。具体包括以下部分：项目前期工作中实际发生的费用、建筑工程实际投资支出、实际设备购置费、设备安装费用、引进国外技术和购买国外设备时实际支付的技术资料费、其他费用和流动资金。实际投资总额可以用静态法计算，也可用动态法计算。静态实际投资总额通过上述各项按各年实际发生的支出加总即得，动态实际投资总额为上述各项按实际折现率将各年实际发生的支出折现到建设期起点（建设期初）所得的费用总和。

(6) 实际投资总额变化率。实际投资总额变化率是反映实际投资总额与项目前评估中预计的投资总额的偏差大小的指标，有静态实际投资总额变化率和动态实际投资总额变化率之分。前者衡量实际静态投资总额与预计静态投资总额的偏离程度；后者衡量实际动态投资总额与预计动态投资总额的偏离程度。计算公式分别如下：

$$\text{静态实际投资总额变化率}=\frac{\text{静态实际投资总额}-\text{预计静态投资总额}}{\text{预计静态投资总额}}\times 100\%$$

$$\text{动态实际投资总额变化率}=\frac{\text{动态实际投资总额}-\text{预计动态投资总额}}{\text{预计动态投资总额}}\times 100\%$$

(7) 实际单位生产能力投资。实际单位生产能力投资是反映竣工项目实际投资效果的一个综合指标，它是项目实际投资总额与竣工项目实际形成的综合生产能力之比，比率越小，表明投资效果越好，其计算公式如下：

$$\text{实际单位生产能力投资}=\frac{\text{竣工验收项目（或单项工程）实际投资总额}}{\text{竣工验收项目（或单项工程）实际形成的生产能力}}$$

(8) 实际达产年限。实际达产年限指投产的工程项目从投产之日起到实际产量达到设计生产能力为止所经历的全部时间。实际达产年限的长短是衡量和考核投产项目实际投资效益的一项重要指标。如果在进行项目后评价时，项目尚未达到设计生产能力，那么实际达产年限的计算应分以下几个步骤进行：首先，计算投产以后各年项目实际达到的生产能力水平；其次，计算项目投产后生产能力实际达到的年平均增长率；最后，根据测定的生产能力平均年增长率，计算投产项目可以达到设计能力的年限。计算公式如下：

$$N=1+\frac{\text{设计生产能力}-\text{第一年实际产量}}{\text{第一年实际产量}\times\text{平均年生产能力增长率}}\times 100\%$$

(9) 实际达产年限变化率。实际达产年限变化率是反映实际达产年限与设计达产年限的偏离程度的一个指标，计算公式如下：

$$\text{实际达产年限变化率}=\frac{\text{实际达产年限}-\text{设计达产年限}}{\text{设计达产年限}}\times 100\%$$

实际达产年限变化率大于零时，表明实际达产年限长于设计达产年限；反之，则短于设计达产年限。

(10) 拖延达产年限损失。拖延达产年限损失是衡量项目未达到设计生产能力而造成的实际经济损失大小的指标，拖延达产年限越长，损失越大。其计算公式如下：

$$\text{拖延达产年限损失}=\sum(\text{年设计产量}-\text{年实际产量})\times\text{单位产品销售利润}$$

(11) 实际产品价格变化率。实际产品价格变化率是衡量项目前评估或预测水平的指标。它可以部分解释实际投资效益与预测投资效益产生偏差的原因，并为重新预测项目生命期内的产品价格提供依据，其计算可以分以下三步进行：

① 计算投产后各主要产品价格年变化率。计算公式如下：

$$\text{产品价格年变化率}=\frac{\text{实际产品价格}-\text{预测产品价格}}{\text{预测产品价格}}\times 100\%$$

② 用加权法计算各年产品平均价格变化率。计算公式如下：

$$各年产品平均价格变化率 = \sum 产品价格年变化率 \times 该产品产值占总产值的比率$$

③ 计算考核期实际产品价格变化率。计算公式如下：

$$实际产品价格变化率 = \frac{各年产品平均价格变化率总和}{考核年限} \times 100\%$$

(12) 实际产品成本变化率。实际产品成本变化率是衡量项目前评估或预测水平的指标，它可以部分地解释实际投资效益与预测投资效益产生偏差的原因，也是重新预测项目生命期内产品成本变化情况的依据，其计算也可分以下三步进行：

① 计算各主要产品从投产到后评价时点的成本年变化率。计算公式如下：

$$产品成本年变化率 = \frac{实际产品成本 - 预测产品成本}{预测产品成本} \times 100\%$$

② 用加权法计算各年产品平均成本变化率，计算公式如下：

$$各年产品平均成本变化率 = \sum 产品成本年变化率 \times 该产品成本占总成本的比重$$

③ 计算考核期实际产品成本变化率。计算公式如下：

$$实际产品成本变化率 = \frac{各年产品平均成本变化率之和}{考核期年限} \times 100\%$$

9.2.2　工程项目效益后评价

1. 工程项目效益后评价的概念

工程项目效益后评价是项目后评价工作的有机组成部分和重要内容。它以项目投产后实际取得的经济效益和社会效益为基础，重新测算项目计算期内各主要投资效益指标与项目前期决策效益指标或基准判别参数，在比较的偏差中发现问题，找出原因和改进措施，总结经验教训，为提高项目的投资效益、管理水平和投资决策服务。

项目效益后评价有别于可行性研究中的效益评估。它不是以预期效益目标为基础的预测分析，而是建立在对已投产项目取得的实际效益进行统计分析的基础上所做的一种重新测算分析。

项目效益后评价也不同于企业日常经营活动的盈亏平衡分析。它是对项目整个计算期进行的长期分析，是从项目总的投入和产出角度考察项目的盈利能力和借款偿还能力。

项目效益后评价具有从价值量的角度进行事后广泛的观察的优越条件，应充分利用竣工验收、日常财务分析、审计检查和可行性研究中的资料数据，把项目效益后评价工作做得更扎实有效。

2. 工程项目效益后评价的主要内容

项目建成投产后，对当时的社会、经济、政治、技术、环境等各个方面必然产生不同程度的影响。凡有利的影响，都可视为项目产生的一种效益，需要进行项目效益后评价的主要内容如下：

(1) 对项目投资和执行情况的后评价

① 复核项目竣工决算的正确性。将项目实际固定资产总投资额与项目可行性研究报

告中固定资产总投资额估算数和最初批准的概算总投资额进行比较，计算出项目实际建设成本的变化率，分析偏差产生的原因。

② 评价固定资产实际投资范围、构成比例是否合理，工程概预算是否准确，并分析引起超概算的原因。如因价格、汇率、利率、税率和费用标准的变化对总投资的影响；因设计方案变更，设计漏项，自行改变建设规模，提高建设标准，预留投资缺口，损失浪费等对总投资的影响；计算各类因素引起的超支额占总超支额的比例。

③ 认真总结超概算、无效投资和损失浪费的教训以及降低费用和节约投资的成功经验。

④ 对建设资金的实际来源渠道、数额、到位时间和对工程进度的满足程度做出说明，同时要分析流动资金实际占用是否合理，总结资金筹措的经验。

(2) 对项目经营达产和实际效益的后评价

① 计算项目从投产起到后评价时点止各年的销售额利润率和销售额利税率，结合当年生产负荷情况，考察项目生产效益状况。

② 分析产品生产成本、销售收入、利润水平与前期工作中的预测值相比的变化率大小和产生原因，对涨价因素做出客观处理，对企业管理费和主要产品能源及原材料消耗的超标原因进行深入的分析，并提出改进措施。

③ 对未如期达到生产能力的项目，要分别从产品销售市场、工艺技术及设备、原材料、燃料、动力、资金供应及管理等方面分析影响和制约生产能力利用率的原因，提出相应对策。

生产能力和实际效益状况是项目对可行性研究立项决策及建设实施效果的综合反映，也是重新测算后评价时点后计算期剩余年份内各项经济数据的基础和依据，是项目效益后评价的关键环节，要求各项实际数据翔实可靠，分析判断真实准确。

(3) 项目财务效益后评价

① 在对项目投产后的产品市场、成本、价格和利税进行统计分析的基础上，以后评价时间为起始点，预测项目计算期内未来时间将要发生的投入和产出，重新测算财务后评价的主要效益指标和变化率，据以考察整个项目的财务盈利能力、清偿能力及外汇效果等财务状况。

② 编制基本财务报告，将后评价时点前的统计数字和后评价时点后的预测数字填入表中，据此计算项目效益后评价的各项财务评价指标。

③ 通过后评价计算出的各项财务评价指标与可行性研究报告中的预测值或行业基准判别参数进行对比分析，着重从项目的固定资产投资、流动资金、建设工期、达产年限、达产率、产品销售量、销售价格、产品成本、汇率、利率等方面分析变化的原因和产生的影响，抓住主要影响因素，提出进一步改进和提高项目财务效益的主要对策和措施。

④ 总结如何提高项目财务分析、经营管理和投资决策水平的规律和经验。

(4) 项目国民经济效益后评价

① 编制国民经济后评价基本报表，计算整个项目的国民经济后评价指标。从国民经济整体角度考察项目的效益和费用，在计算时要采用不同时期的影子价格、影子工资、影子汇率和社会折现率等国家参数，对后评价时点前的各年项目实际发生的和计算期未来时

间各年预测的财务费用、效益进行调整。

② 通过国民经济的评价指标与可行性研究预测的相关指标对比，对项目作出评价。例如将国民经济后评价内部收益率分别与国家最新发布的社会折现率和可行性研究确定的经济内部收益率进行比较，分析产生的差异及原因。

③ 从国家整体的角度评价项目经济效益决策的正确性，并就改善项目投资环境、优化产业产品结构、制定倾斜政策、合理调整价格、深化体制改革等方面提出以提高经济效益为重点的政策性建议或具体措施。

（5）项目社会效益后评价

① 评价项目建成投产后在就业、居民生活条件改善、收入和生活水平提高、文教卫生、体育、商业等公用设施增加和质量提高等方面带来的影响。

② 评价项目建成后为本地区经济发展、社会繁荣和城市建设、交通便利等方面所产生的实际影响以及对改善生态平衡、保护环境、促进水资源及矿产资源的综合利用、开发自然风光及名胜古迹等旅游业方面所产生的影响。

③ 在产业结构的增量或存量调整和改善生产力布局、资源优化配置等方面产生的作用和影响。

④ 项目投产后所产生的效果与可行性研究预期达到的社会效益目标进行对比，分析项目投产后是否产生了负效果或公害，提出具体的解决措施、办法和期限。

（6）技术进步和规模效益后评价

① 对项目采纳先进技术的含量以及由于推进科技进步、增加科技投入或智力投资而产生的技术进步效益，用“有无对比”的方法做出评价。

② 评价项目引进的技术、设备或标准对行业技术进步、国产化、推广应用和提高国家的科技水平、装备水平所产生的实际影响。

③ 大中型项目尤其是国家重点建设项目，应根据达产后的实际效益状况，对比国内中小型项目或参照国外同等规模项目，评价其是否达到了应有的规模经济效益水平。

④ 通过与可行性研究预期效益的对比，提出成功和不足的经验教训，进一步向技术进步和规模经济要效益。

3. 工程项目效益后评价的步骤

（1）收集与项目效益有关的文件和资料，这些通常已包括在批准的项目建议书、可行性研究报告、竣工验收报告和各年度财务报表及有关的各级批文中。

（2）调查了解项目当初的建设目的、建设背景和投资环境。掌握当初确定的主要项目效益指标和行业的有关基准参数以及历年利率、汇率、税率和国家发布的国民经济参数的变动情况。

（3）整理已实际发生的各项基础财务数据资料，如项目的所有投入或已发生的费用；项目产出或取得的各项效益数量、时间和具体内容，并分析鉴别有关基础数据的真实可靠性。

（4）编制经济财务报表，将基础数据分门别类地填入相关报表中。对后评价时点以后的栏目数据，需经过重新测算后填入报表，测算依据要可靠，预测数据的取值要经得起推敲。

（5）直接利用基本财务、经济报表，计算整个项目的各项后评价效益指标和有关参数。

（6）用后评价效益指标与决策效益指标或基准判别指标进行对比分析，找出偏差产生的原因，考核项目预期效益目标和投资决策的正确程度，提出提高项目效益的具体措施。

（7）编制项目效益后评价报告，提出包括问题和建议在内的综合评价结论，并附上效益前后对比分析表。

4. 工程项目效益后评价的基本报表和指标体系

（1）基本报表

项目效益后评价基本报表与可行性研究报告中编制的各项经济财务报表是对应的，主要有以下几种：

① 固定资产投资构成表，对应于固定资产投资估算表；

② 实际投资使用情况表，对应于投资使用计划表；

③ 财务后评价总成本费用表，对应于总成本估算表；

④ 财务后评价销售收入表，对应于销售收入表；

⑤ 财务后评价损益表，对应于损益表；

⑥ 财务后评价资产负债表，对应于资产负债表；

⑦ 财务后评价借款还本付息计算表，对应于借款还本付息计算表；

⑧ 财务后评价现金流量表，对应于现金流量表（分全部投资与国内投资两部分）；

⑨ 国民经济后评价经营成本调整表，对应于国民经济经营成本调整表；

⑩ 国民经济后评价现金流量表，对应于现金流量表。

以上各对应表格在形式上和栏目设置上与前评价所用的报表相近，不同的是表① 和表② 为实际数据，表③ 至表⑩在后评价时点前为实际数据，后评价时点以后为在实际基础上的预测数据，具体表格形式参见《方法与参数》中的附表。

为便于后评价的对比分析，也可将可行性研究阶段的预期数据与后评价重新测算的数据编制在同一个对照表中，这样便于更直观地看出前后发生的变化和反映的主要问题。

为了进行国民经济后评价的经济指标分析，编制好国民经济后评价数据调整汇总表是十分重要的，为此要使用影子工资、影子价格和影子汇率对各类数据进行换算和调整。

报表中各项基础数据的可靠性和完整性是项目效益后评价质量优劣的关键环节，其收集整理和鉴定考核的工作量很大，只有扎扎实实地做，才能保证后评价取得切实成果。

（2）指标体系

项目效益后评价的经济指标主要包括以下几项：

① 财务后评价指标。

a. 财务内部收益率；

b. 投资回收期；

c. 财务净现值；

d. 投资利用率；

e. 投资利税率；

f. 资产负债率；

g. 借款偿还期；

h. 流动比率；

i. 速动比率。

② 国民经济后评价指标。

a. 经济内部收益率；

b. 经济净现值。

③ 企业经营状况指标。

a. 销售利润率。

$$销售利润率=\frac{利润总额}{产品销售净收入}\times 100\%$$

b. 总资产报酬率。

$$总资产报酬率=\frac{利润总额+利息支出}{平均资产总额}\times 100\%$$

$$平均资产总额=\frac{期初资产总额+期末资产总额}{2}$$

c. 资本保值增值率。

$$资本保值增值率=\frac{期末所有者权益总额}{期初所有者权益总额}\times 100\%$$

d. 应收账款周期率。

$$应收账款周期率=\frac{赊销净额}{平均应收账款余额}\times 100\%$$

$$赊销净额=销售收入-现销收入-销售退回、转让、折扣$$

$$平均应收账款余额=\frac{期初应收账款+期末应收账款余额}{2}$$

e. 存货周期率。

$$存货周期率=\frac{产品销售成本}{平均存货成本}\times 100\%$$

$$平均存货成本=\frac{期初存货成本+期末存货成本}{2}$$

f. 社会贡献率。

$$社会贡献率=\frac{企业社会贡献总额}{平均资产总额}\times 100\%$$

企业社会贡献总额=工资+福利费+利息+税金（包括增值税、所得税等）+净利润

g. 社会积累率。

$$社会积累率=\frac{上交国家财政总额}{企业社会贡献总额}\times 100\%$$

上交国家财政总额=上交的各种税金（包括增值税、所得税等）

(3) 主要判别参数

进行项目效益后评价不仅需要有科学的方法和完善的指标体系，而且还必须设定一整

套作为考核项目实际效益优劣的评判基准。

评价项目效益指标是否实现了预期的目标，比较的标准只能是立项决策时所制定的效益预期值，但由于各种历史原因，后评价的项目可能没有经历可行性研究阶段，或由于停建、缓建等原因，建设期过长，物价指数、市场供求关系、利率、汇率、税目、税率等发生了很大变化，原决策效益目标难免失实，因此在不同时期由国家、行业或贷款银行发布的各项基准判别参数或合同参数在项目效益后评价中占有重要位置。主要有以下几种参数：

① 财务基准收益率（I_c）是项目后评价财务内部收益率的判别参数。当 $FIRR_e \geqslant I_c$ 时，认为项目财务盈利能力可以满足最低要求。

② 按行业测算的基准投资利润率和基准投资利税率是项目后评价投资利润率和投资利税率的判别参数。

③ 不同行业的基准投资回收期（P_c）是项目后评价投资回收期的判别参数。

④ 项目借款偿还期一般以项目贷款银行与业主单位签订的贷款合同所规定的偿还期限为判别参数。

⑤ 社会折现率是各类工程项目国民经济评价都应采用的国家统一折现率，也是项目后评价经济内部收益率指标和投资效益的判别参数。

5. 工程项目效益后评价的不确定性分析

对项目计算期内剩余年份重新测算的项目效益指标，因技术进步、市场供求情况变化或价格调整、放开等影响，会发生难以预料的变动，进行项目后评价以后的新的不确定性分析是十分必要的。

要抓住对项目效益起主要影响的变化因素，如项目产品成本、价格和销售数量等，做出盈亏平衡和敏感性分析，以评判项目后评价以后的抗风险能力和适应变化的能力。

对抗风险能力和适应变化能力较差的项目，应对主要敏感因素提出依靠技术进步、深化企业改革或合理调整产品价格及原材料价格的措施与建议，以降低风险和增强适应能力。

6. 工程项目效益后评价的综合结论与报告

编制项目效益后评价报告，应按照后评价整体规定的要求，具体编写有关效益后评价部分，应对项目投资决策的正确性、项目预期效益目标的实现程度以及进一步扩大和提高项目效益的措施提出客观的评价意见。

项目效益后评价涉及面广，分析计算较为复杂。评价结论一定要突出重点，文字简明扼要，数据翔实可靠，观点清晰明朗，同时应注意总结后评价工作经验，及时反馈后评价成果，扩大后评价成果的应用范围。

9.2.3 工程项目的影响后评价

影响后评价的基本思路是：任何一个项目，不管当初决策者的主观愿望如何，在项目建成后，必然会与当时的社会、经济、技术、环境等条件相结合，对当时的社会环境和自然环境产生各种各样的影响。通过对项目产生的客观影响与立项时的目标相比较，评价项目的决策是否正确。由于项目的目标往往在项目进行可行性研究时就已拟定，因此，影响后评价的主要任务是测定项目对于其周围地区在经济、环境和社会三个方面所产生的作用和影响。

1. 项目的经济影响评价

项目的经济影响评价主要分析和评价项目对所在地区（区域）及国家等外部环境经济产生的作用和影响，主要内容如下：

（1）分配效果。根据我国国情，分配效果主要指项目效益在各个利益主体（中央、地方、公众和外商）之间的分配比例是否合理。衡量分配效果是在效益评价的基础上将财务评价进一步明确为从各出资者（包括中央各部门、地方各部门、企业、银行、公众个人等）的角度出发的财务分配效果，将国民经济评价进一步细化为分别以中央、地方、公众和外商为主体的经济效果评价。前者的现金流入部分建议采用出资者的股利收入和盈余资金之和，现金流出部分采用出资者的自有资本投入。评价指标为各利益主体利益分配的比例 a_i：

$$a_i = \mathrm{ENPV}_i / \sum \mathrm{ENPV}_i$$

式中，a_i——分别表示中央财政、地方经济和社会公众的利益分配比例；

ENPV_i——分别表示中央财政、地方经济和社会公众的经济净现值。

此外，分配效果分析中还应包括项目对于不同地区的收入分配的影响。对于相对富裕地区和贫困地区的收入分配可设立不同的权重系数，鼓励项目对经济不发达地区的投资。

（2）技术进步。根据国家颁布的技术政策、产业政策并参照同行业国际技术发展水平进行项目对技术进步的影响分析。主要用于衡量项目所选用的技术的先进和适用程度；项目对技术开发、技术创新、技术改造、技术引进的作用；项目对高新技术产业化、商品化和国际化的作用以及项目对国家部门和地方技术进步的推动作用。

（3）产业结构。由于历史的影响，我国的产业结构不尽合理，生产力发展受一些瓶颈部门的严重制约，如农业、基础设施、基础工业等。此外，新型的产业结构要求提高第三产业的比例，所以评价项目建立对国家、地方的生产力布局、结构调整和产业结构合理化的影响也是经济影响评价的一个主要内容。

2. 项目的环境影响评价

项目的环境影响评价是指对照项目前评估时批准的《环境影响报告书》，重新审查项目环境影响的实际结果，审查项目环境管理的决策、规定、规范、参数的可靠性和实际效果。环境影响评价以下内容：

（1）污染控制，检查和评价项目的废气、废水、废渣和噪音是否在总量和浓度上达到了国家和地方政府颁布的标准。项目选用的设备和装置在经济和环保效益方面是否合理，项目的环保治理装置是否做到了“三同时”并运转正常，项目环保的管理和监测是否有效等。

（2）对地区环境质量的影响，分析对当地环境影响较大的若干种污染物，分析这些物质与环境背景值的关系以及与项目三废排放的关系。

（3）自然资源的保护与利用，包括水、海洋、土地、森林、草原、矿产、渔业、野生动植物等自然界中对人类有用的一切物质和能量的合理开发、综合利用、保护，重点是节约能源、水资源、土地等。

（4）对生态平衡的影响，主要指人类活动对自然环境的影响，内容包括人类对植物和动物种群，特别是珍稀濒危的野生动植物，重要水源涵养区、具有重要科教文化价值的地质构造及相互依存关系的影响；对可能引起或加强的自然灾害和危害的影响如土壤退化、植被破坏、洪水和地震等。

（5）环境管理，包括环境监测管理，"三同时"和其他环保法令和条例的执行；环保资金设备及仪器仪表的管理；环保制度和机构、政策和规定的评价；环保的技术管理和人员培训等。

3. 项目的社会影响评价

项目的社会影响评价主要分析项目对国家或地方社会发展目标的贡献和影响，包括项目本身和对周围地区的影响。主要内容如下：

（1）就业影响，包括项目的直接就业效果和间接就业效果。

（2）居民的生活条件和生活质量，包括居民收入的变化，人口和计划生育，住房条件和服务设施，教育和卫生，营养和体育活动，文化历史和娱乐等。

（3）受益者范围及反应，包括对照原定的受益者，分析谁是真正的受益者，投入和服务是否达到了原定的对象，项目实际受益者的人数占原定目标的比例，受益群体的受益程度，受益者范围和水平是否合理等。

（4）参与，包括当地政府和居民对项目的态度，他们对项目计划、实施和运行的参与程度，正式或非正式的项目参与的机构及其机制是否建立健全等。

（5）地方社区的发展，包括项目对当地城镇和地区基础设施建设和未来发展的影响，社区的社会安定、社区福利、社区的组织机构和管理机制等。

（6）妇女、民族和宗教信仰，包括妇女的社会地位，少数民族和民族团结，当地人民的风俗习惯和宗教信仰等。

4. 影响后评价的主要步骤

（1）模拟实际过程。这实际上是对项目从立项到完成的一个简单扼要的回顾，使有关项目的所有信息按项目进行的时间顺序排列起来，便于分析和研究。

（2）确定预期目标。虽然在可行性研究阶段，已经拟定了项目的目标，但有些项目的目标太含糊、笼统，这一步的主要任务是使项目目标明确化、清晰化和定量化。

（3）选择适当的方法对项目的影响进行测定。项目对社会和自然各方面的影响是一个具有十分广泛的含义的概念，测定起来十分困难和复杂。有些可以直接测定，有些则要用统计调查的方式或抽样调查的方法，如对社会福利事业项目影响的测定，往往使用调查的方法。

（4）对所测定的数据进行分析、解释。

（5）将分析的结果与当初确定的目标进行比较，作出评价，明确指出项目达到目标的程度以及有哪些意想不到的效果等。

经过这样的分析和测定，基本上可以得出项目的实际效果与当初目标之间的差异，从而判别项目决策的正确性，检验项目实施的效果。

9.2.4 工程项目持续能力评价

项目的持续能力评价是指在项目建设完成投入运行之后，对项目的既定目标是否能按期实现，项目是否可以持续产生较好的效益，接受投资的项目业主是否愿意并可以依靠自己的能力继续实现既定的目标，项目是否具有可重复性等方面作出评价。

评价工程项目的持续性一般应分析下列六个方面：

1. 持续能力的行政或后勤方面

持续能力评价的行政或后勤方面问题的范围和性质，对于不同的项目各不相同。例如，一个以社区为基础的农村发展项目需要大量的行政措施，而一个工业项目只涉及运转和维护问题。又如，一个农业项目的行政或后勤方面的持续能力评价的内容如下：

（1）项目运转过程中的投入是否充足、是否按时；

（2）社区对项目设施（如信贷、技术推广、投入物）的获得能力；

（3）从受益人的角度，监督实施的状况；

（4）对项目设施（包括预算和人员）的维护和监督。

2. 持续能力的经济方面

主要考察经济效益能否持续，对经济效益持续能力的评价需要收集以下信息：

（1）生产成本；

（2）产量或生产率；

（3）财务和经济回报（经济回报率）；

（4）价格趋势；

（5）市场需求；

（6）收入变化；

（7）跨行业联系的问题等。

3. 持续能力的社区方面

持续能力的社区方面对于农业、农村和社会发展项目的持续能力来说是一个特别重要的因素。各种各样的项目经验表明，公众参与的缺乏或不充分常常会导致项目的能力减小，因此对于将公众作为重要角色或直接受益人的项目的持续能力评价，公众参与程度的评价成为贯穿整个项目不可分割的经常性的工作。公众参与方面的评价要点，包括以下几个方面：

（1）公众对项目设施的认识程度；

（2）公众对项目设施的获得程度；

（3）获得特殊的信息、服务或设施的公众比例；

（4）受益人对信息理解的程度；

（5）公众把服务或设施看做收益的程度；

（6）持续使用项目设施的公众比例；

（7）潜在的公众受益人不使用或不长期使用项目设施的原因。

4. 持续能力的分配方面

持续能力评价的分配方面包括有关家庭收入的变化，生活方式的质量和期待产生的其他效益和服务的自然增长等信息。正如在公众方面，分配是项目持续能力的一个重要因素，特别对于社区项目，项目中缺乏或削弱这个方面就可能减少公众参与，进而会危及项目的持续能力。项目持续能力的分配方面包括的信息如下：

（1）家庭收入的变化；

（2）家庭生活水平的变化；

（3）分配改革带来的新资产的变化（如果有的话）。

5. 持续能力的机构方面

持续能力评价的机构方面，指的是关系到项目长期持续能力的机构和组织结构，尤其对农业、乡村和社会发展项目来讲，项目的机构方面包括在政府和项目管理的社区设立的机构。项目持续能力评价的机构方面需要以下信息：

（1）在政府一级——所需人员与实际人员；所期望的工作人员的能力与实际能力；维持所期望的效率；所需的预算与实际投资等情况。

（2）在社区一级——社区组织的发展趋势，胜任能力、吸收和运用新技术和新思想的能力（即社会文化适应能力）以及他们接受技术、管理及其他援助用来维护和运转项目的程度。

（3）政府和社区组织之间正式、持久的联系。

持续能力评价中机构的重要性，在最近世界银行的57项已完成的农业和乡村发展项目的评价中得到了显示。这些项目展示了强大的机构，并在各种文化背景中运作，而且把必要的技术和资源投入融为一体，它们产生了较高的经济收益率，这是那些缺乏这些特点的项目所没有的。

6. 持续能力的环境方面

持续能力评价的环境方面是一个重要问题，但短期内它的特点往往看不出来。然而，如果早期不进行足够的监测就不可能及时发现这些不利的影响，如果再持续下去，这些影响会危及项目的持续能力。

例如，以灌溉水坝为例，它通常会出现水生疾病增多的可能，淹没大片森林地区，淤塞水库，对下游地区和邻近地区产生气候方面的副作用。同样，工业项目也会遇到环境问题，例如大气污染和废弃物的污染。

所以，对包括环境内容的项目进行系统的回顾是必要的，目的是及时发现产生副作用的可能性，以便采取积极的措施来纠正不平衡现象。

9.3 工程项目后评价的方法

9.3.1 有无对比法

1. 有无对比的概念

在一般情况下，投资活动的“前后对比”是指将项目实施之前与项目完成之后的情况加以对比，以确定项目效益的一种方法。在项目后评价中则是指将项目前期的可行性研究和评估的预测结论以及初步设计时的技术经济指标，与项目的实际运行结果及在后评价时所做的新的预测相比较，用以发现变化和分析原因。这种对比用于揭示计划、决策和实施的质量，是项目评价应遵循的原则。

“有无对比”是指将项目实际发生的情况与若无项目可能发生的情况进行对比，以度量项目的真实效益、影响和作用。对比的重点是要分清项目的作用和影响以及项目以外因素的作用和影响，这种对比用于项目的效益评价和影响评价。

后评价是通过项目实施所付出的资源代价，与项目实施后产生的效果进行对比，得出项目的评价结论。方法论的关键是要求投入的代价与产出的效果口径一致，也就是说，所度量的效果要真正归功于项目。但是很多项目，特别是大型社会经济项目，实施后的效果不仅仅是项目的效果和作用，还有项目以外多种因素的影响。因此，简单的前后对比不能得出真正的项目效果的评价结论。

2. 基本方法

综上所述，后评价中的效益评价任务就是要剔除那些非项目因素，对归功于项目的效果加以正确的定义和度量。由于无项目时可能发生的情况往往无法确定地描述，项目后评价中只能用一些方法去近似度量项目的作用。理想的做法是在该受益地区之外，找一个类似项目区的“对照区”，进行比较和评价。

通常项目的效益和影响评价要分析的数据和资料包括：项目前的情况、项目实施前的预测效果、项目的实际效果、无项目时可能实现的效果、无项目的实际效果等，图 9-1 为项目有无对比示意图。

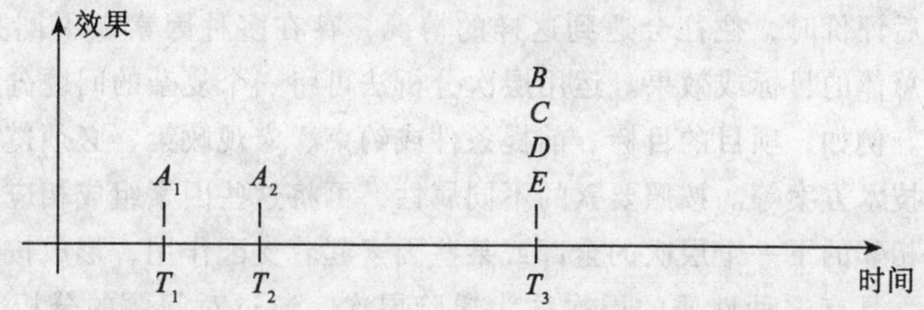

注：A_1—项目开工时的效果；A_2—项目完工时的效果；B—项目的实际效果；
C—项目实施前的预测效果；D—无项目时的实际效果；E—无项目时可能实现的效果；
T_1—项目开工时间；T_2—项目完工时间；T_3—项目后评价时间。

图 9-1　项目有无对比示意图

在图 9-1 中，项目的有无对比不是前后对比（B/A_1 或 B/E），也不是项目的实际效果与项目实施前的预测效果之比（B/C），而是项目实际效果与若无项目实际或可能实现的效果的对比（B/D 或 B/E）。有无对比需要大量可靠的数据，最好有系统的项目监测资料，也可引用当地有效的统计资料。

在进行对比时，先要确定评价内容和主要指标，选择可比的对象，通过建立比较指标的对比表，用科学的方法收集资料。

9.3.2 层次分析法

1. 层次分析法的概念

层次分析法（简称 AHP 法）是美国著名数学家 A. L. Saaty 在 20 世纪 70 年代提出的。这种系统分析方法是一种模拟人的分析、判断及决策过程的理论方法。运用 AHP 法分析问题时思路清楚，可将决策者的思维过程和主观判断系统化、数量化和模型化，不仅能简化对问题的系统分析与计算，而且有助于决策者保持其思维过程和决策准则的一致性，采取相应的措施，进行反馈控制。

层次分析法的基本思路是，根据问题的性质和要达到的目标，将研究对象和问题分解为不同的组成因素，按照各个因素之间的相互影响以及隶属关系自上而下、由高到低排列成若干层次结构，在每一个层次上依照某一特定准则，根据客观实际情况对该层次各因素进行分析比较，对每一层次要素的相对重要性进行定量表示，利用数学方法确定该层次各项因素的权重值，通过排序结果对问题进行分析和决策。通过这种方法可以把定性分析和定量分析有机地结合起来，并且使复杂的问题层次分明，便于逐个处理。因此，将层次分析法用于那些多准则、多目标，又难以全部采取定量化处理的复杂的社会经济问题，能够取得比较满意的效果。

层次分析法的应用范围十分广泛，许多社会经济问题均可以归结为层次决策问题，如国家或地区资源开发利用政策分析，经济发展计划管理与规划，投资项目评价，企业经营管理，城市及地区发展规划、产业规划与政策研究，交通运输系统分析与评价等。

2. 层次分析法的基本原理

在进行项目后评价时，往往会遇到这样的情况，存在多种因素以不同方式共同地作用，影响着项目总体的目标或效果。运用层次分析法可将一个复杂的问题分解为它的组成部分或组成要素。例如，项目的目标、前提条件或约束、宏观政策、必须遵守的原则或准则、可供选择的技术方案等。按照要素的不同属性，可将这些因素组成相应的层次，上一个层次的因素对相邻的下一个层次的全部或某些因素起着支配作用，形成按层次从上到下的逐层支配关系，具有这种性质的层次称为递阶层次。通过对问题的分析，建立一个有效、合理的递阶层次结构对于运用 AHP 法解决系统评价问题具有决定性的意义，递阶层次结构示意图如图 9-2 所示。

3. 层次分析法在项目评价中的应用

根据以上的原理介绍和分析，层次分析法可以作为一种定量化的分析方法，应用于过程项目评价中。这是由于过程项目后评价往往涉及众多的因素和指标，并且各种指标的性质存在差异，表现形式也不完全一致。仅仅从单一指标去衡量或评价项目的实施效果未免有失偏颇，而运用层次分析法可从系统的角度对项目总体效果给出一个全面、客观的评价。

运用层次分析法的过程可基本归纳为以下五个步骤：

① 根据项目评价的指标体系建立层次结构模型；

② 构造判断矩阵；

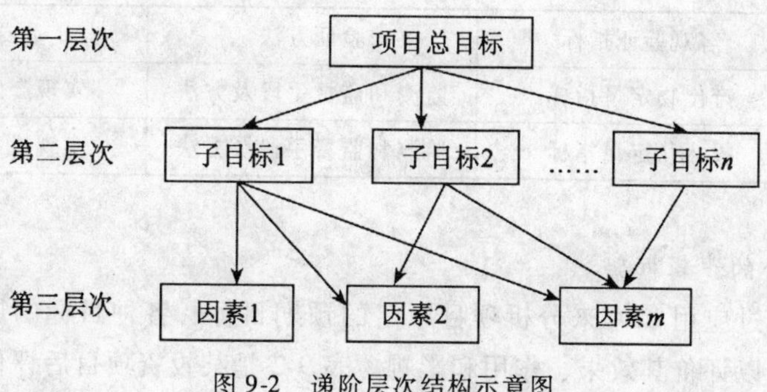

图 9-2　递阶层次结构示意图

③ 层次单排序；

④ 层次总排序；

⑤ 一致性检验。

9.3.3　逻辑框架法

逻辑框架法（简称 LFA）是美国国际开发署（USAID）在 1970 年开发并使用的一种设计、计划和评价工具，目前已有 2/3 的国际组织把 LFA 作为援助项目的计划管理和后评价的主要方法。

1. 逻辑框架法的含义

LFA 是一种概念化地论述项目的方法，即用一张简单的框图来清晰地分析一个复杂项目的内涵和关系，使之更易理解。LFA 是将几个内容相关、必须同步考虑的动态因素组合起来，通过分析其相互之间的关系，从设计策划到目的、目标等方面来评价一项活动或工作。LFA 为项目计划者和评价者提供了一种分析框架，用以确定工作的范围和任务，并对项目目标和达到目标所需要的手段进行逻辑关系的分析。

2. 逻辑框架法的模式

LFA 的模式是一个 4×4 的矩阵，横行代表项目目标的层次（垂直逻辑），竖行代表如何验证这些目标是否达到（水平逻辑）。垂直逻辑用于分析项目计划做什么，弄清项目手段与结果之间的关系，确定项目本身和项目所在地的社会、物质、政治环境中的不确定因素。水平逻辑的目的是要衡量项目的资源和结果，确立客观的验证指标及其验证方法来进行分析。水平逻辑要求对垂直逻辑 4 个层次上的结果做出详细说明，其基本模式如表 9-1 所示。

表 9-1　　逻辑框架法的模式

层次描述	客观验证指标	验证方法	重要外部条件
目标	目标指标	监测和监督手段及方法	实现目标的主要条件
目的	目的指标	监测和监督手段及方法	实现目的的主要条件

续表

层次描述	客观验证指标	验证方法	重要外部条件
产出	产出物定量指标	监测和监督手段及方法	实现产出的主要条件
产入	投入物定量指标	监测和监督手段及方法	实现投入的主要条件

3. 项目后评价的逻辑框架

项目后评价通过应用LFA来分析项目原定的预期目标、各种目标的层次、目标实现的程度和原因，用以评价其效果、作用和影响。表9-2是某投资项目后评价的逻辑框架。

表9-2　某投资项目后评价的逻辑框架

	预计目标	实际结果	原因分析	可持续条件
项目目标				
项目目的				
项目产出				
项目投入				

9.3.4 因果分析法

1. 因果分析法的概念

项目后评价主要是在项目建设实施过程中或者是项目竣工投产后，对影响（或决定）项目成败和实施效果的主要技术经济指标以及有关政策法规、管理条例的执行情况进行跟踪调查和监督。

由于一些投资项目（如交通、能源、水利等基础设施投资项目）建设周期较长，在此过程中，受社会经济发展变化、国家政策等外部客观因素的影响以及项目执行或管理单位内部的一些主客观因素的影响，项目的主要技术经济指标和可行性研究阶段以及勘察设计阶段预测的结果会发生一定的偏差，并对项目实施效果产生较大影响。因此，在项目后评价时，为了及时发现问题、分析问题，提出解决问题的对策、措施和建议，就需要运用一定的方式方法，对这些变化进行因果分析，即主要通过对造成变化的原因逐一进行剖析，分清主次及轻重关系，以便于总结经验教训，提出改进或完善的措施和建议。

2. 因果分析的对象

（1）对投资项目管理法规条例及办事程序的执行情况的分析

主要针对基建项目是否按照国家有关基建项目管理程序进行了项目立项决策、勘察设计、资金筹措、项目招投标、施工组织管理、工程监理、竣工验收等工作进行分析。

（2）工程技术及质量指标变化的因果分析

① 设计方案变化；

② 工期变化；

③ 资金来源及融资方式的变化；

④ 项目总投资及单项工程投资变化；

⑤ 工程建设数量及规模的变化；

⑥ 设施及设备技术标准的变化；

⑦ 设备采购方式的变化；

⑧ 技术设备引进及人员培训方式的变化；

⑨ 工程支付方式、时间及数量的变化。

（3）经营方式、运营管理体制及经济效益指标变化

① 项目经营方式的变化；

② 项目运营管理体制的变化；

③ 项目投产后实际产量、产品结构与前期工作阶段及设计阶段预测值的差距及变化；

④ 项目投产后市场及销售量与预测结果变化分析；

⑤ 项目经营（运营）管理成本变化分析；

⑥ 项目国民经济效益指标（包括 EBCR、ENPV、EIRR）的变化；

⑦ 项目财务效益指标（包括 FBCR、FNPV、FIRR）的变化。

3. 因果分析图

因果分析可采用因果分析图的方式来实现。根据因果分析图的形状，也可称之为鱼刺图或树状图。因果分析曾被用于分析和评价产品质量，即通过分析查找造成质量问题的原因。因为一个产品质量问题的产生往往不是一个或几个原因造成的，而可能是由于大大小小、错综复杂的一系列原因共同作用所产生的后果。同样，在评价一个过程项目的工程质量或效益等方面的技术经济指标时，往往也会遇到这种情况，即由于若干因素的共同作用，在项目的设计、施工建设、运营管理过程当中，实际指标与前评估阶段预期的目标产生一定的差距，影响到项目实施的总体目标或子目标。在这些复杂的原因当中，由于它们又不都是以同等效力作用于实施效果或指标的变化过程，必定有主要的、关键的原因，也有次要的或一般的原因。在项目评价中又不能对上述这些原因泛泛地一概而论，而必须从这些错综复杂的原因中整理出头绪，找出使指标产生变化的真正起关键作用的原因，这并不是一件轻而易举的事情。因果分析图就是这样一种分析和寻找影响项目主要技术经济指标变化的原因的简便有效的方法或手段。

运用因果分析法的步骤如下：

（1）作图

从项目中首先要找出或明确所要分析的问题或对象，并画一条从左至右的带箭头的粗线条，作为主干，表示要分析的问题。在箭头的右侧写出所要分析的问题或指标，如图 9-3 所示。

因果分析法除了采取上述画图的方式以外，还可以采取图 9-4 的形式。

（2）原因分类

将项目实施情况调查或考察中收集到的信息，或者专家座谈会上大家提出的原因和分析意见进行整理、分类。通常可按照问题的性质或属性进行分类，如人的因素（人员素

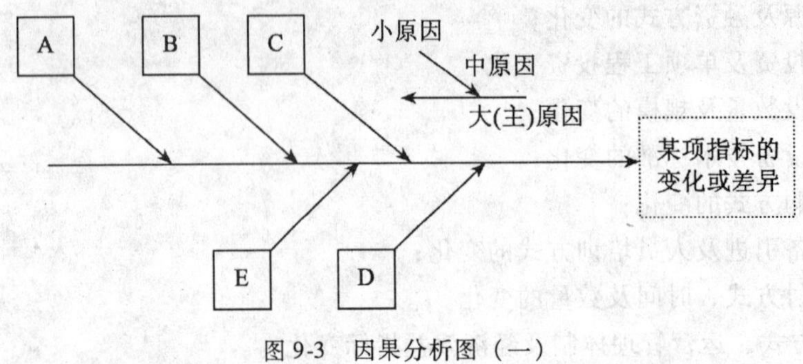

图 9-3 因果分析图（一）

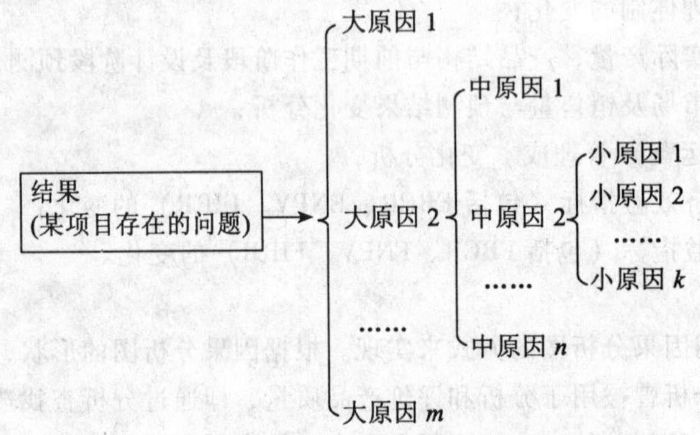

图 9-4 因果分析图（二）

质及专业构成）、技术条件因素（评估方法及技术、勘测设计技术、工程技术条件、运营管理技术等）、环境因素（社会环境、自然环境、经济环境、相关政策法规环境等）、实施方法因素（项目管理方式及方法，包括立项决策、招投标管理、投融资管理、施工管理、工程监理、审计监督、运营管理等方面）、设备及材料的因素（设备、材料的选型及质量保障等）。

（3）重要原因的标定

将通过对项目实地考察、调研或其他途径收集到的问题和情况以及项目评价专家组成员提出的问题和对原因的分析，进行集中整理和分类。一般可以按照“外部因素”和“内部因素”两大类进行划分；也可以按照项目管理的主要环节进行分类，例如：前期评估论证工作环节、立项审批程序环节、勘察设计环节、融资环节、项目招投标环节、工程建设实施及管理环节、建设资金使用环节、财务管理环节、竣工验收环节以及投产后运营管理环节等大原因进行分类，然后按照造成上述各环节变化的中原因和小原因依次罗列。其中，对于造成项目重大变化的，或对项目实施目标和效果产生重大影响的主要原因和核心问题加上突出的标记，以便作为重点分析评价的对象。

4. 分析时需注意的问题

（1）充分听取不同的意见，集思广益

对项目中存在的问题进行分析讨论时，要让各方面有关负责人参加，如针对工程建设质量问题，除业主单位外，应该邀请工程设计、施工、监理等专业技术部门负责人参加，认真听取他们的意见和对问题的看法。对一些工程项目实施效果的分析涉及社会经济、经营管理、工程技术、环境保护等专业领域，所以，在进行因果分析时，应邀请各相关专业的专家学者参与分析。此外，针对项目建设实施对沿线地区社会经济发展所产生的作用和影响进行分析评价时，应认真听取当地政府、社会团体、工矿企业、居民或使用者代表等方面对项目的意见和建议。尤其是一些对公众利益可能产生较大影响的工程项目，如能源交通、城市公共基础设施建设项目等，对项目周边地区居民的日常工作生活可能带来许多正面的或负面的影响。对于这些因素的影响程度只有通过广泛深入的调查才能得出正确的分析结果。总之，应尽可能多地收集和听取各方面的意见，集思广益，以便全面准确地找出问题产生的原因。

(2) 注意分析的条理性

分析原因时要注意分析的条理性，应当从大到小，从宏观到微观，从外到内，由粗到细，追根究底，采取解剖麻雀的方法，分层剖析，直至找出问题的最根本原因。特别是那些对项目目标或实施效果影响较大的原因，如工程设计方案选择、工程质量的监督控制、项目资金审批使用以及财务管理制度的执行、项目实施对环境造成的影响等，应做具体详细的分析。

(3) 分清原因的主次关系

分清原因的主次关系，在于有针对性地提出解决问题的措施、意见或建议。主次关系并不完全是大小关系，有时看似大的原因不一定就是造成问题的主要原因，具体问题应做具体分析和比较。

(4) 注重实地调查

在进行项目后评价时，运用因果分析法若要取得真正的效果，深入细致的实地考察和调研是重要的基础。只有通过调研取得翔实和丰富的第一手数据资料，认真听取和收集来自基层部门的意见，尤其是对于已建成投产的项目（如公路、铁路等交通建设或改造项目）来说，项目运营管理部门的意见和观点，是评价项目建设实施效果的重要参考依据，是十分重要的。

9.3.5 综合评价法

1. 工程项目综合评价的概念

所谓工程项目的综合评价，就是在工程项目的各个部分、各阶段、各层次评价的基础上，谋求工程项目的整体优化，而不谋求某一项指标或几项指标的最优值，从而为决策者提供各种决策所需的信息。

2. 工程项目综合评价的必要性

我国工程项目综合评价的必要性，是由社会主义条件下技术、经济和社会发展目标的综合性、客观事物的复杂性、系统的层次性所决定的。

(1) 社会主义条件下技术、经济和社会发展目标的综合性在技术经济研究中，技术是手段，经济是目的，经济生活又是社会生活的一部分。在社会主义建设中，经济建设虽然居于重要的地位，但在经济建设与经济发展的同时，还存在经济以外的其他社会问题；否则，工程项目就不能与社会其他方面的发展相协调，也不能达到预期的目的。

技术经济的发展目标包括技术发展目标、经济发展目标和社会发展目标。技术发展目标是以技术水平的提高来反映的；经济发展目标是以经济增长来表示的；社会发展目标是以人民物质文化生活的提高、社会稳定、公平分配和可持续发展来表示的。社会主义社会的发展应当是以提高技术水平为手段，以经济增长为基础，使人民物质文化生活水平、生活质量、公平分配程度得到提高，并保持持续发展。因此，技术、经济和社会发展是统一的，但在技术、经济和社会发展目标的实现过程中，也存在着以下矛盾：

① 先进的技术不一定在经济上合理，也不一定与社会文化相协调。如机电一体化的采煤技术装备，具有自动化程度很高的技术，由于价格昂贵，在发展中国家用于煤矿生产，就会大大提高成本，并不能为当地居民提供更多的就业机会，会造成人与人之间的隔阂等社会矛盾。又如遗传工程技术，用于提高人口素质，不仅经济代价高，也易与传统伦理道德观念相抵触。

② 技术发展目标、经济发展目标和社会发展目标的实现，都需要使用资金、土地、物质资源和人力资源。在可供使用的资金、土地、物质资源和人力资源受到限制的条件下，同时实现三种发展目标，在资金、土地、物质资源和人力资源的分配上存在着矛盾。增加对科学、技术、文化、教育、卫生、福利和居民生活条件改善的资源投入，从长期来看，有利于人均国民生产总值和人均国民收入的提高，但在近期内，却有可能影响物质生产部门的资金、物质资源和人力资源的投入，从而影响经济增长速度。技术、经济和社会发展目标在实现过程中的矛盾是发展目标在空间、时间和功能方面的协调过程中资源配置方面的矛盾，这个矛盾是始终存在的。三种目标越得到协调发展，资源配置越趋向合理，技术、经济、社会的发展目标在实现过程中的矛盾也就越趋于缓和。

(2) 系统的层次性

技术方案是由不同的层次组成的，现实中任何一个技术方案都不是孤立存在的，它周围的客观存在的要素状况，构成该技术方案的系统环境；技术方案与系统环境之间有着密切的联系。而且，系统与系统之间的界限是相对的，它依人们研究的范围和角度而确定。一个系统的环境，可以是一个高一级的系统，原系统则成为高一级系统的子系统；同样，一个系统的子系统是低一级的系统，原系统则是它的环境，这就构成系统的层次性。如果在研究技术活动的整体性时，只强调子系统与整体间的线性因果联系，而忽视了其与环境之间的联系，不仅有线性的而且还存在非线性的、非定量的联系，就不能认识技术发展的规律及影响。

就技术系统而论，第一层次是根据经济和社会发展的水平而制订的全社会的综合技术发展战略；第二层次是学科的、专业的技术系统，如煤炭开采技术系统、冶金技术系统、机械制造技术系统、农业技术系统和国防、文教、卫生、通信等技术系统；第三层次是局部的技术系统，如地区、企业等的技术活动；第四层次是个别人的技术活动。各种技术系统或技术活动，虽然所处的层次不同，内部各异，但是都是有机联系的，要在分散决策的情况下，达到总体目标的优化就必须有综合评价。

3. 综合评价法的一般工作程序

为了较好地听取各方面的意见，可采取以下程序进行综合评价。

(1) 确定目标

工程项目的具体目标，要根据项目的性质、范围、类型、条件等确定。目标的确定要考虑到眼前、长远，局部、全局。目标的确定本身就是一项评价内容，要通过反复比较、权衡利弊才能确定，目标选错，会影响方案的效果，甚至导致失败。

(2) 确定评价范围

在目标确定之后，就要调查影响达到目标的各种因素，各因素间的相互制约关系，并找出主要因素，进而了解这些因素所涉及的范围。范围太大，必然增大工作量，却不一定能增加评价的准确性；范围太小，则有可能把需要分析的效果排除在外，影响评价的准确性。

(3) 确定评价指标和标准

评价指标是目标的具体化，根据目标设立相应的评价指标。指标的设立，不仅与工程项目的目标、特点、类型、规模等有关，而且与子目标所处的级别（层次）有关。站在不同的角度，评价的侧重点不同，设置的指标也有所不同。指标的设立过程也是一个评价的过程，评价指标的设立应遵循以下原则：

① 系统性原则。指标体系应能全面反映工程项目的综合情况，其主要方面的指标，既要反映直接效果，又要反映间接效果，以保证综合评价的全面性与可信度。

② 指标的可测性原则。指标含义明确，计算指标所需的数据资料便于收集、计算方法简便、易于掌握。

③ 定量指标与定性指标结合使用的原则。用定量指标计算，可使评价具有客观性，便于用数学方法处理；与定性指标结合，又可弥补单纯的定量指标评价的不足，以防失之偏颇。

④ 绝对指标与相对指标结合使用的原则。绝对指标反映总量、规模，相对指标反映某些方面的强度或密度。

⑤ 指标之间应尽可能避免显见的内容和重叠关系。对隐含的相关关系，要在模型中用适当的方法消除。

⑥ 指标的选择要尽可能保持同趋势，不能保持同趋势的，应经适当步骤实现同趋势化，以保持可比性。

⑦ 指标的设置要有重点。重要方面的指标可设置得密些、细些，次要方面的指标可设置得稀些，指标的覆盖范围要宽些。

⑧ 指标要有层次性。这样有利于确定指标的权重，便于确定方案的综合效果。

这些原则在实际应用中既要综合考虑，又可能会出现一定的矛盾，应力求正确处理以下矛盾：

① 评价的有效性与简便性的矛盾。评价的有效性要求指标的设立越全面越好，而简便性要求减少评价指标的个数。实践中应在保证满足足够的有效性的前提下，尽可能达到简便的目的。

② 指标的系统性与指标的可测性相矛盾。评价的系统性要求在指标体系内包含各个层次和各个侧面的指标，但是有些指标不易测度或不易从现有的资料中获得。对某些对评价结论有重要影响，目前不能从现有统计资料中获得的指标，仍应在明确这些指标的含义的前提下，作专门调查，以保持指标体系的系统性、科学性。而一些对评价结论影响并不大又难以测度的指标，则可舍弃之。

③ 指标的精确性和可信度的矛盾。评价指标的计算结果要尽可能做到精确，但有些指标很难十分精确地度量，如生活质量指标、对社会文化的影响指标等。与其为了精确计算而依靠某些假设数据，而使指标的计算结果的可信度降低，倒不如根据经验由专家作实事求是的有预见性的定性描述，给某些指标以质的规定更为可信。在评价指标体系建立后，应制定各项指标的评价标准。评价指标值的优劣、满意度，不能依靠主观直觉判断，应有共同的尺度，应根据过去的实际经验和科学依据，制定出被专家们及决策者接受的标准。每一个评价指标都应制定具体的标准和统一的计算方法，其中可用金额、人数、时间、重量、体积等计量的指标并进行定量评价；对社会的精神、文化等的影响，可作定性评价和描述。

(4) 确定指标的权重。根据评价结果，各分项指标对综合评价的目标的影响程度是不同的，为了能正确地反映各分项指标对评价目标影响的重要程度，通常通过加权予以修正，重要的指标赋予较大的权重，相对次要的指标赋予较小的权重。加权理论在国内外都有广泛的研究和应用，权重的确定主要依靠专家。因此，如何选定专家、如何搜集和处理专家意见，是获得较为客观的权重的关键。

(5) 确定综合评价的判据。对综合评价的判据存在分歧。有的人反对设立单一判据，其理由如下：

① 综合的单一判据信息量损失大。单一的综合评价指标值的内涵，决策者是难以掌握的。

② 综合的单一判据排斥了决策者的作用。决策的正确与否，在很大程度上依赖于决策者的智慧与能力和他的远见卓识，而单一判据已给出了方案的优先顺序，无需决策者作出决策。

③ 综合评价的主要问题是确定有形效果和费用。即定量部分的范围和尺度以及各项无形的效果，即定性部分的相对重要性，并且做到客观、全面、不遗漏，以供决策者参考。

因此，没有设立单一判据的必要性。

另一些人认为设立单一判据是十分必要的，其理由如下：

① 提供给决策者的，除了综合的单一判据外，尚有各部分的评价指标及数据资料，因此，不仅不会损失信息，还会增加综合判据的信息。

② 有了综合评价的单一判据，并没有取代决策者，而是为决策者更好地提供了决策所需的客观依据。

③ 如无单一判据，仅是将各种评价结果和现象罗列，就不能有效地为决策者当好参谋，为领导者提供决策依据。

④ 综合评价受项目的特点、评价的时间、经费、客观环境等诸多因素的影响。综合

评价单一判据的科学性与实用性是非常重要的，综合评价的关键是抓住主要方面，开发出有效的评价模型，这是国内各行业都在研究的问题。

综合评价的单一判据多为定性与定量相结合的评价值，如某一指数，某一百分比。对综合评价值的高低、优劣的判别有两种处理方法：一种是预先规定某一数值 N，大于 N 的为可行方案，小于 N 的为不可行方案；另一种是预先不规定一个临界值，而是以综合评价值的大小排列优先顺序。

(6) 选择评价方法。根据所评价的类型、内容和具体情况，选择合适的评价方法。评价方法经常是多种方法结合使用，在评价的不同阶段，采用的方法也不同，要在实践中不断探索、改进。

从确定目标、评价范围到确定评价指标权重、选择综合评价方法直至作出评价结论，其中包括预测、分析、评定、协调、计算、模拟、综合等工作，而这些工作又是交叉和反复进行的。

9.3.6　成功度评价法

1. 成功度评价的概念

项目后评价需要对项目的总体成功度进行评价，得出可信的结论。项目成功度评价需对照项目立项阶段所确定的目标和计划，分析实际实现的结果与它的差别，以评价项目目标的实现程度。在做项目成功度评价时，要十分注意项目原定目标的合理性、实际性以及条件环境变化所带来的影响，并进行分析，以便根据实际情况，评价项目的成功度。成功度评价是依靠评价专家或专家组的经验，综合各项指标的评价结果，对项目的成功程度作出定性的结论，也就是通常所称的打分的方法。成功度评价是以用逻辑框架法分析的项目目标的实现程度和经济效益分析的评价结论为基础，以项目的目标和效益为核心，所进行的全面系统的评价。

2. 项目成功度的标准

项目的成功度评价可分为五个等级：

(1) 完全成功。项目的各项目标都已全面实现或超过；相对成本而言，项目取得巨大的效益和影响。

(2) 基本成功。项目的大部分目标已经实现；相对成本而言，项目达到了预期的效益和影响。

(3) 部分成功。项目实现了原定的部分目标；相对成本而言，项目只取得了一定的效益和影响。

(4) 不成功。项目实现的目标非常有限；相对成本而言，项目几乎没有产生什么正效益和影响。

(5) 失败。项目的目标是不现实的，无法实现；相对成本而言，项目不得不终止。

3. 项目成功度的测定

项目成功度评价分析表设置了评价项目的主要指标。在评定具体项目的成功度时，并不一定要测定表中所有的指标。评价人员首先要根据具体项目的类型和特点，确定表中指标与项目相关的程度，把它们分为“重要”、“次重要”和“不重要”三类，在表中第二栏里（相关重要性）填写。对“不重要”的指标就不用测定，只需测定重要和次重要的项目内容，一般的项目实际需测定的指标在10项左右。

在测定各项指标时，采用打分制，即按上述评定标准分别用A、B、C、D表示。通过指标重要性分析和单项成功度结论的综合，可得到整个项目的成功度指标，也用A、B、C、D表示，填在表的最底一行（总成功度）的成功度栏内。

在具体操作时，项目评价组成员每人各自填好表后，对各项指标的取舍和等级进行内部讨论，或经必要的数据处理，形成评价组的成功度表，再把结论写入评价报告。

项目成功度评价表格是根据评价任务的目的和性质制定的，我国与国际上各个组织和机构的表格设计各不相同，表9-3为典型的国内项目成功度评价分析表。

表9-3　　　　国内项目成功度评价分析表

评定项目指标	相关重要性	评定等级	备　注
1. 宏观目标和产业政策			
2. 决策及其程序			
3. 布局与规模			
4. 项目目标及市场			
5. 设计与技术装备水平			
6. 资源和建设条件			
7. 资金来源和融资			
8. 项目进度及其控制			
9. 项目质量及其控制			
10. 项目投资及其控制			
11. 项目经营			
12. 机构和管理			
13. 项目财务效益			
14. 项目经济效益和影响			
15. 社会和环境影响			
16. 项目可持续性			
项目总评			

9.4　工程项目后评价报告的编制

对项目进行全面分析和评价所获得的结果应通过项目后评价报告的形式反映出来。项目后评价报告应真实地反映情况，客观地分析问题，认真总结经验和教训。为了便于报告内容的分解以及计算机输入，项目后评价报告一般有相对固定的格式。另外项目后评价报告还必须满足信息反馈的需要。

项目后评价报告的重点是对项目执行情况的判别和分析，项目后评价的主要内容及其评价结果均应在报告中反映。如项目目标的实现程度、项目实施过程、项目效益、项目影响、项目可持续性的后评价及项目经验教训均应在报告中反映。

项目目标的实现程度一般分三个等级（成功、部分成功和不成功）。这三个等级的评价内容涉及宏观产业政策目标、财务目标、机构发展目标、实物目标、扶贫和其他社会目标、环境目标以及公共行业管理和私营行业发展等目标。项目的可持续性后评价可采用可持续、不可持续和尚不明确三个等级来评定。项目的经验教训主要讨论项目建设过程中有何成功的经验和失败的教训以及在项目未来发展中如何吸取这些经验教训，这些经验教训对类似或同类在建项目和未来待建项目有哪些借鉴作用。

下面以工业项目为例，说明一般工业项目后评价报告的格式。

1. 总论

说明项目后评价的目的、后评价工作的组织机构及管理、后评价报告编制单位的情况、后评价工作的开始和完成时间、后评价资料的来源及依据、后评价方法和项目实施的总体概况。

2. 项目前期工作后评价

项目前期工作后评价主要包括以下内容：

（1）对项目前期筹备工作的后评价。包括筹备单位名称、组织机构、筹备计划及筹备工作效率等。

（2）对项目决策工作的后评价。包括项目可行性研究承担单位的名称、资格，项目可行性研究的编制依据，可行性研究的起始和完成时间，项目决策单位、决策程序、决策效率等。

（3）对项目征地拆迁工作的后评价。包括征地拆迁工作进度、安置补偿标准等是否符合国家有关规定。

（4）对项目委托设计与施工的后评价。包括设计单位名称及资格审查、委托设计方式、设计费用、设计方案的技术可行性和经济合理性、设计标准与设计质量、委托施工方式、施工企业资格审查情况及施工合同等。

（5）对建设物资、资金等的落实情况的后评价。

3. 项目实施后评价

项目实施后评价的主要内容如下：

（1）项目开工后评价。

（2）对项目变更的后评价。如项目范围变更、设计变更、变更的原因及影响。

（3）对施工管理的后评价。包括对施工组织方式、实际施工进度、施工工程成本、质量及控制、监理、施工技术与方案等进行的后评价。

（4）对项目建设资金供应情况的后评价。

（5）对项目建设工期的后评价。主要评价实际建设工期及工期提前或延迟的原因。

(6) 对项目建设成本的后评价。即对项目实际建设成本及超支或节约的原因的后评价。

(7) 对项目工程质量的后评价。

(8) 对项目竣工验收与试生产的后评价。

(9) 对项目建成投产后的实际生产能力与单位生产能力投资的后评价。

4. 项目生产经营的后评价

项目生产经营的后评价的主要内容如下：

(1) 项目达产情况的后评价。

(2) 项目产出物的种类与数量、产品销售情况的后评价。

(3) 项目获取利润情况的后价评。

(4) 企业经营管理的后评价。包括对机构设置、管理人员配备及素质、管理规章制度、管理效率等进行的后评价。

(5) 劳动定员后评价。

(6) 职工培训后评价。

5. 项目经济后评价

项目经济后评价的主要内容如下：

(1) 项目财务效益后评价。包括项目财务状况及预测，项目实际财务效益指标，主要财务指标的对比与分析，财务状况的发展变化趋势及对策措施。

(2) 项目国民经济后评价。包括项目国民经济效益状况及预测，项目国民经济效益指标与计算，评价指标的对比分析等。

6. 综合结论

综合结论一般包括项目准备、决策、实施和生产经营各个阶段的主要经验教训；对项目可行性研究及评价决策水平的综合评价；项目在评价时点后的发展前景；提高项目在未来时期经济效益水平的主要对策和措施。

总之，项目后评价报告应按照国家有关部门规定的要求进行编制。

习题

1. 什么是项目后评价？它主要包括哪些内容？
2. 项目后评价与前评价的主要区别有哪些？
3. 项目后评价的方法主要有哪些？
4. 什么是项目财务效益后评价？它的主要内容是什么？

第 10 章　非工业投资工程项目经济评价

前面各章所介绍的经济评价内容和方法，都是针对一般工业项目的。对于房地产开发、交通运输、公共工程、水利水电等非工业项目，由于各类投资项目的投资结构不同、受益群体不同、效益的表现和度量方式不同，所以它们都具有各自的特点。这些项目自身的特点反映到经济评价上，就决定了各种类型的项目经济评价内容和方法的差异性。本章将主要介绍房地产开发项目、交通运输项目、公共项目和水利水电项目等非工业项目经济评价的特点、内容和方法。

10.1　房地产开发项目经济评价

10.1.1　房地产开发项目概述

房地产投资可分为房地产开发投资和房地产置业投资。房地产开发投资是指投资者从购买土地使用权开始，经过规划设计和施工建设等过程，建成可以满足人们入住和使用需要的房屋及附属物，然后将其推向市场进行销售，转让给新的投资者或使用者，并通过这种转让来收回投资、实现获取投资收益的目的，当房地产开发投资者将建成的房地产用于出租（如写字楼、公寓、货仓等）或经营（如商场、酒店等）时，这种短期开发投资就转变成了长期置业投资。当然，房地产置业投资也可以是购买新建成的物业（市场上的增量房地产）和二手物业（市场上的存量房地产）。房地产开发投资的目的是获取一次性投资利润，而置业投资的目的是为了获取较为稳定的经常性收入，并保值、增值。

1. 房地产开发项目的分类

不同类型的房地产开发项目，市场调查和预测的内容与方法、收入和费用测算的方式都有所不同。因此，应根据房地产开发项目的类别对房地产开发项目进行经济评价。

（1）按未来获取收益的方式分类

① 出售型房地产开发项目，以预售或开发完成后出售的方式得到收入，回收开发资金，获取开发收益，达到盈利的目的。

② 出租型房地产开发项目，以预租或开发完成后出租的方式得到收入，回收开发资金，获取开发收益，达到盈利的目的。

③ 混合型房地产开发项目，以预售、预租或开发完成后出售、出租、自营的各种组

合方式得到收入，回收开发资金，获取开发利益，达到盈利的目的。

（2）按用途分类

① 居住用途的房地产项目，一般是指供人们生活居住使用的商品住宅项目，包括普通住宅、公寓、别墅等。

② 商业用途的房地产项目，也称经营性物业或投资性物业，包括酒店、写字楼、商场、出租商住楼等。

③ 工业用途的房地产项目，通常是为生产活动提供空间，包括重工业厂房、轻工业厂房和高新技术产业用房、研究与发展用房等。

④ 特殊用途的房地产项目，是指赛马场、高尔夫球场、汽车加油站、飞机场、车站、码头等项目，通常被称为特殊物业。

⑤ 土地开发项目，一般是指在生地或毛地上进行拆迁安置和“三通一平”、“五通一平”或“七通一平”，将其开发为具备建设条件的熟地后再进行转让的房地产开发项目。

2. 房地产开发项目的策划

通过对房地产开发项目进行系统的项目策划，可以形成和优选出比较具体的项目开发经营方案，获得尽可能高的经济回报。房地产开发项目策划的主要内容如下：

① 区位分析与选择，包括宏观区位的分析与选择和微观区位的分析与选择，宏观区位——地域的分析与选择是战略性的，主要考虑项目所在地的政策法律条件、社会经济条件和自然地理条件；微观区位——具体地点的分析与选择，是对项目坐落地点、周围环境和基础设施条件的分析与选择，主要考虑项目所在地的交通、城市规划、土地取得代价、拆迁难度、基础设施的完备程度以及地质、噪声、空气质量等因素。

② 开发内容和规模的分析与选择，应在符合城市规划的前提下，根据市场需求情况，按照效益最高的原则，选择最佳的用途和最合适的开发规模，也可考虑仅进行土地开发。

③ 开发时机的分析与选择，应根据土地市场和房地产市场的现状和变化趋势，选择和安排获取开发用地和开始建设的时机，大型房地产开发项目还可以考虑滚动开发。

④ 合作方式的分析与选择，应从开发企业自身在土地、资金、开发经营专长、经验和社会关系等方面的实力或优势程度以及分散风险等方面考虑，对独资、合资、合作、委托开发等方式进行选择。

⑤ 融资方式与资金结构的分析与选择，主要是结合项目合作方式设计资金结构，确定合作各方在项目资本金中所占的份额以及资本金与负债资金的比例，并分析资金来源和经营方式，对项目所需的短期资金与长期资金的筹措做出合理选择。

⑥ 产品经营方式的分析与选择，主要是兼顾近期利益和远期利益，并考虑资金压力、自身的经营能力以及市场的接受程度等，对出售、出租（包括长租、短租）、自营等经营方式进行选择。

3. 房地产开发项目的特点

房地产开发项目就是以房地产开发投资方式建设的房地产项目。与一般工业项目相比，房地产开发项目具有以下特点：

① 房地产开发项目完成的建筑产品是项目的最终产品。对于一般的工业建设项目来说，建设完成的建筑产品只是整个项目的“中间产品”，是生产最终产品的生产资料，项

目的收益要通过最终产品来取得；而房地产开发项目所完成的建筑产品就是最终产品，房地产开发企业通过直接出售和出租这些建筑产品来获取收益。

② 房地产开发项目的产品具有很强的地域性。以建筑产品作为最终产品的最大特点，就是产品的不可移动性。因此，除国家的有关政策、法规外，市场需求的调查和预测主要限于项目所在区域。

③ 房地产开发项目经营方案的涉及因素多，选择余地广，对投资效益的影响大。对于一般的工业项目来说，建设内容及规模、建设地点、建设时间的选择余地是有限的，但房地产开发项目不同，无论是开发区位、开发内容、开发时机，还是合作方式，涉及的因素多，选择的余地大，不同的方案对投资效益的影响也很大。

④ 房地产开发项目经济评价分为财务评价和综合评价。对于一般的房地产开发项目，只需进行财务评价；对于重大的、对区域社会经济发展有较大影响的项目，如经济开发区项目、成片开发项目等，在做出决策前应进行综合评价。

综合评价是从区域社会经济发展的角度，分析和计算房地产开发项目对区域社会经济的效益和费用，考察项目对社会经济的净贡献，判断项目的社会经济合理性。

10.1.2　房地产开发项目的效益与费用

1. 投资与成本费用

房地产开发项目的投资与成本费用，与一般建设项目有较大的差异。一般建设项目是先投资，再生产产品，即项目计算期分为建设期和生产经营期两个部分，建设期主要形成投资，生产经营期主要形成产品的总成本费用，投资则以折旧与推销的形式收回。但对于以出售为目的的房地产开发项目而言，其投资过程本身就是房地产产品的生产过程，建设期与生产经营期重叠，投资与总成本费用因无法截然分开而合二为一，项目的总投资即为总成本费用。房地产置业项目的投资与成本费用的概念与一般建设项目的相同。

房地产开发项目的投资及成本费用由开发成本和开发费用两大部分构成，如图 10-1 所示。

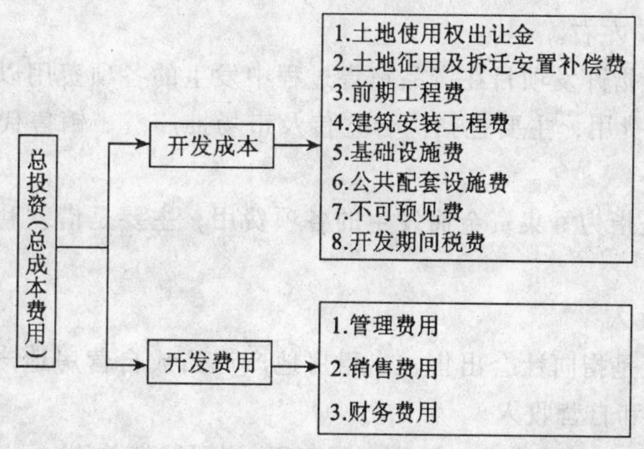

图 10-1　房地产开发项目总投资构成图

(1) 开发成本

开发成本包括土地使用权出让金、土地征用及拆迁安置补偿费、前期工程费、建筑安装工程费、基础设施费、公共配套设施费、不可预见费和开发期间税费等8项费用。

① 土地使用权出让金。国家以土地所有者的身份，将土地在一定期限内的使用权有偿出让给土地使用者，并由土地使用者向国家支付土地使用权出让金。土地出让金的价格与出让的时间、地段、用途、临街状况、建筑容积率、使用年限、周围环境状况及土地现状等因素有关。

② 土地征用及拆迁安置补偿费。根据《土地管理法》的规定，国家建设征用农村土地发生的费用主要有土地补偿费、劳动力安置补偿费、青苗补偿费、耕地占用税、新菜地、鱼塘开发基金、征地管理费等。在城镇地区，政府可以依法将国有储备土地或已由企事业单位或个人使用的土地出让给房地产开发项目使用，房地产开发企业应按规定给予出让人拆迁安置的补偿。

③ 前期工程费主要包括开发项目的前期规划、设计、可行性研究、水文地质勘测和“三通一平”等土地开发工程费。

④ 建筑安装工程费，是指直接用于工程建设的总成本费用，主要包括建筑工程费、设备及安装工程费以及室内装修工程费等。

⑤ 基础设施费，是指建筑红线内供水、供电、道路、绿化、供气、排污、排洪、电信、环卫等工程费。

⑥ 公共配套设施费，主要指不能有偿转让的小区内公共配套设施发生的费用，如居委会、派出所、幼儿园、中小学、医院等设施的建设费用。

⑦ 不可预见费，包括备用金、不可预见的基础或其他附属工程增加的费用、不可预见的自然灾害增加的费用等，一般可按上述6项费用之和的3% ~5%计算。

⑧ 开发期间税费，是指项目在开发过程中所交纳的各种税金和地方政府或有关部门征收的费用。

(2) 开发费用

开发费用属于间接费，包括开发企业的管理费用、销售费用、财务费用等。

① 管理费用，是指开发企业行政管理部门为管理和组织经营活动而发生的各种费用，一般为开发成本的3%左右。

② 销售费用，是指开发项目在产品销售过程中发生的各项费用以及专设销售机构或委托销售代理的各项费用，主要包括广告宣传及市场推广费、销售代理费及其他销售费用。

③ 财务费用，是指为筹集资金而发生的各项费用，主要是借款利息和其他财务费用(如汇兑损失等)。

2. 销（租）售收入

销（租）售收入是指向社会出售、出租房地产产品或自营房地产的货币收入，包括销售收入、出租收入和自营收入。

$$销售收入=销售房屋面积\times房屋销售单价$$

$$出租收入=出租房屋面积\times房屋租金单价$$

自营收入=营业收入-营业成本-经营风险回报

3. 经营税费

房地产开发项目的税费分为两大部分，一是房地产项目开发期间的税费，它们是房地产开发项目投资与成本费用的构成部分；二是房地产项目经营期间的税费——经营税费，主要是指在房地产产品的销售与交易阶段发生的税费，它们不构成房地产开发项目的投资与成本费用，而是作为销售收入的扣减。

目前我国房地产开发的经营税费主要如下：

（1）营业税，是对在我国境内提供劳务、转让无形资产或者销售不动产的单位或个人所获得的营业额征收的一种税。房地产销售的营业税为其销售额的5%。

（2）城市维护建设税，是对在我国境内既享用城镇公用设施，又有经营收入的单位或个人征收的一种税。房地产销售的城市维护建设税与营业税同时缴纳，为营业税的7%。

（3）教育费附加，是为地方筹集教育资金而征收的一种费。房地产销售的教育费附加与营业税同时缴纳，为营业税的3%。

（4）土地增值税，是以转让房地产取得的增值额为征税对象的一种税，其实质是对土地收益的课税。土地增值税的征收以土地增值额为计征依据，税率为30%～60%。

（5）交易印花税。交易印花税是对经济活动中双方领受各种凭证而征收的税种。房地产交易印花税按交易价的1%缴纳，买卖双方各负担一半，即各负担0.5%。

（6）交易服务费，包括与房地产交易有关的手续、估价及表格、资料等费用，各地的计收方法和标准不一。

4. 企业所得税

企业所得税是针对实行独立核算企业的应纳税所得额征收的税种。目前，房地产开发企业的企业所得税税率一般为25%。

房地产开发项目的总投资、销售收入、税金等的关系如图10-2所示。

10.1.3 房地产开发项目的财务评价

1. 财务评价的主要内容

房地产开发项目的财务评价包括盈利能力分析和偿债能力分析，盈利能力分析又分为静态盈利能力分析和动态盈利能力分析。

由于房地产开发项目的特殊性，静态盈利能力分析指标与一般建设项目有所不同，分为总投资利润率和自有资金净利润率。动态盈利能力分析指标仍为财务净现值和财务内部收益率，而投资回收期指标对非长期经营性项目没有太大的实际意义。清偿能力分析的指标主要有资产负债率、负债经营率、资本负债率、流动比率、速动比率等。

2. 静态盈利能力分析

对于以销售为主的房地产开发项目而言，静态盈利能力分析指标与一般建设项目略有不同，主要区别在于房地产开发项目一般不考察年投资利润率指标，而主要考察总投资利润率指标。

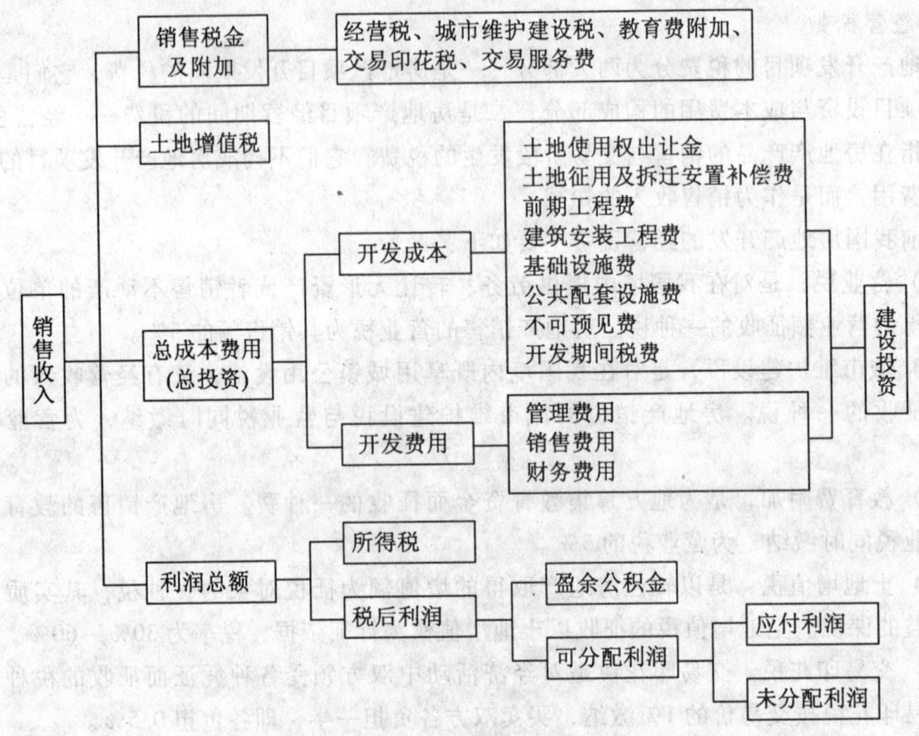

图 10-2　房地产开发项目的总投资、销售收入、税金等的关系图

（1）总投资利润率

总投资利润率是项目利润总额与项目总投资的比率，即：

$$\text{总投资利润率}=\frac{\text{项目利润总额}}{\text{项目总投资}}\times 100\% \tag{10-1}$$

若对项目进行融资前分析，则可采用“全部投资利润率”指标。

$$\text{全部投资利润率}=\frac{\text{项目利润总额+利息总额}}{\text{项目总投资（不含利息）}}\times 100\% \tag{10-2}$$

（2）自有资金净利润率

自有资金净利润率是项目税后利润总额与项目自有资金总额的比率，即：

$$\text{自有资金利润率}=\frac{\text{项目税后利润总额}}{\text{项目自有资金总额}}\times 100\% \tag{10-3}$$

3. 动态盈利能力分析

一般建设项目的计算期包括建设期和生产经营期，而以销售为主的房地产开发项目的建设期与生产经营期往往无法截然分开，一般不再划分为两个部分，而是统称为建设经营期，项目计算期从工程正式开工算起，到产品全部销售完毕为止。

房地产开发项目的动态盈利能力分析指标一般选用财务净现值（FNPV）和财务内部收益率（FIRR）。由于以销售为主的房地产开发项目为非长期经营性项目，投资回收期指标的分析计算没有太大的实际意义，且投资回收的速度取决于项目的营销计划和销售价格，销售方案一经确定，投资回收期也就确定了，无需再另行计算分析。

4. 清偿能力分析

（1）项目长期偿债能力分析

长期偿债能力是指项目在长期借款使用期内的还本付息能力或长期借款到期后归还借贷本金的能力。长期偿债能力分析是通过项目的资产负债率、负债经营率、资本负债率等指标来描述的。

资产负债率是项目负债总额（包括长期负债和流动负债）与资产总额之比，即：

$$\text{资产负债率}=\frac{\text{负债总额}}{\text{资产总额}}\times 100\% \tag{10-4}$$

资产负债率的倒数反映了单位负债对资产总额的“分摊”，体现了对债权人资金偿还的保障程度，故称其倒数为债权人投资安全系数。一般而言，房地产开发项目的盈利率较高、资金周转快，所以可承受的资产负债率也高些，可达 70% ~80%。负债经营率是项目长期负债总额与所有者权益（自有资金总额）之比，即：

$$\text{负债经营率}=\frac{\text{长期负债总额}}{\text{所有者权益}}\times 100\% \tag{10-5}$$

房地产开发项目一般都有很高的负债经营率。

资本负债率又称自有资金负债率，是项目负债总额与所有者权益之比，即：

$$\text{资本负债率}=\frac{\text{负债总额}}{\text{所有者权益}}\times 100\% \tag{10-6}$$

资本负债率是从净资产的角度反映项目净资产对项目债务的保障程度。

（2）项目短期偿债能力分析

短期偿债能力是指项目用流动资产和营业利润归还各种一年内到期或超过一年的一个营业周期内到期的流动负债的能力。短期偿债能力通常用流动比率和速动比率等指标来描述和评价。

流动比率是项目流动资产与流动负债之比，即：

$$\text{流动比率}=\frac{\text{流动资产}}{\text{流动负债}} \tag{10-7}$$

流动比率描述的是项目流动资产变现为现金以偿还流动负债的能力。流动比率的合理水平因行业的不同性质而有较大的差别。传统的观念认为流动比率为 2 时比较合理，但随着市场经济的发育，这种观念也发生了一些变化。房地产开发项目合理的流动比率在 1.2 左右。

速动比率是项目速动资产与流动负债之比，即：

$$\text{速动比率}=\frac{\text{速动资产}}{\text{流动负债}} \tag{10-8}$$

速动比率反映的是能迅速转变为货币资金的速动资产偿还流动负债的能力。从债权人的角度看，速动比率为 1 时比较安全，但对于存货占用资金较多的行业，要求速动比率大于 1 是不现实的，房地产业的速动比率也只有 0.65 左右。

10.2 交通运输项目经济评价

10.2.1 交通运输项目及其经济评价的特点

1. 交通运输项目的特点

交通运输项目包括铁路、公路、水运、港口、车站、民航机场、城市轨道交通和管道等基础设施的新建和改扩建项目。作为社会经济的基础设施类项目，交通运输项目具有以下特点：

(1) 效益的无实体性

交通运输项目的产出不是具体的物质产品，而是为货物和旅客的空间位移提供条件，它是一种无形的、非实体性的特殊产品。交通运输项目产出的这种无实体性，决定了它的服务性，即交通运输项目为国民经济服务，为千家万户服务。

(2) 产品的非储存性

交通运输项目的产出是一种无实体性的产品——运输服务，其效益的发挥过程就是受益者的消费过程，效益及其消费是同时发生的，效益不可先储存后消费，这就是非储存性。这种非储存性要求交通运输项目的线路选择和运输安排必须合理，满足人流、物流的季节性等要求。

(3) 效益的公用性和宏观性

交通运输连接着生产与生产、生产与交换、生产与消费、交换与消费，是社会再生产过程中不可缺少的环节。交通运输项目的建设，不是为投资者自身服务的，而是要为工业、农业、商业、科技、文化、卫生、旅游、国防等各行各业服务。因此，交通运输项目的效益不仅表现为投资者的微观的直接效益，更多地是表现为间接的、宏观的国民经济效益。

(4) 系统性和整体性

现代交通运输手段有铁路、公路、水运、航空、管道等，这几种运输手段的运输能力、时间、空间各不相同，各地区的运量、运输条件也不同。因此，交通运输项目的建设必须从系统的角度出发，从交通运输系统整体考虑，形成一个综合协调的交通运输网络体系。

(5) 投资大、工期长

交通运输项目，无论是线路建设、区站建设，还是场道建设，其投资动辄上亿元，工期至少要三五年。这种投资大、公用性强、系统性要求高的项目，主要由政府投资。

交通运输项目的上述特点决定了其经济评价的特点。

2. 交通运输项目经济评价的特点

(1) 以国民经济评价为主

由于交通运输项目的效益更多地表现为宏观的国民经济效益，同时项目的建设、运营过程复杂；涉及的经济因素多，企业的界限难以划分，所以，交通运输项目的经济评价以国民经济评价为主。

（2）收费项目需作财务评价

通过收费来偿还国内外贷款的封闭式公路、桥梁、铁路、港口、机场、管道等项目需要作财务评价，分析项目的财务盈利能力和清偿能力。

（3）一般采用“有无对比法”

这种方法下的项目效益和费用，表现为有项目时相对于无项目时总效益和总费用的增量，即其净效益表现为有项目时相对于无项目时运输总费用的节约以及项目带来的其他净效益。有无对比法要求考虑在无项目状态下的变动，即在计算无项目的效益和费用增量时，应预测其发展变化情况。

（4）要考虑相关配套设施项目及其投资

交通运输是一个系统工程，主体工程必须与配套设施同时投入使用，方可发挥其作用。因此，交通运输项目的经济评价必须同时考虑其相关配套设施的投资和费用，将配套设施与主体工程作为一个整体处理。如新建铁路应考虑与现有路线的接轨站、编组站、机务段、车辆段等的配套和改建；新机场应考虑公路交通联系。另外，由交通运输项目直接引起的拆迁、补偿和环境保护设施也应列入本项目的建设范围并计算投资。

（5）运输方式的比较应考虑运输工具

在比较、选择各种运输方式时，除基础设备外，还应计算运输工具（如机车、车辆、船舶、飞机等）的投资和费用。各种运输路线应包括从始发地到终点地的运输的全过程，费用和效益的计算也应反映运输的全过程。

（6）不应单独评价的情况

专门为新开发区或新建厂矿兴建的交通运输项目，应看做该地区或该厂矿综合开发项目的组成部分，其效益和费用应纳入整个地区或厂矿联合体内进行统一计算和评价。

10.2.2　交通运输项目效益与费用的识别

交通运输项目的国民经济效益和费用的计算范围应对应一致。

1. 费用

交通运输项目的费用是指国民经济为建设和经营该项目而付出的全部代价，也就是减少的国民收入数量。它主要表现为线路、枢纽（港口、车站、机场）、运输工具及相关配套设施的投资、运营费用及外部费用。

（1）投资

投资包括固定资产投资和流动资金投入。固定资产投资包括基础设施投资、移动设施投资和土地费用。基础设施主要指公路、铁路、机场、码头、泊位、护坡、导堤等固定设施以及库场、候车（机、船）室、行李房、售票房、工作车间、工具间、泵房、变电所、材料库、油库等各类房屋建筑物；移动设施主要指各类车辆、船舶、飞机、通信设备、装卸机械等。流动资金是运输部门为维持正常的生产经营所必需的资金。

（2）运营费用

运营费用包括交通运输业务费、装卸业务费和辅助生产费用。具体有生产和管理部门的燃料、材料费用，各类移动设施的维修费、更新费，基础设施的养护费，运输过程中的货损、货差等事故损失费等。运营费用的大小，取决于基础设施和运输工具的优劣、运量的大小、商品的种类和包装形式等。

(3) 外部费用

交通运输项目的建设会给社会带来某些不利的影响和副作用，如污染、噪音等，从而引起社会损失。外部费用就是国民经济为消除或减少上述消极的外部影响而付出的代价以及这些消极影响给社会造成的损失。项目的外部费用只计算一次性相关费用，要注意防止重复计算和漏算。

上述各类费用，都必须用影子价格进行计算，应剔除国内贷款利息、税金、补贴等转移支付费用，按影子价格进行调整。

2. 效益

交通运输项目的效益是指由于项目的兴建给国民经济带来的实际成果或贡献。按照能否用货币来计量，交通运输项目的效益可分为有形效益和无形效益；有形效益又分为直接效益和间接效益。

(1) 直接效益

直接效益是指项目使用者获得的运输效益，它是项目建成后带来的最重要、最直接的效益，主要表现为运量的增加、成本的降低、事故损失的减少等。

应注意的是，这里所说的“直接效益”与一般工业项目的直接效益在范围和概念上均有一定的差别。

(2) 间接效益

间接效益是指项目对地区其他经济领域产生的效益，如促进某些矿产和其他资源的开发利用，促进企业的兴建，促进地区产业结构的调整和地区经济的繁荣，促进旅游业和第三产业的发展，促进地区间的商品流通和外贸事业的发展等所产生的净效益。

项目促进地区经济发展的效益，目前尚无规范的方法加以界定和计算。可以采用由于交通运输项目的兴建，地区新增效益扣除其他经济部门投入的全部费用后的净效益，作为交通运输项目的效益；也可以按交通运输项目的投资额与其他经济部门的投资额之比来分摊地区的新增效益。

(3) 无形效益

无形效益是指项目建设对政治、国防、文化、环境、就业、人民生活水平的提高以及对国家和地方财政所产生的影响等难以量化的效益。

10.2.3 交通运输项目效益的计算

交通运输项目的效益分为直接效益、间接效益和无形效益，这里所讲的效益计算主要是指直接效益的计算。

1. 运输量（交通量）的分类

运输量（交通量）是指社会对运输部门运送货物和旅客的数量、港口吞吐量的需求。如同一般工业项目中的产品需求量一样，运输量是计算交通运输项目效益和费用的基础。一个交通运输项目，其建造时的投资和建成投运后的运营成本，主要取决于运输量的大小；同样，交通运输项目的运营效益，也依赖于运输量的多少。

为了便于交通运输项目效益的计算，通常将运输量分为以下三种。

（1）正常运输量，指无项目时在现有运输系统上也会发生的运输量，包括正常增长的运输量。

（2）转移运输量，指项目实施后从本运输方式的其他线路或其他运输方式转移过来的运输量。

（3）诱发运输量，指项目实现的而没有该项目便不会发生的运输量；诱发运输量来源于两个方面：一是原来就有的潜在运输需求量，因不方便或运费太贵而没有成为现实，有了项目后可激发出来的运输量；二是该项目建设带来新的经济活动引起的运输量。

上述三种运输量在一个项目中往往同时出现，正常运输量的预测一般比较容易，但转移运输量和诱发运输量的预测较为困难，尤其是它们相互作用时，更难以预计其各有多少，关键是要选择正确、科学的预测方法。

2. 各种效益的计算

(1)运输费用节约效益(B_1)

① 按正常运输量计算。按正常运输量计算的运输费用节约额属于直接效益，其计算公式如下：

$$B_{11}=(C_wL_w-C_yL_y)Q_n \tag{10-9}$$

式中，B_{11}——按正常运输量计算的运输费用节约效益，万元/年；

C_w，C_y——分别为无项目和有项目时的单位运输费用，元/(吨·公里)或元/(人·公里)；

L_w，L_y——分别为无项目和有项目时的运输距离，公里；

Q_n——正常运输量，万吨/年(万人次/年)。

② 按转移运输量计算。按转移运输量计算的运输费用节约额，应是原运输方式(或运输路线)所发生的运输费用与新运输方式(或运输路线)所发生的运输费用之间的差额，其计算公式如下：

$$B_{12}=(C_zL_z-C_yL_y)Q_z \tag{10-10}$$

式中，B_{12}——转移运输量的运输费用节约效益，万元/年；

C_z——原相关线路的单位运输费用，元/(吨·公里)或元/(人·公里)；

L_z——原相关路线的运输距离，公里；

Q_n——转移过来的运输量，万吨/年(万人次/年)；

其他符号同前。

③ 按诱发运输量计算。

$$B_{13}=\frac{1}{2}(C_wL_w-C_yL_y)Q_g \tag{10-11}$$

式中，B_{13}——按正常运输量计算的运输费用节约效益，万元/年；

C_w，L_w——无项目时，各种可行的方式中最小的单位运输费用及相应的运输距离，元/吨·公里(元/人·公里)；

Q_g——诱发运输量，万吨/年(万人次/年)；

其他符号同前。

上式中之所以取运输费用降低额的一半来计算，是因为新增运输量的出现，必须以运输费用的降低为前提。否则，不可能出现新增运输量。因此，这里取运输费用降低额的一半作为诱发运输量的运输费用节约额。

(2)运输时间节约效益(B_2)

交通运输项目的实施，可以改善线路的运行条件，缩短运载工具的行驶时间，从而给所运送的旅客和货物以及运载工具本身带来的时间节约效益。

① 旅客旅行时间节约效益(B_{21})。旅客旅行时间应包括旅客在运输全程各环节所需的时间，如候车、候船、候机以及在途中可能耽搁的时间。另外，时间价值对不同的旅客和不同的旅行目的来说是不同的。对于创造国民收入的旅客来说，节约下来的时间也不一定全部用于生产性活动；对于失业者来说，一般不考虑其时间节约效益。因此，在计算旅客旅行时间节约效益时，按节约时间的一半用于生产考虑。

旅客旅行时间节约效益分别按正常客运量和转移客运量中的生产人员数计算。

a. 按正常客运量计算。

$$B_{211}=\frac{1}{2}bT_nQ_{np} \tag{10-12}$$

式中，B_{211}——按正常客运量计算的旅客旅行时间节约效益，万元/年；

b——旅客的单位时间价值(按人均国民收入计算)，元/小时；

T_n——节约的时间，小时/人；$T_n=T_w-T_y$(T_w、T_y 分别为无项目和有项目的旅行时间)；

Q_{np}——正常客运量中的生产人员数，万人次/年。

b. 按转移客运量计算。

$$B_{212}=\frac{1}{2}bT_zQ_{zp} \tag{10-13}$$

式中，B_{212}——按转移客运量计算的旅客旅行时间节约效益，万元/年；

T_z——节约的时间，小时/人；$T_z=T_0-T_y$(T_0 为其他线路上的旅行时间)；

Q_{zp}——转移客运量中的生产人员数，万人次/年。

其他符号同前。

② 运输工具的时间节约效益(B_{22})。运输工具的时间节约效益是指运输工具在运输枢纽(车站、港口、机场)中因减少停留时间而产生的效益，其具体计算方法应按不同项目的特点而定。计算公式如下：

$$B_{22}=qC_{sf}T_{sf} \tag{10-14}$$

式中，B_{22}——运输工具的时间节约效益，万元/年；

q——运输工具的数量，万车(艘、架、台)/年；

C_{sf}——运输工具每天的维持费用，元/车(艘、架、台)/天；

T_{sf}——运输工具全年缩短停留的时间，天。

③ 缩短货物在途时间效益(B_{23})。

$$B_{23}=\frac{PQT_si_s}{365\times 24} \tag{10-15}$$

式中，B_{23}——缩短货物在途时间的效益，万元/年；

P——货物的影子价格，元/吨；

Q——运输量，万吨/年；

T_s——缩短的运输时间，小时；

i_s——社会折现率。

计算该项效益时，应从运输量中扣除那些不因在途时间长短而影响正常储备的货物，如粮食等。

(3)减少拥挤的效益(B_3)

减少拥挤的效益是指有项目时原有相关线路和设施拥挤程度缓解而产生的效益，其计算公式如下：

$$B_3=(C_z-C_{zy})L_z(Q_m-Q_z) \tag{10-16}$$

式中，B_3——减少拥挤的效益，万元/年；

C_{zy}——有项目时原有相关线路及设施的单位运输费用，元/(吨·公里)；

Q_m——原有相关线路的正常运输量，万吨/年。

其他符号同前。

(4)提高交通安全的效益(B_4)

$$B_4=P_{sh}(J_w-J_y)M \tag{10-17}$$

式中，B_4——提高交通安全的效益，万元/年；

P_{sh}——交通事故平均损失费，万元/次；

J_w、J_y——分别为无项目和有项目时的事故率，次/(万车·公里)；

M——全年交通量，(万车·公里)/年。

交通事故损失费可以参照现有事故赔偿及处理情况来确定。无项目和有项目时的事故率可以参照统计资料及预测数据确定，但无项目时的事故不应套用统计数字，而应考虑未来交通量条件下无项目时的事故增长因素。

(5)提高运输质量的效益(B_5)

提高运输质量的效益是指由于基础设施改善、运输质量提高而减少货物损耗的效益，其计算公式如下：

$$B_5=aPQ \tag{10-18}$$

式中，B_5——提高运输质量的效益，万元/年；

a——货物损耗降低率，即无项目和有项目时的货物损耗率之差；

其他符号同前。

(6)包装费用节约效益(B_6)

包装费用节约效益是指由于运输条件改善，可以实行散装运输、成组运输、集装箱运输，或提供其他方便条件，从而避免或减少包装费用的效益，其计算公式如下：

$$B_6=V_pQ_c \tag{10-19}$$

式中，B_6——包装费用节约效益，万元/年；

V_p——每吨袋装货或件装货包装物的平均价格，元/吨；

Q_c——有项目时，货运量中袋装货或件装货改为散装运输或集装箱运输的货物数量，万吨/年。

上述各项效益应视项目情况有选择地按各年运输量逐年计算，并填列国民经济效益和费用流量表，进行各项评价指标（如 IRR、NPV 等）的计算。

除上述各项有形效益外，交通运输项目往往还有许多无形效益，如提高人民的生活福利，改善经济、社会和自然环境，促进沿线地区的经济发展，提高国家声誉，节约能源消耗，创造新的就业机会等。这些效益虽然无法用货币衡量，但它们是项目总效益的一部分，因此，在交通运输项目的经济评价中，必须对它们作出定性分析。

10.2.4 交通运输项目的经济评价

交通运输项目经济评价主要采用费用和效益分析方法，就是将交通运输项目的费用与其效益进行比较，从而判断该项目在经济上是否合理可行。在比较时，项目的费用和效益必须具有可比性，即二者的计算范围要一致。

交通运输项目经济评价采用的主要指标有效益费用比（BCR）、净现值（NPV）、内部收益率（IRR）等。

效益费用比（BCR）是交通运输项目所取得的效益现值与付出的费用现值之比，也就是单位费用所创造的效益，其计算公式如下：

$$BCR = \frac{\sum_{t=0}^{n} B_t (1 + i_0)^{-t}}{\sum_{t=0}^{n} C_t (1 + i_0)^{-t}} \tag{10-20}$$

式中，BCR——效益费用比；

B_t——项目第 t 年的效益；

C_t——项目第 t 年的费用；

i_0——基准折现率；

n——计算周期数。

如果 BCR>1，说明效益现值大于费用现值，该项目在经济上是合理的；如果 BCR<1，说明该项目经济效果不佳，项目不可取。

净现值（NPV）和内部收益率（IRR）的计算与一般工业项目经济评价方法相同。

10.3 公共项目经济评价

10.3.1 公共项目概述

1. 公共项目及其特点

公共项目又称为公共工程或公用事业项目，主要是指由政府主办，为社会、国家和公众利益而投资兴建的非营利性项目，包括交通运输、邮电、水利等生产性基础设施建设项目，教育、科研、卫生、体育、气象等社会性基础设施建设项目，城市交通、能源动力、城市绿化等公用事业项目。

公共项目投资的目的是为社会提供公共物品，满足公共需求。它不以商业利润为基本出发点，而以社会公众利益为主要目标。随着我国社会经济的不断发展和社会主义市场经济的逐步建立，人们对公共物品的需求呈现出快速增长的趋势，因而社会对公共项目的投资力度也日益增长。由于经济体制的改革，公共项目逐步由过去的政府统一投资管理转变为政府、社会团体、企业乃至私人等多元化投资管理。当然，在公共项目投资管理中，政府仍然发挥着主导作用。

效率与公平是政府工作追求的基本目标。政府的效率目标是通过有效投资，实现社会资源的有效配置，促进经济增长；公平目标则是实现社会福利的公平分配，改善人民群众的生活水平。从效率的角度看，政府不一定要在那些以盈利为目的的竞争性产业领域进行大量投资，而应主要在市场机制不能充分发挥作用的公用事业领域进行投资，以弥补市场机制的不足，提高社会资源的配置效率。由于公共项目投资大、周期长、财务收益低，企业与私人无力或不愿进行投资，加之公共物品对社会民生关系重大且不具有市场交换性，不少公共项目也不宜由企业或私人投资和管理。这些公共项目必须由政府投资兴办，才能实现社会资源的有效配置，确保其满足社会经济发展的需求。从公平的角度看，除了通过财政税收政策来调节社会成员的收入差距外，政府还可以通过投资兴办公共项目，提供免费的或廉价的公共物品，如公共教育、公共设施等，进一步改善社会福利分配，促进社会公平。

公共项目所追求的是效率和公平的统一，即社会经济福利效益的最大化。一方面，公共项目应有利于实现社会资源的有效配置，促进经济增长；另一方面，也应有利于实现社会公平，不断改善人民生活。然而在实践中，公共项目的投资与经营效率却常常不高，究其原因，一是公共项目的投资和收益之间缺乏内在联系，二是项目管理者(政府)与真正的出资人(纳税人)的目标不完全一致，导致项目投资决策和经营管理的草率。因此，提高公共项目的效率还有赖于对其投资和管理体制的改进。

与一般营利性项目相比，公共项目具有以下特点：

(1)政府主导性

一方面，由于兴建公共项目的目的不是商业利润，私人和企业往往不愿投资，主要依靠政府投资；另一方面，为了体现公众利益，即使是由企业或私人参与投资的公共项目，政府也要对其严格监管。

(2)公共性

公共项目提供的是公共物品，公共物品不具有享用权上的排他性，而具有明显的公共性，每个对公共物品的使用者或消费者都是“免费的搭车人”。

(3)非竞争性

首先，公共项目是非营利性的，其投资较大且建设周期长，而财务收入很少甚至为零，这就导致了它的非竞争性；其次，许多公共项目具有共享性，其成本与受益人数的关系不大；最后，公用事业的垄断性和政府对其的严格监管也使得公共项目不具有一般意义上的竞争性。

(4)外部性

公共项目的效益主要体现为外部效益，即项目投资主体之外的社会公众共同享有项目带来的好处，而投资主体自身却几乎没有收益，即使有些项目的投资主体可以获取一定的财务收益，但远不足以补偿投资和运营费用。

(5)无形性

公共项目大多有多方面的无形效益，如促进地区均衡发展，改进就业、教育，维护生态平衡、社会安定等，相对于可用货币衡量的有形效益，公共项目的无形效益更多、更重要。

(6)多目标性

公共项目通常都具有多用途和多目标性，如水利水电枢纽项目的开发目标一般包括防洪、发电、供水、灌溉、航运、水土保持、养殖、旅游等多个目标。

2. 公共项目评价的原则

公共项目的基本特点，决定了公共项目评价应遵循以下原则：

(1)更加注重社会和国家的宏观效果

公共项目投资的目的是为社会提供公共物品，所以其评价不应局限于项目自身的财务效果，而应以增进社会经济效益和改善社会福利为评价目标。因此，公共项目评价不能仅着眼于项目自身的微观效果，更要注重社会和国家的宏观效果。

(2)更加关注间接效果

公共项目除产生直接效果外，还会产生许多涉及社会各方面的间接效果，而公共项目的间接作用的传导机理十分复杂，往往难以精确估计。因此，公共项目间接效果评价的准确性是公共项目评价的重要课题。

(3)更加强调定量分析和定性分析相结合

公共项目不仅具有有形效果，还具有无形效果。无形效果的计量和分析也是公共项目评价的重要课题，因此，必须采用定量分析和定性分析相结合的评价方法。

3. 公共项目评价的特点

作为非营利性项目，相对于一般营利性项目，公共项目的评价具有以下特点：

(1)效益与费用对象不一致

对于一般营利性项目的财务评价，效益与费用都是针对投资主体而言的；而公共项目评价效益与费用所指向的对象是不同的，效益主要是指社会公众得到的好处，费用主要是投资主体对项目的投入。

(2)效益与费用无形化

对于一般营利性项目的财务评价均采用可货币化的有形效果；而公共项目更主要地是无形效果，由于无形效果不存在相应的市场和价格，一般很难赋予货币价值，必须寻找其他方法对项目的无形效果进行评价。

(3)财务评价指标非营利性

盈利能力评价是一般营利性项目财务评价的主要内容；而公共项目的效益具有外部性，它自身的财务收益很少，不足以补偿投资，甚至不足以补偿运行管理费用。因此，公共项目的财务评价不采用营利能力指标，而是采用单位功能(或单位使用效益)的投资及运营成本、运营和服务收费价格等指标。

(4)评价指标之间的协调难度大

一般营利性项目财务评价的各个盈利能力指标之间的关系是协调的，尽管各个利益主体之间可能会出现不一致，但协调起来比较容易；而公共项目目标多、评价指标多，公众对各个评价指标关注的侧重点往往不同，这可能会导致指标之间的冲突，而且协调的难度较大。

10.3.2　公共项目的效益与费用

1. 公共项目效益与费用的分类

效益与费用可以统称为效果。根据影响范围、投资主体和效果特征的不同，公共项目的效果可以分为直接效果与间接效果、内部效果与外部效果、有形效果与无形效果。

(1)直接效果与间接效果

直接效果是指项目直接产生的全部效益和费用。例如，水利水电项目防洪减免的财产损失、所发电能的效益、因改善上游航道而增加的航运效益等都属于直接效益；而勘察、设计、移民、建筑物修建以及建成后的维修、更新改造和运行管理费用等都属于直接费用。

间接效果是指项目直接效果以外的效益和费用，它是从属于直接效果的，是由直接效果所引发的。例如，水利水电项目因提供防洪安全保障而使防洪保护区的经济得以稳定发展、因灌溉而使下游地区的农作物增产、因供水而促进地区经济的发展等都属于间接效益；而淹没上游农田使农产品产出减少等则为间接费用。

(2)内部效果与外部效果

内部效果是指由项目投资经营主体所获得的效益及承担的费用。例如，水利水电项目发电、供水所获得的电费收入和水费收入均为内部效益；而项目的勘察、设计、建设和运行管理费用则是内部费用。

外部效果是指项目以外的效益和费用，它的特点是受益者通常不需要付出任何代价，而受损者也得不到任何补偿，具有偶然的附带性，因而也被称为“伴随效果”。例如，受防洪工程保护的企事业单位、居民、农户所获得的防洪效益就是外部效益；而拦河建坝影响船只通过时间甚至迫使船只停航造成的损失就是外部费用。

(3)有形效果和无形效果

有形效果是指可以用货币计量的效益与费用。为了便于分析和比较，项目的效益与费用应尽可能地用货币单位计量。但实践中，公共项目的投入物(投资和经营费用等)可以比较方便地用货币单位计量，而产出物是公共物品，用货币单位计量较一般项目困难。

无形效果是指无法用货币单位计量的效益与费用。例如，保护古代文化遗产的文化历史价值、美学价值、环境效益等。

将项目效益与费用按照直接和间接、内部和外部、有形和无形进行分类是项目效果分析的不同分类方法。各类效益与费用的概念不同，但又相互关联。例如，直接效益与费用同内部效益与费用，间接效益与费用同外部效益与费用，有时相互重叠。计量时应选择其中之一进行分类，以免重复或遗漏。《投资项目可行性研究指南》就将直接效果和内部效果等同，间接效果和外部效果等同。

2. 公共项目效益与费用识别和计量的原则

(1)目标原则

效益与费用的识别是相对于项目目标而言的，对目标的贡献就是效益，对目标的削弱或为项目付出的代价就是费用。

公共项目通常具有多目标性。例如，一个大型水利水电项目的目标不仅是向社会提供电能、水源，还有防洪、航运、养殖、旅游等其他目标。效益与费用的识别和计量需要围绕着这些目标展开分析。

(2)计量范围统一原则

项目效益与费用的发生具有时间性和空间性，计量时应使时间和空间的范围保持一致。时间范围的一致，就是要使效益与费用的计量在时间范围上保持一致，一般以项目的整个寿命周期作为效益与费用计量的时间范围；空间范围的一致，就是要使效益与费用的计量在相同的空间进行，效益与费用计量空间的不一致会导致项目评价的偏差。

(3)增量原则

识别和计量项目的效益与费用，就是要分析和预测由于项目的兴建所带来的效益与费用，即项目建与不建或兴建前与兴建后的增量费用和增量效益。

(4)避免重复计量原则

项目的直接效果和内部效果、间接效果和外部效果之间是相互关联的，在效益与费用识别和计量时很容易发生重复计量的问题。实践中应明确分类，并运用“有无对比法”进行仔细甄别，以避免重复计量。

3. 公共项目有形效果的计量

公共项目的有形效益 B 是指公共项目建成后社会公众能够享受到的比公共项目兴建前要多的有形效益。如城市快速干道的兴建，可以使人们减少上下班途中耗费的时间，使司机减少等待红绿灯的时间和燃油消耗等。设社会公众使用原有设施的年总成本为 U_p，公共项目建成后社会公众使用新设施后的年总成本为 U_f，投资主体取得的收益为 I，则新项目带来的总效益如下

$$B=U_p-U_f+I \tag{10-21}$$

由于公共项目的效益具有外部性、公益性等特点，所以公共项目有形效益的计量与一般项目不同，可以按如下步骤进行：

① 估计每年将有多少人使用新建的公共项目设施；

② 假设这些人目前正在使用旧设施，但新设施一旦建成后，人们将肯定使用新设施；

③ 估计人们使用旧设施的成本 U_p；

④ 估计同样的人们使用新设施的成本 U_f；

⑤ 估计投资主体的有形收益 I；

⑥ 计算人们使用新、旧设施的成本之差，加上投资主体的有形收益，即为公共项目的有形效益。

公共项目的有形费用主要是指投资主体新建公共项目的投资和项目寿命期内的运营费用。公共项目有形费用的计量与一般项目的费用计量基本相同，如果新建的公共项目设施替代了旧设施，则该公共项目的投资就等于新项目投资与旧项目余值之差，运营费用为新、旧设施运营费用之差。

10.3.3　公共项目的经济评价方法

由于公共项目的投资主要由政府负担，而效益面向社会大众，这就决定了其评价方法应以国民经济评价为主，并以效益和费用的比较为基础。如果项目的效益和费用均采用货币单位计量，相应的评价方法称为效益-费用分析法；如果效益不能采用货币单位计量，则相应的评价方法称为效益-费用评价法。

1. 效益-费用分析法

效益-费用分析法就是对效益 B 与费用 C 进行定量比较的分析方法，这种比较可以采用绝对效果指标——净效益($B-C$)，也可以采用相对效果指标 B/C

(1)净效益($B-C$)

净效益是指公共项目的有形效益与有形费用之差，即：

$$净效益=B-C \tag{10-22}$$

式中，B、C 可以是现值，也可以是等额年值(下同)。

净效益评价的判别准则如下

$B-C\geqslant 0$，项目可以接受；

$B-C<0$，项目不可接受，应予以拒绝。

对于两个或两个以上的互斥方案，可运用增量法进行比选，即：

$$净效益增量=\Delta B-\Delta C \tag{10-23}$$

当 $\Delta B-\Delta C\geqslant 0$ 时，选择效益大的方案；反之，选择效益小的方案。

(2)效益费用比(B/C)

效益费用比是指公共项目的有形效益与有形费用之比，即：

$$B/C=\frac{B}{C} \tag{10-24}$$

为了保证 B/C 的计算结果为正值，应遵守如下规则：计算效益 B 时，收入为正，支出为负；计算费用 C 时，支出为正、收入为负。

效益费用比评价的判别准则如下：

$B/C\geqslant 1$，项目可以接受；

$B/C<1$，项目不可接受，应予以拒绝。

效益费用比的增量法计算公式如下：

$$\Delta B/\Delta C=\frac{\Delta B}{\Delta C} \tag{10-25}$$

当 $\Delta B/\Delta C\geqslant 1$ 时，应选择效益大的方案；反之，选择效益小的方案。

实际上，净效益与效益费用比是等效评判指标，当 $B-C\geqslant 0$ 时，必然有 $B/C\geqslant 1$；反之亦然。

【例 10-1】 某城市拟修建一条区间高速公路取代原有的普通公路，修建高速公路的方案有两个，各方案的有关数据如表 10-1 所示。设折现率为 10%，计算期为 30 年，试用效益-费用分析法比选方案。

表 10-1 各方案的有关数据 单位：万元

项　目	原有普通公路	方案Ⅰ	方案Ⅱ
公众年使用成本(不含过路费)	26 400	15 600	13 200
投资主体建设投资	0	60 000	72 000
投资主体年运营费用	10 500	17 200	19 000
投资主体年过路费收入	0	5 000	6 000

解：(1)计算修建高速公路的方案的年效益与年费用

方案Ⅰ：

$$B=26\ 400-15\ 600+5\ 000=15\ 800(\text{万元})$$

$$C=60\ 000(A/P,\ 10\%,\ 30)+(17\ 200-10\ 500)=13\ 065(\text{万元})$$

方案Ⅱ：

$$B=26\ 400-13\ 200+6\ 000=19\ 200(\text{万元})$$

$$C=72\ 000(A/P,\ 10\%,\ 30)+(19\ 000-10\ 500)=16\ 138(\text{万元})$$

(2)分析修建高速公路的方案的合理性

方案Ⅰ：

$$B/C=\frac{B}{C}=\frac{15\ 800}{13\ 065}=1.21>1.0$$，方案Ⅰ是合理的。

方案Ⅱ：

$$B/C=\frac{B}{C}=\frac{19\ 200}{16\ 138}=1.19>1.0$$，方案Ⅱ也是合理的。

(3)采用增量法选择修建高速公路的方案

$$\Delta B=19\ 200-15\ 800=3\ 400(\text{万元})$$

$$\Delta C=16\ 138-13\ 065=3\ 073(\text{万元})$$

$$\Delta B/\Delta C=\frac{\Delta B}{\Delta C}=\frac{3\ 400}{3\ 073}=1.11>1.0$$

综上所述，应选择修建高速公路的方案Ⅱ。

2. 效能-费用分析法

效益-费用分析法只能用于有形效果的分析，而公共项目的许多效益是不能简单地用货币来计量的，如文化、教育、医疗、国防、公安、绿化等项目的效益，均属于无形效益。

如果公共项目的各种无形效益可以用单一指标来衡量，就可以采用效能-费用分析法进行评价，这时的无形效益称为效能。效能-费用分析法是一种避免标价的方法，其评价

指标一般可用 E/C 表示，即：

$$E/C=\frac{效能}{费用} \tag{10-26}$$

其评价的判别准则为：费用一定效能最大，或效能一定费用最小的方案为最佳方案。

【例 10-2】 某流感免疫接种计划可使每 10 万个接种者中 6 人免于死亡，1 人在接种后有致命反应。如果实施该计划每人接种费用为 4 元，但因此减少动用救护车而节省的费用为每 10 万人 8 万元。试用效能-费用分析法决定是否实施该计划。

解：该接种计划的净保健效能是避免 6 例死亡减去造成 1 例死亡，即减免 5 例死亡，其费用如下

$$C=4\times100\ 000-80\ 000=320\ 000(元)$$

$$E/C=5\ 例死亡/320\ 000\ 元=1\ 例死亡/64\ 000\ 元$$

根据该计算结果，若社会认可用 64 000 元的代价挽救一个生命时，该计划就可实施。

3. 效用-费用分析法

有些公共项目具有多个开发目标，其评价要相应地用多个分项指标来综合衡量，这些分项指标既有定量的，又有定性的。在定量指标中有越大越好的，也有越小越好的。定量指标还可能是不同的计量单位，对这种类型的公共项目，可采用效用-费用分析法进行评价。效用-费用分析法所采用的评价指标一般用 U/C 表示，即：

$$U/C=\frac{效用}{费用} \tag{10-27}$$

其评价的判别准则为：费用一定效用最大，或效用一定费用最小的方案为最佳方案。

在这里，效用是一个衍生系数，可以采用对各个分项指标进行打分的办法确定相应的效用值。对于定量的分项指标，其效用值可以通过计算直接得到，但当各个分项指标的含义和计量单位不同时，需将各个分项指标的效用值统一换算为无量纲的效用系数。

假设某方案有 n 个开发目标，对应的 n 个分项指标的效用值分别为 X_1，X_2，…，X_n。对于第 j 个分项指标而言，如果要求其效用值越大越好，则对应的效用系数如下：

$$U_j=\frac{X_j-X_{j\min}}{X_{j\max}-X_{j\min}} \tag{10-28}$$

式中，$X_{j\min}$——第 j 个分项指标的允许最小效用值(小于该值的方案不可取)；

$X_{j\max}$——第 j 个分项指标可能出现的最大效用值。

如果要求其效用值越小越好，则对应的效用系数如下：

$$U_j=\frac{X_{j\max}-X_j}{X_{j\max}-X_{j\min}} \tag{10-29}$$

式中，$X_{j\min}$——第 j 个分项指标可能出现的最小效用值；

$X_{j\max}$——第 j 个分项指标的允许最大效用值(大于该值的方案不可取)。

【例 10-3】 某水利水电项目有 4 个方案，各个方案的有关数据如表 10-2 所示。已知洪灾概率为越小越好的指标，允许的最大效用值为 0.2；发电量为越大越好的指标，允许的最小效用值为 1 000 万 kWh；通航可能性为越大越好的指标，允许的最小效用值为 0；旅游亦为越大越好的指标，允许的最小效用值为 0。试选择最优方案。

表 10-2　　**某水利水电项目 4 个方案分项指标比较表**

方案	费用现值/亿元	分项指标及其权重			
		洪灾概率（40%）	发电量/（万 kWh）（30%）	通航可能性（20%）	旅游/[（万人·日）/年]（10%）
A	1.8	0.3	3 000	0	0
B	2.5	0.1	3 800	5	10
C	3.7	0.05	5 400	7	15
D	4.6	0.01	7 500	10	28

解：(1)方案初步筛选：根据各个分项指标的允许最大效用值或者允许最小效用值对方案进行筛选。本项目洪灾概率的允许最大效用值为 0.2，而 A 方案的洪灾概率为 0.3，大于允许最大效用值，故不可取，将其淘汰。

(2)U/C 计算：分别计算出各个分项指标的效用系数以及各个方案的加权效用系数和 U/C 值，详见表 10-3。

表 10-3　　**某水利水电项目 4 个方案的效用系数和 U/C 值表**

方案	成本现值 C（亿元）	效用系数 U				加权效用系数合计	U/C
		洪灾概率（40%）	发电量（30%）	通航可能性（20%）	旅游（10%）		
A	1.8	超过标准	—	—	—	—	淘汰
B	2.5	0.53	0.43	0.50	0.36	0.477	0.191
C	3.7	0.79	0.68	0.70	0.54	0.714	0.193
D	5.4	1.00	1.00	1.00	1.00	1.000	0.185

(3)方案选择：根据各个方案的 U/C 值的大小，选择最大的，即 C 方案。

4. 公共项目的财务评价

公共项目是为社会公众提供服务或产品，不以营利为主要目的，不收取费用或只收取少量费用。因此，公共项目的财务评价一般不计算财务内部收益率、财务净现值、投资回收期，对于既使用借款又有收入的项目，可以计算借款偿还期。

10.4　水利水电项目经济评价

水利水电项目经济评价的基本原理同一般工业投资项目一样，也是通过对费用和效益进行比较，评价项目的经济性。然而，水利水电项目的运营与一般工业项目相比具有不同的特点，这就决定了水利水电项目与一般工业项目经济评价的差异，这种差异主要体现为效益计算的不同。

10.4.1　水利水电项目的效益

1. 水利水电项目效益的特点

与其他项目相比，水利水电项目的效益具有以下特点：

(1)随机性

水利水电项目“加工”的对象多为江河湖海中的天然来水，天然来水情况不同，且其效益也不同，且有时变化很大。例如防洪工程项目，遇到一个大水年或特大水年，防洪效益就大，反之则小，甚至为零；灌溉工程项目，遇到干旱年，灌溉效益就大，而风调雨顺的年份，灌溉效益就小；再如水力发电工程项目，发电效益随丰、平、枯水等不同年份而不同。

自然界中天然来水的大小及分布的随机性决定了水利水电项目效益的随机性。在进行经济评价时，对这种具有随机性的效益，通常采用期望值表示。

(2)可变性

水利水电项目在不同的运营时期，即使对于同样大小和分布的天然来水，其效益通常也是不同的，往往会随着时间的推移而变化。例如，随着防洪保护区的经济发展和人民生活水平的提高，遭受同样大小的一次洪水灾害，早期的损失相对较小，以后会逐步增大，所以防洪工程项目的防洪效益随时间的推移会逐步增大；航运工程项目的效益在工程建成初期一般无法充分发挥，而随着货运量的增长会不断增加；供水、灌溉等工程项目也都是如此，随着服务面的增大，效益逐年增加。与上述情况相反，也有些效益是随着时间的推移而逐步减少的。例如，泥沙淤积而使水库的有效库容逐年减少，效益也随之降低；上游地区用水量的增加，可能会使下游水利水电工程项目的某些效益减少等。

(3)复杂性

许多水利水电工程项目，特别是大中型水利水电工程项目，往往具有防洪、发电、供水、灌溉、航运、治涝、养殖、旅游等效益中的两种或多种，要同时满足国民经济多个部门的要求。这些效益对水利水电工程运营的要求是很复杂的，有些是一致的，有些是矛盾的。例如，为了扩大防洪效益，要求水库汛期降低水位，留出较大的防洪库容，但水力发电希望提高水库水位，以获得更多的电能；再如，为改善上游航道，一般要求将设计低水位定得高一点，水库水位变幅小一点，这样就减少了调节库容而影响了发电效益。因此，水利水电工程项目的兴建，除应考虑上游各项综合利用效益，合理协调各部门的需求外，还必须综合研究水利工程兴建给上、下游，左、右岸，甚至流域内、外带来的效益和损失，各种效益之间的关系较为复杂。

2. 水利水电项目效益计算的基本途径

水利水电工程项目效益的性质和表现形式不同，效益计算的途径也不同。

(1)增加的收益

分析计算水利水电工程项目兴建后可以直接获得的实物或经济收益的价值，以此作为该项目的效益，如发电效益、供水效益、灌溉效益、航运效益等。

(2)减免的损失

分析计算水利水电工程项目兴建后可以为国家(社会)减免的损失，以此作为项目的效益。减免的损失虽然不是工程本身的直接收益，但对国家(社会)来说仍是一种收益。例如防洪、治涝等防灾工程项目都以工程可以减免的损失作为自己的效益。

(3)替代措施的费用

为了实现某一既定目标，通常有多种工程方案可供选择。对于某个特定方案来说，如果不兴建它，就必须兴建其他替代工程。换言之，兴建该特定工程，就可以免去兴建替代工程，那么，免去的替代工程的费用，就可以看做兴建该特定工程的相对效益。例如，兴建水电站可以替代电力系统中火电建设的支出，发展水运可以减少公路、铁路的建设和运营费用。

由于水利水电工程项目的效益比较复杂，为了较确切地反映其效益价值，有条件时，特别是对大型工程应从不同的途径进行分析计算，以相互比较和进行综合分析，确定比较合理的效益指标。

10.4.2 防洪工程项目经济评价

1. 防洪工程项目经济评价的特点

防洪工程项目经济评价的特点主要体现在以下几点：

① 防洪工程项目以减免的洪灾损失为其防洪效益。防洪工程的作用不是兴利，而是除害。因此，防洪工程项目的效益体现为减轻甚至免除洪水灾害的损失，为保护区提供防洪安全保障，促进地区的经济发展和社会稳定。

② 防洪工程项目投资主体的投入和产出是不对称的。防洪工程项目主要为社会提供防洪安全服务，具有公益性项目的特点，项目投资主体的微观收益远不足以补偿其投资和运行管理费。因此，作为非营利性项目，防洪工程项目不进行财务评价，只进行国民经济评价。

③ 防洪工程项目的无形效益较大。洪水造成损失，有些是可以用货币计量的，如房屋、设备、物资、工程设施的破坏，农作物的减产损失，工商企业的停产、减产损失等。有些洪灾损失是无法或者不便用货币计量的，如人身伤亡及未亡人的精神损失，洪灾区水源污染和疫病对公共健康的损害，洪灾对社会安定的影响等。与其他工程相比，防洪工程的无形效益，即减免的无法以货币计量的损失在其总效益中所占的比重较大。因此，国民经济评价可以采用比其他项目低的社会折现率。

④ 防洪工程项目效益的随机性。防洪工程项目效益的随机性源于洪水的随机性，当一般年份河流无洪水或只发生小洪水时，防洪工程无法体现其效益，而遇到大洪水时，防洪工程则可发挥巨大的防洪效益。因此，防洪效益的计算通常用期望值或多年平均值表示。

⑤ 防洪工程项目效益的可变性。随着国民经济的发展，防洪保护区的财产和产值都在逐年递增。因此，在计算防洪效益时，应考虑其随时间而变的增长率。

2. 防洪工程项目的费用

(1)建设投资

防洪工程项目的建设投资构成依不同的防洪措施而定。堤防工程主要是土方工程投资和开挖耕地的补偿费用；分(蓄、滞)洪工程包括堤围、建闸投资，安全台及建筑物加固投资，分洪区居民迁移和临时安置有关的投资费用；水库防洪工程投资有拦河大坝、溢洪道等投资，对于综合利用水库，要作投资分摊，求出防洪部分应负担的投资。

(2)运行管理费

运行管理费主要包括燃料动力费、维修费、管理费、防汛费及临时淹没补偿费等。

3. 洪灾损失和防洪效益的计算方法

(1)洪灾损失的内容

洪水灾害造成的可以用货币计量的有形损失主要有企事业单位财产损失、企业停产损失、交通运输及通信中断损失、城乡居民财产损失、已建工程设施损失、农产品损失、林业损失以及防汛、救护、转移安置、防疫等费用。

(2)防洪效益的计算方法

防洪工程项目的经济效益是指防洪工程项目修建后(即“有工程”)与修建前(即“无工程”)相比所减免的洪灾损失。由于防洪效益具有随机性，所以防洪效益的计算要以多年平均值来表示，具体的计算方法有频率曲线法和实际年系列法。

洪灾损失与洪水大小有关，而洪水的大小可以用洪水的发生频率来表示，所以洪灾损失与洪水频率有关。洪水越大，发生的频率越小，洪灾损失越大；反之，洪水频率越大，洪灾损失越小。频率曲线法就是通过计算“无工程”和“有工程”在各种频率的洪水作用下的洪灾损失，并绘制洪灾损失频率曲线(如图10-3所示)来计算防洪效益的。洪灾损失频率曲线以下的面积为多年平均洪灾，即多年平均防洪效益。

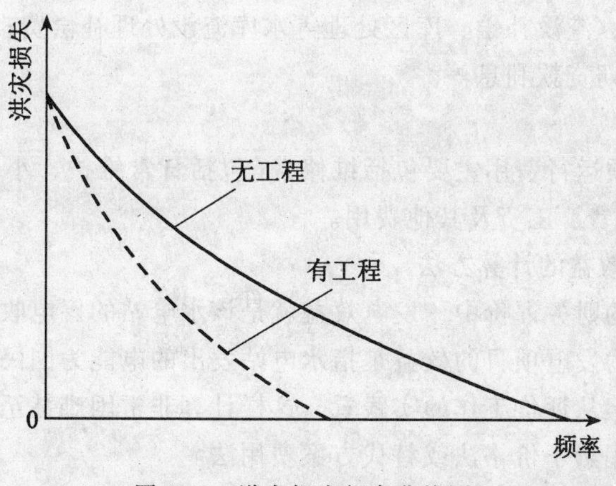

图10-3　洪灾损失频率曲线图

实际年系列法则是选择一段洪灾资料比较完整的实际年系列，逐年计算洪灾损失，取其平均值作为多年平均洪灾损失。“有工程”与“无工程”的多年平均洪灾损失之差，即为多年平均防洪效益。

4. 防洪工程项目经济评价的步骤

① 根据防洪保护区的经济价值和自然条件，拟定各种防洪方案；

② 计算各种防洪方案的投资和年运行费，综合利用的水利枢纽工程应进行投资和年运行费的分摊；

③ 调查收集资料，计算各防洪方案的经济效益；

④ 计算分析各防洪方案的经济评价指标和其他辅助指标；

⑤ 对各方案进行经济评价和综合评价，选择最优方案。

10.4.3 水力发电项目经济评价

1. 水力发电的特点

从国民经济评价的角度看，水力发电与火力发电相比有以下特点：

① 水力发电利用的是再生性能源，取之不尽，用之不竭；

② 水力发电利用的是洁净能源，污染较小，工程处理得好还能美化环境和改善环境；

③ 水力发电机组启动、停机、增减负荷很快，是电网调峰的“主力军”；

④ 水力发电项目集一次能源开发和二次能源开发于一身，投资大，但运行费用低。

2. 水力发电项目的费用

(1)建设投资

水力发电项目的建设投资一般包括：

① 闸坝等挡水、引水建筑物，输水建筑物，厂房及机电设备，永久性房屋和交通等永久性工程的投资；

② 导流工程、施工附属工程及企业、临时交通工程和临时房屋等临时性工程的投资；

③ 建设管理费、生产及管理单位准备费、科研勘察设计费等其他费用；

④ 水库移民安置、淹没补偿、库区处理等水库淹没处理补偿费；

⑤ 预备费、建设期贷款利息等。

(2)运行管理费

水电站所需的各项运行费用主要包括维修费(包括日常维护、小修理、中修理、大修理等)、材料费、管理费、工资及其他费用。

3. 水力发电项目效益的计算方法

在水力发电项目的财务评价中，发电效益就是该水电站的售电收入。在国民经济评价中，从理论上讲，水力发电项目的效益是指水电站发出的电能为国民经济创造的产值中分摊给水电站的部分，但从评价工作的实践看，这样计算非常困难甚至无法进行。因此，在实际评价中，通常采用影子价格法或替代方案费用法。

(1)影子价格法

影子价格法是以影子电价乘以上网电量作为计算其效益的方法。影子电价可以参照政府有关部门发布的电力影子价格，也可以根据电能的边际效益或“使用者支付意愿”等分析确定。

(2)替代方案费用法

替代方案费用法是以同等程度满足电网对电力、电量要求的替代方案的费用作为计算其相对效益的方法。水力发电项目的替代方案可以采用燃煤火电站、核电站、其他水电站或几种不同电站的组合方案，但一般首先考虑采用燃煤火电站作为最优等效替代方案。

作为水电站的替代方案，燃煤火电站的费用应包括火电站本身的投资和运行管理费以及燃料费。

燃料费可以按影子价格计算，也可以按费用构成计算。燃料费用包括配套煤矿的投资和煤炭生产成本以及配套铁路的投资和运输成本。

4. 水力发电项目的经济评价

水力发电项目的经济评价，是在对工程参数(如各种特征水位、装机容量、机组台数、发电设计保证率等)进行多方案经济比较的基础上，分析计算各种发电方案的投资、运行管理费、经济效益、经济评价指标及其他有关指标，结合其他非经济因素进行方案选择，并对选定方案进行经济评价。

10.4.4　综合利用水利水电项目的投资分摊

许多水利水电项目，特别是大中型水利水电项目，往往具有防洪、治涝、发电、供水、灌溉、航运、水产、旅游等效益中的两种或两种以上的综合利用效益，同时给国民经济带来多方面的好处，而且这些效益的产生都依赖于共用的工程设施。例如水库的大坝，既为防洪服务，也为发电、供水、灌溉、上游航运等服务。还有一些工程设施是为补偿某一受害部门兴建的，如过鱼设备、恢复河道原有通航能力的航运建筑物等。共用工程和补偿工程的投资(以下简称共用投资)应在各个受益部门中进行分摊，从而计算各个受益部门的经济效益。

1. 投资分摊的主要方法

从不同的角度考虑，投资分摊有不同的方法。现行的主要方法有主次地位分摊法、库容或水量比例分摊法、效益比例分摊法、替代方案费用比例分摊法等方法。

主次地位分摊法是按照综合利用的水利水电项目的任务顺序或用途主次进行共用投资的分摊，首要任务或主要用途的所属受益部门承担共用投资的主要份额，次要任务或次要用途的受益部门承担余下份额。

库容或水量比例分摊法是按照各受益部门利用的库容或水量比例对共用投资进行分摊。由于水利水电项目的投资与水库规模的大小成正比，所以按各受益部门利用的库容或水量比例进行分摊较为公平，计算也比较简单。但它不能确切地反映各受益部门的用水特点，如有的受益部门只利用库容，不利用水量，有的受益部门既利用库容，又利用水量。就水量利用而言，各受益部门对水质的要求等也各不相同。

效益比例分摊法是按照各受益部门所得到的效益比例分摊共用投资，经济效益好的部门承担较多的共用投资；反之，承担较少的共用投资。在某种程度上，效益比例的大小也反映了各受益部门对兴建该项目的积极性。

替代方案费用比例分摊法的基本设想是：如果不兴建该综合利用项目，则各受益部门为了满足自身的需要，就必须单独兴建可以获得同等效益的最优替代项目并支付相应的费用。因此，按照各受益部门的等效最优替代方案的费用比例来分摊共用投资也是合理的。

2. 投资分摊计算的一般程序

综合利用水利水电项目的投资分摊，一般可按以下程序进行：

① 分析综合利用水利水电项目的主要受益部门及其主次地位，确定参加投资分摊的主要受益部门。

② 对综合利用水利水电项目的投资进行分解，分为各个受益部门的专用投资和所有受益部门的共用投资。

③ 根据项目的具体条件，选择适当的投资分摊方法，并计算相应的投资分摊比例。

④ 按照投资分摊比例对共用投资进行分摊，计算各受益部门的投资分摊份额。

⑤ 对投资分摊的比例和份额进行合理性检查。一般情况下，各受益部门的投资（含分摊投资和专用投资）不应大于其等效替代方案的投资，也不应大于其可获得的经济效益。

⑥ 根据共用工程和补偿工程的建设安排，确定各受益部门的分摊投资在建设期内的年度分配数额。

习题

1. 房地产开发项目的经济评价有何特点？

2. 交通运输项目及其经济评价有何特点？交通运输项目的效益表现在哪几个方面？如何计算？

3. 公共项目评价的效益-费用分析法、效能-费用分析法和效用-费用分析法的区别在哪里？它们各自的适用范围是什么？

4. 水利水电项目的经济评价有何特点？为什么？

5. 综合利用水利水电项目为什么要进行投资、费用分摊？如何分摊？

6. 某自动控制系统有4种方案可供选择，各方案的寿命周期成本和可靠性指标如表10-4所示。试选择最优方案。

表10-4 各方案的寿命周期成本和可靠性指标

方　案	寿命周期成本/万元	可靠性
1	300	0.99
2	300	0.98
3	260	0.98
4	260	0.97

7. 某研究所研究出4种新型民用建筑墙体材料，现欲综合考虑安全性、耐久性、抗震性、耐火性、施工便利性等5个指标，从而选出最好的一种投入使用。各种材料的有关数据如表10-5所示。试选择最优方案。

表 10-5　　各种材料的有关数据

指　标	权重	效用值及造价				允许最小值
		A 种材料	B 种材料	C 种材料	D 种材料	
安全性	45%	70	40	70	90	50
耐久性	20%	40	50	50	30	0
抗震性	15%	30	40	50	70	10
耐火性	5%	60	70	50	20	10
施工便利性	15%	50	60	40	20	0
造价/(元/平方米)	—	438	426	487	502	

附　　录

复利系数表

为了使用的方便，现将复利计算常用的六大公式进行汇总，如表 1 表示。表 2 至表 37 中列出的是常用复利系数。

表 1　　复利计算公式汇总表

序号	公式名称	已知	求	公　式
1	复利终值公式	P, i, n	F	$F=P(1+i)^n=P(F/P, i, n)$
2	复利现值公式	F, i, n	P	$P=F(1+i)^{-n}=F(P/F, i, n)$
3	年金终值公式	A, i, n	F	$F=A\frac{(1+i)^n-1}{i}=A(F/A, i, n)$
4	偿债基金公式	F, i, n	A	$A=F\frac{i}{(1+i)^n-1}=F(A/F, i, n)$
5	资本回收公式	P, i, n	A	$A=P\frac{i(1+i)^n}{(1+i)^n-1}=P(A/P, i, n)$
6	年金现值公式	A, i, n	P	$P=A\frac{(1+i)^n-1}{i(1+i)^n}=A(P/A, i, n)$

表 2　　**$i=1\%$ 时的复利系数**

n	$(F/P, i, n)$	$(P/F, i, n)$	$(F/A, i, n)$	$(A/F, i, n)$	$(A/P, i, n)$	$(P/A, i, n)$	n
1	1. 010 0	0. 990 1	1. 000 0	1. 000 0	1. 010 0	0. 990 1	1
2	1. 020 1	0. 980 3	2. 010 0	0. 497 5	0. 507 5	1. 970 4	2
3	1. 030 3	0. 970 6	3. 030 1	0. 330 0	0. 340 0	2. 941 0	3
4	1. 040 6	0. 961 0	4. 060 4	0. 246 3	0. 256 3	3. 902 0	4
5	1. 051 0	0. 951 5	5. 101 0	0. 196 0	0. 206 0	4. 853 4	5
6	1. 061 5	0. 942 0	6. 152 0	0. 162 5	0. 172 5	5. 795 5	6
7	1. 072 1	0. 932 7	7. 213 5	0. 138 6	0. 148 6	6. 728 2	7
8	1. 082 9	0. 923 5	8. 285 7	0. 120 7	0. 130 7	7. 651 7	8
9	1. 093 7	0. 914 3	9. 368 5	0. 106 7	0. 116 7	8. 566 0	9
10	1. 104 6	0. 905 3	10. 462 2	0. 095 6	0. 105 6	9. 471 3	10
11	1. 115 7	0. 896 3	11. 566 8	0. 086 5	0. 096 5	10. 367 6	11
12	1. 126 8	0. 887 4	12. 682 5	0. 078 8	0. 088 8	11. 255 1	12
13	1. 138 1	0. 878 7	13. 809 3	0. 072 4	0. 082 4	12. 133 7	13
14	1. 149 5	0. 870 0	14. 947 4	0. 066 9	0. 076 9	13. 003 7	14
15	1. 161 0	0. 861 3	16. 096 9	0. 062 1	0. 072 1	13. 865 1	15
16	1. 172 6	0. 852 8	17. 257 9	0. 057 9	0. 067 9	14. 717 9	16
17	1. 184 3	0. 844 4	18. 430 4	0. 054 3	0. 064 3	15. 562 3	17
18	1. 196 1	0. 836 0	19. 614 7	0. 051 0	0. 061 0	16. 398 3	18
19	1. 208 1	0. 827 7	20. 810 9	0. 048 1	0. 058 1	17. 226 0	19
20	1. 220 2	0. 819 5	22. 019 0	0. 045 4	0. 055 4	18. 045 6	20
21	1. 232 4	0. 811 4	23. 239 2	0. 043 0	0. 053 0	18. 857 0	21
22	1. 244 7	0. 803 4	24. 471 6	0. 040 9	0. 050 9	19. 660 4	22
23	1. 257 2	0. 795 4	25. 716 3	0. 038 9	0. 048 9	20. 455 8	23
24	1. 269 7	0. 787 6	26. 973 5	0. 037 1	0. 047 1	21. 243 4	24
25	1. 282 4	0. 779 8	28. 243 2	0. 035 4	0. 045 4	22. 023 2	25
26	1. 295 3	0. 772 0	29. 525 6	0. 033 9	0. 043 9	22. 795 2	26
27	1. 308 2	0. 764 4	30. 820 9	0. 032 4	0. 042 4	23. 559 6	27
28	1. 321 3	0. 756 8	32. 129 1	0. 031 1	0. 041 1	24. 316 4	28
29	1. 334 5	0. 749 3	33. 450 4	0. 029 9	0. 039 9	25. 065 8	29
30	1. 347 8	0. 741 9	34. 784 9	0. 028 7	0. 038 7	25. 807 7	30
31	1. 361 3	0. 734 6	36. 132 7	0. 027 7	0. 037 7	26. 542 3	31
32	1. 374 9	0. 727 3	37. 494 1	0. 026 7	0. 036 7	27. 269 6	32
33	1. 388 7	0. 720 1	38. 869 0	0. 025 7	0. 035 7	27. 989 7	33
34	1. 402 6	0. 713 0	40. 257 7	0. 024 8	0. 034 8	28. 702 7	34
35	1. 416 6	0. 705 9	41. 660 3	0. 024 0	0. 034 0	29. 408 6	35
36	1. 430 8	0. 698 9	43. 076 9	0. 023 2	0. 033 2	30. 107 5	36
37	1. 445 1	0. 692 0	44. 507 6	0. 022 5	0. 032 5	30. 799 5	37
38	1. 459 5	0. 685 2	45. 952 7	0. 021 8	0. 031 8	31. 484 7	38
39	1. 474 1	0. 678 4	47. 412 3	0. 021 1	0. 031 1	32. 163 0	39
40	1. 488 9	0. 671 7	48. 886 4	0. 020 5	0. 030 5	32. 834 7	40
41	1. 503 8	0. 665 0	50. 375 2	0. 019 9	0. 029 9	33. 499 7	41
42	1. 518 8	0. 658 4	51. 879 0	0. 019 3	0. 029 3	34. 158 1	42
43	1. 534 0	0. 651 9	53. 397 8	0. 018 7	0. 028 7	34. 810 0	43
44	1. 549 3	0. 645 4	54. 931 8	0. 018 2	0. 028 2	35. 455 5	44
45	1. 564 8	0. 639 1	56. 481 1	0. 017 7	0. 027 7	36. 094 5	45
46	1. 580 5	0. 632 7	58. 045 9	0. 017 2	0. 027 2	36. 727 2	46
47	1. 596 3	0. 626 5	59. 626 3	0. 016 8	0. 026 8	37. 353 7	47
48	1. 612 2	0. 620 3	61. 222 6	0. 016 3	0. 026 3	37. 974 0	48
49	1. 628 3	0. 614 1	62. 834 8	0. 015 9	0. 025 9	38. 588 1	49
50	1. 644 6	0. 608 0	64. 463 2	0. 015 5	0. 025 5	39. 196 1	50

表 3　　**i=1.5%时的复利系数**

n	(F/P, i, n)	(P/F, i, n)	(F/A, i, n)	(A/F, i, n)	(A/P, i, n)	(P/A, i, n)	n
1	1.015 0	0.985 2	1.000 0	1.000 0	1.015 0	0.985 2	1
2	1.030 2	0.970 7	2.015 0	0.496 3	0.511 3	1.955 9	2
3	1.045 7	0.956 3	3.045 2	0.328 4	0.343 4	2.912 2	3
4	1.061 4	0.942 2	4.090 9	0.244 4	0.259 4	3.854 4	4
5	1.077 3	0.928 3	5.152 3	0.194 1	0.209 1	4.782 6	5
6	1.093 4	0.914 5	6.229 6	0.160 5	0.175 5	5.697 2	6
7	1.109 8	0.901 0	7.323 0	0.136 6	0.151 6	6.598 2	7
8	1.126 5	0.887 7	8.432 8	0.118 6	0.133 6	7.485 9	8
9	1.143 4	0.874 6	9.559 3	0.104 6	0.119 6	8.360 5	9
10	1.160 5	0.861 7	10.702 7	0.093 4	0.108 4	9.222 2	10
11	1.177 9	0.848 9	11.863 3	0.084 3	0.099 3	10.071 1	11
12	1.195 6	0.836 4	13.041 2	0.076 7	0.091 7	10.907 5	12
13	1.213 6	0.824 0	14.236 8	0.070 2	0.085 2	11.731 5	13
14	1.231 8	0.811 8	15.450 4	0.064 7	0.079 7	12.543 4	14
15	1.250 2	0.799 9	16.682 1	0.059 9	0.074 9	13.343 2	15
16	1.269 0	0.788 0	17.932 4	0.055 8	0.070 8	14.131 3	16
17	1.288 0	0.776 4	19.201 4	0.052 1	0.067 1	14.907 6	17
18	1.307 3	0.764 9	20.489 4	0.048 8	0.063 8	15.672 6	18
19	1.327 0	0.753 6	21.796 7	0.045 9	0.060 9	16.426 2	19
20	1.346 9	0.742 5	23.123 7	0.043 2	0.058 2	17.168 6	20
21	1.367 1	0.731 5	24.470 5	0.040 9	0.055 9	17.900 1	21
22	1.387 6	0.720 7	25.837 6	0.038 7	0.053 7	18.620 8	22
23	1.408 4	0.710 0	27.225 1	0.036 7	0.051 7	19.330 9	23
24	1.429 5	0.699 5	28.633 5	0.034 9	0.049 9	20.030 4	24
25	1.450 9	0.689 2	30.063 0	0.033 3	0.048 3	20.719 6	25
26	1.472 7	0.679 0	31.514 0	0.031 7	0.046 7	21.398 6	26
27	1.494 8	0.669 0	32.986 7	0.030 3	0.045 3	22.067 6	27
28	1.517 2	0.659 1	34.481 5	0.029 0	0.044 0	22.726 7	28
29	1.540 0	0.649 4	35.998 7	0.027 8	0.042 8	23.376 1	29
30	1.563 1	0.639 8	37.538 7	0.026 6	0.041 6	24.015 8	30
31	1.586 5	0.630 3	39.101 8	0.025 6	0.040 6	24.646 1	31
32	1.610 3	0.621 0	40.688 3	0.024 6	0.039 6	25.267 1	32
33	1.634 5	0.611 8	42.298 6	0.023 6	0.038 6	25.879 0	33
34	1.659 0	0.602 8	43.933 1	0.022 8	0.037 8	26.481 7	34
35	1.683 9	0.593 9	45.592 1	0.021 9	0.036 9	27.075 6	35
36	1.709 1	0.585 1	47.276 0	0.021 2	0.036 2	27.660 7	36
37	1.734 8	0.576 4	48.985 1	0.020 4	0.035 4	28.237 1	37
38	1.760 8	0.567 9	50.719 9	0.019 7	0.034 7	28.805 1	38
39	1.787 2	0.559 5	52.480 7	0.019 1	0.034 1	29.364 6	39
40	1.814 0	0.551 3	54.267 9	0.018 4	0.033 4	29.915 8	40
41	1.841 2	0.543 1	56.081 9	0.017 8	0.032 8	30.459 0	41
42	1.868 8	0.535 1	57.923 1	0.017 3	0.032 3	30.994 1	42
43	1.896 9	0.527 2	59.792 0	0.016 7	0.031 7	31.521 2	43
44	1.925 3	0.519 4	61.688 9	0.016 2	0.031 2	32.040 6	44
45	1.954 2	0.511 7	63.614 2	0.015 7	0.030 7	32.552 3	45
46	1.983 5	0.504 2	65.568 4	0.015 3	0.030 3	33.056 5	46
47	2.013 3	0.496 7	67.551 9	0.014 8	0.029 8	33.553 2	47
48	2.043 5	0.489 4	69.565 2	0.014 4	0.029 4	34.042 6	48
49	2.074 1	0.482 1	71.608 7	0.014 0	0.029 0	34.524 7	49
50	2.105 2	0.475 0	73.682 8	0.013 6	0.028 6	34.999 7	50

表 4 **$i=2\%$ 时的复利系数**

n	$(F/P, i, n)$	$(P/F, i, n)$	$(F/A, i, n)$	$(A/F, i, n)$	$(A/P, i, n)$	$(P/A, i, n)$	n
1	1.020 0	0.980 4	1.000 0	1.000 0	1.020 0	0.980 4	1
2	1.040 4	0.961 2	2.020 0	0.495 0	0.515 0	1.941 6	2
3	1.061 2	0.942 3	3.060 4	0.326 8	0.346 8	2.883 9	3
4	1.082 4	0.923 8	4.121 6	0.242 6	0.262 6	3.807 7	4
5	1.104 1	0.905 7	5.204 0	0.192 2	0.212 2	4.713 5	5
6	1.126 2	0.888 0	6.308 1	0.158 5	0.178 5	5.601 4	6
7	1.148 7	0.870 6	7.434 3	0.134 5	0.154 5	6.472 0	7
8	1.171 7	0.853 5	8.583 0	0.116 5	0.136 5	7.325 5	8
9	1.195 1	0.836 8	9.754 6	0.102 5	0.122 5	8.162 2	9
10	1.219 0	0.820 3	10.949 7	0.091 3	0.111 3	8.982 6	10
11	1.243 4	0.804 3	12.168 7	0.082 2	0.102 2	9.786 8	11
12	1.268 2	0.788 5	13.412 1	0.074 6	0.094 6	10.575 3	12
13	1.293 6	0.773 0	14.680 3	0.068 1	0.088 1	11.348 4	13
14	1.319 5	0.757 9	15.973 9	0.062 6	0.082 6	12.106 2	14
15	1.345 9	0.743 0	17.293 4	0.057 8	0.077 8	12.849 3	15
16	1.372 8	0.728 4	18.639 3	0.053 7	0.073 7	13.577 7	16
17	1.400 2	0.714 2	20.012 1	0.050 0	0.070 0	14.291 9	17
18	1.428 2	0.700 2	21.412 3	0.046 7	0.066 7	14.992 0	18
19	1.456 8	0.686 4	22.840 6	0.043 8	0.063 8	15.678 5	19
20	1.485 9	0.673 0	24.297 4	0.041 2	0.061 2	16.351 4	20
21	1.515 7	0.659 8	25.783 3	0.038 8	0.058 8	17.011 2	21
22	1.546 0	0.646 8	27.299 0	0.036 6	0.056 6	17.658 0	22
23	1.576 9	0.634 2	28.845 0	0.034 7	0.054 7	18.292 2	23
24	1.608 4	0.621 7	30.421 9	0.032 9	0.052 9	18.913 9	24
25	1.640 6	0.609 5	32.030 3	0.031 2	0.051 2	19.523 5	25
26	1.673 4	0.597 6	33.670 9	0.029 7	0.049 7	20.121 0	26
27	1.706 9	0.585 9	35.344 3	0.028 3	0.048 3	20.706 9	27
28	1.741 0	0.574 4	37.051 2	0.027 0	0.047 0	21.281 3	28
29	1.775 8	0.563 1	38.792 2	0.025 8	0.045 8	21.844 4	29
30	1.811 4	0.552 1	40.568 1	0.024 6	0.044 6	22.396 5	30
31	1.847 6	0.541 2	42.379 4	0.023 6	0.043 6	22.937 7	31
32	1.884 5	0.530 6	44.227 0	0.022 6	0.042 6	23.468 3	32
33	1.922 2	0.520 2	46.111 6	0.021 7	0.041 7	23.988 6	33
34	1.960 7	0.510 0	48.033 8	0.020 8	0.040 8	24.498 6	34
35	1.999 9	0.500 0	49.994 5	0.020 0	0.040 0	24.998 6	35
36	2.039 9	0.490 2	51.994 4	0.019 2	0.039 2	25.488 8	36
37	2.080 7	0.480 6	54.034 3	0.018 5	0.038 5	25.969 5	37
38	2.122 3	0.471 2	56.114 9	0.017 8	0.037 8	26.440 6	38
39	2.164 7	0.461 9	58.237 2	0.017 2	0.037 2	26.902 6	39
40	2.208 0	0.452 9	60.402 0	0.016 6	0.036 6	27.355 5	40
41	2.252 2	0.444 0	62.610 0	0.016 0	0.036 0	27.799 5	41
42	2.297 2	0.435 3	64.862 2	0.015 4	0.035 4	28.234 8	42
43	2.343 2	0.426 8	67.159 5	0.014 9	0.034 9	28.661 6	43
44	2.390 1	0.418 4	69.502 7	0.014 4	0.034 4	29.080 0	44
45	2.437 9	0.410 2	71.892 7	0.013 9	0.033 9	29.490 2	45
46	2.486 6	0.402 2	74.330 6	0.013 5	0.033 5	29.892 3	46
47	2.536 3	0.394 3	76.817 2	0.013 0	0.033 0	30.286 6	47
48	2.587 1	0.386 5	79.353 5	0.012 6	0.032 6	30.673 1	48
49	2.638 8	0.379 0	81.940 6	0.012 2	0.032 2	31.052 1	49
50	2.691 6	0.371 5	84.579 4	0.011 8	0.031 8	31.423 6	50

表 5　　**i=2.5%时的复利系数**

n	$(F/P,\ i,\ n)$	$(P/F,\ i,\ n)$	$(F/A,\ i,\ n)$	$(A/F,\ i,\ n)$	$(A/P,\ i,\ n)$	$(P/A,\ i,\ n)$	n
1	1.025 0	0.975 6	1.000 0	1.000 0	1.025 0	0.975 6	1
2	1.050 6	0.951 8	2.025 0	0.493 8	0.518 8	1.927 4	2
3	1.076 9	0.928 6	3.075 6	0.325 1	0.350 1	2.856 0	3
4	1.103 8	0.906 0	4.152 5	0.240 8	0.265 8	3.762 0	4
5	1.131 4	0.883 9	5.256 3	0.190 2	0.215 2	4.645 8	5
6	1.159 7	0.862 3	6.387 7	0.156 6	0.181 6	5.508 1	6
7	1.188 7	0.841 3	7.547 4	0.132 5	0.157 5	6.349 4	7
8	1.218 4	0.820 7	8.736 1	0.114 5	0.139 5	7.170 1	8
9	1.248 9	0.800 7	9.954 5	0.100 5	0.125 5	7.970 9	9
10	1.280 1	0.781 2	11.203 4	0.089 3	0.114 3	8.752 1	10
11	1.312 1	0.762 1	12.483 5	0.080 1	0.105 1	9.514 2	11
12	1.344 9	0.743 6	13.795 6	0.072 5	0.097 5	10.257 8	12
13	1.378 5	0.725 4	15.140 4	0.066 0	0.091 0	10.983 2	13
14	1.413 0	0.707 7	16.519 0	0.060 5	0.085 5	11.690 9	14
15	1.448 3	0.690 5	17.931 9	0.055 8	0.080 8	12.381 4	15
16	1.484 5	0.673 6	19.380 2	0.051 6	0.076 6	13.055 0	16
17	1.521 6	0.657 2	20.864 7	0.047 9	0.072 9	13.712 2	17
18	1.559 7	0.641 2	22.386 3	0.044 7	0.069 7	14.353 4	18
19	1.598 7	0.625 5	23.946 0	0.041 8	0.066 8	14.978 9	19
20	1.638 6	0.610 3	25.544 7	0.039 1	0.064 1	15.589 2	20
21	1.679 6	0.595 4	27.183 3	0.036 8	0.061 8	16.184 5	21
22	1.721 6	0.580 9	28.862 9	0.034 6	0.059 6	16.765 4	22
23	1.764 6	0.566 7	30.584 4	0.032 7	0.057 7	17.332 1	23
24	1.808 7	0.552 9	32.349 0	0.030 9	0.055 9	17.885 0	24
25	1.853 9	0.539 4	34.157 8	0.029 3	0.054 3	18.424 4	25
26	1.900 3	0.526 2	36.011 7	0.027 8	0.052 8	18.950 6	26
27	1.947 8	0.513 4	37.912 0	0.026 4	0.051 4	19.464 0	27
28	1.996 5	0.500 9	39.859 8	0.025 1	0.050 1	19.964 9	28
29	2.046 4	0.488 7	41.856 3	0.023 9	0.048 9	20.453 5	29
30	2.097 6	0.476 7	43.902 7	0.022 8	0.047 8	20.930 3	30
31	2.150 0	0.465 1	46.000 3	0.021 7	0.046 7	21.395 4	31
32	2.203 8	0.453 8	48.150 3	0.020 8	0.045 8	21.849 2	32
33	2.258 9	0.442 7	50.354 0	0.019 9	0.044 9	22.291 9	33
34	2.315 3	0.431 9	52.612 9	0.019 0	0.044 0	22.723 8	34
35	2.373 2	0.421 4	54.928 2	0.018 2	0.043 2	23.145 2	35
36	2.432 5	0.411 1	57.301 4	0.017 5	0.042 5	23.556 3	36
37	2.493 3	0.401 1	59.733 9	0.016 7	0.041 7	23.957 3	37
38	2.555 7	0.391 3	62.227 3	0.016 1	0.041 1	24.348 6	38
39	2.619 6	0.381 7	64.783 0	0.015 4	0.040 4	24.730 3	39
40	2.685 1	0.372 4	67.402 6	0.014 8	0.039 8	25.102 8	40
41	2.752 2	0.363 3	70.087 6	0.014 3	0.039 3	25.466 1	41
42	2.821 0	0.354 5	72.839 8	0.013 7	0.038 7	25.820 6	42
43	2.891 5	0.345 8	75.660 8	0.013 2	0.038 2	26.166 4	43
44	2.963 8	0.337 4	78.552 3	0.012 7	0.037 7	26.503 8	44
45	3.037 9	0.329 2	81.516 1	0.012 3	0.037 3	26.833 0	45
46	3.113 9	0.321 1	84.554 0	0.011 8	0.036 8	27.154 2	46
47	3.191 7	0.313 3	87.667 9	0.011 4	0.036 4	27.467 5	47
48	3.271 5	0.305 7	90.859 6	0.011 0	0.036 0	27.773 2	48
49	3.353 3	0.298 2	94.131 1	0.010 6	0.035 6	28.071 4	49
50	3.437 1	0.290 9	97.484 3	0.010 3	0.035 3	28.362 3	50

表 6　　**$i=3\%$ 时的复利系数**

n	$(F/P, i, n)$	$(P/F, i, n)$	$(F/A, i, n)$	$(A/F, i, n)$	$(A/P, i, n)$	$(P/A, i, n)$	n
1	1.030 0	0.970 9	1.000 0	1.000 0	1.030 0	0.970 9	1
2	1.060 9	0.942 6	2.030 0	0.492 6	0.522 6	1.913 5	2
3	1.092 7	0.915 1	3.090 9	0.323 5	0.353 5	2.828 6	3
4	1.125 5	0.888 5	4.183 6	0.239 0	0.269 0	3.717 1	4
5	1.159 3	0.862 6	5.309 1	0.188 4	0.218 4	4.579 7	5
6	1.194 1	0.837 5	6.468 4	0.154 6	0.184 6	5.417 2	6
7	1.229 9	0.813 1	7.662 5	0.130 5	0.160 5	6.230 3	7
8	1.266 8	0.789 4	8.892 3	0.112 5	0.142 5	7.019 7	8
9	1.304 8	0.766 4	10.159 1	0.098 4	0.128 4	7.786 1	9
10	1.343 9	0.744 1	11.463 9	0.087 2	0.117 2	8.530 2	10
11	1.384 2	0.722 4	12.807 8	0.078 1	0.108 1	9.252 6	11
12	1.425 8	0.701 4	14.192 0	0.070 5	0.100 5	9.954 0	12
13	1.468 5	0.681 0	15.617 8	0.064 0	0.094 0	10.635 0	13
14	1.512 6	0.661 1	17.086 3	0.058 5	0.088 5	11.296 1	14
15	1.558 0	0.641 9	18.598 9	0.053 8	0.083 8	11.937 9	15
16	1.604 7	0.623 2	20.156 9	0.049 6	0.079 6	12.561 1	16
17	1.652 8	0.605 0	21.761 6	0.046 0	0.076 0	13.166 1	17
18	1.702 4	0.587 4	23.414 4	0.042 7	0.072 7	13.753 5	18
19	1.753 5	0.570 3	25.116 9	0.039 8	0.069 8	14.323 8	19
20	1.806 1	0.553 7	26.870 4	0.037 2	0.067 2	14.877 5	20
21	1.860 3	0.537 5	28.676 5	0.034 9	0.064 9	15.415 0	21
22	1.916 1	0.521 9	30.536 8	0.032 7	0.062 7	15.936 9	22
23	1.973 6	0.506 7	32.452 9	0.030 8	0.060 8	16.443 6	23
24	2.032 8	0.491 9	34.426 5	0.029 0	0.059 0	16.935 5	24
25	2.093 8	0.477 6	36.459 3	0.027 4	0.057 4	17.413 1	25
26	2.156 6	0.463 7	38.553 0	0.025 9	0.055 9	17.876 8	26
27	2.221 3	0.450 2	40.709 6	0.024 6	0.054 6	18.327 0	27
28	2.287 9	0.437 1	42.930 9	0.023 3	0.053 3	18.764 1	28
29	2.356 6	0.424 3	45.218 9	0.022 1	0.052 1	19.188 5	29
30	2.427 3	0.412 0	47.575 4	0.021 0	0.051 0	19.600 4	30
31	2.500 1	0.400 0	50.002 7	0.020 0	0.050 0	20.000 4	31
32	2.575 1	0.388 3	52.502 8	0.019 0	0.049 0	20.388 8	32
33	2.652 3	0.377 0	55.077 8	0.018 2	0.048 2	20.765 8	33
34	2.731 9	0.366 0	57.730 2	0.017 3	0.047 3	21.131 8	34
35	2.813 9	0.355 4	60.462 1	0.016 5	0.046 5	21.487 2	35
36	2.898 3	0.345 0	63.275 9	0.015 8	0.045 8	21.832 3	36
37	2.985 2	0.335 0	66.174 2	0.015 1	0.045 1	22.167 2	37
38	3.074 8	0.325 2	69.159 4	0.014 5	0.044 5	22.492 5	38
39	3.167 0	0.315 8	72.234 2	0.013 8	0.043 8	22.808 2	39
40	3.262 0	0.306 6	75.401 3	0.013 3	0.043 3	23.114 8	40
41	3.359 9	0.297 6	78.663 3	0.012 7	0.042 7	23.412 4	41
42	3.460 7	0.289 0	82.023 2	0.012 2	0.042 2	23.701 4	42
43	3.564 5	0.280 5	85.483 9	0.011 7	0.041 7	23.981 9	43
44	3.671 5	0.272 4	89.048 4	0.011 2	0.041 2	24.254 3	44
45	3.781 6	0.264 4	92.719 9	0.010 8	0.040 8	24.518 7	45
46	3.895 0	0.256 7	96.501 5	0.010 4	0.040 4	24.775 4	46
47	4.011 9	0.249 3	100.396 5	0.010 0	0.040 0	25.024 7	47
48	4.132 3	0.242 0	104.408 4	0.009 6	0.039 6	25.266 7	48
49	4.256 2	0.235 0	108.540 6	0.009 2	0.039 2	25.501 7	49
50	4.383 9	0.228 1	112.796 9	0.008 9	0.038 9	25.729 8	50

表 7　　　　i=3.5% 时的复利系数

n	$(F/P, i, n)$	$(P/F, i, n)$	$(F/A, i, n)$	$(A/F, i, n)$	$(A/P, i, n)$	$(P/A, i, n)$	n
1	1.035 0	0.966 2	1.000 0	1.000 0	1.035 0	0.966 2	1
2	1.071 2	0.933 5	2.035 0	0.491 4	0.526 4	1.899 7	2
3	1.108 7	0.901 9	3.106 2	0.321 9	0.356 9	2.801 6	3
4	1.147 5	0.871 4	4.214 9	0.237 3	0.272 3	3.673 1	4
5	1.187 7	0.842 0	5.362 5	0.186 5	0.221 5	4.515 1	5
6	1.229 3	0.813 5	6.550 2	0.152 7	0.187 7	5.328 6	6
7	1.272 3	0.786 0	7.779 4	0.128 5	0.163 5	6.114 5	7
8	1.316 8	0.759 4	9.051 7	0.110 5	0.145 5	6.874 0	8
9	1.362 9	0.733 7	10.368 5	0.096 4	0.131 4	7.607 7	9
10	1.410 6	0.708 9	11.731 4	0.085 2	0.120 2	8.316 6	10
11	1.460 0	0.684 9	13.142 0	0.076 1	0.111 1	9.001 6	11
12	1.511 1	0.661 8	14.602 0	0.068 5	0.103 5	9.663 3	12
13	1.564 0	0.639 4	16.113 0	0.062 1	0.097 1	10.302 7	13
14	1.618 7	0.617 8	17.677 0	0.056 6	0.091 6	10.920 5	14
15	1.675 3	0.596 9	19.295 7	0.051 8	0.086 8	11.517 4	15
16	1.734 0	0.576 7	20.971 0	0.047 7	0.082 7	12.094 1	16
17	1.794 7	0.557 2	22.705 0	0.044 0	0.079 0	12.651 3	17
18	1.857 5	0.538 4	24.499 7	0.040 8	0.075 8	13.189 7	18
19	1.922 5	0.520 2	26.357 2	0.037 9	0.072 9	13.709 8	19
20	1.989 8	0.502 6	28.279 7	0.035 4	0.070 4	14.212 4	20
21	2.059 4	0.485 6	30.269 5	0.033 0	0.068 0	14.698 0	21
22	2.131 5	0.469 2	32.328 9	0.030 9	0.065 9	15.167 1	22
23	2.206 1	0.453 3	34.460 4	0.029 0	0.064 0	15.620 4	23
24	2.283 3	0.438 0	36.666 5	0.027 3	0.062 3	16.058 4	24
25	2.363 2	0.423 1	38.949 9	0.025 7	0.060 7	16.481 5	25
26	2.446 0	0.408 8	41.313 1	0.024 2	0.059 2	16.890 4	26
27	2.531 6	0.395 0	43.759 1	0.022 9	0.057 9	17.285 4	27
28	2.620 2	0.381 7	46.290 6	0.021 6	0.056 6	17.667 0	28
29	2.711 9	0.368 7	48.910 8	0.020 4	0.055 4	18.035 8	29
30	2.806 8	0.356 3	51.622 7	0.019 4	0.054 4	18.392 0	30
31	2.905 0	0.344 2	54.429 5	0.018 4	0.053 4	18.736 3	31
32	3.006 7	0.332 6	57.334 5	0.017 4	0.052 4	19.068 9	32
33	3.111 9	0.321 3	60.341 2	0.016 6	0.051 6	19.390 2	33
34	3.220 9	0.310 5	63.453 2	0.015 8	0.050 8	19.700 7	34
35	3.333 6	0.300 0	66.674 0	0.015 0	0.050 0	20.000 7	35
36	3.450 3	0.289 8	70.007 6	0.014 3	0.049 3	20.290 5	36
37	3.571 0	0.280 0	73.457 9	0.013 6	0.048 6	20.570 5	37
38	3.696 0	0.270 6	77.028 9	0.013 0	0.048 0	20.841 1	38
39	3.825 4	0.261 4	80.724 9	0.012 4	0.047 4	21.102 5	39
40	3.959 3	0.252 6	84.550 3	0.011 8	0.046 8	21.355 1	40
41	4.097 8	0.244 0	88.509 5	0.011 3	0.046 3	21.599 1	41
42	4.241 3	0.235 8	92.607 4	0.010 8	0.045 8	21.834 9	42
43	4.389 7	0.227 8	96.848 6	0.010 3	0.045 3	22.062 7	43
44	4.543 3	0.220 1	101.238 3	0.009 9	0.044 9	22.282 8	44
45	4.702 4	0.212 7	105.781 7	0.009 5	0.044 5	22.495 5	45
46	4.866 9	0.205 5	110.484 0	0.009 1	0.044 1	22.700 9	46
47	5.037 3	0.198 5	115.351 0	0.008 7	0.043 7	22.899 4	47
48	5.213 6	0.191 8	120.388 3	0.008 3	0.043 3	23.091 2	48
49	5.396 1	0.185 3	125.601 8	0.008 0	0.043 0	23.276 6	49
50	5.584 9	0.179 1	130.997 9	0.007 6	0.042 6	23.455 6	50

表 8 **i=4% 时的复利系数**

n	$(F/P, i, n)$	$(P/F, i, n)$	$(F/A, i, n)$	$(A/F, i, n)$	$(A/P, i, n)$	$(P/A, i, n)$	n
1	1.040 0	0.961 5	1.000 0	1.000 0	1.040 0	0.961 5	1
2	1.081 6	0.924 6	2.040 0	0.490 2	0.530 2	1.886 1	2
3	1.124 9	0.889 0	3.121 6	0.320 3	0.360 3	2.775 1	3
4	1.169 9	0.854 8	4.246 5	0.235 5	0.275 5	3.629 9	4
5	1.216 7	0.821 9	5.416 3	0.184 6	0.224 6	4.451 8	5
6	1.265 3	0.790 3	6.633 0	0.150 8	0.190 8	5.242 1	6
7	1.315 9	0.759 9	7.898 3	0.126 6	0.166 6	6.002 1	7
8	1.368 6	0.730 7	9.214 2	0.108 5	0.148 5	6.732 7	8
9	1.423 3	0.702 6	10.582 8	0.094 5	0.134 5	7.435 3	9
10	1.480 2	0.675 6	12.006 1	0.083 3	0.123 3	8.110 9	10
11	1.539 5	0.649 6	13.486 4	0.074 1	0.114 1	8.760 5	11
12	1.601 0	0.624 6	15.025 8	0.066 6	0.106 6	9.385 1	12
13	1.665 1	0.600 6	16.626 8	0.060 1	0.100 1	9.985 6	13
14	1.731 7	0.577 5	18.291 9	0.054 7	0.094 7	10.563 1	14
15	1.800 9	0.555 3	20.023 6	0.049 9	0.089 9	11.118 4	15
16	1.873 0	0.533 9	21.824 5	0.045 8	0.085 8	11.652 3	16
17	1.947 9	0.513 4	23.697 5	0.042 2	0.082 2	12.165 7	17
18	2.025 8	0.493 6	25.645 4	0.039 0	0.079 0	12.659 3	18
19	2.106 8	0.474 6	27.671 2	0.036 1	0.076 1	13.133 9	19
20	2.191 1	0.456 4	29.778 1	0.033 6	0.073 6	13.590 3	20
21	2.278 8	0.438 8	31.969 2	0.031 3	0.071 3	14.029 2	21
22	2.369 9	0.422 0	34.248 0	0.029 2	0.069 2	14.451 1	22
23	2.464 7	0.405 7	36.617 9	0.027 3	0.067 3	14.856 8	23
24	2.563 3	0.390 1	39.082 6	0.025 6	0.065 6	15.247 0	24
25	2.665 8	0.375 1	41.645 9	0.024 0	0.064 0	15.622 1	25
26	2.772 5	0.360 7	44.311 7	0.022 6	0.062 6	15.982 8	26
27	2.883 4	0.346 8	47.084 2	0.021 2	0.061 2	16.329 6	27
28	2.998 7	0.333 5	49.967 6	0.020 0	0.060 0	16.663 1	28
29	3.118 7	0.320 7	52.966 3	0.018 9	0.058 9	16.983 7	29
30	3.243 4	0.308 3	56.084 9	0.017 8	0.057 8	17.292 0	30
31	3.373 1	0.296 5	59.328 3	0.016 9	0.056 9	17.588 5	31
32	3.508 1	0.285 1	62.701 5	0.015 9	0.055 9	17.873 6	32
33	3.648 4	0.274 1	66.209 5	0.015 1	0.055 1	18.147 6	33
34	3.794 3	0.263 6	69.857 9	0.014 3	0.054 3	18.411 2	34
35	3.946 1	0.253 4	73.652 2	0.013 6	0.053 6	18.664 6	35
36	4.103 9	0.243 7	77.598 3	0.012 9	0.052 9	18.908 3	36
37	4.268 1	0.234 3	81.702 2	0.012 2	0.052 2	19.142 6	37
38	4.438 8	0.225 3	85.970 3	0.011 6	0.051 6	19.367 9	38
39	4.616 4	0.216 6	90.409 1	0.011 1	0.051 1	19.584 5	39
40	4.801 0	0.208 3	95.025 5	0.010 5	0.050 5	19.792 8	40
41	4.993 1	0.200 3	99.826 5	0.010 0	0.050 0	19.993 1	41
42	5.192 8	0.192 6	104.819 6	0.009 5	0.049 5	20.185 6	42
43	5.400 5	0.185 2	110.012 4	0.009 1	0.049 1	20.370 8	43
44	5.616 5	0.178 0	115.412 9	0.008 7	0.048 7	20.548 8	44
45	5.841 2	0.171 2	121.029 4	0.008 3	0.048 3	20.720 0	45
46	6.074 8	0.164 6	126.870 6	0.007 9	0.047 9	20.884 7	46
47	6.317 8	0.158 3	132.945 4	0.007 5	0.047 5	21.042 9	47
48	6.570 5	0.152 2	139.263 2	0.007 2	0.047 2	21.195 1	48
49	6.833 3	0.146 3	145.833 7	0.006 9	0.046 9	21.341 5	49
50	7.106 7	0.140 7	152.667 1	0.006 6	0.046 6	21.482 2	50

表9　　**i=4.5%时的复利系数**

n	(F/P, i, n)	(P/F, i, n)	(F/A, i, n)	(A/F, i, n)	(A/P, i, n)	(P/A, i, n)	n
1	1.045 0	0.956 9	1.000 0	1.000 0	1.045 0	0.956 9	1
2	1.092 0	0.915 7	2.045 0	0.489 0	0.534 0	1.872 7	2
3	1.141 2	0.876 3	3.137 0	0.318 8	0.363 8	2.749 0	3
4	1.192 5	0.838 6	4.278 2	0.233 7	0.278 7	3.587 5	4
5	1.246 2	0.802 5	5.470 7	0.182 8	0.227 8	4.390 0	5
6	1.302 3	0.767 9	6.716 9	0.148 9	0.193 9	5.157 9	6
7	1.360 9	0.734 8	8.019 2	0.124 7	0.169 7	5.892 7	7
8	1.422 1	0.703 2	9.380 0	0.106 6	0.151 6	6.595 9	8
9	1.486 1	0.672 9	10.802 1	0.092 6	0.137 6	7.268 8	9
10	1.553 0	0.643 9	12.288 2	0.081 4	0.126 4	7.912 7	10
11	1.622 9	0.616 2	13.841 2	0.072 2	0.117 2	8.528 9	11
12	1.695 9	0.589 7	15.464 0	0.064 7	0.109 7	9.118 6	12
13	1.772 2	0.564 3	17.159 9	0.058 3	0.103 3	9.682 9	13
14	1.851 9	0.540 0	18.932 1	0.052 8	0.097 8	10.222 8	14
15	1.935 3	0.516 7	20.784 1	0.048 1	0.093 1	10.739 5	15
16	2.022 4	0.494 5	22.719 3	0.044 0	0.089 0	11.234 0	16
17	2.113 4	0.473 2	24.741 7	0.040 4	0.085 4	11.707 2	17
18	2.208 5	0.452 8	26.855 1	0.037 2	0.082 2	12.160 0	18
19	2.307 9	0.433 3	29.063 6	0.034 4	0.079 4	12.593 3	19
20	2.411 7	0.414 6	31.371 4	0.031 9	0.076 9	13.007 9	20
21	2.520 2	0.396 8	33.783 1	0.029 6	0.074 6	13.404 7	21
22	2.633 7	0.379 7	36.303 4	0.027 5	0.072 5	13.784 4	22
23	2.752 2	0.363 4	38.937 0	0.025 7	0.070 7	14.147 8	23
24	2.876 0	0.347 7	41.689 2	0.024 0	0.069 0	14.495 5	24
25	3.005 4	0.332 7	44.565 2	0.022 4	0.067 4	14.828 2	25
26	3.140 7	0.318 4	47.570 6	0.021 0	0.066 0	15.146 6	26
27	3.282 0	0.304 7	50.711 3	0.019 7	0.064 7	15.451 3	27
28	3.429 7	0.291 6	53.993 3	0.018 5	0.063 5	15.742 9	28
29	3.584 0	0.279 0	57.423 0	0.017 4	0.062 4	16.021 9	29
30	3.745 3	0.267 0	61.007 1	0.016 4	0.061 4	16.288 9	30
31	3.913 9	0.255 5	64.752 4	0.015 4	0.060 4	16.544 4	31
32	4.090 0	0.244 5	68.666 2	0.014 6	0.059 6	16.788 9	32
33	4.274 0	0.234 0	72.756 2	0.013 7	0.058 7	17.022 9	33
34	4.466 4	0.223 9	77.030 3	0.013 0	0.058 0	17.246 8	34
35	4.667 3	0.214 3	81.496 6	0.012 3	0.057 3	17.461 0	35
36	4.877 4	0.205 0	86.164 0	0.011 6	0.056 6	17.666 0	36
37	5.096 9	0.196 2	91.041 3	0.011 0	0.056 0	17.862 2	37
38	5.326 2	0.187 8	96.138 2	0.010 4	0.055 4	18.050 0	38
39	5.565 9	0.179 7	101.464 4	0.009 9	0.054 9	18.229 7	39
40	5.816 4	0.171 9	107.030 3	0.009 3	0.054 3	18.401 6	40
41	6.078 1	0.164 5	112.846 7	0.008 9	0.053 9	18.566 1	41
42	6.351 6	0.157 4	118.924 8	0.008 4	0.053 4	18.723 5	42
43	6.637 4	0.150 7	125.276 4	0.008 0	0.053 0	18.874 2	43
44	6.936 1	0.144 2	131.913 8	0.007 6	0.052 6	19.018 4	44
45	7.248 2	0.138 0	138.850 0	0.007 2	0.052 2	19.156 3	45
46	7.574 4	0.132 0	146.098 2	0.006 8	0.051 8	19.288 4	46
47	7.915 3	0.126 3	153.672 6	0.006 5	0.051 5	19.414 7	47
48	8.271 5	0.120 9	161.587 9	0.006 2	0.051 2	19.535 6	48
49	8.643 7	0.115 7	169.859 4	0.005 9	0.050 9	19.651 3	49
50	9.032 6	0.110 7	178.503 0	0.005 6	0.050 6	19.762 0	50

表 10　　**i=5%时的复利系数**

n	$(F/P, i, n)$	$(P/F, i, n)$	$(F/A, i, n)$	$(A/F, i, n)$	$(A/P, i, n)$	$(P/A, i, n)$	n
1	1.050 0	0.952 4	1.000 0	1.000 0	1.050 0	0.952 4	1
2	1.102 5	0.907 0	2.050 0	0.487 8	0.537 8	1.859 4	2
3	1.157 6	0.863 8	3.152 5	0.317 2	0.367 2	2.723 2	3
4	1.215 5	0.822 7	4.310 1	0.232 0	0.282 0	3.546 0	4
5	1.276 3	0.783 5	5.525 6	0.181 0	0.231 0	4.329 5	5
6	1.340 1	0.746 2	6.801 9	0.147 0	0.197 0	5.075 7	6
7	1.407 1	0.710 7	8.142 0	0.122 8	0.172 8	5.786 4	7
8	1.477 5	0.676 8	9.549 1	0.104 7	0.154 7	6.463 2	8
9	1.551 3	0.644 6	11.026 6	0.090 7	0.140 7	7.107 8	9
10	1.628 9	0.613 9	12.577 9	0.079 5	0.129 5	7.721 7	10
11	1.710 3	0.584 7	14.206 8	0.070 4	0.120 4	8.306 4	11
12	1.795 9	0.556 8	15.917 1	0.062 8	0.112 8	8.863 3	12
13	1.885 6	0.530 3	17.713 0	0.056 5	0.106 5	9.393 6	13
14	1.979 9	0.505 1	19.598 6	0.051 0	0.101 0	9.898 6	14
15	2.078 9	0.481 0	21.578 6	0.046 3	0.096 3	10.379 7	15
16	2.182 9	0.458 1	23.657 5	0.042 3	0.092 3	10.837 8	16
17	2.292 0	0.436 3	25.840 4	0.038 7	0.088 7	11.274 1	17
18	2.406 6	0.415 5	28.132 4	0.035 5	0.085 5	11.689 6	18
19	2.527 0	0.395 7	30.539 0	0.032 7	0.082 7	12.085 3	19
20	2.653 3	0.376 9	33.066 0	0.030 2	0.080 2	12.462 2	20
21	2.786 0	0.358 9	35.719 3	0.028 0	0.078 0	12.821 2	21
22	2.925 3	0.341 8	38.505 2	0.026 0	0.076 0	13.163 0	22
23	3.071 5	0.325 6	41.430 5	0.024 1	0.074 1	13.488 6	23
24	3.225 1	0.310 1	44.502 0	0.022 5	0.072 5	13.798 6	24
25	3.386 4	0.295 3	47.727 1	0.021 0	0.071 0	14.093 9	25
26	3.555 7	0.281 2	51.113 5	0.019 6	0.069 6	14.375 2	26
27	3.733 5	0.267 8	54.669 1	0.018 3	0.068 3	14.643 0	27
28	3.920 1	0.255 1	58.402 6	0.017 1	0.067 1	14.898 1	28
29	4.116 1	0.242 9	62.322 7	0.016 0	0.066 0	15.141 1	29
30	4.321 9	0.231 4	66.438 8	0.015 1	0.065 1	15.372 5	30
31	4.538 0	0.220 4	70.760 8	0.014 1	0.064 1	15.592 8	31
32	4.764 9	0.209 9	75.298 8	0.013 3	0.063 3	15.802 7	32
33	5.003 2	0.199 9	80.063 8	0.012 5	0.062 5	16.002 5	33
34	5.253 3	0.190 4	85.067 0	0.011 8	0.061 8	16.192 9	34
35	5.516 0	0.181 3	90.320 3	0.011 1	0.061 1	16.374 2	35
36	5.791 8	0.172 7	95.836 3	0.010 4	0.060 4	16.546 9	36
37	6.081 4	0.164 4	101.628 1	0.009 8	0.059 8	16.711 3	37
38	6.385 5	0.156 6	107.709 5	0.009 3	0.059 3	16.867 9	38
39	6.704 8	0.149 1	114.095 0	0.008 8	0.058 8	17.017 0	39
40	7.040 0	0.142 0	120.799 8	0.008 3	0.058 3	17.159 1	40
41	7.392 0	0.135 3	127.839 8	0.007 8	0.057 8	17.294 4	41
42	7.761 6	0.128 8	135.231 8	0.007 4	0.057 4	17.423 2	42
43	8.149 7	0.122 7	142.993 3	0.007 0	0.057 0	17.545 9	43
44	8.557 2	0.116 9	151.143 0	0.006 6	0.056 6	17.662 8	44
45	8.985 0	0.111 3	159.700 2	0.006 3	0.056 3	17.774 1	45
46	9.434 3	0.106 0	168.685 2	0.005 9	0.055 9	17.880 1	46
47	9.906 0	0.100 9	178.119 4	0.005 6	0.055 6	17.981 0	47
48	10.401 3	0.096 1	188.025 4	0.005 3	0.055 3	18.077 2	48
49	10.921 3	0.091 6	198.426 7	0.005 0	0.055 0	18.168 7	49
50	11.467 4	0.087 2	209.348 0	0.004 8	0.054 8	18.255 9	50

表 11　　$i=5.5\%$ 时的复利系数

n	$(F/P, i, n)$	$(P/F, i, n)$	$(F/A, i, n)$	$(A/F, i, n)$	$(A/P, i, n)$	$(P/A, i, n)$	n
1	1.055 0	0.947 9	1.000 0	1.000 0	1.055 0	0.947 9	1
2	1.113 0	0.898 5	2.055 0	0.486 6	0.541 6	1.846 3	2
3	1.174 2	0.851 6	3.168 0	0.315 7	0.370 7	2.697 9	3
4	1.238 8	0.807 2	4.342 3	0.230 3	0.285 3	3.505 2	4
5	1.307 0	0.765 1	5.581 1	0.179 2	0.234 2	4.270 3	5
6	1.378 8	0.725 2	6.888 1	0.145 2	0.200 2	4.995 5	6
7	1.454 7	0.687 4	8.266 9	0.121 0	0.176 0	5.683 0	7
8	1.534 7	0.651 6	9.721 6	0.102 9	0.157 9	6.334 6	8
9	1.619 1	0.617 6	11.256 3	0.088 8	0.143 8	6.952 2	9
10	1.708 1	0.585 4	12.875 4	0.077 7	0.132 7	7.537 6	10
11	1.802 1	0.554 9	14.583 5	0.068 6	0.123 6	8.092 5	11
12	1.901 2	0.526 0	16.385 6	0.061 0	0.116 0	8.618 5	12
13	2.005 8	0.498 6	18.286 8	0.054 7	0.109 7	9.117 1	13
14	2.116 1	0.472 6	20.292 6	0.049 3	0.104 3	9.589 6	14
15	2.232 5	0.447 9	22.408 7	0.044 6	0.099 6	10.037 6	15
16	2.355 3	0.424 6	24.641 1	0.040 6	0.095 6	10.462 2	16
17	2.484 8	0.402 4	26.996 4	0.037 0	0.092 0	10.864 6	17
18	2.621 5	0.381 5	29.481 2	0.033 9	0.088 9	11.246 1	18
19	2.765 6	0.361 6	32.102 7	0.031 2	0.086 2	11.607 7	19
20	2.917 8	0.342 7	34.868 3	0.028 7	0.083 7	11.950 4	20
21	3.078 2	0.324 9	37.786 1	0.026 5	0.081 5	12.275 2	21
22	3.247 5	0.307 9	40.864 3	0.024 5	0.079 5	12.583 2	22
23	3.426 2	0.291 9	44.111 8	0.022 7	0.077 7	12.875 0	23
24	3.614 6	0.276 7	47.538 0	0.021 0	0.076 0	13.151 7	24
25	3.813 4	0.262 2	51.152 6	0.019 5	0.074 5	13.413 9	25
26	4.023 1	0.248 6	54.966 0	0.018 2	0.073 2	13.662 5	26
27	4.244 4	0.235 6	58.989 1	0.017 0	0.072 0	13.898 1	27
28	4.477 8	0.223 3	63.233 5	0.015 8	0.070 8	14.121 4	28
29	4.724 1	0.211 7	67.711 4	0.014 8	0.069 8	14.333 1	29
30	4.984 0	0.200 6	72.435 5	0.013 8	0.068 8	14.533 7	30
31	5.258 1	0.190 2	77.419 4	0.012 9	0.067 9	14.723 9	31
32	5.547 3	0.180 3	82.677 5	0.012 1	0.067 1	14.904 2	32
33	5.852 4	0.170 9	88.224 8	0.011 3	0.066 3	15.075 1	33
34	6.174 2	0.162 0	94.077 1	0.010 6	0.065 6	15.237 0	34
35	6.513 8	0.153 5	100.251 4	0.010 0	0.065 0	15.390 6	35
36	6.872 1	0.145 5	106.765 2	0.009 4	0.064 4	15.536 1	36
37	7.250 1	0.137 9	113.637 3	0.008 8	0.063 8	15.674 0	37
38	7.648 8	0.130 7	120.887 3	0.008 3	0.063 3	15.804 7	38
39	8.069 5	0.123 9	128.536 1	0.007 8	0.062 8	15.928 7	39
40	8.513 3	0.117 5	136.605 6	0.007 3	0.062 3	16.046 1	40
41	8.981 5	0.111 3	145.118 9	0.006 9	0.061 9	16.157 5	41
42	9.475 5	0.105 5	154.100 5	0.006 5	0.061 5	16.263 0	42
43	9.996 7	0.100 0	163.576 0	0.006 1	0.061 1	16.363 0	43
44	10.546 5	0.094 8	173.572 7	0.005 8	0.060 8	16.457 9	44
45	11.126 6	0.089 9	184.119 2	0.005 4	0.060 4	16.547 7	45
46	11.738 5	0.085 2	195.245 7	0.005 1	0.060 1	16.632 9	46
47	12.384 1	0.080 7	206.984 2	0.004 8	0.059 8	16.713 7	47
48	13.065 3	0.076 5	219.368 4	0.004 6	0.059 6	16.790 2	48
49	13.783 8	0.072 5	232.433 6	0.004 3	0.059 3	16.862 8	49
50	14.542 0	0.068 8	246.217 5	0.004 1	0.059 1	16.931 5	50

表 12　　**$i=6\%$ 时的复利系数**

n	$(F/P, i, n)$	$(P/F, i, n)$	$(F/A, i, n)$	$(A/F, i, n)$	$(A/P, i, n)$	$(P/A, i, n)$	n
1	1.060 0	0.943 4	1.000 0	1.000 0	1.060 0	0.943 4	1
2	1.123 6	0.890 0	2.060 0	0.485 4	0.545 4	1.833 4	2
3	1.191 0	0.839 6	3.183 6	0.314 1	0.374 1	2.673 0	3
4	1.262 5	0.792 1	4.374 6	0.228 6	0.288 6	3.465 1	4
5	1.338 2	0.747 3	5.637 1	0.177 4	0.237 4	4.212 4	5
6	1.418 5	0.705 0	6.975 3	0.143 4	0.203 4	4.917 3	6
7	1.503 6	0.665 1	8.393 8	0.119 1	0.179 1	5.582 4	7
8	1.593 8	0.627 4	9.897 5	0.101 0	0.161 0	6.209 8	8
9	1.689 5	0.591 9	11.491 3	0.087 0	0.147 0	6.801 7	9
10	1.790 8	0.558 4	13.180 8	0.075 9	0.135 9	7.360 1	10
11	1.898 3	0.526 8	14.971 6	0.066 8	0.126 8	7.886 9	11
12	2.012 2	0.497 0	16.869 9	0.059 3	0.119 3	8.383 8	12
13	2.132 9	0.468 8	18.882 1	0.053 0	0.113 0	8.852 7	13
14	2.260 9	0.442 3	21.015 1	0.047 6	0.107 6	9.295 0	14
15	2.396 6	0.417 3	23.276 0	0.043 0	0.103 0	9.712 2	15
16	2.540 4	0.393 6	25.672 5	0.039 0	0.099 0	10.105 9	16
17	2.692 8	0.371 4	28.212 9	0.035 4	0.095 4	10.477 3	17
18	2.854 3	0.350 3	30.905 7	0.032 4	0.092 4	10.827 6	18
19	3.025 6	0.330 5	33.760 0	0.029 6	0.089 6	11.158 1	19
20	3.207 1	0.311 8	36.785 6	0.027 2	0.087 2	11.469 9	20
21	3.399 6	0.294 2	39.992 7	0.025 0	0.085 0	11.764 1	21
22	3.603 5	0.277 5	43.392 3	0.023 0	0.083 0	12.041 6	22
23	3.819 7	0.261 8	46.995 8	0.021 3	0.081 3	12.303 4	23
24	4.048 9	0.247 0	50.815 6	0.019 7	0.079 7	12.550 4	24
25	4.291 9	0.233 0	54.864 5	0.018 2	0.078 2	12.783 4	25
26	4.549 4	0.219 8	59.156 4	0.016 9	0.076 9	13.003 2	26
27	4.822 3	0.207 4	63.705 8	0.015 7	0.075 7	13.210 5	27
28	5.111 7	0.195 6	68.528 1	0.014 6	0.074 6	13.406 2	28
29	5.418 4	0.184 6	73.639 8	0.013 6	0.073 6	13.590 7	29
30	5.743 5	0.174 1	79.058 2	0.012 6	0.072 6	13.764 8	30
31	6.088 1	0.164 3	84.801 7	0.011 8	0.071 8	13.929 1	31
32	6.453 4	0.155 0	90.889 8	0.011 0	0.071 0	14.084 0	32
33	6.840 6	0.146 2	97.343 2	0.010 3	0.070 3	14.230 2	33
34	7.251 0	0.137 9	104.183 8	0.009 6	0.069 6	14.368 1	34
35	7.686 1	0.130 1	111.434 8	0.009 0	0.069 0	14.498 2	35
36	8.147 3	0.122 7	119.120 9	0.008 4	0.068 4	14.621 0	36
37	8.636 1	0.115 8	127.268 1	0.007 9	0.067 9	14.736 8	37
38	9.154 3	0.109 2	135.904 2	0.007 4	0.067 4	14.846 0	38
39	9.703 5	0.103 1	145.058 5	0.006 9	0.066 9	14.949 1	39
40	10.285 7	0.097 2	154.762 0	0.006 5	0.066 5	15.046 3	40
41	10.902 9	0.091 7	165.047 7	0.006 1	0.066 1	15.138 0	41
42	11.557 0	0.086 5	175.950 5	0.005 7	0.065 7	15.224 5	42
43	12.250 5	0.081 6	187.507 6	0.005 3	0.065 3	15.306 2	43
44	12.985 5	0.077 0	199.758 0	0.005 0	0.065 0	15.383 2	44
45	13.764 6	0.072 7	212.743 5	0.004 7	0.064 7	15.455 8	45
46	14.590 5	0.068 5	226.508 1	0.004 4	0.064 4	15.524 4	46
47	15.465 9	0.064 7	241.098 6	0.004 1	0.064 1	15.589 0	47
48	16.393 9	0.061 0	256.564 5	0.003 9	0.063 9	15.650 0	48
49	17.377 5	0.057 5	272.958 4	0.003 7	0.063 7	15.707 6	49
50	18.420 2	0.054 3	290.335 9	0.003 4	0.063 4	15.761 9	50

表 13　　**i=6.5%时的复利系数**

n	(F/P, i, n)	(P/F, i, n)	(F/A, i, n)	(A/F, i, n)	(A/P, i, n)	(P/A, i, n)	n
1	1.065 6	0.939 0	1.000 0	1.000 0	1.065 0	0.939 0	1
2	1.134 2	0.881 7	2.065 0	0.484 3	0.549 3	1.820 6	2
3	1.207 9	0.827 8	3.199 2	0.312 6	0.377 6	2.648 5	3
4	1.286 5	0.777 3	4.407 2	0.226 9	0.291 9	3.425 8	4
5	1.370 1	0.729 9	5.693 6	0.175 6	0.240 6	4.155 7	5
6	1.459 1	0.685 3	7.063 7	0.141 6	0.206 6	4.841 0	6
7	1.554 0	0.643 5	8.522 9	0.117 3	0.182 3	5.484 5	7
8	1.655 0	0.604 2	10.076 9	0.099 2	0.164 2	6.088 8	8
9	1.762 6	0.567 4	11.731 9	0.085 2	0.150 2	6.656 1	9
10	1.877 1	0.532 7	13.494 4	0.074 1	0.139 1	7.188 8	10
11	1.999 2	0.500 2	15.371 6	0.065 1	0.130 1	7.689 0	11
12	2.129 1	0.469 7	17.370 7	0.057 6	0.122 6	8.158 7	12
13	2.267 5	0.441 0	19.499 8	0.051 3	0.116 3	8.599 7	13
14	2.414 9	0.414 1	21.767 3	0.045 9	0.110 9	9.013 8	14
15	2.571 8	0.388 8	24.182 2	0.041 4	0.106 4	9.402 7	15
16	2.739 0	0.365 1	26.754 0	0.037 4	0.102 4	9.767 8	16
17	2.917 0	0.342 8	29.493 0	0.033 9	0.098 9	10.110 6	17
18	3.106 7	0.321 9	32.410 1	0.030 9	0.095 9	10.432 5	18
19	3.308 6	0.302 2	35.516 7	0.028 2	0.093 2	10.734 7	19
20	3.523 6	0.283 8	38.825 3	0.025 8	0.090 8	11.018 5	20
21	3.752 7	0.266 5	42.349 0	0.023 6	0.088 6	11.285 0	21
22	3.996 6	0.250 2	46.101 6	0.021 7	0.086 7	11.535 2	22
23	4.256 4	0.234 9	50.098 2	0.020 0	0.085 0	11.770 1	23
24	4.533 1	0.220 6	54.354 6	0.018 4	0.083 4	11.990 7	24
25	4.827 7	0.207 1	58.887 7	0.017 0	0.082 0	12.197 9	25
26	5.141 5	0.194 5	63.715 4	0.015 7	0.080 7	12.392 4	26
27	5.475 7	0.182 6	68.856 9	0.014 5	0.079 5	12.575 0	27
28	5.831 6	0.171 5	74.332 6	0.013 5	0.078 5	12.746 5	28
29	6.210 7	0.161 0	80.164 2	0.012 5	0.077 5	12.907 5	29
30	6.614 4	0.151 2	86.374 9	0.011 6	0.076 6	13.058 7	30
31	7.044 3	0.142 0	92.989 2	0.010 8	0.075 8	13.200 6	31
32	7.502 2	0.133 3	100.033 5	0.010 0	0.075 0	13.333 9	32
33	7.989 8	0.125 2	107.535 7	0.009 3	0.074 3	13.459 1	33
34	8.509 2	0.117 5	115.525 5	0.008 7	0.073 7	13.576 6	34
35	9.062 3	0.110 3	124.034 7	0.008 1	0.073 1	13.687 0	35
36	9.651 3	0.103 6	133.096 9	0.007 5	0.072 5	13.790 6	36
37	10.278 6	0.097 3	142.748 2	0.007 0	0.072 0	13.887 9	37
38	10.946 7	0.091 4	153.026 9	0.006 5	0.071 5	13.979 2	38
39	11.658 3	0.085 8	163.973 6	0.006 1	0.071 1	14.065 0	39
40	12.416 1	0.080 5	175.631 9	0.005 7	0.070 7	14.145 5	40
41	13.223 1	0.075 6	188.048 0	0.005 3	0.070 3	14.221 2	41
42	14.082 6	0.071 0	201.271 1	0.005 0	0.070 0	14.292 2	42
43	14.998 0	0.066 7	215.353 7	0.004 6	0.069 6	14.358 8	43
44	15.972 9	0.062 6	230.351 7	0.004 3	0.069 3	14.421 4	44
45	17.011 1	0.058 8	246.324 6	0.004 1	0.069 1	14.480 2	45
46	18.116 8	0.055 2	263.335 7	0.003 8	0.068 8	14.535 4	46
47	19.294 4	0.051 8	281.452 5	0.003 6	0.068 6	14.587 3	47
48	20.548 5	0.048 7	300.746 9	0.003 3	0.068 3	14.635 9	48
49	21.884 2	0.045 7	321.295 5	0.003 1	0.068 1	14.681 6	49
50	23.306 7	0.042 9	343.179 7	0.002 9	0.067 9	14.724 5	50

表 14　　$i=7\%$ 时的复利系数

n	$(F/P, i, n)$	$(P/F, i, n)$	$(F/A, i, n)$	$(A/F, i, n)$	$(A/P, i, n)$	$(P/A, i, n)$	n
1	1.070 0	0.934 6	1.000 0	1.000 0	1.070 0	0.934 6	1
2	1.144 9	0.873 4	2.070 0	0.483 1	0.553 1	1.808 0	2
3	1.225 0	0.816 3	3.214 9	0.311 1	0.381 1	2.624 3	3
4	1.310 8	0.762 9	4.439 9	0.225 2	0.295 2	3.387 2	4
5	1.402 6	0.713 0	5.750 7	0.173 9	0.243 9	4.100 2	5
6	1.500 7	0.666 3	7.153 3	0.139 8	0.209 8	4.766 5	6
7	1.605 8	0.622 7	8.654 0	0.115 6	0.185 6	5.389 3	7
8	1.718 2	0.582 0	10.259 8	0.097 5	0.167 5	5.971 3	8
9	1.838 5	0.543 9	11.978 0	0.083 5	0.153 5	6.515 2	9
10	1.967 2	0.508 3	13.816 4	0.072 4	0.142 4	7.023 6	10
11	2.104 9	0.475 1	15.783 6	0.063 4	0.133 4	7.498 7	11
12	2.252 2	0.444 0	17.888 5	0.055 9	0.125 9	7.942 7	12
13	2.409 8	0.415 0	20.140 6	0.049 7	0.119 7	8.357 7	13
14	2.578 5	0.387 8	22.550 5	0.044 3	0.114 3	8.745 5	14
15	2.759 0	0.362 4	25.129 0	0.039 8	0.109 8	9.107 9	15
16	2.952 2	0.338 7	27.888 1	0.035 9	0.105 9	9.446 6	16
17	3.158 8	0.316 6	30.840 2	0.032 4	0.102 4	9.763 2	17
18	3.379 9	0.295 9	33.999 0	0.029 4	0.099 4	10.059 1	18
19	3.616 5	0.276 5	37.379 0	0.026 8	0.096 8	10.335 6	19
20	3.869 7	0.258 4	40.995 5	0.024 4	0.094 4	10.594 0	20
21	4.140 6	0.241 5	44.865 2	0.022 3	0.092 3	10.835 5	21
22	4.430 4	0.225 7	49.005 7	0.020 4	0.090 4	11.061 2	22
23	4.740 5	0.210 9	53.436 1	0.018 7	0.088 7	11.272 2	23
24	5.072 4	0.197 1	58.176 7	0.017 2	0.087 2	11.469 3	24
25	5.427 4	0.184 2	63.249 0	0.015 8	0.085 8	11.653 6	25
26	5.807 4	0.172 2	68.676 5	0.014 6	0.084 6	11.825 8	26
27	6.213 9	0.160 9	74.483 8	0.013 4	0.083 4	11.986 7	27
28	6.648 8	0.150 4	80.697 7	0.012 4	0.082 4	12.137 1	28
29	7.114 3	0.140 6	87.346 5	0.011 4	0.081 4	12.277 7	29
30	7.612 3	0.131 4	94.460 8	0.010 6	0.080 6	12.409 0	30
31	8.145 1	0.122 8	102.073 0	0.009 8	0.079 8	12.531 8	31
32	8.715 3	0.114 7	110.218 2	0.009 1	0.079 1	12.646 6	32
33	9.325 3	0.107 2	118.933 4	0.008 4	0.078 4	12.753 8	33
34	9.978 1	0.100 2	128.258 8	0.007 8	0.077 8	12.854 0	34
35	10.676 6	0.093 7	138.236 9	0.007 2	0.077 2	12.947 7	35
36	11.423 9	0.087 5	148.913 5	0.006 7	0.076 7	13.035 2	36
37	12.223 6	0.081 8	160.337 4	0.006 2	0.076 2	13.117 0	37
38	13.079 3	0.076 5	172.561 0	0.005 8	0.075 8	13.193 5	38
39	13.994 8	0.071 5	185.640 3	0.005 4	0.075 4	13.264 9	39
40	14.974 5	0.066 8	199.635 1	0.005 0	0.075 0	13.331 7	40
41	16.022 7	0.062 4	214.609 6	0.004 7	0.074 7	13.394 1	41
42	17.144 3	0.058 3	230.632 2	0.004 3	0.074 3	13.452 4	42
43	18.344 4	0.054 5	247.776 5	0.004 0	0.074 0	13.507 0	43
44	19.628 5	0.050 9	266.120 9	0.003 8	0.073 8	13.557 9	44
45	21.002 5	0.047 6	285.749 3	0.003 5	0.073 5	13.605 5	45
46	22.472 6	0.044 5	306.751 8	0.003 3	0.073 3	13.650 0	46
47	24.045 7	0.041 6	329.224 4	0.003 0	0.073 0	13.691 6	47
48	25.728 9	0.038 9	353.270 1	0.002 8	0.072 8	13.730 5	48
49	27.529 9	0.036 3	378.999 0	0.002 6	0.072 6	13.766 8	49
50	29.457 0	0.033 9	406.528 9	0.002 5	0.072 5	13.800 7	50

表 15　　**i=8%时的复利系数**

n	$(F/P, i, n)$	$(P/F, i, n)$	$(F/A, i, n)$	$(A/F, i, n)$	$(A/P, i, n)$	$(P/A, i, n)$	n
1	1.080 0	0.925 9	1.000 0	1.000 0	1.080 0	0.925 9	1
2	1.166 4	0.857 3	2.080 0	0.480 8	0.560 8	1.783 3	2
3	1.259 7	0.793 8	3.246 4	0.308 0	0.388 0	2.577 1	3
4	1.360 5	0.735 0	4.506 1	0.221 9	0.301 9	3.312 1	4
5	1.469 3	0.680 6	5.866 6	0.170 5	0.250 5	3.992 7	5
6	1.586 9	0.630 2	7.335 9	0.136 3	0.216 3	4.622 9	6
7	1.713 8	0.583 5	8.922 8	0.112 1	0.192 1	5.206 4	7
8	1.850 9	0.540 3	10.636 6	0.094 0	0.174 0	5.746 6	8
9	1.999 0	0.500 2	12.487 6	0.080 1	0.160 1	6.246 9	9
10	2.158 9	0.463 2	14.486 6	0.069 0	0.149 0	6.710 1	10
11	2.331 6	0.428 9	16.645 5	0.060 1	0.140 1	7.139 0	11
12	2.518 2	0.397 1	18.977 1	0.052 7	0.132 7	7.536 1	12
13	2.719 6	0.367 7	21.495 3	0.046 5	0.126 5	7.903 8	13
14	2.937 2	0.340 5	24.214 9	0.041 3	0.121 3	8.244 2	14
15	3.172 2	0.315 2	27.152 1	0.036 8	0.116 8	8.559 5	15
16	3.425 9	0.291 9	30.324 3	0.033 0	0.113 0	8.851 4	16
17	3.700 0	0.270 3	33.750 2	0.029 6	0.109 6	9.121 6	17
18	3.996 0	0.250 2	37.450 2	0.026 7	0.106 7	9.371 9	18
19	4.315 7	0.231 7	41.446 3	0.024 1	0.104 1	9.603 6	19
20	4.661 0	0.214 5	45.762 0	0.021 9	0.101 9	9.818 1	20
21	5.033 8	0.198 7	50.422 9	0.019 8	0.099 8	10.016 8	21
22	5.436 5	0.183 9	55.456 8	0.018 0	0.098 0	10.200 7	22
23	5.871 5	0.170 3	60.893 3	0.016 4	0.096 4	10.371 1	23
24	6.341 2	0.157 7	66.764 8	0.015 0	0.095 0	10.528 8	24
25	6.848 5	0.146 0	73.105 9	0.013 7	0.093 7	10.674 8	25
26	7.396 4	0.135 2	79.954 4	0.012 5	0.092 5	10.810 0	26
27	7.988 1	0.125 2	87.350 8	0.011 4	0.091 4	10.935 2	27
28	8.627 1	0.115 9	95.338 8	0.010 5	0.090 5	11.051 1	28
29	9.317 3	0.107 3	103.965 9	0.009 6	0.089 6	11.158 4	29
30	10.062 7	0.099 4	113.283 2	0.008 8	0.088 8	11.257 8	30
31	10.867 7	0.092 0	123.345 9	0.008 1	0.088 1	11.349 8	31
32	11.737 1	0.085 2	134.213 5	0.007 5	0.087 5	11.435 0	32
33	12.676 0	0.078 9	145.950 6	0.006 9	0.086 9	11.513 9	33
34	13.690 1	0.073 0	158.626 7	0.006 3	0.086 3	11.586 9	34
35	14.785 3	0.067 6	172.316 8	0.005 8	0.085 8	11.654 6	35
36	15.968 2	0.062 6	187.102 1	0.005 3	0.085 3	11.717 2	36
37	17.245 6	0.058 0	203.070 3	0.004 9	0.084 9	11.775 2	37
38	18.625 3	0.053 7	220.315 9	0.004 5	0.084 5	11.828 9	38
39	20.115 3	0.049 7	238.941 2	0.004 2	0.084 2	11.878 6	39
40	21.724 5	0.046 0	259.056 5	0.003 9	0.083 9	11.924 6	40
41	23.462 5	0.042 6	280.781 0	0.003 6	0.083 6	11.967 2	41
42	25.339 5	0.039 5	304.243 5	0.003 3	0.083 3	12.006 7	42
43	27.366 6	0.036 5	329.583 0	0.003 0	0.083 0	12.043 2	43
44	29.556 0	0.033 8	356.949 6	0.002 8	0.082 8	12.077 1	44
45	31.920 4	0.031 3	386.505 6	0.002 6	0.082 6	12.108 4	45
46	34.474 1	0.029 0	418.426 1	0.002 4	0.082 4	12.137 4	46
47	37.232 0	0.026 9	452.900 2	0.002 2	0.082 2	12.164 3	47
48	40.210 6	0.024 9	490.132 2	0.002 0	0.082 0	12.189 1	48
49	43.427 4	0.023 0	530.342 7	0.001 9	0.081 9	12.212 2	49
50	46.901 6	0.021 3	573.770 2	0.001 7	0.081 7	12.233 5	50

表 16　　**i=9%时的复利系数**

n	$(F/P, i, n)$	$(P/F, i, n)$	$(F/A, i, n)$	$(A/F, i, n)$	$(A/P, i, n)$	$(P/A, i, n)$	n
1	1.090 0	0.917 4	1.000 0	1.000 0	1.090 0	0.917 4	1
2	1.188 1	0.841 7	2.090 0	0.478 5	0.568 5	1.759 1	2
3	1.295 0	0.772 2	3.278 1	0.305 1	0.395 1	2.531 3	3
4	1.411 6	0.708 4	4.573 1	0.218 7	0.308 7	3.239 7	4
5	1.538 6	0.649 9	5.984 7	0.167 1	0.257 1	3.889 7	5
6	1.677 1	0.596 3	7.523 3	0.132 9	0.222 9	4.485 9	6
7	1.828 0	0.547 0	9.200 4	0.108 7	0.198 7	5.033 0	7
8	1.992 6	0.501 9	11.028 5	0.090 7	0.180 7	5.534 8	8
9	2.171 9	0.460 4	13.021 0	0.076 8	0.166 8	5.995 2	9
10	2.367 4	0.422 4	15.192 9	0.065 8	0.155 8	6.417 7	10
11	2.580 4	0.387 5	17.560 3	0.056 9	0.146 9	6.805 2	11
12	2.812 7	0.355 5	20.140 7	0.049 7	0.139 7	7.160 7	12
13	3.065 8	0.326 2	22.953 4	0.043 6	0.133 6	7.486 9	13
14	3.341 7	0.299 2	26.019 2	0.038 4	0.128 4	7.786 2	14
15	3.642 5	0.274 5	29.360 9	0.034 1	0.124 1	8.060 7	15
16	3.970 3	0.251 9	33.003 4	0.030 3	0.120 3	8.312 6	16
17	4.327 6	0.231 1	36.973 7	0.027 0	0.117 0	8.543 6	17
18	4.717 1	0.212 0	41.301 3	0.024 2	0.114 2	8.755 6	18
19	5.141 7	0.194 5	46.018 5	0.021 7	0.111 7	8.950 1	19
20	5.604 4	0.178 4	51.160 1	0.019 5	0.109 5	9.128 5	20
21	6.108 8	0.163 7	56.764 5	0.017 6	0.107 6	9.292 2	21
22	6.658 6	0.150 2	62.873 3	0.015 9	0.105 9	9.442 4	22
23	7.257 9	0.137 8	69.531 9	0.014 4	0.104 4	9.580 2	23
24	7.911 1	0.126 4	76.789 8	0.013 0	0.103 0	9.706 6	24
25	8.623 1	0.116 0	84.700 9	0.011 8	0.101 8	9.822 6	25
26	9.399 2	0.106 4	93.324 0	0.010 7	0.100 7	9.929 0	26
27	10.245 1	0.097 6	102.723 1	0.009 7	0.099 7	10.026 6	27
28	11.167 1	0.089 5	112.968 2	0.008 9	0.098 9	10.116 1	28
29	12.172 2	0.082 2	124.135 4	0.008 1	0.098 1	10.198 3	29
30	13.267 7	0.075 4	136.307 5	0.007 3	0.097 3	10.273 7	30
31	14.461 8	0.069 1	149.575 2	0.006 7	0.096 7	10.342 8	31
32	15.763 3	0.063 4	164.037 0	0.006 1	0.096 1	10.406 2	32
33	17.182 0	0.058 2	179.800 3	0.005 6	0.095 6	10.464 4	33
34	18.728 4	0.053 4	196.982 3	0.005 1	0.095 1	10.517 8	34
35	20.414 0	0.049 0	215.710 8	0.004 6	0.094 6	10.566 8	35
36	22.251 2	0.044 9	236.124 7	0.004 2	0.094 2	10.611 8	36
37	24.253 8	0.041 2	258.375 9	0.003 9	0.093 9	10.653 0	37
38	26.436 7	0.037 8	282.629 8	0.003 5	0.093 5	10.690 8	38
39	28.816 0	0.034 7	309.066 5	0.003 2	0.093 2	10.725 5	39
40	31.409 4	0.031 8	337.882 4	0.003 0	0.093 0	10.757 4	40
41	34.236 3	0.029 2	369.291 9	0.002 7	0.092 7	10.786 6	41
42	37.317 5	0.026 8	403.528 1	0.002 5	0.092 5	10.813 4	42
43	40.676 1	0.024 6	440.845 7	0.002 3	0.092 3	10.838 0	43
44	44.337 0	0.022 6	481.521 8	0.002 1	0.092 1	10.860 5	44
45	48.327 3	0.020 7	525.858 7	0.001 9	0.091 9	10.881 2	45
46	52.676 7	0.019 0	574.186 0	0.001 7	0.091 7	10.900 2	46
47	57.417 6	0.017 4	626.862 8	0.001 6	0.091 6	10.917 6	47
48	62.585 2	0.016 0	684.280 4	0.001 5	0.091 5	10.933 6	48
49	68.217 9	0.0147	746.865 6	0.001 3	0.091 3	10.948 2	49
50	74.357 5	0.013 4	815.083 6	0.001 2	0.091 2	10.961 7	50

表 17　　**i=10%时的复利系数**

n	$(F/P, i, n)$	$(P/F, i, n)$	$(F/A, i, n)$	$(A/F, i, n)$	$(A/P, i, n)$	$(P/A, i, n)$	n
1	1.100 0	0.909 1	1.000 0	1.000 0	1.100 0	0.909 1	1
2	1.210 0	0.826 4	2.100 0	0.476 2	0.576 2	1.735 5	2
3	1.331 0	0.751 3	3.310 0	0.302 1	0.402 1	2.486 9	3
4	1.464 1	0.683 0	4.641 0	0.215 5	0.315 5	3.169 9	4
5	1.610 5	0.620 9	6.105 1	0.163 8	0.263 8	3.790 8	5
6	1.771 6	0.564 5	7.715 6	0.129 6	0.229 6	4.355 3	6
7	1.948 7	0.513 2	9.487 2	0.105 4	0.205 4	4.868 4	7
8	2.143 6	0.466 5	11.435 9	0.087 4	0.187 4	5.334 9	8
9	2.357 9	0.424 1	13.579 5	0.073 6	0.173 6	5.759 0	9
10	2.593 7	0.385 5	15.937 4	0.062 7	0.162 7	6.144 6	10
11	2.853 1	0.350 5	18.531 2	0.054 0	0.154 0	6.495 1	11
12	3.138 4	0.318 6	21.384 3	0.046 8	0.146 8	6.813 7	12
13	3.452 3	0.289 7	24.522 7	0.040 8	0.140 8	7.103 4	13
14	3.797 5	0.263 3	27.975 0	0.035 7	0.135 7	7.366 7	14
15	4.177 2	0.239 4	31.772 5	0.031 5	0.131 5	7.606 1	15
16	4.595 0	0.217 6	35.949 7	0.027 8	0.127 8	7.823 7	16
17	5.054 5	0.197 8	40.544 7	0.024 7	0.124 7	8.021 6	17
18	5.559 9	0.179 9	45.599 2	0.021 9	0.121 9	8.201 4	18
19	6.115 9	0.163 5	51.159 1	0.019 5	0.119 5	8.364 9	19
20	6.727 5	0.148 6	57.275 0	0.017 5	0.117 5	8.513 6	20
21	7.400 2	0.135 1	64.002 5	0.015 6	0.115 6	8.648 7	21
22	8.140 3	0.122 8	71.402 7	0.014 0	0.114 0	8.771 5	22
23	8.954 3	0.111 7	79.543 0	0.012 6	0.112 6	8.883 2	23
24	9.849 7	0.101 5	88.497 3	0.011 3	0.111 3	8.984 7	24
25	10.834 7	0.092 3	98.347 1	0.010 2	0.110 2	9.077 0	25
26	11.918 2	0.083 9	109.181 8	0.009 2	0.109 2	9.160 9	26
27	13.110 0	0.076 3	121.099 9	0.008 3	0.108 3	9.237 2	27
28	14.421 0	0.069 3	134.209 9	0.007 5	0.107 5	9.306 6	28
29	15.863 1	0.063 0	148.630 9	0.006 7	0.106 7	9.369 6	29
30	17.449 4	0.057 3	164.494 0	0.006 1	0.106 1	9.426 9	30
31	19.194 3	0.052 1	181.943 4	0.005 5	0.105 5	9.479 0	31
32	21.113 8	0.047 4	201.137 8	0.005 0	0.105 0	9.526 4	32
33	23.225 2	0.043 1	222.251 5	0.004 5	0.104 5	9.569 4	33
34	25.547 7	0.039 1	245.476 7	0.004 1	0.104 1	9.608 6	34
35	28.102 4	0.035 6	271.024 4	0.003 7	0.103 7	9.644 2	35
36	30.912 7	0.032 3	299.126 8	0.003 3	0.103 3	9.676 5	36
37	34.003 9	0.029 4	330.039 5	0.003 0	0.103 0	9.705 9	37
38	37.404 3	0.026 7	364.043 4	0.002 7	0.102 7	9.732 7	38
39	41.144 8	0.024 3	401.447 8	0.002 5	0.102 5	9.757 0	39
40	45.259 3	0.022 1	442.592 6	0.002 3	0.102 3	9.779 1	40
41	49.785 2	0.020 1	487.851 8	0.002 0	0.102 0	9.799 1	41
42	54.763 7	0.018 3	537.637 0	0.001 9	0.101 9	9.817 4	42
43	60.240 1	0.016 6	592.400 7	0.001 7	0.101 7	9.834 0	43
44	66.264 1	0.015 1	652.640 8	0.001 5	0.101 5	9.849 1	44
45	72.890 5	0.013 7	718.904 8	0.001 4	0.101 4	9.862 8	45
46	80.179 5	0.012 5	791.795 3	0.001 3	0.101 3	9.875 3	46
47	88.197 5	0.011 3	871.974 9	0.001 1	0.101 1	9.886 6	47
48	97.017 2	0.010 3	960.172 3	0.001 0	0.101 0	9.896 9	48
49	106.719 0	0.009 4	1 057.189 6	0.000 9	0.100 9	9.906 3	49
50	117.390 9	0.008 5	1 163.908 5	0.000 9	0.100 9	9.914 8	50

表 18　　$i=11\%$ 时的复利系数

n	(F/P, i, n)	(P/F, i, n)	(F/A, i, n)	(A/F, i, n)	(A/P, i, n)	(P/A, i, n)	n
1	1.110 0	0.900 9	1.000 0	1.000 0	1.110 0	0.900 9	1
2	1.232 1	0.811 6	2.110 0	0.473 9	0.583 9	1.712 5	2
3	1.367 6	0.731 2	3.342 1	0.299 2	0.409 2	2.443 7	3
4	1.518 1	0.658 7	4.709 7	0.212 3	0.322 3	3.102 4	4
5	1.685 1	0.593 5	6.227 8	0.160 6	0.270 6	3.695 9	5
6	1.870 4	0.534 6	7.912 9	0.126 4	0.236 4	4.230 5	6
7	2.076 2	0.481 7	9.783 3	0.102 2	0.212 2	4.712 2	7
8	2.304 5	0.433 9	11.859 4	0.084 3	0.194 3	5.146 1	8
9	2.558 0	0.390 9	14.164 0	0.070 6	0.180 6	5.537 0	9
10	2.839 4	0.352 2	16.722 0	0.059 8	0.169 8	5.889 2	10
11	3.151 8	0.317 3	19.561 4	0.051 1	0.161 1	6.206 5	11
12	3.498 5	0.285 8	22.713 2	0.044 0	0.154 0	6.492 4	12
13	3.883 3	0.257 5	26.211 6	0.038 2	0.148 2	6.749 9	13
14	4.310 4	0.232 0	30.094 9	0.033 2	0.143 2	6.981 9	14
15	4.784 6	0.209 0	34.405 4	0.029 1	0.139 1	7.190 9	15
16	5.310 9	0.188 3	39.189 9	0.025 5	0.135 5	7.379 2	16
17	5.895 1	0.169 6	44.500 8	0.022 5	0.132 5	7.548 8	17
18	6.543 6	0.152 8	50.395 9	0.019 8	0.129 8	7.701 6	18
19	7.263 3	0.137 7	56.939 5	0.017 6	0.127 6	7.839 3	19
20	8.062 3	0.124 0	64.202 8	0.015 6	0.125 6	7.963 3	20
21	8.949 2	0.111 7	72.265 1	0.013 8	0.123 8	8.075 1	21
22	9.933 6	0.100 7	81.214 3	0.012 3	0.122 3	8.175 7	22
23	11.026 3	0.090 7	91.147 9	0.011 0	0.121 0	8.266 4	23
24	12.239 2	0.081 7	102.174 2	0.009 8	0.119 8	8.348 1	24
25	13.585 5	0.073 6	114.413 3	0.008 7	0.118 7	8.421 7	25
26	15.079 9	0.066 3	127.998 8	0.007 8	0.117 8	8.488 1	26
27	16.738 7	0.059 7	143.078 6	0.007 0	0.117 0	8.547 8	27
28	18.579 9	0.053 8	159.817 3	0.006 3	0.116 3	8.601 6	28
29	20.623 7	0.048 5	178.397 2	0.005 6	0.115 6	8.650 1	29
30	22.892 3	0.043 7	199.020 9	0.005 0	0.115 0	8.693 8	30
31	25.410 4	0.039 4	221.913 2	0.004 5	0.114 5	8.733 1	31
32	28.205 6	0.035 5	247.323 6	0.004 0	0.114 0	8.768 6	32
33	31.308 2	0.031 9	275.529 2	0.003 6	0.113 6	8.800 5	33
34	34.752 1	0.028 8	306.837 4	0.003 3	0.113 3	8.829 3	34
35	38.574 9	0.025 9	341.589 6	0.002 9	0.112 9	8.855 2	35
36	42.818 1	0.023 4	380.164 4	0.002 6	0.112 6	8.878 6	36
37	47.528 1	0.021 0	422.982 5	0.002 4	0.112 4	8.899 6	37
38	52.756 2	0.019 0	470.510 6	0.002 1	0.112 1	8.918 6	38
39	58.559 3	0.017 1	523.266 7	0.001 9	0.111 9	8.935 7	39
40	65.000 9	0.015 4	581.826 1	0.001 7	0.111 7	8.951 1	40
41	72.151 0	0.013 9	646.826 9	0.001 5	0.111 5	8.964 9	41
42	80.087 6	0.012 5	718.977 9	0.001 4	0.111 4	8.977 4	42
43	88.897 2	0.011 2	799.065 5	0.001 3	0.111 3	8.988 6	43
44	98.675 9	0.010 1	887.962 7	0.001 1	0.111 1	8.998 8	44
45	109.530 2	0.009 1	986.638 6	0.001 0	0.111 0	9.007 9	45
46	121.578 6	0.008 2	1 096.168 8	0.000 9	0.110 9	9.016 1	46
47	134.952 2	0.007 4	1 217.747 4	0.000 8	0.110 8	9.023 5	47
48	149.797 0	0.006 7	1 352.699 6	0.000 7	0.110 7	9.030 2	48
49	166.274 6	0.006 0	1 502.496 5	0.000 7	0.110 7	9.036 2	49
50	184.564 8	0.005 4	1 668.771 2	0.000 6	0.110 6	9.041 7	50

表 19　　　　**i=12%时的复利系数**

n	(F/P, i, n)	(P/F, i, n)	(F/A, i, n)	(A/F, i, n)	(A/P, i, n)	(P/A, i, n)	n
1	1.120 0	0.892 9	1.000 0	1.000 0	1.120 0	0.892 9	1
2	1.254 4	0.797 2	2.120 0	0.471 7	0.591 7	1.690 1	2
3	1.404 9	0.711 8	3.374 4	0.296 3	0.416 3	2.401 8	3
4	1.573 5	0.635 5	4.779 3	0.209 2	0.329 2	3.037 3	4
5	1.762 3	0.567 4	6.352 8	0.157 4	0.277 4	3.604 8	5
6	1.973 8	0.506 6	8.115 2	0.123 2	0.243 2	4.111 4	6
7	2.210 7	0.452 3	10.089 0	0.099 1	0.219 1	4.563 8	7
8	2.476 0	0.403 9	12.299 7	0.081 3	0.201 3	4.967 6	8
9	2.773 1	0.360 6	14.775 7	0.067 7	0.187 7	5.328 2	9
10	3.105 8	0.322 0	17.548 7	0.057 0	0.177 0	5.650 2	10
11	3.478 6	0.287 5	20.654 6	0.048 4	0.168 4	5.937 7	11
12	3.896 0	0.256 7	24.133 1	0.041 4	0.161 4	6.194 4	12
13	4.363 5	0.229 2	28.029 1	0.035 7	0.155 7	6.423 5	13
14	4.887 1	0.204 6	32.392 6	0.030 9	0.150 9	6.628 2	14
15	5.473 6	0.182 7	37.279 7	0.026 8	0.146 8	6.810 9	15
16	6.130 4	0.163 1	42.753 3	0.023 4	0.143 4	6.974 0	16
17	6.866 0	0.145 6	48.883 7	0.020 5	0.140 5	7.119 6	17
18	7.690 0	0.130 0	55.749 7	0.017 9	0.137 9	7.249 7	18
19	8.612 8	0.116 1	63.439 7	0.015 8	0.135 8	7.365 8	19
20	9.646 3	0.103 7	72.052 4	0.013 9	0.133 9	7.469 4	20
21	10.803 8	0.092 6	81.698 7	0.012 2	0.132 2	7.562 0	21
22	12.100 3	0.082 6	92.502 6	0.010 8	0.130 8	7.644 6	22
23	13.552 3	0.073 8	104.602 9	0.009 6	0.129 6	7.718 4	23
24	15.178 6	0.065 9	118.155 2	0.008 5	0.128 5	7.784 3	24
25	17.000 1	0.058 8	133.333 9	0.007 5	0.127 5	7.843 1	25
26	19.040 1	0.052 5	150.333 9	0.006 7	0.126 7	7.895 7	26
27	21.324 9	0.046 9	169.374 0	0.005 9	0.125 9	7.942 6	27
28	23.883 9	0.041 9	190.698 9	0.005 2	0.125 2	7.984 4	28
29	26.749 9	0.037 4	214.582 8	0.004 7	0.124 7	8.021 8	29
30	29.959 9	0.033 4	241.332 7	0.004 1	0.124 1	8.055 2	30
31	33.555 1	0.029 8	271.292 6	0.003 7	0.123 7	8.085 0	31
32	37.581 7	0.026 6	304.847 7	0.003 3	0.123 3	8.111 6	32
33	42.091 5	0.023 8	342.429 4	0.002 9	0.122 9	8.135 4	33
34	47.142 5	0.021 2	384.521 0	0.002 6	0.122 6	8.156 6	34
35	52.799 6	0.018 9	431.663 5	0.002 3	0.122 3	8.175 5	35
36	59.135 6	0.016 9	484.463 1	0.002 1	0.122 1	8.192 4	36
37	66.231 8	0.015 1	543.598 7	0.001 8	0.121 8	8.207 5	37
38	74.179 7	0.013 5	609.830 5	0.001 6	0.121 6	8.221 0	38
39	83.081 2	0.012 0	684.010 2	0.001 5	0.121 5	8.233 0	39
40	93.051 0	0.010 7	767.091 4	0.001 3	0.121 3	8.243 8	40
41	104.217 1	0.009 6	860.142 4	0.001 2	0.121 2	8.253 4	41
42	116.723 1	0.008 6	964.359 5	0.001 0	0.121 0	8.261 9	42
43	130.729 9	0.007 6	1 081.082 6	0.000 9	0.120 9	8.269 6	43
44	146.417 5	0.006 8	1 211.812 5	0.000 8	0.120 8	8.276 4	44
45	163.987 6	0.006 1	1 358.230 0	0.000 7	0.120 7	8.282 5	45
46	183.666 1	0.005 4	1 522.217 6	0.000 7	0.120 7	8.288 0	46
47	205.706 1	0.004 9	1 705.883 8	0.000 6	0.120 6	8.292 8	47
48	230.390 8	0.004 3	1 911.589 8	0.000 5	0.120 5	8.297 2	48
49	258.037 7	0.003 9	2 141.980 6	0.000 5	0.120 5	8.301 0	49
50	289.002 2	0.003 5	2 400.018 2	0.000 4	0.120 4	8.304 5	50

表 20 $i=13\%$ 时的复利系数

n	(F/P, i, n)	(P/F, i, n)	(F/A, i, n)	(A/F, i, n)	(A/P, i, n)	(P/A, i, n)	n
1	1. 130 0	0. 885 0	1. 000 0	1. 000 0	1. 130 0	0. 885 0	1
2	1. 276 9	0. 783 1	2. 130 0	0. 469 5	0. 599 5	1. 668 1	2
3	1. 442 9	0. 693 1	3. 406 9	0. 293 5	0. 423 5	2. 361 2	3
4	1. 630 5	0. 613 3	4. 849 8	0. 206 2	0. 336 2	2. 974 5	4
5	1. 842 4	0. 542 8	6. 480 3	0. 154 3	0. 284 3	3. 517 2	5
6	2. 082 0	0. 480 3	8. 322 7	0. 120 2	0. 250 2	3. 997 5	6
7	2. 352 6	0. 425 1	10. 404 7	0. 096 1	0. 226 1	4. 422 6	7
8	2. 658 4	0. 376 2	12. 757 3	0. 078 4	0. 208 4	4. 798 8	8
9	3. 004 0	0. 332 9	15. 415 7	0. 064 9	0. 194 9	5. 131 7	9
10	3. 394 6	0. 294 6	18. 419 7	0. 054 3	0. 184 3	5. 426 2	10
11	3. 835 9	0. 260 7	21. 814 3	0. 045 8	0. 175 8	5. 686 9	11
12	4. 334 5	0. 230 7	25. 650 2	0. 039 0	0. 169 0	5. 917 6	12
13	4. 898 0	0. 204 2	29. 984 7	0. 033 4	0. 163 4	6. 121 8	13
14	5. 534 8	0. 180 7	34. 882 7	0. 028 7	0. 158 7	6. 302 5	14
15	6. 254 3	0. 159 9	40. 417 5	0. 024 7	0. 154 7	6. 462 4	15
16	7. 067 3	0. 141 5	46. 671 7	0. 021 4	0. 151 4	6. 603 9	16
17	7. 986 1	0. 125 2	53. 739 1	0. 018 6	0. 148 6	6. 729 1	17
18	9. 024 3	0. 110 8	61. 725 1	0. 016 2	0. 146 2	6. 839 9	18
19	10. 197 4	0. 098 1	70. 749 4	0. 014 1	0. 144 1	6. 938 0	19
20	11. 523 1	0. 086 8	80. 946 8	0. 012 4	0. 142 4	7. 024 8	20
21	13. 021 1	0. 076 8	92. 469 9	0. 010 8	0. 140 8	7. 101 6	21
22	14. 713 8	0. 068 0	105. 491 0	0. 009 5	0. 139 5	7. 169 5	22
23	16. 626 6	0. 060 1	120. 204 8	0. 008 3	0. 138 3	7. 229 7	23
24	18. 788 1	0. 053 2	136. 831 5	0. 007 3	0. 137 3	7. 282 9	24
25	21. 230 5	0. 047 1	155. 619 6	0. 006 4	0. 136 4	7. 330 0	25
26	23. 990 5	0. 041 7	176. 850 1	0. 005 7	0. 135 7	7. 371 7	26
27	27. 109 3	0. 036 9	200. 840 6	0. 005 0	0. 135 0	7. 408 6	27
28	30. 633 5	0. 032 6	227. 949 9	0. 004 4	0. 134 4	7. 441 2	28
29	34. 615 8	0. 028 9	258. 583 4	0. 003 9	0. 133 9	7. 470 1	29
30	39. 115 9	0. 025 6	293. 199 2	0. 003 4	0. 133 4	7. 495 7	30
31	44. 201 0	0. 022 6	332. 315 1	0. 003 0	0. 133 0	7. 518 3	31
32	49. 947 1	0. 020 0	376. 516 1	0. 002 7	0. 132 7	7. 538 3	32
33	56. 440 2	0. 017 7	426. 463 2	0. 002 3	0. 132 3	7. 556 0	33
34	63. 777 4	0. 015 7	482. 903 4	0. 002 1	0. 132 1	7. 571 7	34
35	72. 068 5	0. 013 9	546. 680 8	0. 001 8	0. 131 8	7. 585 6	35
36	81. 437 4	0. 012 3	618. 749 3	0. 001 6	0. 131 6	7. 597 9	36
37	92. 024 3	0. 010 9	700. 186 7	0. 001 4	0. 131 4	7. 608 7	37
38	103. 987 4	0. 009 6	792. 211 0	0. 001 3	0. 131 3	7. 618 3	38
39	117. 505 8	0. 008 5	896. 198 4	0. 001 1	0. 131 1	7. 626 8	39
40	132. 781 6	0. 007 5	1 013. 704 2	0. 001 0	0. 131 0	7. 634 4	40
41	150. 043 2	0. 006 7	1 146. 485 8	0. 000 9	0. 130 9	7. 641 0	41
42	169. 548 8	0. 005 9	1 296. 528 9	0. 000 8	0. 130 8	7. 646 9	42
43	191. 590 1	0. 005 2	1 466. 077 7	0. 000 7	0. 130 7	7. 652 2	43
44	216. 496 8	0. 004 6	1 657. 667 8	0. 000 6	0. 130 6	7. 656 8	44
45	244. 641 4	0. 004 1	1 874. 164 6	0. 000 5	0. 130 5	7. 660 9	45
46	276. 444 8	0. 003 6	2 118. 806 0	0. 000 5	0. 130 5	7. 664 5	46
47	312. 382 6	0. 003 2	2 395. 250 8	0. 000 4	0. 130 4	7. 667 7	47
48	352. 992 3	0. 002 8	2 707. 633 4	0. 000 4	0. 130 4	7. 670 5	48
49	398. 881 3	0. 002 5	3 060. 625 8	0. 000 3	0. 130 3	7. 673 0	49
50	450. 735 9	0. 002 2	3 459. 507 1	0. 000 3	0. 130 3	7. 675 2	50

表 21　　**i=14%时的复利系数**

n	$(F/P, i, n)$	$(P/F, i, n)$	$(F/A, i, n)$	$(A/F, i, n)$	$(A/P, i, n)$	$(P/A, i, n)$	n
1	1.140 0	0.877 2	1.000 0	1.000 0	1.140 0	0.877 2	1
2	1.299 6	0.769 5	2.140 0	0.467 3	0.607 3	1.646 7	2
3	1.481 5	0.675 0	3.439 6	0.290 7	0.430 7	2.321 6	3
4	1.689 0	0.592 1	4.921 1	0.203 2	0.343 2	2.913 7	4
5	1.925 4	0.519 4	6.610 1	0.151 3	0.291 3	3.433 1	5
6	2.195 0	0.455 6	8.535 5	0.117 2	0.257 2	3.888 7	6
7	2.502 3	0.399 6	10.730 5	0.093 2	0.233 2	4.288 3	7
8	2.852 6	0.350 6	13.232 8	0.075 6	0.215 6	4.638 9	8
9	3.251 9	0.307 5	16.085 3	0.062 2	0.202 2	4.946 4	9
10	3.707 2	0.269 7	19.337 3	0.051 7	0.191 7	5.216 1	10
11	4.226 2	0.236 6	23.044 5	0.043 4	0.183 4	5.452 7	11
12	4.817 9	0.207 6	27.270 7	0.036 7	0.176 7	5.660 3	12
13	5.492 4	0.182 1	32.088 7	0.031 2	0.171 2	5.842 4	13
14	6.261 3	0.159 7	37.581 1	0.026 6	0.166 6	6.002 1	14
15	7.137 9	0.140 1	43.842 4	0.022 8	0.162 8	6.142 2	15
16	8.137 2	0.122 9	50.980 4	0.019 6	0.159 6	6.265 1	16
17	9.276 5	0.107 8	59.117 6	0.016 9	0.156 9	6.372 9	17
18	10.575 2	0.094 6	68.394 1	0.014 6	0.154 6	6.467 4	18
19	12.055 7	0.082 9	78.969 2	0.012 7	0.152 7	6.550 4	19
20	13.743 5	0.072 8	91.024 9	0.011 0	0.151 0	6.623 1	20
21	15.667 6	0.063 8	104.768 4	0.009 5	0.149 5	6.687 0	21
22	17.861 0	0.056 0	120.436 0	0.008 3	0.148 3	6.742 9	22
23	20.361 6	0.049 1	138.297 0	0.007 2	0.147 2	6.792 1	23
24	23.212 2	0.043 1	158.658 6	0.006 3	0.146 3	6.835 1	24
25	26.461 9	0.037 8	181.870 8	0.005 5	0.145 5	6.872 9	25
26	30.166 6	0.033 1	208.332 7	0.004 8	0.144 8	6.906 1	26
27	34.389 9	0.029 1	238.499 3	0.004 2	0.144 2	6.935 2	27
28	39.204 5	0.025 5	272.889 2	0.003 7	0.143 7	6.960 7	28
29	44.693 1	0.022 4	312.093 7	0.003 2	0.143 2	6.983 0	29
30	50.950 2	0.019 6	356.786 8	0.002 8	0.142 8	7.002 7	30
31	58.083 2	0.017 2	407.737 0	0.002 5	0.142 5	7.019 9	31
32	66.214 8	0.015 1	465.820 2	0.002 1	0.142 1	7.035 0	32
33	75.484 9	0.013 2	532.035 0	0.001 9	0.141 9	7.048 2	33
34	86.052 8	0.011 6	607.519 9	0.001 6	0.141 6	7.059 9	34
35	98.100 2	0.010 2	693.572 7	0.001 4	0.141 4	7.070 0	35
36	111.834 2	0.008 9	791.672 9	0.001 3	0.141 3	7.079 0	36
37	127.491 0	0.007 8	903.507 1	0.001 1	0.141 1	7.086 8	37
38	145.339 7	0.006 9	1 030.998 1	0.001 0	0.141 0	7.093 7	38
39	165.687 3	0.006 0	1 176.337 8	0.000 9	0.140 9	7.099 7	39
40	188.883 5	0.005 3	1 342.025 1	0.000 7	0.140 7	7.105 0	40
41	215.327 2	0.004 6	1 530.908 6	0.000 7	0.140 7	7.109 7	41
42	245.473 0	0.004 1	1 746.235 8	0.000 6	0.140 6	7.113 8	42
43	279.839 2	0.003 6	1 991.708 8	0.000 5	0.140 5	7.117 3	43
44	319.016 7	0.003 1	2 271.548 1	0.000 4	0.140 4	7.120 5	44
45	363.679 1	0.002 7	2 590.564 8	0.000 4	0.140 4	7.123 2	45
46	414.594 1	0.002 4	2 954.243 9	0.000 3	0.140 3	7.125 6	46
47	472.637 3	0.002 1	3 368.838 0	0.000 3	0.140 3	7.127 7	47
48	538.806 5	0.001 9	3 841.475 3	0.000 3	0.140 3	7.129 6	48
49	614.239 5	0.001 6	4 380.281 9	0.000 2	0.140 2	7.131 2	49
50	700.233 0	0.001 4	4 994.521 3	0.000 2	0.140 2	7.132 7	50

表 22　**$i=15\%$ 时的复利系数**

n	(F/P, i, n)	(P/F, i, n)	(F/A, i, n)	(A/F, i, n)	(A/P, i, n)	(P/A, i, n)	n
1	1.150 0	0.869 6	1.000 0	1.000 0	1.150 0	0.869 6	1
2	1.322 5	0.756 1	2.150 0	0.465 1	0.615 1	1.625 7	2
3	1.520 9	0.657 5	3.472 5	0.288 0	0.438 0	2.283 2	3
4	1.749 0	0.571 8	4.993 4	0.200 3	0.350 3	2.855 0	4
5	2.011 4	0.497 2	6.742 4	0.148 3	0.298 3	3.352 2	5
6	2.313 1	0.432 3	8.753 7	0.114 2	0.264 2	3.784 5	6
7	2.660 0	0.375 9	11.066 8	0.090 4	0.240 4	4.160 4	7
8	3.059 0	0.326 9	13.726 8	0.072 9	0.222 9	4.487 3	8
9	3.517 9	0.284 3	16.785 8	0.059 6	0.209 6	4.771 6	9
10	4.045 6	0.247 2	20.303 7	0.049 3	0.199 3	5.018 8	10
11	4.652 4	0.214 9	24.349 3	0.041 1	0.191 1	5.233 7	11
12	5.350 3	0.186 9	29.001 7	0.034 5	0.184 5	5.420 6	12
13	6.152 8	0.162 5	34.351 9	0.029 1	0.179 1	5.583 1	13
14	7.075 7	0.141 3	40.504 7	0.024 7	0.174 7	5.724 5	14
15	8.137 1	0.122 9	47.580 4	0.021 0	0.171 0	5.847 4	15
16	9.357 6	0.106 9	55.717 5	0.017 9	0.167 9	5.954 2	16
17	10.761 3	0.092 9	65.075 1	0.015 4	0.165 4	6.047 2	17
18	12.375 5	0.080 8	75.836 4	0.013 2	0.163 2	6.128 0	18
19	14.231 8	0.070 3	88.211 8	0.011 3	0.161 3	6.198 2	19
20	16.366 5	0.061 1	102.443 6	0.009 8	0.159 8	6.259 3	20
21	18.821 5	0.053 1	118.810 1	0.008 4	0.158 4	6.312 5	21
22	21.644 7	0.046 2	137.631 6	0.007 3	0.157 3	6.358 7	22
23	24.891 5	0.040 2	159.276 4	0.006 3	0.156 3	6.398 8	23
24	28.625 2	0.034 9	184.167 8	0.005 4	0.155 4	6.433 8	24
25	32.919 0	0.030 4	212.793 0	0.004 7	0.154 7	6.464 1	25
26	37.856 8	0.026 4	245.712 0	0.004 1	0.154 1	6.490 6	26
27	43.535 3	0.023 0	283.568 8	0.003 5	0.153 5	6.513 5	27
28	50.065 6	0.020 0	327.104 1	0.003 1	0.153 1	6.533 5	28
29	57.575 5	0.017 4	377.169 7	0.002 7	0.152 7	6.550 9	29
30	66.211 8	0.015 1	434.745 1	0.002 3	0.152 3	6.566 0	30
31	76.143 5	0.013 1	500.956 9	0.002 0	0.152 0	6.579 1	31
32	87.565 1	0.011 4	577.100 5	0.001 7	0.151 7	6.590 5	32
33	100.699 8	0.009 9	664.665 5	0.001 5	0.151 5	6.600 5	33
34	115.804 8	0.008 6	765.365 4	0.001 3	0.151 3	6.609 1	34
35	133.175 5	0.007 5	881.170 2	0.001 1	0.151 1	6.616 6	35
36	153.151 9	0.006 5	1 014.345 7	0.001 0	0.151 0	6.623 1	36
37	176.124 6	0.005 7	1 167.497 5	0.000 9	0.150 9	6.628 8	37
38	202.543 3	0.004 9	1 343.622 2	0.000 7	0.150 7	6.633 8	38
39	232.924 8	0.004 3	1 546.165 5	0.000 6	0.150 6	6.638 0	39
40	267.863 5	0.003 7	1 779.090 3	0.000 6	0.150 6	6.641 8	40
41	308.043 1	0.003 2	2 046.953 9	0.000 5	0.150 5	6.645 0	41
42	354.249 5	0.002 8	2 354.996 9	0.000 4	0.150 4	6.647 8	42
43	407.387 0	0.002 5	2 709.246 5	0.000 4	0.150 4	6.650 3	43
44	468.495 0	0.002 1	3 116.633 4	0.000 3	0.150 3	6.652 4	44
45	538.769 3	0.001 9	3 585.128 5	0.000 3	0.150 3	6.654 3	45
46	619.584 7	0.001 6	4 123.897 7	0.000 2	0.150 2	6.655 9	46
47	712.522 4	0.001 4	4 743.482 4	0.000 2	0.150 2	6.657 3	47
48	819.400 7	0.001 2	5 456.004 7	0.000 2	0.150 2	6.658 5	48
49	942.310 8	0.001 1	6 275.405 5	0.000 2	0.150 2	6.659 6	49
50	1 083.657 4	0.000 9	7 217.716 3	0.000 1	0.150 1	6.660 5	50

表 23 **i=16%时的复利系数**

n	(F/P, i, n)	(P/F, i, n)	(F/A, i, n)	(A/F, i, n)	(A/P, i, n)	(P/A, i, n)	n
1	1.160 0	0.862 1	1.000 0	1.000 0	1.160 0	0.862 1	1
2	1.345 6	0.743 2	2.160 0	0.463 0	0.623 0	1.605 2	2
3	1.560 9	0.640 7	3.505 6	0.285 3	0.445 3	2.245 9	3
4	1.810 6	0.552 3	5.066 5	0.197 4	0.357 4	2.798 2	4
5	2.100 3	0.476 1	6.877 1	0.145 4	0.305 4	3.274 3	5
6	2.436 4	0.410 4	8.977 5	0.111 4	0.271 4	3.684 7	6
7	2.826 2	0.353 8	11.413 9	0.087 6	0.247 6	4.038 6	7
8	3.278 4	0.305 0	14.240 1	0.070 2	0.230 2	4.343 6	8
9	3.803 0	0.263 0	17.518 5	0.057 1	0.217 1	4.606 5	9
10	4.411 4	0.226 7	21.321 5	0.046 9	0.206 9	4.833 2	10
11	5.117 3	0.195 4	25.732 9	0.038 9	0.198 9	5.028 6	11
12	5.936 0	0.168 5	30.850 2	0.032 4	0.192 4	5.197 1	12
13	6.885 8	0.145 2	36.786 2	0.027 2	0.187 2	5.342 3	13
14	7.987 5	0.125 2	43.672 0	0.022 9	0.182 9	5.467 5	14
15	9.265 5	0.107 9	51.659 5	0.019 4	0.179 4	5.575 5	15
16	10.748 0	0.093 0	60.925 0	0.016 4	0.176 4	5.668 5	16
17	12.467 7	0.080 2	71.673 0	0.014 0	0.174 0	5.748 7	17
18	14.462 5	0.069 1	84.140 7	0.011 9	0.171 9	5.817 8	18
19	16.776 5	0.059 6	98.603 2	0.010 1	0.170 1	5.877 5	19
20	19.460 8	0.051 4	115.379 7	0.008 7	0.168 7	5.928 8	20
21	22.574 5	0.044 3	134.840 5	0.007 4	0.167 4	5.973 1	21
22	26.186 4	0.038 2	157.415 0	0.006 4	0.166 4	6.011 3	22
23	30.376 2	0.032 9	183.601 4	0.005 4	0.165 4	6.044 2	23
24	35.236 4	0.028 4	213.977 6	0.004 7	0.164 7	6.072 6	24
25	40.874 2	0.024 5	249.214 0	0.004 0	0.164 0	6.097 1	25
26	47.414 1	0.021 1	290.088 3	0.003 4	0.163 4	6.118 2	26
27	55.000 4	0.018 2	337.502 4	0.003 0	0.163 0	6.136 4	27
28	63.800 4	0.015 7	392.502 8	0.002 5	0.162 5	6.152 0	28
29	74.008 5	0.013 5	456.303 2	0.002 2	0.162 2	6.165 6	29
30	85.849 9	0.011 6	530.311 7	0.001 9	0.161 9	6.177 2	30
31	99.585 9	0.010 0	616.161 6	0.001 6	0.161 6	6.187 2	31
32	115.519 6	0.008 7	715.747 5	0.001 4	0.161 4	6.195 9	32
33	134.002 7	0.007 5	831.267 1	0.001 2	0.161 2	6.203 4	33
34	155.443 2	0.006 4	965.269 8	0.001 0	0.161 0	6.209 8	34
35	180.314 1	0.005 5	1 120.713 0	0.000 9	0.160 9	6.215 3	35
36	209.164 3	0.004 8	1 301.027 0	0.000 8	0.160 8	6.220 1	36
37	242.630 6	0.004 1	1 510.191 4	0.000 7	0.160 7	6.224 2	37
38	281.451 5	0.003 6	1 752.822 0	0.000 6	0.160 6	6.227 8	38
39	326.483 8	0.003 1	2 034.273 5	0.000 5	0.160 5	6.230 9	39
40	378.721 2	0.002 6	2 360.757 2	0.000 4	0.160 4	6.233 5	40
41	439.316 5	0.002 3	2 739.478 4	0.000 4	0.160 4	6.235 8	41
42	509.607 2	0.002 0	3 178.794 9	0.000 3	0.160 3	6.237 7	42
43	591.144 3	0.001 7	3 688.402 1	0.000 3	0.160 3	6.239 4	43
44	685.727 4	0.001 5	4 279.546 5	0.000 2	0.160 2	6.240 9	44
45	795.443 8	0.001 3	4 965.273 9	0.000 2	0.160 2	6.242 1	45
46	922.714 8	0.001 1	5 760.717 7	0.000 2	0.160 2	6.243 2	46
47	1 070.349 2	0.000 9	6 683.432 6	0.000 1	0.160 1	6.244 2	47
48	1 241.605 1	0.000 8	7 753.781 8	0.000 1	0.160 1	6.245 0	48
49	1 440.261 9	0.000 7	8 995.386 9	0.000 1	0.160 1	6.245 7	49
50	1 670.703 8	0.000 6	10 435.648 8	0.000 1	0.160 1	6.246 3	50

表 24　　**i=17%时的复利系数**

n	$(F/P, i, n)$	$(P/F, i, n)$	$(F/A, i, n)$	$(A/F, i, n)$	$(A/P, i, n)$	$(P/A, i, n)$	n
1	1.170 0	0.854 7	1.000 0	1.000 0	1.170 0	0.854 7	1
2	1.368 9	0.730 5	2.170 0	0.460 8	0.630 8	1.585 2	2
3	1.601 6	0.624 4	3.538 9	0.282 6	0.452 6	2.209 6	3
4	1.873 9	0.533 7	5.140 5	0.194 5	0.364 5	2.743 2	4
5	2.192 4	0.456 1	7.014 4	0.142 6	0.312 6	3.199 3	5
6	2.565 2	0.389 8	9.206 8	0.108 6	0.278 6	3.589 2	6
7	3.001 2	0.333 2	11.772 0	0.084 9	0.254 9	3.922 4	7
8	3.511 5	0.284 8	14.773 3	0.067 7	0.237 7	4.207 2	8
9	4.108 4	0.243 4	18.284 7	0.054 7	0.224 7	4.450 6	9
10	4.806 8	0.208 0	22.393 1	0.044 7	0.214 7	4.658 6	10
11	5.624 0	0.177 8	27.199 9	0.036 8	0.206 8	4.836 4	11
12	6.580 1	0.152 0	32.823 9	0.030 5	0.200 5	4.988 4	12
13	7.698 7	0.129 9	39.404 0	0.025 4	0.195 4	5.118 3	13
14	9.007 5	0.111 0	47.102 7	0.021 2	0.191 2	5.229 3	14
15	10.538 7	0.094 9	56.110 1	0.017 8	0.187 8	5.324 2	15
16	12.330 3	0.081 1	66.648 8	0.015 0	0.185 0	5.405 3	16
17	14.426 5	0.069 3	78.979 2	0.012 7	0.182 7	5.474 6	17
18	16.879 0	0.059 2	93.405 6	0.010 7	0.180 7	5.533 9	18
19	19.748 4	0.050 6	110.284 6	0.009 1	0.179 1	5.584 5	19
20	23.105 6	0.043 3	130.032 9	0.007 7	0.177 7	5.627 8	20
21	27.033 6	0.037 0	153.138 5	0.006 5	0.176 5	5.664 8	21
22	31.629 3	0.031 6	180.172 1	0.005 6	0.175 6	5.696 4	22
23	37.006 2	0.027 0	211.801 3	0.004 7	0.174 7	5.723 4	23
24	43.297 3	0.023 1	248.807 6	0.004 0	0.174 0	5.746 5	24
25	50.657 8	0.019 7	292.104 9	0.003 4	0.173 4	5.766 2	25
26	59.269 7	0.016 9	342.762 7	0.002 9	0.172 9	5.783 1	26
27	69.345 5	0.014 4	402.032 3	0.002 5	0.172 5	5.797 5	27
28	81.134 2	0.012 3	471.377 8	0.002 1	0.172 1	5.809 9	28
29	94.927 1	0.010 5	552.512 1	0.001 8	0.171 8	5.820 4	29
30	111.064 7	0.009 0	647.439 1	0.001 5	0.171 5	5.829 4	30
31	129.945 6	0.007 7	758.503 8	0.001 3	0.171 3	5.837 1	31
32	152.036 4	0.006 6	888.449 4	0.001 1	0.171 1	5.843 7	32
33	177.882 6	0.005 6	1 040.485 8	0.001 0	0.171 0	5.849 3	33
34	208.122 6	0.004 8	1 218.368 4	0.000 8	0.170 8	5.854 1	34
35	243.503 5	0.004 1	1 426.491 0	0.000 7	0.170 7	5.858 2	35
36	284.899 1	0.003 5	1 669.994 5	0.000 6	0.170 6	5.861 7	36
37	333.331 9	0.003 0	1 954.893 6	0.000 5	0.170 5	5.864 7	37
38	389.998 3	0.002 6	2 288.225 5	0.000 4	0.170 4	5.867 3	38
39	456.298 0	0.002 2	2 678.223 8	0.000 4	0.170 4	5.869 5	39
40	533.868 7	0.001 9	3 134.521 8	0.000 3	0.170 3	5.871 3	40
41	624.626 4	0.001 6	3 668.390 6	0.000 3	0.170 3	5.872 9	41
42	730.812 9	0.001 4	4 293.016 9	0.000 2	0.170 2	5.874 3	42
43	855.051 1	0.001 2	5 023.829 8	0.000 2	0.170 2	5.875 5	43
44	1 000.409 8	0.001 0	5 878.880 9	0.000 2	0.170 2	5.876 5	44
45	1 170.479 4	0.000 9	6 879.290 7	0.000 1	0.170 1	5.877 3	45
46	1 369.460 9	0.000 7	8 049.770 1	0.000 1	0.170 1	5.878 1	46
47	1 602.269 3	0.000 6	9 419.231 0	0.000 1	0.170 1	5.878 7	47
48	1 874.655 0	0.000 5	11 021.500 2	0.000 1	0.170 1	5.879 2	48
49	2 193.346 4	0.000 5	12 896.155 3	0.000 1	0.170 1	5.879 7	49
50	2 566.215 3	0.000 4	15 089.501 7	0.000 1	0.170 1	5.880 1	50

表 25 **$i=18\%$ 时的复利系数**

n	(F/P, i, n)	(P/F, i, n)	(F/A, i, n)	(A/F, i, n)	(A/P, i, n)	(P/A, i, n)	n
1	1.180 0	0.847 5	1.000 0	1.000 0	1.180 0	0.847 5	1
2	1.392 4	0.718 2	2.180 0	0.458 7	0.638 7	1.565 6	2
3	1.643 0	0.608 6	3.572 4	0.279 9	0.459 9	2.174 3	3
4	1.938 8	0.515 8	5.215 4	0.191 7	0.371 7	2.690 1	4
5	2.287 8	0.437 1	7.154 2	0.139 8	0.319 8	3.127 2	5
6	2.699 6	0.370 4	9.442 0	0.105 9	0.285 9	3.497 6	6
7	3.185 5	0.313 9	12.141 5	0.082 4	0.262 4	3.811 5	7
8	3.758 9	0.266 0	15.327 0	0.065 2	0.245 2	4.077 6	8
9	4.435 5	0.225 5	19.085 9	0.052 4	0.232 4	4.303 0	9
10	5.233 8	0.191 1	23.521 3	0.042 5	0.222 5	4.494 1	10
11	6.175 9	0.161 9	28.755 1	0.034 8	0.214 8	4.656 0	11
12	7.287 6	0.137 2	34.931 1	0.028 6	0.208 6	4.793 2	12
13	8.599 4	0.116 3	42.218 7	0.023 7	0.203 7	4.909 5	13
14	10.147 2	0.098 5	50.818 0	0.019 7	0.199 7	5.008 1	14
15	11.973 7	0.083 5	60.965 3	0.016 4	0.196 4	5.091 6	15
16	14.129 0	0.070 8	72.939 0	0.013 7	0.193 7	5.162 4	16
17	16.672 2	0.060 0	87.068 0	0.011 5	0.191 5	5.222 3	17
18	19.673 3	0.050 8	103.740 3	0.009 6	0.189 6	5.273 2	18
19	23.214 4	0.043 1	123.413 5	0.008 1	0.188 1	5.316 2	19
20	27.393 0	0.036 5	146.628 0	0.006 8	0.186 8	5.352 7	20
21	32.323 8	0.030 9	174.021 0	0.005 7	0.185 7	5.383 7	21
22	38.142 1	0.026 2	206.344 8	0.004 8	0.184 8	5.409 9	22
23	45.007 6	0.022 2	244.486 8	0.004 1	0.184 1	5.432 1	23
24	53.109 0	0.018 8	289.494 5	0.003 5	0.183 5	5.450 9	24
25	62.668 6	0.016 0	342.603 5	0.002 9	0.182 9	5.466 9	25
26	73.949 0	0.013 5	405.272 1	0.002 5	0.182 5	5.480 4	26
27	87.259 8	0.011 5	479.221 1	0.002 1	0.182 1	5.491 9	27
28	102.966 6	0.009 7	566.480 9	0.001 8	0.181 8	5.501 6	28
29	121.500 5	0.008 2	669.447 5	0.001 5	0.181 5	5.509 8	29
30	143.370 6	0.007 0	790.948 0	0.001 3	0.181 3	5.516 8	30
31	169.177 4	0.005 9	934.318 6	0.001 1	0.181 1	5.522 7	31
32	199.629 3	0.005 0	1 103.496 0	0.000 9	0.180 9	5.527 7	32
33	235.562 5	0.004 2	1 303.125 3	0.000 8	0.180 8	5.532 0	33
34	277.963 8	0.003 6	1 538.687 8	0.000 6	0.180 6	5.535 6	34
35	327.997 3	0.003 0	1 816.651 6	0.000 6	0.180 6	5.538 6	35
36	387.036 8	0.002 6	2 144.648 9	0.000 5	0.180 5	5.541 2	36
37	456.703 4	0.002 2	2 531.685 7	0.000 4	0.180 4	5.543 4	37
38	538.910 0	0.001 9	2 988.389 1	0.000 3	0.180 3	5.545 2	38
39	635.913 9	0.001 6	3 527.299 2	0.000 3	0.180 3	5.546 8	39
40	750.378 3	0.001 3	4 163.213 0	0.000 2	0.180 2	5.548 2	40
41	885.446 4	0.001 1	4 913.591 4	0.000 2	0.180 2	5.549 3	41
42	1 044.826 8	0.001 0	5 799.037 8	0.000 2	0.180 2	5.550 2	42
43	1 232.895 6	0.000 8	6 843.864 6	0.000 1	0.180 1	5.551 0	43
44	1 454.816 8	0.000 7	8 076.760 3	0.000 1	0.180 1	5.551 7	44
45	1 716.683 9	0.000 6	9 531.577 1	0.000 1	0.180 1	5.552 3	45
46	2 025.687 0	0.000 5	11 248.261 0	0.000 1	0.180 1	5.552 8	46
47	2 390.310 6	0.000 4	13 273.948 0	0.000 1	0.180 1	5.553 2	47
48	2 820.566 5	0.000 4	15 664.258 6	0.000 1	0.180 1	5.553 6	48
49	3 328.268 5	0.000 3	18 484.825 1	0.000 1	0.180 1	5.553 9	49
50	3 927.356 9	0.000 3	21 813.093 7	0.000 0	0.180 0	5.554 1	50

表 26　　**$i=19\%$ 时的复利系数**

n	$(F/P, i, n)$	$(P/F, i, n)$	$(F/A, i, n)$	$(A/F, i, n)$	$(A/P, i, n)$	$(P/A, i, n)$	n
1	1.190 0	0.840 3	1.000 0	1.000 0	1.190 0	0.840 3	1
2	1.416 1	0.706 2	2.190 0	0.456 6	0.646 6	1.546 5	2
3	1.685 2	0.593 4	3.606 1	0.277 3	0.467 3	2.139 9	3
4	2.005 3	0.498 7	5.291 3	0.189 0	0.379 0	2.638 6	4
5	2.386 4	0.419 0	7.296 6	0.137 1	0.327 1	3.057 6	5
6	2.839 8	0.352 1	9.683 0	0.103 3	0.293 3	3.409 8	6
7	3.379 3	0.295 9	12.522 7	0.079 9	0.269 9	3.705 7	7
8	4.021 4	0.248 7	15.902 0	0.062 9	0.252 9	3.954 4	8
9	4.785 4	0.209 0	19.923 4	0.050 2	0.240 2	4.163 3	9
10	5.694 7	0.175 6	24.708 9	0.040 5	0.230 5	4.338 9	10
11	6.776 7	0.147 6	30.403 5	0.032 9	0.222 9	4.486 5	11
12	8.064 2	0.124 0	37.180 2	0.026 9	0.216 9	4.610 5	12
13	9.596 4	0.104 2	45.244 5	0.022 1	0.212 1	4.714 7	13
14	11.419 8	0.087 6	54.840 9	0.018 2	0.208 2	4.802 3	14
15	13.589 5	0.073 6	66.260 7	0.015 1	0.205 1	4.875 9	15
16	16.171 5	0.061 8	79.850 2	0.012 5	0.202 5	4.937 7	16
17	19.244 1	0.052 0	96.021 8	0.010 4	0.200 4	4.989 7	17
18	22.900 5	0.043 7	115.265 9	0.008 7	0.198 7	5.033 3	18
19	27.251 6	0.036 7	138.166 4	0.007 2	0.197 2	5.070 0	19
20	32.429 4	0.030 8	165.418 0	0.006 0	0.196 0	5.100 9	20
21	38.591 0	0.025 9	197.847 4	0.005 1	0.195 1	5.126 8	21
22	45.923 3	0.021 8	236.438 5	0.004 2	0.194 2	5.148 6	22
23	54.648 7	0.018 3	282.361 8	0.003 5	0.193 5	5.166 8	23
24	65.032 0	0.015 4	337.010 5	0.003 0	0.193 0	5.182 2	24
25	77.388 1	0.012 9	402.042 5	0.002 5	0.192 5	5.195 1	25
26	92.091 8	0.010 9	479.430 6	0.002 1	0.192 1	5.206 0	26
27	109.589 3	0.009 1	571.522 4	0.001 7	0.191 7	5.215 1	27
28	130.411 2	0.007 7	681.111 6	0.001 5	0.191 5	5.222 8	28
29	155.189 3	0.006 4	811.522 8	0.001 2	0.191 2	5.229 2	29
30	184.675 3	0.005 4	966.712 2	0.001 0	0.191 0	5.234 7	30
31	219.763 6	0.004 6	1 151.387 5	0.000 9	0.190 9	5.239 2	31
32	261.518 7	0.003 8	1 371.151 1	0.000 7	0.190 7	5.243 0	32
33	311.207 3	0.003 2	1 632.669 8	0.000 6	0.190 6	5.246 2	33
34	370.336 6	0.002 7	1 943.877 1	0.000 5	0.190 5	5.248 9	34
35	440.700 6	0.002 3	2 314.213 7	0.000 4	0.190 4	5.251 2	35
36	524.433 7	0.001 9	2 754.914 3	0.000 4	0.190 4	5.253 1	36
37	624.076 1	0.001 6	3 279.348 1	0.000 3	0.190 3	5.254 7	37
38	742.650 6	0.001 3	3 903.424 2	0.000 3	0.190 3	5.256 1	38
39	883.754 2	0.001 1	4 646.074 8	0.000 2	0.190 2	5.257 2	39
40	1 051.667 5	0.001 0	5 529.829 0	0.000 2	0.190 2	5.258 2	40
41	1 251.484 3	0.000 8	6 581.496 5	0.000 2	0.190 2	2.259 0	41
42	1 489.266 4	0.000 7	7 832.980 8	0.000 1	0.190 1	5.259 6	42
43	1 772.227 0	0.000 6	9 322.247 2	0.000 1	0.190 1	5.260 2	43
44	2 108.950 1	0.000 5	11 094.474 1	0.000 1	0.190 1	5.260 7	44
45	2 509.650 6	0.000 4	13 203.424 2	0.000 1	0.190 1	5.261 1	45
46	2 986.484 2	0.000 3	15 713.074 8	0.000 1	0.190 1	5.261 4	46
47	3 553.916 2	0.000 3	18 699.559 0	0.000 1	0.190 1	5.261 7	47
48	4 229.160 3	0.000 2	22 253.475 3	0.000 0	0.190 0	5.261 9	48
49	5 032.700 8	0.000 2	26 482.635 6	0.000 0	0.190 0	5.262 1	49
50	5 988.913 9	0.000 2	31 515.336 3	0.000 0	0.190 0	5.262 3	50

表 27　　**i=20%时的复利系数**

n	(F/P, i, n)	(P/F, i, n)	(F/A, i, n)	(A/F, i, n)	(A/P, i, n)	(P/A, i, n)	n
1	1.200 0	0.833 3	1.000 0	1.000 0	1.200 0	0.833 3	1
2	1.440 0	0.694 4	2.200 0	0.454 5	0.654 5	1.527 8	2
3	1.728 0	0.578 7	3.640 0	0.274 7	0.474 7	2.106 5	3
4	2.073 6	0.482 3	5.368 0	0.186 3	0.386 3	2.588 7	4
5	2.488 3	0.401 9	7.441 6	0.134 4	0.334 4	2.990 6	5
6	2.986 0	0.334 9	9.929 9	0.100 7	0.300 7	3.325 5	6
7	3.583 2	0.279 1	12.915 9	0.077 4	0.277 4	3.604 6	7
8	4.299 8	0.232 6	16.499 1	0.060 6	0.260 6	3.837 2	8
9	5.159 8	0.193 8	20.798 9	0.048 1	0.248 1	4.031 0	9
10	6.191 7	0.161 5	25.958 7	0.038 5	0.238 5	4.192 5	10
11	7.430 1	0.134 6	32.150 4	0.031 1	0.231 1	4.327 1	11
12	8.916 1	0.112 2	39.580 5	0.025 3	0.225 3	4.439 2	12
13	10.699 3	0.093 5	48.496 6	0.020 6	0.220 6	4.532 7	13
14	12.839 2	0.077 9	59.195 9	0.016 9	0.216 9	4.610 6	14
15	15.407 0	0.064 9	72.035 1	0.013 9	0.213 9	4.675 5	15
16	18.488 4	0.054 1	87.442 1	0.011 4	0.211 4	4.729 6	16
17	22.186 1	0.045 1	105.930 6	0.009 4	0.209 4	4.774 6	17
18	26.623 3	0.037 6	128.116 7	0.007 8	0.207 8	4.812 2	18
19	31.948 0	0.031 3	154.740 0	0.006 5	0.206 5	4.843 5	19
20	38.337 6	0.026 1	186.688 0	0.005 4	0.205 4	4.869 6	20
21	46.005 1	0.021 7	225.025 6	0.004 4	0.204 4	4.891 3	21
22	55.206 1	0.018 1	271.030 7	0.003 7	0.203 7	4.909 4	22
23	66.247 4	0.015 1	326.236 9	0.003 1	0.203 1	4.924 5	23
24	79.496 8	0.012 6	392.484 2	0.002 5	0.202 5	4.937 1	24
25	95.396 2	0.010 5	471.981 1	0.002 1	0.202 1	4.947 6	25
26	114.475 5	0.008 7	567.377 3	0.001 8	0.201 8	4.956 3	26
27	137.370 6	0.007 3	681.852 8	0.001 5	0.201 5	4.963 6	27
28	164.844 7	0.006 1	819.223 3	0.001 2	0.201 2	4.969 7	28
29	197.813 6	0.005 1	984.068 0	0.001 0	0.201 0	4.974 7	29
30	237.376 3	0.004 2	1 181.881 6	0.000 8	0.200 8	4.978 9	30
31	284.851 6	0.003 5	1 419.257 9	0.000 7	0.200 7	4.982 4	31
32	341.821 9	0.002 9	1 704.109 5	0.000 6	0.200 6	4.985 4	32
33	410.186 3	0.002 4	2 045.931 4	0.000 5	0.200 5	4.987 8	33
34	492.223 5	0.002 0	2 456.117 6	0.000 4	0.200 4	4.989 8	34
35	590.668 2	0.001 7	2 948.341 1	0.000 3	0.200 3	4.991 5	35
36	708.801 9	0.001 4	3 539.009 4	0.000 3	0.200 3	4.992 9	36
37	850.562 3	0.001 2	4 247.811 2	0.000 2	0.200 2	4.994 1	37
38	1 020.674 7	0.001 0	5 098.373 5	0.000 2	0.200 2	4.995 1	38
39	1 224.809 6	0.000 8	6 119.048 2	0.000 2	0.200 2	4.995 9	39
40	1 469.771 6	0.000 7	7 343.857 8	0.000 1	0.200 1	4.996 6	40
41	1 763.725 9	0.000 6	8 813.629 4	0.000 1	0.200 1	4.997 2	41
42	2 116.471 1	0.000 5	10 577.355 3	0.000 1	0.200 1	4.997 6	42
43	2 539.765 3	0.000 4	12 693.826 3	0.000 1	0.200 1	4.998 0	43
44	3 047.718 3	0.000 3	15 233.591 6	0.000 1	0.200 1	4.998 4	44
45	3 657.262 0	0.000 3	18 281.309 9	0.000 1	0.200 1	4.998 6	45
46	4 388.714 4	0.000 2	21 938.571 9	0.000 0	0.200 0	4.998 9	46
47	5 266.457 3	0.000 2	26 327.286 3	0.000 0	0.200 0	4.999 1	47
48	6 319.748 7	0.000 2	31 593.743 6	0.000 0	0.200 0	4.999 2	48
49	7 583.698 5	0.000 1	37 913.492 3	0.000 0	0.200 0	4.999 3	49
50	9 100.438 2	0.000 1	45 497.190 8	0.000 0	0.200 0	4.999 5	50

表 28　　**i=21%时的复利系数**

n	$(F/P, i, n)$	$(P/F, i, n)$	$(F/A, i, n)$	$(A/F, i, n)$	$(A/P, i, n)$	$(P/A, i, n)$	n
1	1.210 0	0.826 4	1.000 0	1.000 0	1.210 0	0.826 4	1
2	1.464 1	0.683 0	2.210 0	0.452 5	0.662 5	1.509 5	2
3	1.771 6	0.564 5	3.674 1	0.272 2	0.482 2	2.073 9	3
4	2.143 6	0.466 5	5.445 7	0.183 6	0.393 6	2.540 4	4
5	2.593 7	0.385 5	7.589 2	0.131 8	0.341 8	2.926 0	5
6	3.138 4	0.318 6	10.183 0	0.098 2	0.308 2	3.244 6	6
7	3.797 5	0.263 3	13.321 4	0.075 1	0.285 1	3.507 9	7
8	4.595 0	0.217 6	17.118 9	0.058 4	0.268 4	3.725 6	8
9	5.559 9	0.179 9	21.713 9	0.046 1	0.256 1	3.905 4	9
10	6.727 5	0.148 6	27.273 8	0.036 7	0.246 7	4.054 1	10
11	8.140 3	0.122 8	34.001 3	0.029 4	0.239 4	4.176 9	11
12	9.849 7	0.101 5	42.141 6	0.023 7	0.233 7	4.278 4	12
13	11.918 2	0.083 9	51.991 3	0.019 2	0.229 2	4.362 4	13
14	14.421 0	0.069 3	63.909 5	0.015 6	0.225 6	4.431 7	14
15	17.449 4	0.057 3	78.330 5	0.012 8	0.222 8	4.489 0	15
16	21.113 8	0.047 4	95.779 9	0.010 4	0.220 4	4.536 4	16
17	25.547 7	0.039 1	116.893 7	0.008 6	0.218 6	4.575 5	17
18	30.912 7	0.032 3	142.441 3	0.007 0	0.217 0	4.607 9	18
19	37.404 3	0.026 7	173.354 0	0.005 8	0.215 8	4.634 6	19
20	45.259 3	0.022 1	210.758 4	0.004 7	0.214 7	4.656 7	20
21	54.763 7	0.018 3	256.017 6	0.003 9	0.213 9	4.675 0	21
22	66.264 1	0.015 1	310.781 3	0.003 2	0.213 2	4.690 0	22
23	80.179 5	0.012 5	377.045 4	0.002 7	0.212 7	4.702 5	23
24	97.017 2	0.010 3	457.224 9	0.002 2	0.212 2	4.712 8	24
25	117.390 9	0.008 5	554.242 2	0.001 8	0.211 8	4.721 3	25
26	142.042 9	0.007 0	671.633 0	0.001 5	0.211 5	4.728 4	26
27	171.871 9	0.005 8	813.675 9	0.001 2	0.211 2	4.734 2	27
28	207.965 1	0.004 8	985.547 9	0.001 0	0.211 0	4.739 0	28
29	251.637 7	0.004 0	1 193.512 9	0.000 8	0.210 8	4.743 0	29
30	304.481 6	0.003 3	1 445.150 7	0.000 7	0.210 7	4.746 3	30
31	368.422 8	0.002 7	1 749.632 3	0.000 6	0.210 6	4.749 0	31
32	445.791 6	0.002 2	2 118.055 1	0.000 5	0.210 5	4.751 2	32
33	539.407 8	0.001 9	2 563.846 7	0.000 4	0.210 4	4.753 1	33
34	652.683 4	0.001 5	3 103.254 5	0.000 3	0.210 3	4.754 6	34
35	789.747 0	0.001 3	3 755.937 9	0.000 3	0.210 3	4.755 9	35
36	955.593 8	0.001 0	4 545.684 8	0.000 2	0.210 2	4.756 9	36
37	1 156.268 5	0.000 9	5 501.278 7	0.000 2	0.210 2	4.757 8	37
38	1 399.084 9	0.000 7	6 657.547 2	0.000 2	0.210 2	4.758 5	38
39	1 692.892 7	0.000 6	8 056.632 1	0.000 1	0.210 1	4.759 1	39
40	2 048.400 2	0.000 5	9 749.524 8	0.000 1	0.210 1	4.759 6	40
41	2 478.564 3	0.000 4	11 797.925 0	0.000 1	0.210 1	4.760 0	41
42	2 999.062 8	0.000 3	14 276.489 3	0.000 1	0.210 1	4.760 3	42
43	3 628.865 9	0.000 3	17 275.552 1	0.000 1	0.210 1	4.760 6	43
44	4 390.927 8	0.000 2	20 904.418 0	0.000 0	0.210 0	4.760 8	44
45	5 313.022 6	0.000 2	25 295.345 8	0.000 0	0.210 0	4.761 0	45
46	6 428.757 4	0.000 2	30 608.368 4	0.000 0	0.210 0	4.761 2	46
47	7 778.796 4	0.000 1	37 037.125 7	0.000 0	0.210 0	4.761 3	47
48	9 412.343 7	0.000 1	44 815.922 1	0.000 0	0.210 0	4.761 4	48
49	11 388.935 8	0.000 1	54 228.265 8	0.000 0	0.210 0	4.761 5	49
50	13 780.612 3	0.000 1	65 617.201 6	0.000 0	0.210 0	4.761 6	50

表 29　　**$i=22\%$ 时的复利系数**

n	$(F/P, i, n)$	$(P/F, i, n)$	$(F/A, i, n)$	$(A/F, i, n)$	$(A/P, i, n)$	$(P/A, i, n)$	n
1	1.220 0	0.819 7	1.000 0	1.000 0	1.220 0	0.819 7	1
2	1.488 4	0.671 9	2.220 0	0.450 5	0.670 5	1.491 5	2
3	1.815 8	0.550 7	3.708 4	0.269 7	0.489 7	2.042 2	3
4	2.215 3	0.451 4	5.524 2	0.181 0	0.401 0	2.493 6	4
5	2.702 7	0.370 0	7.739 6	0.129 2	0.349 2	2.863 6	5
6	3.297 3	0.303 3	10.442 3	0.095 8	0.315 8	3.166 9	6
7	4.022 7	0.248 6	13.739 6	0.072 8	0.292 8	3.415 5	7
8	4.907 7	0.203 8	17.762 3	0.056 3	0.276 3	3.619 3	8
9	5.987 4	0.167 0	22.670 0	0.044 1	0.264 1	3.786 3	9
10	7.304 6	0.136 9	28.657 4	0.034 9	0.254 9	3.923 2	10
11	8.911 7	0.112 2	35.962 0	0.027 8	0.247 8	4.035 4	11
12	10.872 2	0.092 0	44.873 7	0.022 3	0.242 3	4.127 4	12
13	13.264 1	0.075 4	55.745 9	0.017 9	0.237 9	4.202 8	13
14	16.182 2	0.061 8	69.010 0	0.014 5	0.234 5	4.264 6	14
15	19.742 3	0.050 7	85.192 2	0.011 7	0.231 7	4.315 2	15
16	24.085 6	0.041 5	104.934 5	0.009 5	0.229 5	4.356 7	16
17	29.384 4	0.034 0	129.020 1	0.007 8	0.227 8	4.390 8	17
18	35.849 0	0.027 9	158.404 5	0.006 3	0.226 3	4.418 7	18
19	43.735 8	0.022 9	194.253 5	0.005 1	0.225 1	4.441 5	19
20	53.357 6	0.018 7	237.989 3	0.004 2	0.224 2	4.460 3	20
21	65.096 3	0.015 4	291.346 9	0.003 4	0.223 4	4.475 6	21
22	79.417 5	0.012 6	356.443 2	0.002 8	0.222 8	4.488 2	22
23	96.889 4	0.010 3	435.860 7	0.002 3	0.222 3	4.498 5	23
24	118.205 0	0.008 5	532.750 1	0.001 9	0.221 9	4.507 0	24
25	144.210 1	0.006 9	650.955 1	0.001 5	0.221 5	4.513 9	25
26	175.936 4	0.005 7	795.165 3	0.001 3	0.221 3	4.519 6	26
27	214.642 4	0.004 7	971.101 6	0.001 0	0.221 0	4.524 3	27
28	261.863 7	0.003 8	1 185.744 0	0.000 8	0.220 8	4.528 1	28
29	319.473 7	0.003 1	1 447.607 7	0.000 7	0.220 7	4.531 2	29
30	389.757 9	0.002 6	1 767.081 3	0.000 6	0.220 6	4.533 8	30
31	475.504 6	0.002 1	2 156.839 2	0.000 5	0.220 5	4.535 9	31
32	580.115 6	0.001 7	2 632.343 9	0.000 4	0.220 4	4.537 6	32
33	707.741 1	0.001 4	3 212.459 5	0.000 3	0.220 3	4.539 0	33
34	863.444 1	0.001 2	3 920.200 6	0.000 3	0.220 3	4.540 2	34
35	1 053.401 8	0.000 9	4 783.644 7	0.000 2	0.220 2	4.541 1	35
36	1 285.150 2	0.000 8	5 837.046 6	0.000 2	0.220 2	4.541 9	36
37	1 567.883 3	0.000 6	7 122.196 8	0.000 1	0.220 1	4.542 6	37
38	1 912.817 6	0.000 5	8 690.080 1	0.000 1	0.220 1	4.543 1	38
39	2 333.637 5	0.000 4	10 602.897 8	0.000 1	0.220 1	4.543 5	39
40	2 847.037 8	0.000 4	12 936.535 3	0.000 1	0.220 1	4.543 9	40
41	3 473.386 1	0.000 3	15 783.573 0	0.000 1	0.220 1	4.544 1	41
42	4 237.531 0	0.000 2	19 256.959 1	0.000 1	0.220 1	4.544 4	42
43	5 169.787 8	0.000 2	23 494.490 1	0.000 0	0.220 0	4.544 6	43
44	6 307.141 1	0.000 2	28 664.277 9	0.000 0	0.220 0	4.544 7	44
45	7 694.712 2	0.000 1	34 971.419 1	0.000 0	0.220 0	4.544 9	45
46	9 387.548 9	0.000 1	42 666.131 2	0.000 0	0.220 0	4.545 0	46
47	11 452.809 6	0.000 1	52 053.680 1	0.000 0	0.220 0	4.545 1	47
48	13 972.427 7	0.000 1	63 506.489 7	0.000 0	0.220 0	4.545 1	48
49	17 046.361 8	0.000 1	77 478.917 5	0.000 0	0.220 0	4.545 2	49
50	20 796.561 5	0.000 0	94 525.279 3	0.000 0	0.220 0	4.545 2	50

表 30 **i=23%时的复利系数**

n	$(F/P, i, n)$	$(P/F, i, n)$	$(F/A, i, n)$	$(A/F, i, n)$	$(A/P, i, n)$	$(P/A, i, n)$	n
1	1. 230 0	0. 813 0	1. 000 0	1. 000 0	1. 230 0	0. 813 0	1
2	1. 512 9	0. 661 0	2. 230 0	0. 448 4	0. 678 4	1. 474 0	2
3	1. 860 9	0. 537 4	3. 742 9	0. 267 2	0. 497 2	2. 011 4	3
4	2. 288 9	0. 436 9	5. 603 8	0. 178 5	0. 408 5	2. 448 3	4
5	2. 815 3	0. 355 2	7. 892 6	0. 126 7	0. 356 7	2. 803 5	5
6	3. 462 8	0. 288 8	10. 707 9	0. 093 4	0. 323 4	3. 092 3	6
7	4. 259 3	0. 234 8	14. 170 8	0. 070 6	0. 300 6	3. 327 0	7
8	5. 238 9	0. 190 9	18. 430 0	0. 054 3	0. 284 3	3. 517 9	8
9	6. 443 9	0. 155 2	23. 669 0	0. 042 2	0. 272 2	3. 673 1	9
10	7. 925 9	0. 126 2	30. 112 8	0. 033 2	0. 263 2	3. 799 3	10
11	9. 748 9	0. 102 6	38. 038 8	0. 026 3	0. 256 3	3. 901 8	11
12	11. 991 2	0. 083 4	47. 787 7	0. 020 9	0. 250 9	3. 985 2	12
13	14. 749 1	0. 067 8	59. 778 8	0. 016 7	0. 246 7	4. 053 0	13
14	18. 141 4	0. 055 1	74. 528 0	0. 013 4	0. 243 4	4. 108 2	14
15	22. 314 0	0. 044 8	92. 669 4	0. 010 8	0. 240 8	4. 153 0	15
16	27. 446 2	0. 036 4	114. 983 4	0. 008 7	0. 238 7	4. 189 4	16
17	33. 758 8	0. 029 6	142. 429 5	0. 007 0	0. 237 0	4. 219 0	17
18	41. 523 3	0. 024 1	176. 188 3	0. 005 7	0. 235 7	4. 243 1	18
19	51. 073 7	0. 019 6	217. 711 6	0. 004 6	0. 234 6	4. 262 7	19
20	62. 820 6	0. 015 9	268. 785 3	0. 003 7	0. 233 7	4. 278 6	20
21	77. 269 4	0. 012 9	331. 605 9	0. 003 0	0. 233 0	4. 291 6	21
22	95. 041 3	0. 010 5	408. 875 3	0. 002 4	0. 232 4	4. 302 1	22
23	116. 900 8	0. 008 6	503. 916 6	0. 002 0	0. 232 0	4. 310 6	23
24	143. 788 0	0. 007 0	620. 817 4	0. 001 6	0. 231 6	4. 317 6	24
25	176. 859 3	0. 005 7	764. 605 4	0. 001 3	0. 231 3	4. 323 2	25
26	217. 536 9	0. 004 6	941. 464 7	0. 001 1	0. 231 1	4. 327 8	26
27	267. 570 4	0. 003 7	1 159. 001 6	0. 000 9	0. 230 9	4. 331 6	27
28	329. 111 5	0. 003 0	1 426. 571 9	0. 000 7	0. 230 7	4. 334 6	28
29	404. 807 2	0. 002 5	1 755. 683 5	0. 000 6	0. 230 6	4. 337 1	29
30	497. 912 9	0. 002 0	2 160. 490 7	0. 000 5	0. 230 5	4. 339 1	30
31	612. 432 8	0. 001 6	2 658. 403 6	0. 000 4	0. 230 4	4. 340 7	31
32	753. 292 4	0. 001 3	3 270. 836 4	0. 000 3	0. 230 3	4. 342 1	32
33	926. 549 6	0. 001 1	4 024. 128 7	0. 000 2	0. 230 2	4. 343 1	33
34	1 139. 656 0	0. 000 9	4 950. 678 3	0. 000 2	0. 230 2	4. 344 0	34
35	1 401. 776 9	0. 000 7	6 090. 334 4	0. 000 2	0. 230 2	4. 344 7	35
36	1 724. 185 6	0. 000 6	7 492. 111 3	0. 000 1	0. 230 1	4. 345 3	36
37	2 120. 748 3	0. 000 5	9 216. 296 9	0. 000 1	0. 230 1	4. 345 8	37
38	2 608. 520 4	0. 000 4	11 337. 045 1	0. 000 1	0. 230 1	4. 346 2	38
39	3 208. 480 1	0. 000 3	13 945. 565 5	0. 000 1	0. 230 1	4. 346 5	39
40	3 946. 430 5	0. 000 3	17 154. 045 6	0. 000 1	0. 230 1	4. 346 7	40
41	4 854. 109 5	0. 000 2	21 100. 476 1	0. 000 0	0. 230 0	4. 346 9	41
42	5 970. 554 7	0. 000 2	25 954. 585 6	0. 000 0	0. 230 0	4. 347 1	42
43	7 343. 782 3	0. 000 1	31 925. 140 3	0. 000 0	0. 230 0	4. 347 2	43
44	9 032. 852 2	0. 000 1	39 268. 922 5	0. 000 0	0. 230 0	4. 347 3	44
45	11 110. 408 2	0. 000 1	48 301. 774 7	0. 000 0	0. 230 0	4. 347 4	45
46	13 665. 802 1	0. 000 1	59 412. 182 9	0. 000 0	0. 230 0	4. 347 5	46
47	16 808. 936 5	0. 000 1	73 077. 985 0	0. 000 0	0. 230 0	4. 347 6	47
48	20 674. 991 9	0. 000 0	89 886. 921 5	0. 000 0	0. 230 0	4. 347 6	48
49	25 430. 240 1	0. 000 0	110 561. 913 0	0. 000 0	0. 230 0	4. 347 7	49
50	31 279. 195 3	0. 000 0	135 992. 154 0	0. 000 0	0. 230 0	4. 347 7	50

表 31　　**i=24%时的复利系数**

n	$(F/P, i, n)$	$(P/F, i, n)$	$(F/A, i, n)$	$(A/F, i, n)$	$(A/P, i, n)$	$(P/A, i, n)$	n
1	1. 240 0	0. 806 5	1. 000 0	1. 000 0	1. 240 0	0. 806 5	1
2	1. 537 6	0. 650 4	2. 240 0	0. 446 4	0. 686 4	1. 456 8	2
3	1. 906 6	0. 524 5	3. 777 6	0. 264 7	0. 504 7	1. 981 3	3
4	2. 364 2	0. 423 0	5. 684 2	0. 175 9	0. 415 9	2. 404 3	4
5	2. 931 6	0. 341 1	8. 048 4	0. 124 2	0. 364 2	2. 745 4	5
6	3. 635 2	0. 275 1	10. 980 1	0. 091 1	0. 331 1	3. 020 5	6
7	4. 507 7	0. 221 8	14. 615 3	0. 068 4	0. 308 4	3. 242 3	7
8	5. 589 5	0. 178 9	19. 122 9	0. 052 3	0. 292 3	3. 421 2	8
9	6. 931 0	0. 144 3	24. 712 5	0. 040 5	0. 280 5	3. 565 5	9
10	8. 594 4	0. 116 4	31. 643 4	0. 031 6	0. 271 6	3. 681 9	10
11	10. 657 1	0. 093 8	40. 237 9	0. 024 9	0. 264 9	3. 775 7	11
12	13. 214 8	0. 075 7	50. 895 0	0. 019 6	0. 259 6	3. 851 4	12
13	16. 386 3	0. 061 0	64. 109 7	0. 015 6	0. 255 6	3. 912 4	13
14	20. 319 1	0. 049 2	80. 496 1	0. 012 4	0. 252 4	3. 961 6	14
15	25. 195 6	0. 039 7	100. 815 1	0. 009 9	0. 249 9	4. 001 3	15
16	31. 242 6	0. 032 0	126. 010 8	0. 007 9	0. 247 9	4. 033 3	16
17	38. 740 8	0. 025 8	157. 253 4	0. 006 4	0. 246 4	4. 059 1	17
18	48. 038 6	0. 020 8	195. 994 2	0. 005 1	0. 245 1	4. 079 9	18
19	59. 567 9	0. 016 8	244. 032 8	0. 004 1	0. 244 1	4. 096 7	19
20	73. 864 1	0. 013 5	303. 600 6	0. 003 3	0. 243 3	4. 110 3	20
21	91. 591 5	0. 010 9	377. 464 8	0. 002 6	0. 242 6	4. 121 2	21
22	113. 573 5	0. 008 8	469. 056 3	0. 002 1	0. 242 1	4. 130 0	22
23	140. 831 2	0. 007 1	582. 629 8	0. 001 7	0. 241 7	4. 137 1	23
24	174. 630 6	0. 005 7	723. 461 0	0. 001 4	0. 241 4	4. 142 8	24
25	216. 542 0	0. 004 6	898. 091 6	0. 001 1	0. 241 1	4. 147 4	25
26	268. 512 1	0. 003 7	1 114. 633 6	0. 000 9	0. 240 9	4. 151 1	26
27	332. 955 0	0. 003 0	1 383. 145 7	0. 000 7	0. 240 7	4. 154 2	27
28	412. 864 2	0. 002 4	1 716. 100 7	0. 000 6	0. 240 6	4. 156 6	28
29	511. 951 6	0. 002 0	2 128. 964 8	0. 000 5	0. 240 5	4. 158 5	29
30	634. 819 9	0. 001 6	2 640. 916 4	0. 000 4	0. 240 4	4. 160 1	30
31	787. 176 7	0. 001 3	3 275. 736 3	0. 000 3	0. 240 3	4. 161 4	31
32	976. 099 1	0. 001 0	4 062. 913 0	0. 000 2	0. 240 2	4. 162 4	32
33	1 210. 362 9	0. 000 8	5 039. 012 2	0. 000 2	0. 240 2	4. 163 2	33
34	1 500. 850 0	0. 000 7	6 249. 375 1	0. 000 2	0. 240 2	4. 163 9	34
35	1 861. 054 0	0. 000 5	7 750. 225 1	0. 000 1	0. 240 1	4. 164 4	35
36	2 307. 707 0	0. 000 4	9 611. 279 1	0. 000 1	0. 240 1	4. 164 9	36
37	2 861. 556 7	0. 000 3	11 918. 986 1	0. 000 1	0. 240 1	4. 165 2	37
38	3 548. 330 3	0. 000 3	14 780. 542 8	0. 000 1	0. 240 1	4. 165 5	38
39	4 399. 929 5	0. 000 2	18 328. 873 1	0. 000 1	0. 240 1	4. 165 7	39
40	5 455. 912 6	0. 000 2	22 728. 802 6	0. 000 0	0. 240 0	4. 165 9	40
41	6 765. 331 7	0. 000 1	28 184. 715 2	0. 000 0	0. 240 0	4. 166 1	41
42	8 389. 011 3	0. 000 1	34 950. 046 9	0. 000 0	0. 240 0	4. 166 2	42
43	10 402. 374 0	0. 000 1	43 339. 058 1	0. 000 0	0. 240 0	4. 166 3	43
44	12 898. 943 7	0. 000 1	53 741. 432 1	0. 000 0	0. 240 0	4. 166 3	44
45	15 994. 690 2	0. 000 1	66 640. 375 8	0. 000 0	0. 240 0	4. 166 4	45
46	19 833. 415 8	0. 000 1	82 635. 066 0	0. 000 0	0. 240 0	4. 166 5	46
47	24 593. 435 6	0. 000 0	102 468. 482 0	0. 000 0	0. 240 0	4. 166 5	47
48	30 495. 860 2	0. 000 0	127 061. 917 0	0. 000 0	0. 240 0	4. 166 5	48
49	37 814. 866 6	0. 000 0	157 557. 778 0	0. 000 0	0. 240 0	4. 166 6	49
50	46 890. 434 6	0. 000 0	195 372. 644 0	0. 000 0	0. 240 0	4. 166 6	50

表 32　　**i=25% 时的复利系数**

n	(F/P, i, n)	(P/F, i, n)	(F/A, i, n)	(A/F, i, n)	(A/P, i, n)	(P/A, i, n)	n
1	1.250 0	0.800 0	1.000 0	1.000 0	1.250 0	0.800 0	1
2	1.562 5	0.640 0	2.250 0	0.444 4	0.694 4	1.440 0	2
3	1.953 1	0.512 0	3.812 5	0.262 3	0.512 3	1.952 0	3
4	2.441 4	0.409 6	5.765 6	0.173 4	0.423 4	2.361 6	4
5	3.051 8	0.327 7	8.207 0	0.121 8	0.371 8	2.689 3	5
6	3.814 7	0.262 1	11.258 8	0.088 8	0.338 8	2.951 4	6
7	4.768 4	0.209 7	15.073 5	0.066 3	0.316 3	3.161 1	7
8	5.960 5	0.167 8	19.841 9	0.050 4	0.300 4	3.328 9	8
9	7.450 6	0.134 2	25.802 3	0.038 8	0.288 8	3.463 1	9
10	9.313 2	0.107 4	33.252 9	0.030 1	0.280 1	3.570 5	10
11	11.641 5	0.085 9	42.566 1	0.023 5	0.273 5	3.656 4	11
12	14.551 9	0.068 7	54.207 7	0.018 4	0.268 4	3.725 1	12
13	18.189 9	0.055 0	68.759 6	0.014 5	0.264 5	3.780 1	13
14	22.737 4	0.044 0	86.949 5	0.011 5	0.261 5	3.824 1	14
15	28.421 7	0.035 2	109.686 8	0.009 1	0.259 1	3.859 3	15
16	35.527 1	0.028 1	138.108 5	0.007 2	0.257 2	3.887 4	16
17	44.408 9	0.022 5	173.635 7	0.005 8	0.255 8	3.909 9	17
18	55.511 2	0.018 0	218.044 6	0.004 6	0.254 6	3.927 9	18
19	69.388 9	0.014 4	273.555 8	0.003 7	0.253 7	3.942 4	19
20	86.736 2	0.011 5	342.944 7	0.002 9	0.252 9	3.953 9	20
21	108.420 2	0.009 2	429.680 9	0.002 3	0.252 3	3.963 1	21
22	135.525 3	0.007 4	538.101 1	0.001 9	0.251 9	3.970 5	22
23	169.406 6	0.005 9	673.626 4	0.001 5	0.251 5	3.976 4	23
24	211.758 2	0.004 7	843.032 9	0.001 2	0.251 2	3.981 1	24
25	264.697 8	0.003 8	1 054.791 2	0.000 9	0.250 9	3.984 9	25
26	330.872 2	0.003 0	1 319.489 0	0.000 8	0.250 8	3.987 9	26
27	413.590 3	0.002 4	1 650.361 2	0.000 6	0.250 6	3.990 3	27
28	516.987 9	0.001 9	2 063.951 5	0.000 5	0.250 5	3.992 3	28
29	646.234 9	0.001 5	2 580.939 4	0.000 4	0.250 4	3.993 8	29
30	807.793 6	0.001 2	3 227.174 3	0.000 3	0.250 3	3.995 0	30
31	1 009.742 0	0.001 0	4 034.967 8	0.000 2	0.250 2	3.996 0	31
32	1 262.177 4	0.000 8	5 044.709 8	0.000 2	0.250 2	3.996 8	32
33	1 577.721 8	0.000 6	6 306.887 2	0.000 2	0.250 2	3.997 5	33
34	1 972.152 3	0.000 5	7 884.609 1	0.000 1	0.250 1	3.998 0	34
35	2 465.190 3	0.000 4	9 856.761 3	0.000 1	0.250 1	3.998 4	35
36	3 081.487 9	0.000 3	12 321.951 6	0.000 1	0.250 1	3.998 7	36
37	3 851.859 9	0.000 3	15 403.439 6	0.000 1	0.250 1	3.999 0	37
38	4 814.824 9	0.000 2	19 255.299 4	0.000 1	0.250 1	3.999 2	38
39	6 018.531 1	0.000 2	24 070.124 3	0.000 0	0.250 0	3.999 3	39
40	7 523.163 8	0.000 1	30 088.655 4	0.000 0	0.250 0	3.999 5	40
41	9 403.954 8	0.000 1	37 611.819 2	0.000 0	0.250 0	3.999 6	41
42	11 754.943 5	0.000 1	47 015.774 0	0.000 0	0.250 0	3.999 7	42
43	14 693.679 4	0.000 1	58 770.717 5	0.000 0	0.250 0	3.999 7	43
44	18 367.099 2	0.000 1	73 464.396 9	0.000 0	0.250 0	3.999 8	44
45	22 958.874 0	0.000 0	91 831.496 2	0.000 0	0.250 0	3.999 8	45
46	28 698.592 5	0.000 0	114 790.370 0	0.000 0	0.250 0	3.999 9	46
47	35 873.240 7	0.000 0	143 488.963 0	0.000 0	0.250 0	3.999 9	47
48	44 841.550 9	0.000 0	179 362.203 0	0.000 0	0.250 0	3.999 9	48
49	56 051.938 6	0.000 0	224 203.754 0	0.000 0	0.250 0	3.999 9	49
50	70 064.923 2	0.000 0	280 255.693 0	0.000 0	0.250 0	3.999 9	50

表 33　　**i=26% 时的复利系数**

n	(F/P, i, n)	(P/F, i, n)	(F/A, i, n)	(A/F, i, n)	(A/P, i, n)	(P/A, i, n)	n
1	1.260 0	0.793 7	1.000 0	1.000 0	1.260 0	0.793 7	1
2	1.587 6	0.629 9	2.260 0	0.442 5	0.702 5	1.423 5	2
3	2.000 4	0.499 9	3.847 6	0.259 9	0.519 9	1.923 4	3
4	2.520 5	0.396 8	5.848 0	0.171 0	0.431 0	2.320 2	4
5	3.175 8	0.314 9	8.368 4	0.119 5	0.379 5	2.635 1	5
6	4.001 5	0.249 9	11.544 2	0.086 6	0.346 6	2.885 0	6
7	5.041 9	0.198 3	15.545 8	0.064 3	0.324 3	3.083 3	7
8	6.352 8	0.157 4	20.587 6	0.048 6	0.308 6	3.240 7	8
9	8.004 5	0.124 9	26.940 4	0.037 1	0.297 1	3.365 7	9
10	10.085 7	0.099 2	34.944 9	0.028 6	0.288 6	3.464 8	10
11	12.708 0	0.078 7	45.030 6	0.022 2	0.282 2	3.543 5	11
12	16.012 0	0.062 5	57.738 6	0.017 3	0.277 3	3.605 9	12
13	20.175 2	0.049 6	73.750 6	0.013 6	0.273 6	3.655 5	13
14	25.420 7	0.039 3	93.925 8	0.010 6	0.270 6	3.694 9	14
15	32.030 1	0.031 2	119.346 5	0.008 4	0.268 4	3.726 1	15
16	40.357 9	0.024 8	151.376 6	0.006 6	0.266 6	3.750 9	16
17	50.851 0	0.019 7	191.734 5	0.005 2	0.265 2	3.770 5	17
18	64.072 2	0.015 6	242.585 5	0.004 1	0.264 1	3.786 1	18
19	80.731 0	0.012 4	306.657 7	0.003 3	0.263 3	3.798 5	19
20	101.721 1	0.009 8	387.388 7	0.002 6	0.262 6	3.808 3	20
21	128.168 5	0.007 8	489.109 8	0.002 0	0.262 0	3.816 1	21
22	161.492 4	0.006 2	617.278 3	0.001 6	0.261 6	3.822 3	22
23	203.480 4	0.004 9	778.770 7	0.001 3	0.261 3	3.827 3	23
24	256.385 3	0.003 9	982.251 1	0.001 0	0.261 0	3.831 2	24
25	323.045 4	0.003 1	1 238.636 3	0.000 8	0.260 8	3.834 2	25
26	407.037 3	0.002 5	1 561.681 8	0.000 6	0.260 6	3.836 7	26
27	512.867 0	0.001 9	1 968.719 1	0.000 5	0.260 5	3.838 7	27
28	646.212 4	0.001 5	2 481.586 0	0.000 4	0.260 4	3.840 2	28
29	814.227 6	0.001 2	3 127.798 4	0.000 3	0.260 3	3.841 4	29
30	1 025.926 7	0.001 0	3 942.026 0	0.000 3	0.260 3	3.842 4	30
31	1 292.667 7	0.000 8	4 967.952 7	0.000 2	0.260 2	3.843 2	31
32	1 628.761 3	0.000 6	6 260.620 4	0.000 2	0.260 2	3.843 8	32
33	2 052.239 2	0.000 5	7 889.381 7	0.000 1	0.260 1	3.844 3	33
34	2 585.821 5	0.000 4	9 941.621 0	0.000 1	0.260 1	3.844 7	34
35	3 258.135 0	0.000 3	12 527.442 4	0.000 1	0.260 1	3.845 0	35
36	4 105.250 1	0.000 2	15 785.577 4	0.000 1	0.260 1	3.845 2	36
37	5 172.615 2	0.000 2	19 890.827 6	0.000 1	0.260 1	3.845 4	37
38	6 517.495 1	0.000 2	25 063.442 8	0.000 0	0.260 0	3.845 6	38
39	8 212.043 8	0.000 1	31 580.937 9	0.000 0	0.260 0	3.845 7	39
40	10 347.175 2	0.000 1	39 792.981 7	0.000 0	0.260 0	3.845 8	40
41	13 037.440 8	0.000 1	50 140.157 0	0.000 0	0.260 0	3.845 9	41
42	16 427.175 4	0.000 1	63 177.597 8	0.000 0	0.260 0	3.845 9	42
43	20 698.241 0	0.000 0	79 604.773 2	0.000 0	0.260 0	3.846 0	43
44	26 079.783 7	0.000 0	100 303.014 0	0.000 0	0.260 0	3.846 0	44
45	32 860.527 5	0.000 0	126 382.798 0	0.000 0	0.260 0	3.846 0	45
46	41 404.264 6	0.000 0	159 243.325 0	0.000 0	0.260 0	3.846 1	46
47	52 169.373 4	0.000 0	200 647.590 0	0.000 0	0.260 0	3.846 1	47
48	65 733.410 5	0.000 0	252 816.963 0	0.000 0	0.260 0	3.846 1	48
49	82 824.097 2	0.000 0	318 550.374 0	0.000 0	0.260 0	3.846 1	49
50	104 358.362 0	0.000 0	401 374.471 0	0.000 0	0.260 0	3.846 1	50

表 34　　**$i=27\%$时的复利系数**

n	(F/P, i, n)	(P/F, i, n)	(F/A, i, n)	(A/F, i, n)	(A/P, i, n)	(P/A, i, n)	n
1	1.270 0	0.787 4	1.000 0	1.000 0	1.270 0	0.787 4	1
2	1.612 9	0.620 0	2.270 0	0.440 5	0.710 5	1.407 4	2
3	2.048 4	0.488 2	3.882 9	0.257 5	0.527 5	1.895 6	3
4	2.601 4	0.384 4	5.931 3	0.168 6	0.438 6	2.280 0	4
5	3.303 8	0.302 7	8.532 7	0.117 2	0.387 2	2.582 7	5
6	4.195 9	0.238 3	11.836 6	0.084 5	0.354 5	2.821 0	6
7	5.328 8	0.187 7	16.032 4	0.062 4	0.332 4	3.008 7	7
8	6.767 5	0.147 8	21.361 2	0.046 8	0.316 8	3.156 4	8
9	8.594 8	0.116 4	28.128 7	0.035 6	0.305 6	3.272 8	9
10	10.915 3	0.091 6	36.723 5	0.027 2	0.297 2	3.364 4	10
11	13.862 5	0.072 1	47.638 8	0.021 0	0.291 0	3.436 5	11
12	17.605 3	0.056 8	61.501 3	0.016 3	0.286 3	3.493 3	12
13	22.358 8	0.044 7	79.106 6	0.012 6	0.282 6	3.538 1	13
14	28.395 7	0.035 2	101.465 4	0.009 9	0.279 9	3.573 3	14
15	36.062 5	0.027 7	129.861 1	0.007 7	0.277 7	3.601 0	15
16	45.799 4	0.021 8	165.923 6	0.006 0	0.276 0	3.622 8	16
17	58.165 2	0.017 2	211.723 0	0.004 7	0.274 7	3.640 0	17
18	73.869 8	0.013 5	269.888 2	0.003 7	0.273 7	3.653 6	18
19	93.814 7	0.010 7	343.758 0	0.002 9	0.272 9	3.664 2	19
20	119.144 6	0.008 4	437.572 6	0.002 3	0.272 3	3.672 6	20
21	151.313 7	0.006 6	556.717 3	0.001 8	0.271 8	3.679 2	21
22	192.168 3	0.005 2	708.030 9	0.001 4	0.271 4	3.684 4	22
23	244.053 8	0.004 1	900.199 3	0.001 1	0.271 1	3.688 5	23
24	309.948 3	0.003 2	1 144.253 1	0.000 9	0.270 9	3.691 8	24
25	393.634 4	0.002 5	1 454.201 4	0.000 7	0.270 7	3.694 3	25
26	499.915 7	0.002 0	1 847.835 8	0.000 5	0.270 5	3.696 3	26
27	634.892 9	0.001 6	2 347.751 5	0.000 4	0.270 4	3.697 9	27
28	806.314 0	0.001 2	2 982.644 4	0.000 3	0.270 3	3.699 1	28
29	1 024.018 7	0.001 0	3 788.958 3	0.000 3	0.270 3	3.700 1	29
30	1 300.503 8	0.000 8	4 812.977 1	0.000 2	0.270 2	3.700 9	30
31	1 651.639 8	0.000 6	6 113.480 9	0.000 2	0.270 2	3.701 5	31
32	2 097.582 6	0.000 5	7 765.120 7	0.000 1	0.270 1	3.701 9	32
33	2 663.929 9	0.000 4	9 862.703 3	0.000 1	0.270 1	3.702 3	33
34	3 383.191 0	0.000 3	12 526.633 2	0.000 1	0.270 1	3.702 6	34
35	4 296.652 5	0.000 2	15 909.824 2	0.000 1	0.270 1	3.702 8	35
36	5 456.748 7	0.000 2	20 206.476 7	0.000 0	0.270 0	3.703 0	36
37	6 930.070 9	0.000 1	25 663.225 4	0.000 0	0.270 0	3.703 2	37
38	8 801.190 0	0.000 1	32 593.296 3	0.000 0	0.270 0	3.703 3	38
39	11 177.511 3	0.000 1	41 394.486 3	0.000 0	0.270 0	3.703 4	39
40	14 195.439 3	0.000 1	52 571.997 6	0.000 0	0.270 0	3.703 4	40
41	18 028.208 0	0.000 1	66 767.436 9	0.000 0	0.270 0	3.703 5	41
42	22 895.824 1	0.000 0	84 795.644 9	0.000 0	0.270 0	3.703 5	42
43	29 077.696 6	0.000 0	107 691.469 0	0.000 0	0.270 0	3.703 6	43
44	36 928.674 7	0.000 0	136 769.166 0	0.000 0	0.270 0	3.703 6	44
45	46 899.416 9	0.000 0	173 697.840 0	0.000 0	0.270 0	3.703 6	45
46	59 562.259 4	0.000 0	220 597.257 0	0.000 0	0.270 0	3.703 6	46
47	75 644.069 5	0.000 0	280 159.517 0	0.000 0	0.270 0	3.703 7	47
48	96 067.968 3	0.000 0	355 803.586 0	0.000 0	0.270 0	3.703 7	48
49	122 006.320 0	0.000 0	451 871.554 0	0.000 0	0.270 0	3.703 7	49
50	154 948.026 0	0.000 0	573 877.874 0	0.000 0	0.270 0	3.703 7	50

表 35　　**i=28%时的复利系数**

n	$(F/P, i, n)$	$(P/F, i, n)$	$(F/A, i, n)$	$(A/F, i, n)$	$(A/P, i, n)$	$(P/A, i, n)$	n
1	1.280 0	0.781 3	1.000 0	1.000 0	1.280 0	0.781 3	1
2	1.638 4	0.610 4	2.280 0	0.438 6	0.718 6	1.391 6	2
3	2.097 2	0.476 8	3.918 4	0.255 2	0.535 2	1.868 4	3
4	2.684 4	0.372 5	6.015 6	0.166 2	0.446 2	2.241 0	4
5	3.436 0	0.291 0	8.699 9	0.114 9	0.394 9	2.532 0	5
6	4.398 0	0.227 4	12.135 9	0.082 4	0.362 4	2.759 4	6
7	5.629 5	0.177 6	16.533 9	0.060 5	0.340 5	2.937 0	7
8	7.205 8	0.138 8	22.163 4	0.045 1	0.325 1	3.075 8	8
9	9.223 4	0.108 4	29.369 2	0.034 0	0.314 0	3.184 2	9
10	11.805 9	0.084 7	38.592 6	0.025 9	0.305 9	3.268 9	10
11	15.111 6	0.066 2	50.398 5	0.019 8	0.299 8	3.335 1	11
12	19.342 8	0.051 7	65.510 0	0.015 3	0.295 3	3.386 8	12
13	24.758 8	0.040 4	84.852 9	0.011 8	0.291 8	3.427 2	13
14	31.691 3	0.031 6	109.611 7	0.009 1	0.289 1	3.458 7	14
15	40.564 8	0.024 7	141.302 9	0.007 1	0.287 1	3.483 4	15
16	51.923 0	0.019 3	181.867 7	0.005 5	0.285 5	3.502 6	16
17	66.461 4	0.015 0	233.790 7	0.004 3	0.284 3	3.517 7	17
18	85.070 6	0.011 8	300.252 1	0.003 3	0.283 3	3.529 4	18
19	108.890 4	0.009 2	385.322 7	0.002 6	0.282 6	3.538 6	19
20	139.379 7	0.007 2	494.213 1	0.002 0	0.282 0	3.545 8	20
21	178.406 0	0.005 6	633.592 7	0.001 6	0.281 6	3.551 4	21
22	228.359 6	0.004 4	811.998 7	0.001 2	0.281 2	3.555 8	22
23	292.300 3	0.003 4	1 040.358 3	0.001 0	0.281 0	3.559 2	23
24	374.144 4	0.002 7	1 332.658 6	0.000 8	0.280 8	3.561 9	24
25	478.904 9	0.002 1	1 706.803 1	0.000 6	0.280 6	3.564 0	25
26	612.998 2	0.001 6	2 185.707 9	0.000 5	0.280 5	3.565 6	26
27	784.637 7	0.001 3	2 798.706 1	0.000 4	0.280 4	3.566 9	27
28	1 004.336 3	0.001 0	3 583.343 8	0.000 3	0.280 3	3.567 9	28
29	1 285.550 4	0.000 8	4 587.680 1	0.000 2	0.280 2	3.568 7	29
30	1 645.504 6	0.000 6	5 873.230 6	0.000 2	0.280 2	3.569 3	30
31	2 106.245 8	0.000 5	7 518.735 1	0.000 1	0.280 1	3.569 7	31
32	2 695.994 7	0.000 4	9 624.981 0	0.000 1	0.280 1	3.570 1	32
33	3 450.873 2	0.000 3	12 320.975 6	0.000 1	0.280 1	3.570 4	33
34	4 417.117 7	0.000 2	15 771.848 8	0.000 1	0.280 1	3.570 6	34
35	5 653.910 6	0.000 2	20 188.966 5	0.000 0	0.280 0	3.570 8	35
36	7 237.005 6	0.000 1	25 842.877 1	0.000 0	0.280 0	3.570 9	36
37	9 263.367 1	0.000 1	33 079.882 6	0.000 0	0.280 0	3.571 0	37
38	11 857.109 9	0.000 1	42 343.249 8	0.000 0	0.280 0	3.571 1	38
39	15 177.100 7	0.000 1	54 200.359 7	0.000 0	0.280 0	3.571 2	39
40	19 426.688 9	0.000 1	69 377.460 4	0.000 0	0.280 0	3.571 2	40
41	24 866.161 8	0.000 0	88 804.149 4	0.000 0	0.280 0	3.571 3	41
42	31 828.687 1	0.000 0	113 670.311 0	0.000 0	0.280 0	3.571 3	42
43	40 740.719 5	0.000 0	145 498.998 0	0.000 0	0.280 0	3.571 3	43
44	52 148.121 0	0.000 0	186 239.718 0	0.000 0	0.280 0	3.571 4	44
45	66 749.594 9	0.000 0	238 387.839 0	0.000 0	0.280 0	3.571 4	45
46	85 439.481 4	0.000 0	305 137.434 0	0.000 0	0.280 0	3.571 4	46
47	109 362.536 0	0.000 0	390 576.915 0	0.000 0	0.280 0	3.571 4	47
48	139 984.046 0	0.000 0	499 939.451 0	0.000 0	0.280 0	3.571 4	48
49	179 179.579 0	0.000 0	639 923.498 0	0.000 0	0.280 0	3.571 4	49
50	229 349.862 0	0.000 0	819 103.077 0	0.000 0	0.280 0	3.571 4	50

表 36　　**i=29%时的复利系数**

n	(F/P, i, n)	(P/F, i, n)	(F/A, i, n)	(A/F, i, n)	(A/P, i, n)	(P/A, i, n)	n
1	1. 290 0	0. 775 2	1. 000 0	1. 000 0	1. 290 0	0. 775 2	1
2	1. 664 1	0. 600 9	2. 290 0	0. 436 7	0. 726 7	1. 376 1	2
3	2. 146 7	0. 465 8	3. 954 1	0. 252 9	0. 542 9	1. 842 0	3
4	2. 769 2	0. 361 1	6. 100 8	0. 163 9	0. 453 9	2. 203 1	4
5	3. 572 3	0. 279 9	8. 870 0	0. 112 7	0. 402 7	2. 483 0	5
6	4. 608 3	0. 217 0	12. 442 3	0. 080 4	0. 370 4	2. 700 0	6
7	5. 944 7	0. 168 2	17. 050 6	0. 058 6	0. 348 6	2. 868 2	7
8	7. 668 6	0. 130 4	22. 995 3	0. 043 5	0. 333 5	2. 998 6	8
9	9. 892 5	0. 101 1	30. 663 9	0. 032 6	0. 322 6	3. 099 7	9
10	12. 761 4	0. 078 4	40. 556 4	0. 024 7	0. 314 7	3. 178 1	10
11	16. 462 2	0. 060 7	53. 317 8	0. 018 8	0. 308 8	3. 238 8	11
12	21. 236 2	0. 047 1	69. 780 0	0. 014 3	0. 304 3	3. 285 9	12
13	27. 394 7	0. 036 5	91. 016 1	0. 011 0	0. 301 0	3. 322 4	13
14	35. 339 1	0. 028 3	118. 410 8	0. 008 4	0. 298 4	3. 350 7	14
15	45. 587 5	0. 021 9	153. 750 0	0. 006 5	0. 296 5	3. 372 6	15
16	58. 807 9	0. 017 0	199. 337 4	0. 005 0	0. 295 0	3. 389 6	16
17	75. 862 1	0. 013 2	258. 145 3	0. 003 9	0. 293 9	3. 402 8	17
18	97. 862 2	0. 010 2	334. 007 4	0. 003 0	0. 293 0	3. 413 0	18
19	126. 242 2	0. 007 9	431. 869 6	0. 002 3	0. 292 3	3. 421 0	19
20	162. 852 4	0. 006 1	558. 111 8	0. 001 8	0. 291 8	3. 427 1	20
21	210. 079 6	0. 004 8	720. 964 2	0. 001 4	0. 291 4	3. 431 9	21
22	271. 002 7	0. 003 7	931. 043 8	0. 001 1	0. 291 1	3. 435 6	22
23	349. 593 5	0. 002 9	1 202. 046 5	0. 000 8	0. 290 8	3. 438 4	23
24	450. 975 6	0. 002 2	1 551. 640 0	0. 000 6	0. 290 6	3. 440 6	24
25	581. 758 5	0. 001 7	2 002. 615 6	0. 000 5	0. 290 5	3. 442 3	25
26	750. 468 5	0. 001 3	2 584. 374 1	0. 000 4	0. 290 4	3. 443 7	26
27	968. 104 4	0. 001 0	3 334. 842 6	0. 000 3	0. 290 3	3. 444 7	27
28	1 248. 854 6	0. 000 8	4 302. 947 0	0. 000 2	0. 290 2	3. 445 5	28
29	1 611. 022 5	0. 000 6	5 551. 801 6	0. 000 2	0. 290 2	3. 446 1	29
30	2 078. 219 0	0. 000 5	7 162. 824 1	0. 000 1	0. 290 1	3. 446 6	30
31	2 680. 902 5	0. 000 4	9 241. 043 1	0. 000 1	0. 290 1	3. 447 0	31
32	3 458. 364 2	0. 000 3	11 921. 945 6	0. 000 1	0. 290 1	3. 447 3	32
33	4 461. 289 8	0. 000 2	15 380. 309 8	0. 000 1	0. 290 1	3. 447 5	33
34	5 755. 063 9	0. 000 2	19 841. 599 7	0. 000 1	0. 290 1	3. 447 7	34
35	7 424. 032 4	0. 000 1	25 596. 663 6	0. 000 0	0. 290 0	3. 447 8	35
36	9 577. 001 8	0. 000 1	33 020. 696 0	0. 000 0	0. 290 0	3. 447 9	36
37	12 354. 332 4	0. 000 1	42 597. 697 8	0. 000 0	0. 290 0	3. 448 0	37
38	15 937. 088 8	0. 000 1	54 952. 030 2	0. 000 0	0. 290 0	3. 448 1	38
39	20 558. 844 5	0. 000 0	70 889. 119 0	0. 000 0	0. 290 0	3. 448 1	39
40	26 520. 909 4	0. 000 0	91 447. 963 5	0. 000 0	0. 290 0	3. 448 1	40
41	34 211. 973 1	0. 000 0	117 968. 873 0	0. 000 0	0. 290 0	3. 448 2	41
42	44 133. 445 3	0. 000 0	152 180. 846 0	0. 000 0	0. 290 0	3. 448 2	42
43	56 932. 144 5	0. 000 0	196 314. 291 0	0. 000 0	0. 290 0	3. 448 2	43
44	73 442. 466 4	0. 000 0	253 246. 436 0	0. 000 0	0. 290 0	3. 448 2	44
45	94 740. 781 6	0. 000 0	326 688. 902 0	0. 000 0	0. 290 0	3. 448 2	45
46	122 215. 608 0	0. 000 0	421 429. 684 0	0. 000 0	0. 290 0	3. 448 2	46
47	157 658. 135 0	0. 000 0	543 645. 292 0	0. 000 0	0. 290 0	3. 448 3	47
48	203 378. 994 0	0. 000 0	701 303. 427 0	0. 000 0	0. 290 0	3. 448 3	48
49	262 358. 902 0	0. 000 0	904 682. 421 0	0. 000 0	0. 290 0	3. 448 3	49
50	338 442. 984 0	0. 000 0	1 167 041. 320 0	0. 000 0	0. 290 0	3. 448 3	50

表 37　　**i=30%时的复利系数**

n	$(F/P, i, n)$	$(P/F, i, n)$	$(F/A, i, n)$	$(A/F, i, n)$	$(A/P, i, n)$	$(P/A, i, n)$	n
1	1. 300 0	0. 769 2	1. 000 0	1. 000 0	1. 300 0	0. 769 2	1
2	1. 690 0	0. 591 7	2. 300 0	0. 434 8	0. 734 8	1. 360 9	2
3	2. 197 0	0. 455 2	3. 990 0	0. 250 6	0. 550 6	1. 816 1	3
4	2. 856 1	0. 350 1	6. 187 0	0. 161 6	0. 461 6	2. 166 2	4
5	3. 712 9	0. 269 3	9. 043 1	0. 110 6	0. 410 6	2. 435 6	5
6	4. 826 8	0. 207 2	12. 756 0	0. 078 4	0. 378 4	2. 642 7	6
7	6. 274 9	0. 159 4	17. 582 8	0. 056 9	0. 356 9	2. 802 1	7
8	8. 157 3	0. 122 6	23. 857 7	0. 041 9	0. 341 9	2. 924 7	8
9	10. 604 5	0. 094 3	32. 015 0	0. 031 2	0. 331 2	3. 019 0	9
10	13. 785 8	0. 072 5	42. 619 5	0. 023 5	0. 323 5	3. 091 5	10
11	17. 921 6	0. 055 8	56. 405 3	0. 017 7	0. 317 7	3. 147 3	11
12	23. 298 1	0. 042 9	74. 327 0	0. 013 5	0. 313 5	3. 190 3	12
13	30. 287 5	0. 033 0	97. 625 0	0. 010 2	0. 310 2	3. 223 3	13
14	39. 373 8	0. 025 4	127. 912 5	0. 007 8	0. 307 8	3. 248 7	14
15	51. 185 9	0. 019 5	167. 286 3	0. 006 0	0. 306 0	3. 268 2	15
16	66. 541 7	0. 015 0	218. 472 2	0. 004 6	0. 304 6	3. 283 2	16
17	86. 504 2	0. 011 6	285. 013 9	0. 003 5	0. 303 5	3. 294 8	17
18	112. 455 4	0. 008 9	371. 518 0	0. 002 7	0. 302 7	3. 303 7	18
19	146. 192 0	0. 006 8	483. 973 4	0. 002 1	0. 302 1	3. 310 5	19
20	190. 049 6	0. 005 3	630. 165 5	0. 001 6	0. 301 6	3. 315 8	20
21	247. 064 5	0. 004 0	820. 215 1	0. 001 2	0. 301 2	3. 319 8	21
22	321. 183 9	0. 003 1	1 067. 279 6	0. 000 9	0. 300 9	3. 323 0	22
23	417. 539 1	0. 002 4	1 388. 463 5	0. 000 7	0. 300 7	3. 325 4	23
24	542. 800 8	0. 001 8	1 806. 002 6	0. 000 6	0. 300 6	3. 327 2	24
25	705. 641 0	0. 001 4	2 348. 803 3	0. 000 4	0. 300 4	3. 328 6	25
26	917. 333 3	0. 001 1	3 054. 444 3	0. 000 3	0. 300 3	3. 329 7	26
27	1 192. 533 3	0. 000 8	3 971. 777 6	0. 000 3	0. 300 3	3. 330 5	27
28	1 550. 293 3	0. 000 6	5 164. 310 9	0. 000 2	0. 300 2	3. 331 2	28
29	2 015. 381 3	0. 000 5	6 714. 604 2	0. 000 1	0. 300 1	3. 331 7	29
30	2 619. 995 6	0. 000 4	8 729. 985 5	0. 000 1	0. 300 1	3. 332 1	30
31	3 405. 994 3	0. 000 3	11 349. 981 1	0. 000 1	0. 300 1	3. 332 4	31
32	4 427. 792 6	0. 000 2	14 755. 975 5	0. 000 1	0. 300 1	3. 332 6	32
33	5 756. 130 4	0. 000 2	19 183. 768 1	0. 000 1	0. 300 1	3. 332 8	33
34	7 482. 969 6	0. 000 1	24 939. 898 5	0. 000 0	0. 300 0	3. 332 9	34
35	9 727. 860 4	0. 000 1	32 422. 868 1	0. 000 0	0. 300 0	3. 333 0	35
36	12 646. 218 6	0. 000 1	42 150. 728 5	0. 000 0	0. 300 0	3. 333 1	36
37	16 440. 084 1	0. 000 1	54 796. 947 1	0. 000 0	0. 300 0	3. 333 1	37
38	21 372. 109 4	0. 000 0	71 237. 031 2	0. 000 0	0. 300 0	3. 333 2	38
39	27 783. 742 2	0. 000 0	92 609. 140 5	0. 000 0	0. 300 0	3. 333 2	39
40	36 118. 864 8	0. 000 0	120 392. 883 0	0. 000 0	0. 300 0	3. 333 2	40
41	46 954. 524 3	0. 000 0	156 511. 748 0	0. 000 0	0. 300 0	3. 333 3	41
42	61 040. 881 5	0. 000 0	203 466. 272 0	0. 000 0	0. 300 0	3. 333 3	42
43	79 353. 146 0	0. 000 0	264 507. 153 0	0. 000 0	0. 300 0	3. 333 3	43
44	103 159. 090 0	0. 000 0	343 860. 299 0	0. 000 0	0. 300 0	3. 333 3	44
45	134 106. 817 0	0. 000 0	447 019. 389 0	0. 000 0	0. 300 0	3. 333 3	45
46	174 338. 862 0	0. 000 0	581 126. 206 0	0. 000 0	0. 300 0	3. 333 3	46
47	226 640. 520 0	0. 000 0	755 465. 067 0	0. 000 0	0. 300 0	3. 333 3	47
48	294 632. 676 0	0. 000 0	982 105. 588 0	0. 000 0	0. 300 0	3. 333 3	48
49	383 022. 479 0	0. 000 0	1 276 738. 260 0	0. 000 0	0. 300 0	3. 333 3	49
50	497 929. 223 0	0. 000 0	1 659 760. 740 0	0. 000 0	0. 300 0	3. 333 3	50

参考文献

[1] 建设部标准定额研究所．建设项目经济评价参数研究［M］．北京：中国计划出版社，2004.

[2] 国家发展改革委，建设部．建设项目经济评价方法与参数［M］．第3版．北京：中国计划出版社，2006.

[3] 蒋景楠，佘金凤，陆雷．工程经济理论与实务［M］．上海：华东理工大学出版社，2008.

[4] 蒋景楠．项目管理［M］．上海：华东理工大学出版社，2006.

[5] 赵莹华．造价管理实务［M］．北京：中国水利水电出版社，2008.

[6] 杨华峰．项目评估［M］．北京：科学出版社，2008.

[7] 时现．建设项目审计［M］．北京：北京大学出版社，2002.

[8] 周和生，尹贻林．建设项目全过程造价管理［M］．天津：天津大学出版社，2008.

[9] 蒋景楠，佘金凤，庄火林，刘龙宫．工程经济与项目评估［M］．上海：华东理工大学出版社，2004.

[10] 黄有亮．工程经济学（第2版）［M］．南京：东南大学出版社，2006.

[11] 郭献芳．工程经济分析［M］．北京：化学工业出版社，2008.

[12] 肖跃军，周东明，赵利．工程经济学［M］．北京：高等教育出版社，2004.

[13] 罗党，郭洁．技术经济学［M］．上海：立信会计出版社，2008.

[14] 王诺，梁晶．建设项目经济评价案例教程［M］．北京：化学工业出版社，2008.

[15] 余健，陈治安，杨青山，罗胜联．给水排水项目经济评价与概预算［M］．北京市：化学工业出版社，2002.

[16] 黄有亮．工程经济学［M］．南京：东南大学出版社，2002.

[17] 武献华．工程经济学［M］．沈阳：东北财经大学出版社，2002.

[18] 刘晓君．工程经济学［M］．北京：中国建筑工业出版社，2003.

[19] 关罡．工程经济学［M］．郑州：郑州大学出版社，2007.

[20] 谭大路，赵世强．工程经济学［M］．武汉：武汉理工大学出版社，2008.

[21] 杜春艳．工程经济学［M］．武汉：华中科技大学出版社，2007.

[22] 刘晓君．工程经济学（第2版）［M］．北京：中国建筑工业出版社，2008.

[23] 曹玉贵．投资项目经济评价理论与方法［M］．郑州：黄河水利出版社，2006.

[24] 李相然. 工程经济学 [M]. 北京：中国建材工业出版社，2005.

[25] 俞国凤，吕茫茫. 建筑工程概预算与工程量清单 [M]. 上海：同济大学出版社，2005.

[26] 于立君. 建筑技术经济分析 [M]. 北京：中国建筑工业出版社，2002.

[27] 刘晓君. 技术经济学 [M]. 北京：科学出版社，2008.

[28] 陈文晖. 工程项目后评价 [M]. 北京：中国经济出版社，2009.

[29] 姜伟新，张三力. 投资项目后评价 [M]. 北京：中国石化出版社，2001.

[30] 王德元. 中国建设项目审计指南 [M]. 北京：中国计划出版社，1997.

[31] 郭东兴，林崇刚. 建筑装饰工程概预算与招投标 [M]. 广州：华南理工大学出版社，2005.

[32] 赵国杰. 工程经济学（第2版）[M]. 天津：天津大学出版社，2003.

[33] 黄渝祥，邢爱芳. 工程经济学（第3版） [M]. 上海：同济大学出版社，2005.

[34] 赵国杰. 技术经济学（第3版）[M]. 天津：天津大学出版社，2006.

[35] 王勇，方志达. 项目可行性研究与评估 [M]. 北京：中国建筑工业出版社，2004.

[36] 刘燕. 技术经济学 [M]. 成都：电子科技大学出版社，2007.

[37] 刘秋华. 技术经济学 [M]. 北京：机械工业出版社，2004.

[38] 石勇民. 工程经济学 [M]. 北京：人民交通出版社，2008.

[39] 刘新梅. 工程经济分析 [M]. 西安：西安交通大学出版社，2003.

[40] 杨克磊. 工程经济学 [M]. 上海：复旦大学出版社，2007.

[41] 全国造价工程师执业资格考试培训教材编审委员会编. 工程造价计价与控制 [M]. 北京：中国计划出版社，2003.

[42] 建设部. 建设工程工程量清单计价规范 [M]. 北京：中国计划工业出版社，2003.

★ 21世纪工程管理学系列教材

- **房地产开发经营管理学**
- 房地产投资与管理
- 建设工程招投标及合同管理
- **工程估价**（第三版）
  （普通高等教育“十一五”国家级规划教材）
- 工程质量管理与系统控制
- 工程建设监理
- **工程造价管理**（第二版）
- 国际工程承包管理
- **现代物业管理**
- **国际工程项目管理**
- **工程项目经济评价**
- **工程项目审计**